Theologica

Theologica

Publicações de Teologia, sob a responsabilidade
do Departamento de Teologia
FAJE – Faculdade Jesuíta de Filosofia e Teologia
Av. Dr. Cristiano Guimarães, 2127 – Planalto
31720-300 Belo Horizonte, MG
Telefone 55 31 3115 7000 / Fax 55 31 3115 7086
www.faculdadejesuita.edu.br

ANDREA GRILLO

EUCARISTIA

Ação ritual, formas históricas, essência sistemática

Tradução
Gabriel Frade

Edições Loyola

Título original:
Eucaristia – Azione rituale, forme storiche, essenza sistematica
© 2019, ²2023 by Editrice Queriniana, Brescia
Via E. Ferri, 75, 25123 Brescia – Italia
ISBN 978-88-399-2408-7

Dados Internacionais de Catalogação na Publicação (CIP)
(Câmara Brasileira do Livro, SP, Brasil)

Grillo, Andrea
 Eucaristia : ação ritual, formas históricas, essência sistemática / Andrea Grillo ; tradução Gabriel Frade. -- São Paulo : Edições Loyola, 2024.

 Título original: Eucaristia: azione rituale, forme storiche, essenza sistematica
 ISBN 978-65-5504-343-3

 1. Cristianismo 2. Eucaristia (Liturgia) 3. Eucaristia - Igreja Católica 4. Teologia I. Título.

24-197710   CDD-234.163

Índices para catálogo sistemático:
1. Eucaristia : Sacramentos : Liturgia : Teologia cristã   234.163

Eliane de Freitas Leite - Bibliotecária - CRB 8/8415

Conselho Editorial
Álvaro Mendonça Pimentel (UFMG, Belo Horizonte)
Danilo Mondoni (PUG, Roma)
Élio Gasda (Univ. Comillas, Madrid)
Gabriel Frade (FAU-USP, São Paulo)
Geraldo Luiz De Mori (Centre Sèvres, Paris)
Lúcia Pedrosa-Pádua (PUC-Rio, Rio de Janeiro)
Raniéri Araújo Gonçalves (Loyola University Chicago)

Preparação: Paulo Fonseca
Capa: Ronaldo Hideo Inoue
 (execução a partir do projeto gráfico
 original de Mauro C. Naxara)
Diagramação: Sowai Tam

Edições Loyola Jesuítas
Rua 1822 nº 341 – Ipiranga
04216-000 São Paulo, SP
T 55 11 3385 8500/8501, 2063 4275
editorial@loyola.com.br
vendas@loyola.com.br
www.loyola.com.br

Todos os direitos reservados. Nenhuma parte desta obra pode ser reproduzida ou transmitida por qualquer forma e/ou quaisquer meios (eletrônico ou mecânico, incluindo fotocópia e gravação) ou arquivada em qualquer sistema ou banco de dados sem permissão escrita da Editora.

ISBN 978-65-5504-343-3

© EDIÇÕES LOYOLA, São Paulo, Brasil, 2024

"Finis omnium officiorum"

(Tomás de Aquino)

Para Giampiero e Benno,
teólogos de valor e homens verdadeiros,
que em sua vocação à seriedade
sempre reservaram
um tempo para o sorriso

Sumário

Abreviaturas 19

Caixas de texto 21

Prefácio à edição brasileira 23

Prefácio 33

Prefácio à segunda edição 37

Advertência do autor 39

Introdução 41

    I. Um limiar tomista 41

    II. A tradição eucarística como "várias traduções" 43

    III. As três tradições de "abordagem" da eucaristia 44

    IV. Três experiências de eucaristia 46

    V. Relação entre métodos e conteúdos 49

    VI. Experiências diversas mediante lógicas e saberes diversos ... 50

    VII. Contra o reducionismo teológico 51

    VIII. Uma hipótese quase inédita 52

    IX. A difícil compreensão da eucaristia *in genere ritus* 55

X.	Ciência teológica e experiência humana..................................	57
XI.	Estrutura do texto...	58

Capítulo 0 — Prelúdio de caráter metodológico 61

I.	A nova intuição: insuficiência da teologia eucarística clássica......	64
II.	A "hermenêutica histórica": a história do sacramento e sua diferença da dogmática clássica...................................	66
III.	A dignidade teológica do "rito da missa".................................	67
IV.	A recuperação de uma "profundidade ritual" da teologia eucarística..	69
V.	O árduo e controverso caminho de uma síntese	70
VI.	A proposta de síntese deste manual e suas "matrizes"............	74
VII.	No coração da proposta teórica do manual: a mudança da noção de "forma"	75
VIII.	O desenvolvimento da matéria deste manual	80

PRIMEIRA PARTE
A EUCARISTIA COMO AÇÃO RITUAL

Capítulo 1 — O rito, a palavra e a experiência do outro....................... 91

I.	Um acesso ritual à eucaristia	91
	1. A Escritura e os Padres da Igreja como "fontes"	94
	2. A descoberta do "sentido teológico" da liturgia................	95
	3. As demais tradições cristãs, ocidentais e orientais	95
	4. Rumo a uma síntese nova	96
II.	As características estruturais da ação ritual	96
	1. Por que celebrar? Experiência religiosa, linguagem simbólica e ação ritual	98
	2. O que celebrar? Mistério celebrado, comunidade celebrante, celebrações litúrgicas..	99
	3. Como celebrar? O espaço, o tempo, as ações rituais.........	99
III.	O ser humano, a palavra e Deus como palavra..........................	100
	1. A dimensão corpórea e comunitária da palavra.................	101
	2. O acesso "comum" à palavra e as diversas formas da palavra..	102
	3. A escuta da Palavra e a prática da oração.........................	103
	4. A palavra e a onipotência que se torna diálogo.................	104

Capítulo 2   A refeição, a dependência do outro
             e a comunhão com o outro.. 107
  I. Comer e beber como ações primordiais: substância e símbolo 107
  II. A tradição pré-moderna e as simbólicas primárias......................... 109
  III. Digestão, sentidos e ritmo.. 111
  IV. Alimento, produção e consumo... 112
  V. Jesus e o comer e beber 113
       1. Jesus e a *communitas victus* 114
       2. A dinâmica "involuntária" da comunhão eucarística.............. 115
       3. A sequência das ações de Jesus, sem excluir nenhuma delas... 116

Capítulo 3   A oração e o rito: anáfora e rito da comunhão............ 119
  I. Oração e liturgia: um duplo preconceito a ser superado................ 119
  II. Pequena fenomenologia do rezar cristão 122
  III. A perspectiva propriamente ritual sobre a eucaristia...................... 125

Capítulo 4   A sequência ritual do *ordo missae* 129
  I. Alguns esclarecimentos metodológicos necessários 130
       1. Fazer memória a partir do rito.. 130
       2. A "diferença" em relação à abordagem sistemática clássica..... 130
       3. A riqueza da contingência ritual... 132
       4. Uma teologia eucarística "a partir do rito"............................. 132
       5. A *expositio missae* na *Summa theologiae* de Santo Tomás 133
       6. O rito da missa em relação à
          Institutio generalis Missalis Romani 137
  II. Ritos iniciais (primeira sequência ritual)... 138
       1. Reunião dos fiéis 138
       2. Procissão e canto de entrada... 139
       3. Saudação e beijo do altar 139
       4. Sinal da cruz e saudação à assembleia reunida 139
       5. Introdução à celebração do dia 140
       6. Ato penitencial (aspersão dominical da água benta) 140
       7. *Kyrie eleison* 140
       8. *Gloria in excelsis* 141
       9. Oração da coleta... 141
  III. Liturgia da Palavra (segunda sequência ritual)................................ 141
       1. Primeira leitura (profética) 143
       2. Salmo responsorial 143

  3. Segunda leitura (apostólica) 144
  4. Canto ao Evangelho 144
  5. Proclamação do Evangelho 144
  6. Homilia 145
  7. Profissão de fé 145
  8. Oração universal ou dos fiéis 145
IV. Liturgia eucarística (terceira sequência ritual) 146
  1. Preparação dos dons 147
  2. Oração eucarística 148
  3. Ritos da comunhão 152
V. Ritos de encerramento (quarta sequência ritual) 155
VI. A fórmula *"Ite, missa est"* 156
  1. A missa e a vida 157
  2. A interrupção e a continuidade 157
  3. A cooriginariedade entre culto ritual e culto espiritual 158
  4. A superfície profunda da palavra "missa" 160

SEGUNDA PARTE
HISTÓRIA DA PRÁXIS
E HISTÓRIA DA DOUTRINA EUCARÍSTICA

Capítulo 5 As origens da eucaristia: fatos históricos,
       práticas rituais e sentidos teológicos 171

I. A ceia do Senhor e as palavras da ceia 171
  1. Sete trechos neotestamentários 173
  2. Uma contextualização dos sete textos 176
II. As diferentes tradições sobre a última ceia 181
  1. Tradição testamentária e tradição cultual
    segundo Xavier Léon-Dufour 182
  2. A reconstrução da origem da eucaristia segundo
    Enrico Mazza 185
  3. Uma síntese da pesquisa exegética 189
III. A instituição, a consagração, a explicação e a celebração 190
IV. A última ceia do Senhor, as ceias de Jesus
  e o comer com o Senhor 193
V. Três perspectivas de leitura teológica 195

Capítulo 6 Os primeiros séculos e a elaboração
       dos Padres da Igreja 201

I. A teologia eucarística dos Padres: exegese da Escritura
e da liturgia.. 202
1. Três capítulos da *Didaché* 202
2. As Cartas de Santo Inácio de Antioquia........................... 204
3. A Primeira apologia de Justino 206
4. Ireneu de Lião 207

II. A forma ritual nos primeiros séculos: textos e contextos.... 209
1. Paleoanáforas, tradição antioquena e tradição alexandrina...... 210
2. A eucaristia em Cartago entre os séculos II-III:
Tertuliano e Cipriano 213
3. Dois modelos de anáfora: o Cânon Romano
e a Anáfora de São João Crisóstomo................................ 223

III. Dois modelos de reflexão latina: Ambrósio e Agostinho 224
1. Ambrósio e a versão mais antiga do Cânon Romano..... 224
2. Agostinho entre pregação pastoral e reflexão especulativa...... 227

IV. A raiz de duas possibilidades de desenvolvimento futuro:
metabolismo e simbolismo.. 231

V. A subsequente afirmação da alegoria.................................... 233

Capítulo 7   A síntese medieval: um equilíbrio eivado de
unilateralidades 235

I. O contexto da teologia e da práxis eucarística medieval 236
1. A virada "alegórica" (Amalário de Metz)
e a evolução da práxis 237
2. Os primeiros tratados *De corpore et sanguine Domini*:
Pascásio Radberto e Ratramno.. 240
3. A primeira formalização da "substância": Berengário,
Lanfranco e Gregório VII 243

II. A questão central e a continuidade/descontinuidade
em relação ao modelo patrístico 246
1. De Hugo de São Vítor à aparição oficial de
"transubstantiari" (Inocêncio III) 246
2. A eucaristia na *Summa theologiae* de Santo Tomás de Aquino   250

III. As diferenças em relação ao modelo patrístico
e o papel da "ação ritual" 253

IV. O quadro teórico e a prática litúrgica no limiar da Modernidade ... 255
1. A teologia eucarística do nominalismo: Escoto e Ockham 256
2. Práxis eucarística, tentativas de reforma
e magistério no século XV 257

Capítulo 8 Crise e síntese moderna: a Reforma
e o Concílio de Trento 263

I. Os termos da "crise": protesto, reforma e eucaristia 264
   1. Lutero e o primado da Palavra 265
   2. Os "suíços" Zuínglio e Calvino 266
II. Resposta e proposta tridentina 267
   1. O decreto sobre a eucaristia (1551 – sessão XIII) 269
   2. A doutrina da comunhão sob as duas espécies
      e a comunhão das crianças (1562 – sessão XXI) 270
   3. A doutrina sobre o santíssimo sacrifício da missa
      (1562 – sessão XXII) 272
   4. Um balanço 273
III. A lógica ritual negada (ou alterada) 275
   1. A comunhão: da ação ritual ao uso do sacramento 276
   2. A alteração da sequência ritual 277
IV. O futuro de uma ilusão: a identidade "por diferença" 278
V. Em seguida: o quadro eucarístico "pós-tridentino" 280

Capítulo 9 Fim da sociedade fechada
e nova teologia eucarística 283

I. O alvorecer do Movimento Litúrgico: Guéranger e Rosmini 285
II. Os decretos eucarísticos de Pio X e a mudança da práxis 286
III. A influência de outros movimentos e o Concílio Vaticano II 287
IV. A reflexão sistemática e a provocação ritual 291
V. Reforma litúrgica, nova práxis da assembleia celebrante
   e nova leitura sistemática 293
   1. Uma nova noção de liturgia eucarística e de participação 293
   2. A diferença em relação a *Mediator Dei* sobre o tema da
      "participação" 295
   3. Os sete pedidos da *Sacrosanctum concilium*
      sobre a eucaristia 298
   4. Uma comparação entre *Indices systematici* 299

Capítulo 10 Os esforços da reforma litúrgica da missa
e o desafio do "paralelismo ritual" 303

I. As disposições contidas na *Summorum pontificum*
   e na carta aos bispos que a acompanha 306

	1. O *motu proprio*: dois usos do mesmo rito	307
	2. A carta aos bispos: a reforma litúrgica não é afetada	308
II.	Reflexões críticas: a diferença entre intenções e efeitos, entre virtual e real	309
	1. A questão jurídica: qual é o rito vigente?..	309
	2. A questão teológica: qual é o papel da *lex orandi*?	310
	3. A questão pastoral: garantia de comunhão eclesial e/ou liberdade de rito?	312
	4. A questão litúrgica: da reforma necessária à reforma acessória	313
III.	Um balanço preocupante	314
IV.	As tensões abertas e a intenção esquecida...	316
V.	A superação do paralelismo ritual: *Traditionis custodes* (2021) e *Desiderio desideravi* (2022)	320
	1. *Traditionis custodes* e o fim do princípio geral do paralelismo litúrgico...	320
	2. Uma nova clareza a partir da *Desiderio desideravi*....................	324
	3. Uma abertura à retomada da sã tradição..	325

Capítulo 11   Releitura "às avessas" da história da eucaristia: da atualidade às origens 329

I.	O modelo conciliar	330
II.	O modelo tridentino	331
III.	O modelo medieval-tomista	332
IV.	O modelo antigo dos Padres...	334
V.	Por fim, uma origem sempre por descobrir...	335

TERCEIRA PARTE
SÍNTESE TEOLÓGICA: A EUCARISTIA E A FORMA

Capítulo 12   "Forma fundamental" e reconsideração dos temas clássicos: presença, sacrifício, comunhão........... 345

I.	A noção de "forma fundamental"...	346
II.	A função sistemática da "forma fundamental".....................................	349
	1. Em busca das raízes da "forma fundamental": Guardini	349
	2. A "forma fundamental" enfraquecida em alguns autores mais recentes...	351

	3. Quando a "forma fundamental" é assumida de acordo com um perfil completo	353
III.	A definição da eucaristia e suas "partes"	354
IV.	O dogma da presença real e sua explicação...................................	356
	1. Presença do Senhor e transubstanciação: alguns pontos críticos	357
	2. As diversas formas da "presença do Senhor"	359
	3. O corpo de Cristo eclesial em relação ao corpo de Cristo sacramental	361
V.	O imprevisto da transubstanciação: o *tûto* e a forma ritual...........	365
	1. Grandeza e limites da explicação "substancial" da eucaristia ..	367
	2. Dinâmica substancial e dinâmica substanciosa	371
	3. O fenômeno eucarístico aquém e além do par "substância/espécie"	373
	4. Persistência e riscos da terminologia "substancial"................	375
	5. Alguns "esquemas" para uma nova compreensão da presença eucarística	378
VI.	A releitura da eucaristia como sacrifício...	382
	1. Cruz, sacrifício, eucaristia: para configurar a reflexão................	382
	2. Além e aquém da troca	386
	3. Oferta e sacrifício...	387
	4. Iniciação ao sacramento do sacrifício	388
	5. O sacrifício como oração...	388
	6. Eucaristia como sacrifício de refeição e de Palavra	389
VII.	A redescoberta do "rito da comunhão" na tradição católica............	390
	1. Dois modos de receber o corpo de Cristo................................	391
	2. Excurso: a aplicação ao caso-limite dos divorciados recasados..	392
	3. Em Trento: duas visões da comunhão espiritual e a eficácia penitencial da eucaristia	394
	4. As lógicas da retomada moderna e seus limites atuais	397
	5. A mudança de significado do rito da comunhão.......................	398
	6. A adoração ao Santíssimo Sacramento	399
	7. A redescoberta do rito da comunhão como parte essencial da ação eucarística	402

Capítulo 13	Estrutura ministerial da eucaristia e Igreja como *communitas sacerdotalis*..	407
I.	O texto de LG 11: uma releitura eucarística da Igreja.......................	408

II. O cerne da questão: a releitura *organice exstructa* do setenário sacramental 411

III. As consequências para a experiência do mistério cristão: uma subjetividade afirmada, equilibrada e invertida 414

IV. Um texto não atual e uma profecia eucarística 414

Capítulo 14 Participação ativa, *ars celebrandi* e nova teologia eucarística 417

I. As quatro afirmações-chave do Vaticano II sobre a liturgia eucarística 417
  1. Tradição sã e tradição doente 418
  2. A mudança das noções de "ação ritual" e de "participação" 419
  3. A passagem da ideia de "partes" (mutáveis e imutáveis) para a relação entre substância/revestimento 420
  4. Comunhão não no significado, mas na ação: "*Id bene intelligentes per ritus et preces*" (SC 48) 420
  5. A diferenciação não é ruptura da comunhão, mas diversidade na comunhão 421

II. A relação entre participação ativa e reforma litúrgica da eucaristia 421

III. Da participação na celebração e na *ars celebrandi* 422

IV. Ação ritual e saber teológico sobre o sacramento: síntese sistemática 422
  1. A forma clássica de compreensão e seus limites 423
  2. Da fórmula à forma verbal 425
  3. Da forma verbal à forma ritual 425
  4. A relação complexa entre as três formas de compreensão 426
  5. Por uma síntese sistemática que considere o papel da ação ritual 429

Capítulo 15 Eucaristia e tempo: ano litúrgico e liturgia das horas. 435

I. A lógica eucarística do Tríduo Pascal 436

II. A eucaristia e sua estrutura ritual 437
  1. Duas palavras antigas de Agostinho: uma provocação salutar 438
  2. A redescoberta do Tríduo como "gradualidade" por meio da memória-narração rumo à "Páscoa eclesial" 439

III. A releitura da eucaristia: "gradualidade" por meio da oração-memória rumo à comunhão 439

       1. Uma terceira palavra de Agostinho: "Sede aquilo que vedes, recebei aquilo que sois" 441
       2. Do corpo sacramental ao corpo eclesial, por meio do corpo histórico 442
  IV. Um dia é como um ano: liturgia das horas e eucaristia 442
  V. Da eucaristia como substância à eucaristia como circunstância 443

Capítulo 16   Síntese: doze teses e algumas questões em aberto 447

  I. Algumas teses sobre o método necessário para uma "nova teologia eucarística" 447
  II. O paradoxo das "partículas redondas" 451
       1. A doutrina e o rito 452
       2. Os ritos da comunhão e a transubstanciação 453
       3. Paradoxos doutrinais e rituais 454
       4. O uso de "partículas redondas": o desvio individualista da transubstanciação 454
  III. Oração eucarística e toque da "sineta" na consagração 456
       1. A consagração sem contexto 456
       2. Transubstanciação e carência ritual 457
       3. As razões no novo *ordo missae* 458
       4. Participar sem... sineta 459
  IV. Comunhão eucarística ecumênica: para além da hospitalidade 460
       1. Aspecto antropológico 461
       2. Aspecto eclesiológico 462
       3. Aspecto cultual-cultural 463
       4. Algumas conclusões sobre hospitalidade e intercomunhão 464

Conclusões 469

Abreviaturas

AAS   *Acta apostolicae sedis. Commentarium officiale*, Typis Polyglottis Vaticanis, Romae, 1909 ss.

AL   Papa Francisco, Exortação apostólica pós-sinodal *Amoris laetitia* sobre o amor na família (19 de março de 2016).

DD   Francisco, Carta apostólica *Desiderio desideravi* sobre a formação litúrgica do povo de Deus (29 de junho de 2022).

DH   Denzinger, H., *Enchiridion symbolorum, definitionum de rebus fidei et morum*, curata e accresciuta da P. Hünermann, Bologna, EDB, ^{5}2009.

DV   Constituição dogmática do Concílio Vaticano II *Dei Verbum* sobre a divina revelação (18 de novembro de 1965).

EV   *Enchiridion Vaticanum*, Bologna, EDB, 1981 ss.

FC   Papa João Paulo II, Exortação apostólica *Familiaris consortio* sobre as tarefas da família cristã no mundo de hoje (22 de novembro de 1981).

IGMR   Congregação para o Culto Divino e a Disciplina dos Sacramentos, *Institutio generalis Missalis Romani*, Città del Vaticano, Libreria Editrice Vaticana, ^{3}2000.

LG   Constituição dogmática do Concílio Vaticano II *Lumen gentium* sobre a Igreja (21 de novembro de 1964).

MD   Papa Pio XII, Carta encíclica *Mediator Dei* sobre a sagrada liturgia (20 de novembro de 1947).

OLM	CONGREGAÇÃO PARA O CULTO DIVINO E A DISCIPLINA DOS SACRAMENTOS, *Ordo lectionum missae. Praenotanda*, Città del Vaticano, Libreria Editrice Vaticana, ²1981.
PL	MIGNE, J. P. (ed.), *Patrologiae cursus completus. Series latina*, Paris, 1844 ss.
SC	Constituição do Concílio Vaticano II *Sacrosanctum concilium* sobre a sagrada liturgia (4 de dezembro de 1963).
SCa	PAPA BENTO XVI, Exortação apostólica pós-sinodal *Sacramentum caritatis* sobre a eucaristia, fonte e cume da vida e da missão da Igreja (22 de fevereiro de 2007).

Caixas de texto

Santo Tomás de Aquino, *Summa theologiae*, III, q. 83, a. 4, *corpus*	133
Primeira Carta aos Coríntios 11,23-25	174
Primeira Carta aos Coríntios 10,14-22	174
Evangelho segundo Marcos 14,22-25	174
Evangelho segundo Mateus 26,26-29	175
Evangelho segundo Lucas 22,14-20	175
Evangelho segundo João 13,1-15	177
Evangelho segundo João 6,1-65	178
Didaché IX-X e XIV	203
Santo Inácio de Antioquia, *Carta aos Efésios* XIII.XX	205
Santo Inácio de Antioquia, *Carta aos Filadélfos* IV	205
Santo Inácio de Antioquia, *Carta aos Esmirnenses* VI-VIII	205
São Justino Mártir, *Primeira apologia* LXV-LXVI	206
Santo Ireneu de Lião, *Adversus haereses* IV,17 s.	208
Traditio apostolica (passim)	211
Oração eucarística (*Cânon Romano*) latim/português	216
Anáfora de São João Crisóstomo	220
Santo Agostinho de Hipona, *Sermão 272 – Pentecostes – Aos neófitos, sobre o sacramento*	227

Pascásio Radberto, *De corpore et sanguine Domini* IV,
1-5.14-17.78-85 240
Ratramno de Corbie, *De corpore et sanguine Domini* I,
5-7.10.49.57 242
Berengário de Tours, *Primeira confessio fidei* (1059) 243
A posição de Lanfranco de Pavia (1063-1068) 244
Berengário de Tours, *Segunda confessio fidei* (1079) 244
Lumen gentium 11 409

Prefácio à edição brasileira

I.   Este manual, quatro anos depois

Passaram-se apenas quatro anos desde a primeira edição desta obra (2019), mas parece ter passado toda uma era: a "grande pandemia" obrigou-nos a rever quase tudo sobre as nossas vidas, e também a celebração eucarística teve que sofrer uma profunda releitura e uma grande reconsideração. Nossas práticas, desde o momento em que o contágio começou, pararam. Logo depois, algumas medidas oportunas do papa Francisco superaram um "regime de exceção" que *Summorum pontificum* havia introduzido desde 2007. Quero experimentar olhar para as páginas deste texto, quatro anos depois, com o rosto já não mais "mascarado", sem "mãos higienizadas" com álcool, na superação da "distância de segurança" e além de qualquer ilusório paralelismo ritual.

1.   *Eucaristia e pandemia*

Como era inevitável, esse fenômeno macroscópico da pandemia, que mudou as formas de vida, de produção, de desenvolvimento e de percepção, tendo sido "excessivamente verbalizada", tornou-se cheia de "clichês". Compreender sua natureza e efeito sobre o nosso conhecimento eucarístico não é simples. Quando, em abril de 2020, vimos cervos adultos passeando pelas ruas das cidades, nos deparamos com longas filas de patos atravessando as faixas de pedestres, quando vimos os golfinhos se aproximando das docas dos portos e os pássaros bicando as nossas migalhas bem dentro das nossas janelas, entendemos que havia acontecido algo muito maior do que uma emergência de saúde. Mas, afinal, o que aconteceu?

a) O desaparecimento da expressão/experiência comunitária

Do ponto de vista da ordem pública, a emergência sanitária levou a um fenômeno impressionante. Ao reconhecer apenas as residências particulares como "seguras", basicamente nivelou os espaços públicos e comunitários no mesmo modelo de "protocolo". No que diz respeito à estrutura da sociedade que prevê três níveis de experiência e expressão (a casa particular, a praça pública e os locais comunitários como igrejas, associações, bares, ginásios, piscinas, clubes recreativos) dividiu-se drasticamente a esfera "privada" e todo o resto, que foi trazido de volta e reduzido à normatização pública.

b) A privatização das relações

Esse fenômeno institucional, de fato, corroeu total ou parcialmente os espaços comunitários, reduzidos ora a espaços privados, ora a lógicas "remotas", sendo "adaptados" a regras vinculativas no âmbito público. A privatização de todas as formas comunitárias, ou sua transmigração "on-line" foi um evento que ficará para a história. Os sinais desse evento perturbador ainda não foram totalmente superados. Hoje, embora em versão atenuada em relação ao período março-maio[1], ainda temos uma forte experiência disso.

c) Exposição pública da liturgia

Esta condição "estrutural" sem dúvida alguma afetou profundamente o aspecto "expressivo-experiencial" de nossa Igreja e de nossas liturgias. Pois, de fato, a Igreja se situa sobretudo na vertente comunitária. Certamente há relações tanto com a dimensão privada como com a pública, mas a sua verdade é a de ser um "lugar de comunhão", um lugar de reconhecimento, um lugar de contato, lugar de proximidade. A subtração do espaço

---

1. Em março de 2020, o mundo contemplou chocado as imagens de caminhões militares transportando os caixões de inúmeras vítimas da Covid-19 na Itália. (N. do E.)

comunitário e sua assimilação ao espaço público retirou o lugar próprio e a linguagem elementar da vida eclesial[2].

Diante dessa condição paradoxal, a questão que levantei no início poderá ser uma contribuição: que relação tudo isso tem com a distração e a fragilidade? Como garantir ainda aquela margem de distração e fragilidade sem a qual não é possível de modo algum "celebrar"? Desfiles e cerimônias podem ocorrer publicamente, mas não as celebrações.

2. E quanto ao descuido e fragilidade na liturgia?

Aqui entra a relevância do descuido e da fragilidade. É precisamente a "necessidade visceral" de uma liturgia "frágil", que a pandemia tornou muito difícil para todos nós, elevando imensuravelmente o nível de "atenção". Parecerá um paradoxo, mas com a pandemia e seu justificado "protocolo sanitário", nossas liturgias perderam sua natural e necessária fragilidade. Precisamente porque somos todos "vulneráveis", defendemo-nos uns aos outros. Mas este expediente, que permanece inteiramente precioso no âmbito da saúde, impede-nos de habitar plenamente a região comunitária da experiência: sem distração/abandono de si e sem expressão de fragilidade, lutamos com razão para festejar.

a) Liturgias "privadas" e públicas

A pandemia primeiro tornou nossas liturgias privadas, depois, tornou-as públicas. No sentido de que lhes tirou aquela diferença "comunitária" que se expressa de forma elementar, com as linguagens mais imediatas do corpo, do espaço, do tato, do rosto, do movimento. O deslizar da ação ritual para a esfera pública faz com que ela perca sua linguagem própria e a enrijeça em uma série de "observâncias" sobrepostas que interferem fortemente no âmbito simbólico-ritual.

b) Três palavras exemplares: *"hands"*, *"face"*, *"space"*

Vamos tentar entender melhor esse "impasse" através das palavras em inglês, com as quais, a princípio (hoje já mudaram), o comportamento

---

2. As implicações desse desenvolvimento pedem uma reconsideração radical da eclesiologia, na linha do que sugere NERI, M., *Fuori di sé. La Chiesa nello spazio pubblico*, Bologna, EDB, 2021.

devido se tornou uniformizado em contextos públicos e comunitários. No Reino Unido, um lema de três palavras foi escrito em todos os lugares.

>HANDS – FACE – SPACE
>ou
>MÃOS – ROSTO – ESPAÇO

A proteção da saúde resumia-se assim em três "lugares corpóreos" como as mãos, o rosto e o espaço. O contágio é superado, ou pelo menos contido, trabalhando com cuidado e meticulosidade no toque.

c) Deserto corpóreo

O cuidado para "higienizar as mãos", às vezes até cobrindo-as com luvas; a cobertura oportuna da boca e do nariz com máscaras; o distanciamento de pelo menos um metro, que se interpõe entre os sujeitos, subtrai qualquer corporalidade da relação dos lugares públicos e comunitários. Isso é feito, entenda-se bem, por justos motivos sanitários. Contudo, assim, indireta mas eficazmente, desertificam o espaço público e comunitário de qualquer expressão de relação, deslocando-a total e decisivamente para o âmbito da vida privada. Um espaço público, e sobretudo um lugar comunitário, do qual se retira muito do seu potencial comunicativo, é cada vez menos vivível. Assim, o privado, considerado potencialmente seguro, torna-se um refúgio e muitas vezes também uma tentação. Não é por acaso que um dos produtos mais vendidos nos últimos anos tem sido o "sofá"!

d) *Emoticon* sem rosto

Os órgãos do tato (mãos), do olfato (nariz), do paladar e da fala (boca) e a linguagem extremamente delicada do espaço (distância), assim alterados, afetam profundamente a possibilidade de "expressão" e de "experiência" da relação. A máscara impede que sejamos reconhecidos e de nos exprimirmos por meio da mímica facial. Até os "*emoticons*" ficam mudos, se usam uma máscara! No caso de apenas os olhos serem vistos em um rosto e no caso de apenas os olhos poderem expressar as palavras, mesmo que impedidas e/ou obscurecidas pelo véu da máscara, a expressão da própria experiência e da experiência da expressão dos outros são fortemente reduzidas, estilizadas, confinadas, mutiladas.

e) Blindagem contra o contágio/contato

Mas há mais: as medidas preventivas, que acertadamente tomamos, dada a nossa fragilidade face ao contágio, paralisam a "linguagem da fragilidade"! Ou seja, aquela linguagem que exprime a necessidade de mãos acolhidas, acolhedoras, reconciliadoras e reconciliadas, de corpos em proximidade e que se juntam, de rostos que pedem reconhecimento e que têm necessidades e desejos a exprimir. Homens e mulheres de "mãos limpas" (sem pecado), inafetivos e inexpressivos (sem a escuta e sem a palavra), que sempre mantêm distância (autossuficientes), são "muito fortes", muito sérios, muito firmes, muito íntegros, muito pouco capazes de confessar a própria fragilidade. A blindagem certa contra a pandemia embota os sentidos, afasta o próximo, impede a expressão, limita a experiência. As relações sufocam, a fé não respira. Não é possível fazer um carinho com uma armadura. E não se celebra sem se distrair de si e sem se expor ao outro.

3. *Pressentimento e perspectiva sobre o Vaticano II*

Talvez precisamente este tempo transcorrido, com as características que rapidamente consideramos, possa nos dar uma tarefa inesperada, também no campo eucarístico: acolher verdadeira e plenamente a boa palavra do Concílio Vaticano II e de sua reforma da liturgia eucarística e da Igreja. Lembrando que a Reforma Litúrgica foi e quis ser lida como um "instrumento" em vista de algo além, não como um "fim em si mesmo". O cuidado com a ação – e o recurso predominante às linguagens "não verbais", justamente porque hoje estão completamente "bloqueadas" e "impedidas" – abre, quase *sub contraria specie*, um novo espaço para a releitura da reforma litúrgica. Cujo objetivo está, justamente, na aquisição de uma nova forma ritual compartilhada, que elabora identidades comuns e pessoais.

Per ritus et preces – isto é, a forma ritual da compreensão litúrgica da eucaristia – significa, precisamente, que através da aparente "distração" dos ritos, através da sua pouco econômica não verbalidade aconceitual e corpórea, entramos mais profundamente na verdade da palavra e do sacramento. E isso acontece não "explicando os ritos", mas "deixando que os ritos falem"[3].

---

3. De forma exemplar, a inadequação da recepção do Concílio pode ser constatada até mesmo nas "traduções" do texto de sua Constituição litúrgica: uma das edições italia-

É exatamente isso que foi expresso com o termo "conhecimento *per connaturalitatem*" por C. Vagaggini, na década de 1950, e que fora definido como "conhecimento simbólico" 30 anos antes, por Romano Guardini. Mas já em M. Festugière, antes da Primeira Guerra Mundial, havia sido igualmente reconhecida a ideia de "mediação litúrgica" como "fonte", da mesma forma como foi reconhecido no "pensamento total" de O. Casel a manifestação da atenção pela "exterioridade" do "mistério do culto"[4]. Em outras palavras, o Movimento Litúrgico nasceu não com o objetivo de reforma, mas com a descoberta do modo original da "inteligência ritual". Em vista desta, foram elaboradas estratégias de reforma dos ritos desde o início do século XX, encontrando somente no pós-Segunda Guerra Mundial o clima adequado para uma reforma geral da liturgia, que começou não com o Concílio, mas mais de 10 anos antes, sob Pio XII. A Vigília Pascal e a Semana Santa, centro do ano litúrgico, tornaram-se desde então lugares de experiência para uma retomada da inteligência ritual, que em seguida o Concílio Vaticano II relançou sobre toda a experiência do culto eclesial.

4. A pandemia e o relançamento do Concílio Vaticano II

A "índole pastoral" do Concílio – pode parecer um paradoxo – e frequentemente não é levada em consideração, especialmente na liturgia. O defeito não diz respeito à estrutura conciliar nem à realização dos novos *Ordines*, mas à sua recepção, que não se deixou levar pelas "formas", mas preferiu gerir diretamente os "conteúdos". E assim perdeu o próprio sentido da reforma: sua necessidade. Se não se compreende o elemento instrumental de uma reforma, isso torna-a supérflua e, mais cedo ou mais tarde, nós nos tornamos indiferentes à própria forma ritual.

---

nas, entre as mais difundidas, traduz *per ritus et preces id bene intelligentes* de SC 48 com: "compreendendo bem os ritos e as orações". Não se trata apenas uma "tradução livre" que trai o texto latino, mas também de uma incompreensão da "finalidade" da reforma, que não é uma conceptualização da história da salvação, mas uma mediação ritual dessa história. A edição oficial inglesa – no site do Vaticano – traduz erroneamente "through a good understanding of the rites and prayers" (cf. texto disponível em: <http://www.vatican.va/archive/hist_councils/ii_vatican_council/documents/vat-ii_const_19631204_sacrosanctum-concilium_en.html>). Acesso em: 27 fev. 2021. Ainda mais gritante é o erro da tradução em língua portuguesa!

4. Para uma releitura de todo o fenômeno "originário" do Movimento Litúrgico cf. GRILLO, A., *La nascita della liturgia nel XX secolo*, Assisi, Cittadella, 2003.

Por isso, precisamente hoje, é importante olhar para o sentido do evento conciliar.

À luz daquele acontecimento, que nos ensinou de maneira nova o "desvio da Igreja de si mesma" e, portanto, a "fragilidade litúrgica" – libertando-nos de "protocolos" demasiadamente rígidos e individualistas – podemos tentar imaginar o que acontecerá a partir do que temos diante de nossos olhos. O que vemos pode fazer-nos perceber, à distância, o que não vemos, mas que nos é permitido esperar. E hoje podemos esperar "melhor" precisamente por causa do particular "jejum" determinado pela pandemia.

a) Efeito *"slide"*: a Igreja contra a luz

Ao exacerbar os contrastes, obrigando-nos a fazer "na marra" o que frequentemente já fazíamos antes, de maneira indireta (manter as distâncias, não reconhecer e não ser reconhecido, não tocar e não ser tocado) a pandemia trouxe à tona, de um modo antes difícil de imaginar, a necessidade de "expressão" e "experiência" da fragilidade. Assim, justamente quando estamos mais frágeis devido a uma ameaça invisível e incompreensível, somos incapazes de expressar essa nossa fragilidade com o corpo. E podemos assim esperar nos despedir desses "protocolos implícitos" que se alastraram – já antes – nas nossas mãos, nos nossos rostos e nos nossos espaços. Uma Igreja "desviada de si mesma" e convocada pelo seu Senhor, disponível para se deixar guiar na história pela forte palavra do Espírito, pode reencontrar o caminho para se deixar tocar pela graça, para deixar que o mundo a encare de frente, para permitir que a realidade se aproxime dela. Quase poderíamos inverter o sentido das palavras relativas à "saúde" em palavras de "salvação": *hands* como recomeço do tato e da destreza das mãos; *face*, como necessidade de reconhecimento dos rostos e de expressão dos afetos; *space*, como aspiração à reunião, a ser assembleia, a se congregar para reconhecer que só é possível sermos *ecclesia* na medida em que nos reconheçamos como "caravana solidária"[5]!

---

5. Conforme a bela imagem que se encontra na *Evangelii gaudium* 87: "Neste tempo em que as redes e demais instrumentos da comunicação humana alcançaram progressos inauditos, sentimos o desafio de descobrir e transmitir a 'mística' de viver juntos, misturar-nos, encontrar-nos, abraçar-nos, apoiar-nos, participar nesta maré um pouco caótica que pode transformar-se em uma verdadeira experiência de fraternidade, em uma caravana solidária, em uma peregrinação sagrada".

b) A gratuidade corporal da Missa

Ao paralisar o corpo que celebra, a pandemia nos fez sentir a necessidade de sairmos dos "protocolos" que havíamos amarrado a nós mesmos, sem a necessidade de um "governo" que o impusesse a nós. Reunir-se com gosto, aproximar-se do altar, cantar juntos, partilhar a paz com sinais não contidos, comungar o pão e o cálice, aproximar-se uns dos outros processionalmente em Cristo: eis o que antes já faltava – pelo menos na intenção de plenitude – e que agora será novamente possível, desejável, esperado. Um "desbloqueio" é possível hoje graças ao bloqueio sofrido por fora e padecido por dentro. Estávamos bloqueados por nossos vícios e pelos nossos conceitos. Agora que fomos bloqueados por razoáveis motivos "extracultuais", podemos descobrir quão mesquinhos eram os protocolos implícitos de nossa rotina litúrgica. E o fato de podermos realmente nos livrar disso já é um dado real.

c) As outras formas de "louvor, ação de graças, bênção"

A missa vive de luz própria, claro, mas também brilha com a luz refletida. Se há pouco ou nada em torno da missa – do ponto de vista ritual e orante – a missa sofre. Se a missa sofre limitações, sem o alimento do que "ritualmente" vem antes e depois dela, ela não pode florescer. Cuidar da liturgia "extraeucarística" tornou-se fundamental. Quando o distanciamento caiu sobre nós, nós o fizemos por necessidade: tivemos que improvisar, muitas vezes. Hoje estamos dispostos a alimentar a missa com a oração comunitária e dos indivíduos nas casas, com a oração comunitária e dos indivíduos no tempo, com a oração comunitária e dos indivíduos no espaço. O restante do culto cristão emerge com força ao reivindicar um espaço, um estilo adequado e tempos próprios. Mas isso não pode vir do alto senão ao final.

5. *Uma edição "brasileira" do manual*

O contexto brasileiro, no qual surge este manual, caracteriza-se, justamente nestes meses, pelo início da utilização de uma nova tradução do Missal Romano. Isto implica uma passagem da recepção e inculturação do novo *Ordo* para a celebração. Trata-se do desafio de uma "terceira geração" adentrar cada vez mais nas lógicas introduzidas pelo Concílio Vaticano II e concretizadas com os novos *Ordines*, que a partir do final dos anos 1960 começaram a suscitar o caminho eclesial em cada comunidade linguística e cultural, em que o rito romano único, no contato com as línguas e culturas de cada tradição, ganha carne, sangue e forma. O caminho da Igreja no Brasil, que há 60 anos segue com determinação a estrada aberta pelo Concílio Vaticano II, pode se beneficiar de uma leitura da tradição eucarística em que a compreensão das dinâmicas da ação ritual e a consideração da evolução histórica das formas celebrativas sejam capazes de acompanhar um "saber eucarístico" cujas primeiras mediações sejam *ritus et preces*. Reconhecer que estes "usos a aprender" são sempre muito mais importantes do que os "abusos a condenar" é um dos modos com que podemos permanecer fiéis ao caminho que cada Igreja percorreu, à luz da Palavra de Deus e da experiência humana (GS 46).

Savona, 28 de maio de 2023
Domingo de Pentecostes

O autor

Prefácio

> Gostaria [que se] recordassem somente duas pequenas coisas: 1) A Liturgia é uma coisa viva, mas frágil; morre nas mãos de quem não sabe cuidar dela. 2) A Liturgia é algo vivo, mas somente se for dinâmica, isto é, voltada para o porvir, com a percepção de que seu dinamismo está entre dois polos: o do mistério de salvação realizado por Cristo e o do mesmo mistério de salvação a se realizar em nós.
>
> (Salvatore Marsili)

A longa gestação deste manual – que durou quase vinte anos – corresponde ao trabalho de uma proposta teórica plausível, devido à exigência de pensar a "forma" do sacramento da eucaristia de modo profundamente renovado. A urgência de uma síntese sistemática, que fosse adequada à nova experiência litúrgica da eucaristia – aberta primeiro pelo Movimento Litúrgico e depois pelo Concílio Vaticano II e pela reforma litúrgica que daí coerentemente brotou, sem qualquer nostalgia pelas formas rituais do passado – incitou-me não só a uma radical compreensão das renovadas ações litúrgicas da celebração eucarística, como também a uma profunda revisão das categorias sistemáticas de interpretação da tradição, que sem uma cuidadosa tradução em termos novos toda reforma estaria destinada a desaparecer dentro de poucas gerações. Muitas são as dívidas que devo aqui lembrar, com grande reconhecimento, para o próprio surgimento desta hipótese de compreensão do sacramento da eucaristia.

Em primeiro lugar, e de modo geral, a vocação ao estudo e à docência, que, primeiro o Instituto de Liturgia Pastoral "Santa Justina" de Pádua e depois o Pontifício Ateneu "Santo Anselmo" de Roma, respectivamente, inauguraram e sustentaram. Meu envolvimento com o ambiente monástico e acadêmico na Abadia de Santa Justina, com sua acolhida nos ritmos e nas formas, na pesquisa e na troca de ideias, se iniciou em 1988 – por meio da generosa iniciativa, e quase no contra-ataque, de Giampiero Bof – e marcou estes trinta anos com uma "conversão à liturgia" que mudou profundamente minhas prioridades, o modo de formular as minhas perguntas e a maneira de encontrar as minhas respostas. O encontro com docentes como Pelagio Visentin, Alceste Catella, Giorgio Bonaccorso, Aldo Natale Terrin, Roberto Tagliaferri, juntamente com Gianni Cavagnoli, com Franco Brovelli, Giuseppe Zanon e o grande Luigi Sartori – com o acompanhamento abençoado e beneditino de uma eficaz presença anselmiana em Pádua, primeiro de Magnus Loehrer, depois de Benno Malfèr e, por fim, de Elmar Salmann – suscitou em mim uma pergunta sobre todos os ritos e, particularmente sobre o rito cristão por excelência, sobre a eucaristia, que perdura inalterada.

O percurso, primeiramente de formação e posteriormente de docência, nesse ambiente estruturou uma *mens* de atenção pela liturgia que fez emergir em mim novas exigências de leitura da teologia eucarística. O curso sobre a eucaristia a cada três anos, que mantenho há vinte e cinco anos no Ateneu anselmiano, juntamente com o curso de introdução à liturgia, que mantenho já há outros tantos anos em Pádua, e cada participação no curso do triênio junto ao *Augustinianum-Marianum* em Roma, foram os "primeiros motores" do meu pensamento específico sobre o sacramento da comunhão. Foi de grande importância, há quase vinte anos, o trabalho de organização, junto com os queridos colegas Pius-Ramon Tragan e Marinella Perroni, do *Curso de teologia sacramentária*, editado pela Queriniana, que tinha em seu centro sistemático justamente o sacramento da eucaristia. Mas junto a isso, as inumeráveis missas celebradas nos diferentes lugares da minha experiência de cristão católico – em Savona, principalmente a paróquia de Santa Rita (onde estava minha casa) e a paróquia de São José (onde estava a casa de meus avós), a capela de São Rafael al porto (com padre Mario e padre Bof), as paróquias do Sagrado Coração (com padre Delfino) e de São Dalmácio (com padre Lupino), a igrejinha de Casa Zaqueu (com padre Lello) e a paróquia de São Filipe Neri (com padre Riccardo e padre Agostino); além disso, a Abadia de Santa Justina em Pádua, a paróquia de Santo André em Sommacampagna, a de São

Pedro em Bevagna na costa jônica e a igreja matriz de São Pedro em Módica, os diversos mosteiros nos quais estive hospedado para aulas e conferências, como os de Castel Madama, Grandate, Lovere, Santa Ágata Feltria, Camaldoli, La Pierre qui vire, Pian del Levro, Pannonhalma, Santo Antônio sull'Aventino e a vivaz comunidade de Montebelluna, junto com as várias paróquias que visitei ou pelas quais passei, para conferências e palestras. Tudo isso pôs em movimento e enriqueceu de experiência uma reflexão e uma prática, que se articularam e se enriqueceram mutuamente, estimuladas pela grande redescoberta litúrgica, mas também interessadas em honrar, desde sempre, a inevitável tarefa sistemática que compete à teologia. Em busca de modelos de solução deste constrangimento inicial, me debati com alguns grandes textos, muitas vezes encontrados graças ao prévio conhecimento e acompanhamento de seus autores. Assim *Eucaristia. Il pasto e la parola* de Ghislain Lafont, o verbete *Eucaristia* de Alceste Catella do dicionário *Teologia*, o pequeno volume *Celebrare la salvezza. Lineamenti di liturgia* [Celebrar a salvação: Esboços de liturgia] de Giorgio Bonaccorso se tornaram, por um longo caminho, as "estrelas guias" do meu saber eucarístico, sem deixar de lado as contribuições fundamentais e clássicas de Romano Guardini e Josef A. Jungmann, de Salvatore Marsili e de Enrico Mazza. Mais recentemente descobri a valiosa síntese oferecida pelo volume intitulado *Die messe* de Johannes H. Emminghaus, ao qual devo a elaboração básica deste manual, ainda que reelaborada por mim conforme critérios diferentes e prioridades adicionais. A todos esses interlocutores reais e virtuais, da atualidade ou do passado, vai o meu mais sincero agradecimento.

Além disso, devo esclarecer que este manual, como também aparecerá no uso das citações, deixa-se inspirar naturalmente pela teologia eucarística elaborada principalmente no trabalho acadêmico e eclesial italiano, que é amplo, articulado e nunca foi somente romano. A Itália, na qualidade de comunidade cristã, como igreja, soube exprimir nos últimos decênios uma teologia litúrgica de alta qualidade e com características muito originais no panorama europeu e mundial. Em certo sentido, a própria estrutura deste manual é o fruto do grande trabalho que no âmbito litúrgico, histórico e sistemático chamaram a atenção os teólogos italianos das últimas quatro gerações: de Cipriano Vagaggini a Zeno Carra, de Salvatore Marsili a Ubaldo Cortoni, de Pelagio Visentin a Pierpaolo Caspani, de Emanuele Caronti a Manuel Belli. A distância biográfica entre estes últimos dois teólogos é exatamente o espaço de um século; o primeiro nasceu em 1882, o segundo, em 1982. Assim a penúltima geração de teólogos – à qual eu pertenço – pode olhar com certa possibilidade de síntese para o grande trabalho das duas gerações precedentes e para aquele da próxima geração, que apenas começou, mas que já apresenta frutos novos e promissores.

Espero que este volume possa desempenhar a função de acompanhar alunos e cultores dentro do mundo do sacramento da eucaristia e no rito da missa, oferecendo-lhes algumas coordenadas para fazer um discernimento, tanto da tradição comum, quanto da própria experiência pessoal. Se isso acontecer, ao menos em parte, então terá valido o esforço.

Dedico este volume aos meus dois grandes mestres: Giampiero Bof, padre savonense e teólogo de "raça" que "pensava falando", com rigor e profundidade, nas aulas e nas homilias, nas conferências e nas divagações musicais ou culinárias, e que me acompanhou por quarenta anos, desde o longínquo 1978; e Benno Malfèr, professor, abade beneditino e pensador lúcido, sempre com os pés entre o mundo de língua germânica e o mundo de língua italiana, que eu conheci mais de vinte anos depois, em Pádua. Ambos faleceram pouco mais de um ano atrás, com cerca de três meses de diferença entre um e outro. Eles me mostraram com o exemplo – de vida e de doutrina – como se deve construir um saber teológico sério e, ao mesmo tempo honesto e audaz, que tem a aspiração de ser convincente e crível, permitindo a si – mas mais frequentemente exigindo de si – uma grande liberdade. A eles uma agradecida e comovida recordação, plena de reconhecimento e de admiração. Somente com a morte deles, inesperada e triste, é que definitivamente resolvi escrever este volume: quase como que para dar voz àquilo que deles eu aprendi em longos anos de fecunda aprendizagem. Com Giampiero, em longas discussões durante as frequentes viagens de carro por toda a Itália, dos anos 80 até o final de 2000, rumo a empolgantes congressos teológicos; com Benno, em intensas rodadas de trabalho em Roma, Pádua, Bolzano e em Montserrat, nas quais os longos silêncios eram tão importantes quanto as palavras medidas e iluminadoras. Toda esta bagagem de experiências e de pensamentos, de existências e de resistências, agora deve ser guardada e transmitida também a outros, na lógica mais autêntica daquilo que estamos habituados – mas também autorizados – a chamar de "tradição".

Savona, 22 de maio de 2019

Prefácio à segunda edição

Apenas quatro anos após o primeiro lançamento deste volume (2019), uma segunda edição foi necessária para atualizar o texto com os desenvolvimentos que a disciplina eucarística conheceu graças aos últimos documentos publicados pelo papa Francisco: o *motu proprio Traditionis custodes* (2021) e a carta apostólica *Desiderio desideravi* (2022).

Com efeito, estes documentos ajudam a lançar nova luz sobre toda a história da disciplina e da doutrina eucarística, tal como foi configurada pela sequência de "ação, forma e essência" que procuramos neste texto correlacionar radicalmente, para poder compreender plena e fielmente a teologia da eucaristia em seu quadro teórico mais convincente. De fato, se a ação ritual parece decisiva para a forma fundamental da eucaristia, é claro que o paralelismo de formas contraditórias, inventado em 2007 pela *Summorum pontificum*, não constituiu a solução de um problema, mas o afirmar-se de um problema mais sério, que já havia ganhado considerável atenção na primeira edição deste texto. Com os dois novos documentos – que superam explicitamente esta duplicidade de formas paralelas do mesmo rito romano e restabelecem que há uma só expressão da *lex orandi* da liturgia eucarística da Igreja Católica – foi retomado abertamente o percurso que o Movimento Litúrgico e a reforma litúrgica vinham realizando há pelo menos um século, para responder à questão litúrgica de forma não virtual ou mistificada. A paz litúrgica e a unidade da Igreja requerem visões coerentes e não improvisadas.

Com esses desenvolvimentos recentes, em parte inesperados, ainda que desejados desde há algum tempo, tornou-se, pois, urgente prover a reconstrução pontual do capítulo 10, dedicado precisamente a este problema do "paralelismo ritual", juntamente com algumas anotações em outras partes deste volume, a fim de atualizar o manual segundo um desenvolvimento disciplinar e pastoral, que tem implicações doutrinais dignas de atenção. Nesta ocasião, tentou-se corrigir até mesmo os poucos erros de digitação da primeira edição.

Agradeço ao Editor pela sua disponibilidade e pelo habitual cuidado com os detalhes.

Savona – Sommacampagna, 28 de janeiro de 2023

Memória de Santo Tomás de Aquino

Advertência do autor

Este volume, enquanto manual, deve servir para introduzir o aluno no "fenômeno-eucaristia". Isso exige não apenas algumas escolhas metodológicas, que explicarei melhor na Introdução e no capítulo 0 (o *Prelúdio de caráter metodológico*), mas também uma série de meios estruturais. Uma das coisas que normalmente falta aos manuais teológicos é um espaço reservado para "dar a palavra" aos autores dos quais se está falando. Portanto, como será evidente, principalmente na segunda e na terceira parte deste volume, o leitor encontrará citações relativamente amplas com as quais poderá se confrontar. Serão principalmente traduções portuguesas de escritos gregos ou latinos ou estrangeiros. Sem intenções filológicas, essas inserções textuais terão a função de oferecer para o aluno a "matéria prima" com a qual se confrontar, além da igualmente necessária mediação da síntese e do comentário, ao qual não se pode jamais renunciar. Preferiu-se privilegiar muito mais o testemunho direto de alguns autores do que o resumo completo de todos os testemunhos. Para essa visão abrangente será mais frequente a remissão a outros manuais válidos. Ademais, como se perceberá, escolheu-se reduzir ao máximo o aparato bibliográfico, para não cansar o estudante com excessivas referências, privilegiando deste modo antes a estruturação de um pensamento sistemático do que a justificação histórica de cada afirmação.

Objeto da apresentação é a tradição eucarística latina católica romana. Tive de abrir mão de fazer referências a outras tradições cristãs, que aparecem em cena apenas ocasionalmente e por breves referências. Amadureci a convicção de que uma verdadeira formação teológica à eucaristia deve promover no aluno, já em seus primeiros passos, uma reflexão crítica tanto nas questões pensadas quanto naquelas ainda não pensadas na tradição. Espero que essa intenção, que procurei desenvolver o melhor possível, possa premiar os esforços na leitura e nos torne mais indulgentes com os muitos limites do texto.

Introdução

Estote quod videtis, accipite quod estis.

(Santo Agostinho de Hipona)[1]

I. Um limiar tomista

Um manual sobre a eucaristia, para ser realmente significativo, deve ter hoje – e sempre – uma perspectiva de leitura ao mesmo tempo *forte*, *abrangente* e *sintética*. Ou seja, deve fazer uma síntese de elementos que a tradição desenvolveu de maneira autônoma, mas que frequentemente resultam pouco ou nada correlatos entre si. Portanto, eu gostaria de *tentar recuperar*, com o percurso deste volume, aquele "terreno originário" *sobre o qual pode ainda florescer a tradição eucarística cristã*. As palavras que, acerca da eucaristia, chegaram até nós com mais força são principalmente: "presença", "sacrifício", "comunhão". É a relação com Cristo, com sua vida, com sua paixão, com sua morte e com sua ressurreição que estão em jogo. Mas a eucaristia é feita também da relação com o movimento e com o tempo: é "a realização de toda realização". Também sobre essa dimensão "iniciática" da eucaristia há diversas "palavras antigas", frequentemente esquecidas, que guardam a verdade de modo surpreendente e paradoxal.

---

1. "Sede aquilo que vedes, recebei aquilo que sois": do *Sermão 272*.

Escolhi colocar como "exergo"[2] de todo o volume uma expressão deste gênero, que vem da obra mais conhecida de Santo Tomás de Aquino e com a qual ele define a eucaristia não como "dever", mas como "fim de todos os deveres" (*Summa theologiae*, III, q. 65, a. 3, ad 2). À primeira vista, esse texto do Doutor angélico poderá parecer como uma escolha ao mesmo tempo totalmente óbvia quanto arbitrária. Sem dúvida, trata-se de uma expressão de Tomás amplamente negligenciada pela tradição posterior. Considero, contudo, que ela possa constituir uma ótima provocação para entrar corretamente na perspectiva com que a tradição quer nos entregar a "morte do Senhor", em uma refeição ritual, como nossa salvação. Esta fala da eucaristia não apenas como "o fim/finalidade" de todos os deveres, mas como "o fim/a interrupção" de todos os deveres. Na eucaristia todos os deveres são "cumpridos" e, ao mesmo tempo, "transgredidos" e "superados". De fato, diz o texto completo de Tomás:

> Por meio do sacramento da eucaristia o homem não é chamado a algum dever: mas, esse sacramento, é muito mais o fim [finalidade/término] de todos os deveres (*Per sacramentum eucharistiae non deputatur homo ad aliquod officium: sed magis hoc sacramentum est finis omnium officiorum*).

Já Romano Guardini, em seu livro sobre a eucaristia, *Il testamento di Gesù*[3], dedica mais da metade do texto na elaboração da atitude mais adequada para "entrar" na eucaristia. Por isso, oitenta anos depois desse seu texto, e caminhando ainda intencionalmente sobre seus passos, é totalmente legítimo se referir a essa expressão surpreendente de Tomás, que foca a atenção na dinâmica iniciática da eucaristia.

Dessa expressão me interessa trazer à tona o valor de provocação em direção a um modo de entender não apenas a eucaristia, mas toda a vida cristã, em termos de "dever" e de "tarefa". Se a fé é a consciência do "primado do dom sobre a tarefa", recuperar essa dimensão "doada" aparece hoje como o objetivo prioritário de uma teologia que queira introduzir a eucaristia. Por isso *finis omnium officiorum* é a indicação sintética de "um dom que libera da tarefa", de um "tomar iniciativa de perder a iniciativa"

---

2. Em grego *exergo* significa literalmente "fora da obra", o termo era empregado em numismática para indicar o espaço reservado nas moedas para alguma inscrição. No âmbito livresco, a palavra tem o sentido de "epígrafe". (N. do T.)

3. GUARDINI, R., *Il testamento di Gesù*, Milano, Vita e pensiero, 1993; no original alemão de 1939, a obra tem o título *Besinnung vor der Feier der Heiligen Messe*, isto é "Reflexão sobre a celebração da Santa Missa".

(J.-L. Marion). Em outros termos, essa expressão é o sinal de uma identificação da "mais que necessidade" (E. Jüngel) como lógica divina, que a eucaristia assume como regra fundamental. É a experiência da "graça de Cristo", que aparece como "mais que necessária": não pode ser reduzida à lógica da necessidade, mas está simultaneamente em um *aquém* e contemporaneamente em um *além* em relação à necessidade.

Tomás sabia bem que essa "não necessidade" – que participa da lógica da realização e do fim – possui exigências expressivas muito altas: o "modo simbólico" lhe pertence segundo um perfil originário. E nesse sentido assume uma "forma" que é mais próxima à poesia que à ciência. Daqui deriva também a exigência de que, para dizer este "fim de todo dever", a teologia deva se preparar para falar cientificamente em diversos âmbitos, para atestar a força dessas *linguagens elementares*, às quais a celebração eucarística recorre com abundância e surpreendente liberdade, e que, por sua vez, certa tradição negligenciou amplamente, chegando mesmo a suprimir ou a ignorar.

II. A tradição eucarística como "várias traduções"

Para uma compreensão do sacramento que se coloca no centro da experiência cristã – que os católicos chamam de "eucaristia", que os evangélicos chamam de "santa ceia" e que os ortodoxos chamam de "santa liturgia" – se faz necessária, portanto, uma abordagem prospectiva e articulada, que traga luz ao mesmo tempo à complexidade e à simplicidade do sacramento.

É exatamente o lugar da "tradição" mais originária (a *traditio*) – aquele lugar em que aquilo que a Igreja recebeu de seu Senhor, ela, por sua vez, pode acolher, reconhecer e transmitir – que exige uma corajosa forma de "tradução": não é possível sua transmissão se não houver sua tradução. *Traduzir a tradição é a tarefa da mediação teológica*. Por isso a tarefa teológica, que é geral e diz respeito a todo o saber teológico, mostra-se ainda mais delicada precisamente porque está aqui em relação com o "ato fundador" constituído pela celebração eucarística.

As perspectivas que se sucederam no tempo, para dar conta daquilo que ocorreu no sacramento do altar, são formas dessa "tradução da tradição", que atravessa incansavelmente os dois milênios de história eclesial. Para poder oferecer hoje uma leitura adequada do sacramento, devemos ter desenvolvido uma lúcida consciência dessa "continuidade na descontinuidade".

Para fazer jus a essa tarefa hoje, é necessário propor uma "síntese" que apresente o sacramento da comunhão eclesial segundo uma tríplice tradição. Devemos, antes de tudo, esclarecer essas *três tradições sobre a eucaristia*, para podermos depois desenvolvê-las conforme o êxito que sua contribuição determina para a experiência eucarística de que vive a Igreja, tanto hoje como sempre.

III. As três tradições de "abordagem" da eucaristia

A Igreja sempre refletiu sobre a grande e central experiência eucarística. Nela a Igreja se encontra "em comunhão com o Senhor" de uma forma absolutamente particular. Mas essa reflexão eucarística foi conduzida – como é inevitável ao longo de uma história mais que bimilenária – a partir de estilos de linguagem e modelos de pensamento muito diferenciados.

Se tivéssemos que considerar essa história de maneira sintética, poderíamos individuar substancialmente *três estilos de reflexão sobre a eucaristia* que por vezes se sucederam, por vezes estiveram lado a lado, e, por vezes, entraram em conflito. Poderíamos considerá-los principalmente conforme esta distinção, tirada do já citado volume de J. H. Emminghaus[4], discípulo de Pius Parsch:

a) Uma pesquisa sobre a "essência" (*Wesen*) do sacramento caracteriza toda a história da teologia, dos primeiros séculos até hoje. É a pergunta que visa "definir" o sacramento em seu sentido essencial. Obviamente, essa "definição" foi conduzida e articulada de modos e com instrumentos muito diversos pelos Padres, pelos escolásticos, pelos teólogos modernos e por aqueles contemporâneos. Mas a pergunta sobre "o que é a eucaristia" permaneceu central até hoje e não pode ser evitada, pois com esta se define também a presença de Cristo em meio aos seus e a consistência da experiência eclesial de "comunhão com o Senhor".

b) Um segundo modo de refletir é aquele que se detém sobre a "forma" (*Gestalt*) da eucaristia, indagando sobre a continuidade e sobre as variações da sua manifestação histórica, no devir da cultura eclesial e civil, e na mutação das modalidades, das ações, dos lugares e dos sujeitos nela implicados. O processo eclesial que deu forma à "missa", de modo diferenciado e com um percurso nada linear, se tornou interessante principalmente para

---

4. EMMINGHAUS, J. H., *Die Messe. Wesen, Gestalt, Vollzug* (Schriften des Pius-Parsch-Instituts Klosterneuburg, 1), Wien, Österreichisches Katholisches Bibelwerk, 1983.

os/as crentes dos últimos dois séculos, paralelamente à formação de uma "consciência histórica". Assim, ao lado de um saber sobre a "essência", surgiu um saber sobre as "formas históricas" da eucaristia.

c) O terceiro perfil de atenção diz respeito, por sua vez, à "celebração" (*Vollzug*), ou seja, às modalidades com que a ação ritual é realizada, observada, gerenciada, participada. Por um lado, foi uma vertente óbvia e não problemática, que acompanhou como "pergunta prática" toda a história da Igreja. Por outro, esse mesmo nível ritual se manifestou recentemente, sem sombra de dúvida, com a força de uma nova "questão litúrgica", que fez seu exórdio oficial no debate eclesial há pouco mais de um século atrás: desde então, emergindo como tema e como problema para a consciência pastoral e espiritual da Igreja, essa perspectiva de atenção "litúrgica" pelo sacramento eucarístico começou a modificar profundamente não apenas a prática eucarística, mas também a teoria teológica sobre a eucaristia.

Cada uma dessas linhas, que caracterizaram a tradição de reflexão da teologia em torno do tema eucarístico, gerou um estilo e uma linguagem próprios, um modo de falar e de pensar que, por sua vez, se tornou tradição e influenciou a prática. Desse modo nasceram diferentes modalidades de abordagem que poderiam ser definidas sinteticamente assim:

- uma *abordagem sistemática*, que tem por tema a "essência" da eucaristia: essa modalidade da tradição pensa de modo conceitual, usa as palavras nesse modo e induz experiências e ações preocupadas em ilustrar e tornar possível um "ato da alma" ou *actus animi*;
- uma *abordagem histórica*, que tem como tema o devir das "formas" da eucaristia: pensa o devir da história, usa as palavras de modo dinâmico e impulsiona na direção de formas renovadas de ação litúrgica e de estruturação eclesial;
- uma *abordagem litúrgica*, que enfoca a eucaristia como "ação ritual" ou *actio sacra*: pensa de forma simbólica, valoriza as linguagens não verbais e introduz uma experiência corpórea e comunitária do sacramento, do qual investiga as sequências com as quais está constituído.

A tarefa deste manual será fazer compreender, de maneira específica, como se relacionam essas três dimensões da tradição. É evidente que não se trata nunca de uma relação linear e unidirecional. Cada uma dessas *três locuções* (essência sistemática, forma histórica e ação ritual) indica uma *teoria*, mas também uma *experiência* do sacramento; por isso, uma influencia as outras duas e das outras está sujeita a orientações, condicionamentos, limitações ou estímulos. Trata-se, ao mesmo tempo, de formas de linguagem, de formas de pensamento e de formas institucionais que interagem profundamente entre si e que devem ser estudadas e consideradas nessa sua inter-relação estrutural.

Em particular, essas três palavras-teorias-experiências nos permitem compreender de que modo a tradição buscou "explicar" a missa, com um inevitável fenômeno de "redução", que assumimos como estrutural mas nunca de modo totalmente unívoco. Visto que toda explicação é sempre, a seu modo, uma *reductio ad unum*, com essa "tríplice redução" criamos uma "tríplice aceitação" da noção de "forma" – que é a palavra que mais do que qualquer outra carregou sobre si a tarefa de explicar o sacramento – e que podemos aqui identificar com três diferentes operações de redução-explicação. Portanto a eucaristia foi explicada

- fazendo-a remontar a uma "causa formal", conforme a tradição escolástica e especulativa;
- fazendo-a remontar a diferentes "formas históricas", conforme a tradição histórica e dogmático-positiva;
- fazendo-a remontar à "forma ritual", conforme a tradição litúrgico-pastoral.

Esse primeiro nível de atenção que dispensaremos ao nosso tema parece ser de grande relevância, pois esclarecendo os instrumentos metódicos da análise teológica, se contribui para esclarecer também o modo com que os séculos tiveram acesso à sua experiência eucarística. Essa relação, frequentemente proposta de maneira muito simplificada e ingênua, merece uma atenção toda especial, pois ilustra a correlação decisiva entre "formas do saber", "formas da ação" e "formas da vida". Por isso, é importante que nos detenhamos agora na diferença entre as três "experiências" que se instituem por meio dessas diversas formas linguísticas e conceituais do saber eucarístico.

IV. Três experiências de eucaristia

É preciso reconhecer que essas diferentes abordagens do conhecimento e esses diferentes métodos de investigação, se, por um lado, contribuem para estruturar uma "expressão" da eucaristia conforme uma doutrina esclarecida e estruturada, por outro, dependem de uma experiência que por sua vez tentam reconhecer, exprimir e elaborar doutrinalmente. Portanto, é inevitável que do conjunto de uma tradição bimilenária hoje saibamos colher, ainda que de modo sintético, uma série de diferentes experiências da eucaristia. Tentaremos fazer aqui uma apresentação geral, e, posteriormente, buscaremos trazer à tona a relação íntima que emerge entre "experiência crente" e "experiência teológica", entre prática pastoral-espiritual e teoria doutrinal-disciplinar.

a) Em primeiro lugar, há o amplo espectro das "experiências objetivas" da eucaristia, ou seja, toda aquela gama de "testemunhos" em torno de um interesse "dogmático" e "disciplinar" para com este sacramento central para a vida da Igreja cristã. A eucaristia deve ser vivida, celebrada e pensada como "objeto" muito precioso e decisivo: a linguagem definitória e normativa, com sua autoridade e credibilidade, reveste essa experiência e a torna possível na medida em que controla suas formas e expressões. Uma "exterioridade sagrada" é progressivamente definida e disciplinada com extremo cuidado dentro da experiência católica. Esta é, por um lado, *usus rerum exteriorum*, e de outro se refere a um *actus animi*, e, portanto, as suas *res* permanecem ao mesmo tempo externas e internas. É muito importante lembrar bem deste dado: a estruturação de um saber dogmático-disciplinar, com toda a sua demanda de objetividade e com o poder de uma objetivação institucional, possui a intenção de salvaguardar uma "perda de poder" sobre a eucaristia. Ou seja, quer garantir a sua qualidade de mistério, cuja autoridade pertence ao Senhor e ao Espírito, não à Igreja ou aos sujeitos individuais.

b) Contudo, correspondentemente a essa primeira linha de reflexão, uma segunda quase lhe serve como contraponto. Enquanto se desenvolve uma experiência objetiva e institucional da eucaristia, que toma a forma de "doutrina" e de "disciplina", nasce também uma espiritualidade, uma mística, uma ascética e uma moral eucarística. Assim – paralelamente, e com graus nem sempre significativos de relação – um segundo modo de pensar e de viver a eucaristia é referido apenas à interioridade, à introspecção, à intimidade, ao *actus animi*, à devoção e à adoração. Tudo aquilo que é "sacramento" tende a se resolver em uma "fé" e em uma "oração". Essa tendência se acentuou a partir de uma época em que o sujeito passou a se colocar cada vez mais no centro do panorama teológico e eclesial. A experiência da eucaristia se torna aquela de um "culto", de uma "devoção", de um "afeto", de uma "atitude", e até mesmo de um "apego". A relativização da exterioridade é uma espécie de êxito paradoxal dessa aliança entre lógicas objetivas e lógicas ascéticas.

c) Uma terceira linha de experiência atravessou os dois milênios de história cristã. Contudo, é uma experiência da qual, pelo menos no Ocidente católico, precisamente por causa dos desenvolvimentos impostos pelas duas primeiras linhas de experiência, temos dificuldade em nos darmos conta. Isso depende das "condições teóricas" que a teologia simultaneamente assume e predispõe. Um desenvolvimento quase exclusivamente "sistemático-disciplinar" e "ascético-moral" da teologia tornou muito difícil, para a experiência, reconhecer plenamente a si própria. Foram justamente os primeiros dois âmbitos da teoria e da experiência que marginalizaram essa terceira abordagem que, sob certos aspectos, devemos reconhecer como "mais originária". De fato, uma experiência intersubjetiva da eucaristia considera o sacramento antes de tudo como *actio sacra*, na qual Deus e o ser humano, Cristo e a Igreja atuam contemporânea e dialogicamente: as páginas inaugurais do Movimento Litúrgico de Guardini e de Casel testemunham precisamente essa "descoberta"[5].

A polarização entre "objetivo" e "subjetivo", tão típica da teoria e da experiência eclesial posterior ao período da escolástica, tornou muito difícil não apenas "teorizar", mas também "fazer experiência" de maneira diversa dessa polarização estrutural. Desse modo, o coração da celebração eucarística se mostrou profundamente comprometido, já que fora reduzido e traduzido em categorias demasiadamente rígidas e formais. Ao mesmo tempo, uma missa reduzida a um "conceito místico", a *ritus servandus* ou a "devoção paralela" é o produto dessa história, o resultado das duas primeiras abordagens, contra as quais reage o Movimento Litúrgico, redescobrindo uma "terceira via" de acesso, de compreensão e de experiência da eucaristia.

De certo modo, e com muita cautela, aquilo que este manual quer apresentar é precisamente *uma integração fundamental intersubjetiva – ou seja, simbólico-ritual – do saber eucarístico dogmático-disciplinar e ascético-moral* que atravessou os dois milênios de história da Igreja e da cultura. Em outras palavras: a possibilidade de um desenvolvimento do saber eucarístico, tanto em sentido doutrinal-disciplinar como em sentido ascético-moral – ou seja, tanto na direção objetiva como na direção subjetiva –, se torna possível a partir de *uma "experiência prévia", que não é simplesmente objetiva, nem simplesmente subjetiva, mas intersubjetiva*, e que corresponde à experiência simbólico-ritual como a encontramos na ação

---

5. Cf. GRILLO, A., *La nascita della liturgia nel XX secolo. Saggio sul rapporto tra Movimento Liturgico e (post-)Modernità*. Assisi, Cittadella, 2003. Os dois textos fundamentais são: GUARDINI, R., *Lo spirito della liturgia*, Brescia, Morcelliana, 1930 [ed. bras.: *O espírito da liturgia*, São Paulo, Cultor de Livros, 2020] e CASEL, O., *Il mistero del culto cristiano*, Roma, Borla, 1985 [ed. bras.: *O mistério do culto no cristianismo*, São Paulo, Loyola, 2009].

litúrgica celebrada por uma assembleia eclesial em comunhão com o seu Senhor. Nenhuma das três experiências absorve integralmente o fenômeno eucarístico, que tem necessidade de todas as três para ser, ao mesmo tempo, compreendido e vivido, pensado e praticado, atuado e sofrido. Contudo, é urgente recuperar esse "terceiro modelo", precisamente por causa da condição de "menoridade" em que recaiu ao longo do segundo milênio latino. É preciso reconhecer também que a "saída da condição de menoridade" da experiência simbólico-ritual da eucaristia requer passagens delicadas e mediações muito sutis.

V. Relação entre métodos e conteúdos

Para o que dissemos até agora, a primeira constatação, cuja importância podemos compreender, deve ser a de *correlacionar cuidadosamente as "formas de expressão (teológica)" em torno da eucaristia com as "formas de experiência (crente)" da eucaristia*. Como pudemos notar, a tradição nos oferece, ao mesmo tempo, expressões e experiências, que a nós cabe relacionar cuidadosamente. Para fazer isso devemos reconhecer, em primeiro lugar, sua "interdependência" estrutural. Por isso devemos admitir, com muita franqueza, que a nossa experiência depende da nossa expressão, que o nosso pensamento eucarístico depende de nossa linguagem eucarística, que compreende palavras e cantos, músicas e silêncios, espaços e tempos, movimentos e gestos. Portanto, para ter acesso a uma tradição objetiva/subjetiva da eucaristia – que visa exprimir historicamente o "sentido último" do sacramento enquanto objeto para um sujeito – devemos recuperar sua experiência intersubjetiva, ou seja, a *mediação corpórea*, lenta, opaca e gradual que chamamos de culto, sacramento e liturgia. Mas para atingir esse objetivo devemos justamente nos deixar guiar pelas formas teóricas que recuperam, aquém e além do nível objetivo e subjetivo, um âmbito intersubjetivo da tradição: essa recuperação, teórica e prática, é uma das condições para uma inteligência teológica eficaz da eucaristia.

Por esses motivos devemos reconhecer que a fidelidade à tradição eucarística só pode ser possível hoje com base em um profundo trabalho de reconsideração do impacto que as "tradições teológicas" tiveram sobre as "tradições experienciais".

Se lermos de fato com profundidade as histórias dos últimos séculos, descobriremos com grande surpresa que se criou uma espécie de "santa aliança" entre os métodos sistemáticos e disciplinares, e as experiências subjetivas e objetivas do sacramento. O que se torna mais difícil de reconhecer é que o sentido último do sacramento eucarístico exige necessariamente a plena experiência da sua dimensão intersubjetiva. Ou seja, requer o penoso reconhecimento de que o sujeito em comunidade seja/se torne "parte do mistério" e seja/se torne "corpo de Cristo". Isso pode ser "conhecido" e "vivido" somente se for "celebrado". A diferença, em relação ao saber clássico sobre a eucaristia, reside na distância entre um conhecimento *mediado exclusivamente por conceitos* e um conhecimento *mediado principalmente por ações*. Foi Romano Guardini o primeiro a trazer à tona essa diferença fundamental no âmbito da celebração eucarística[6], na qual é o caráter de "ação" que deve ser redescoberto, a fim de poder compreendê-la plenamente, principalmente do ponto de vista intersubjetivo, e também enquanto "objeto" que está diante de um "sujeito".

VI. Experiências diversas mediante lógicas e saberes diversos

Cada um dos três âmbitos, cuja importância específica estudaremos ao longo das páginas deste manual, procede segundo uma particular correlação entre saber teológico e saber antropológico. Tentaremos trazer à tona os "instrumentos" fundamentais desse saber eucarístico plural.

a) A pesquisa sobre a "essência" (*Wesen*) da eucaristia está caracterizada por uma tendência acentuada de se fazer recurso a noções filosóficas, a conceitos abstratos, pelo menos a partir do século IX, mas com certa tendência progressiva, ao longo dos séculos, a reconduzir todo o sentido do sacramento à "demonstração de um conceito" (de presença ou de sacrifício). A pesquisa sobre o "conceito de eucaristia" dentro da tradição latina do segundo milênio comprometeu principalmente o pensamento e, ainda que indiretamente, determinou um inevitável descompromisso com aquilo que é corpóreo, material, sensível – exceto recuperando-o, mas apenas em um segundo momento, no âmbito disciplinar ou afetivo. A estratégia desse saber – típica da tradição latina – é a de uma "redução ao conceito" em que o papel da práxis é substancialmente secundário, prático e acessório. No centro do saber está o *ens* e não a *actio*.

b) Em vez disso, a pesquisa das diversas "formas históricas" (*Gestalt*) se vale de uma grande elaboração histórica e filológica, a serviço da

---

6. Referimo-nos aqui à obra já citada de GUARDINI, *Il testamento di Gesù*. Voltaremos mais adiante a este trabalho fundamental.

exploração desse devir progressivo e mais ou menos "orgânico" da história das formas práticas com que o sacramento é celebrado. Interrogar os textos e os testemunhos se torna o passo fundamental para se ter acesso ao sentido, por vezes com uma forte polêmica em relação às definições a-históricas, que são percebidas como limitadas ou até mesmo como ideológicas. Os instrumentos fundamentais nesse âmbito são as ciências filológicas e as ciências históricas. Estas, entretanto, têm a limitação estrutural de sempre poder desembocar em um universo de "nomes", sem, porém, salvaguardar qualquer verdadeira "ligação" digna desse nome.

c) A reflexão sobre a relevância da "celebração ritual" (*Vollzug*) e de sua articulação interna puderam emergir, enfim, na consciência eclesial não apenas graças à prospecção histórica das práticas e à prospecção filológica dos textos, mas também por mérito de uma nova reflexão antropológica, que trouxe à tona a força originária de "práticas humanas" – como a refeição, a palavra, a reunião, a iniciação, a cura, a tomada do poder, a relação sexual, o ritmo temporal e a relação social – em sua qualidade de formas elementares de relação com Deus e com o próximo. Este *novo olhar sobre a eucaristia*, que a tradição precedente certamente conhecia, mas que não havia tomado como tema da própria reflexão – não por exclusão, mas, eu diria, quase que por superabundância – se torna agora um poderoso instrumento de recuperação de experiência. Aquilo que o passado havia pressuposto, se manifesta agora como argumento de reflexão e de meditação, para poder aceder ao sentido da eucaristia também *per ritus et preces*, isto é, "por meio dos ritos e das orações" (cf. SC 48).

VII. Contra o reducionismo teológico

Restabelecer um conceito, por um lado, narrar um desenvolvimento histórico e amadurecer uma experiência por meio dos ritos e das orações, de outro, *são procedimentos cognoscitivos e metodológicos muito diferentes*. A essência conceitual, a história das formas e a articulação da ação ritual abordam a eucaristia segundo lógicas e argumentações que não são *a priori* coerentes. Isso torna particularmente árduo um trabalho de esclarecimento que não corra o risco de ser um "forçar a barra" em favor de uma única experiência em detrimento das outras duas. De fato, no desenvolvimento concreto do saber cristão sobre a eucaristia, as correlações entre estes três níveis foram frequentes e profundas, mas determinaram também grandes desequilíbrios, causando muitas vezes exasperações, unilateralidades e cegueiras, sempre diferentes. Confiar todo o sentido da eucaristia a apenas uma dessas vertentes – à conceitual, à histórica ou à ritual – foi uma tentação da tradição e ainda agora assim permanece. Uma eucaristia reduzida *somente* ao seu sentido, ou à sua história, ou ao seu rito continua a ser uma possibilidade real, por vezes uma via de fuga ou mesmo um modo para não se envolver muito nas questões que lhe dizem respeito.

O que nós procuraremos fazer, neste manual, visa principalmente *evitar esse reducionismo*, que pode ser sistemático, histórico ou litúrgico.

O primeiro reducionismo – o sistemático – é certamente aquele que no último milênio gozou de maior sorte no Ocidente; mas nos últimos dois séculos, progressivamente também o segundo – o histórico – e o terceiro – o litúrgico – apareceram perante a porta do saber sacramental cristão e católico, determinando não apenas aberturas salutares, como também novas formas de fechamento. A afirmação de que "a eucaristia não é outra coisa senão…" esconde sempre um forçamento, que aqui devemos cuidadosamente evitar. Buscaremos substituir uma *mens* redutiva por uma *mens* abrangente e complexa[7], com a finalidade de honrar a riqueza da tradição, uma riqueza que não deriva apenas das formas de realidades do passado, mas também das possibilidades fundadas do futuro, das quais se dá um conhecimento profético.

VIII. Uma hipótese quase inédita

É preciso reconhecer, não só do ponto de vista do tratamento sistemático, que essa configuração se apresenta como uma grande novidade. Na história dos "tratados" sobre a eucaristia – dentro do esquema clássico, orientado a esclarecer o sentido e a essência do sacramento – foi muito mais fácil operar uma integração das novas perspectivas de caráter histórico e litúrgico, frequentemente justapostas e não correlacionadas entre si, às questões sistemáticas clássicas sobre o sentido teológico do sacramento eucarístico. Essa passagem talvez tenha sido inevitável, mas hoje devemos seguramente julgá-la como insuficiente: trata-se, de fato, de um arcabouço sistemático clássico, ao qual se adiciona, por vezes apenas em alguma nota, determinadas correções ou esclarecimentos de caráter histórico e ritual. Em vez disso, é necessário elaborar uma nova síntese e uma

---

7. O método "abrangente" caracteriza os dois volumes do *Corso di teologia sacramentaria*, organizados por A. Grillo, M. Perroni e P.-R. Tragan (Brescia, Queriniana, 2000). O paradigma da complexidade é proposto com uma bela lucidez por BONACCORSO, G., *Critica della ragione impura. Per un confronto tra teologia e scienza*, Assisi, Cittadella, 2016.

nova visão abrangente, para avançar com determinação a uma reconsideração geral da matéria.

Nessa direção, orientada para o desenvolvimento dessa nova perspectiva, o debate, surgido entre os anos de 1930 e 1940 entre Romano Guardini e Josef Jungmann, sobre o tema da "forma fundamental" da eucaristia parecia decisivo. Quarenta anos depois, nos anos de 1980, Joseph Ratzinger, comentando esse episódio da história da doutrina eucarística, dirá que "com o conceito de 'forma' havia entrado no diálogo teológico uma categoria desconhecida, cuja dinâmica reformadora era inegável. Antes, se poderia dizer que *a liturgia, em sentido moderno, nasceu com a descoberta dessa categoria*"[8]. Mediante a citação dessas palavras – que sublinham bem a novidade dessa categoria desconhecida, ou seja, da noção de "forma fundamental" – se pode trazer à tona uma série de aquisições decisivas, com a finalidade de justificar a configuração deste manual:

a) O subtítulo do texto que o leitor tem em mãos soa, sem dúvida, assim: *Ação ritual, formas históricas, essência sistemática*. Poderíamos facilmente traduzir o subtítulo em três variações do conceito de "forma". À "fórmula sacramental" e à "forma histórica" se adiciona – e é até mesmo sua premissa – também uma "forma ritual". Mais adiante devemos esclarecer melhor e mais detalhadamente a utilização dessa terminologia. Por agora basta considerar a diferença entre os dois grandes sentidos de "forma" que atravessam toda a tradição do segundo milênio eclesial. Forma pode significar "causa formal" – ou seja, essência, conceito ou ideia – ou então, pode significar "manifestação exterior", visível, tangível, sensível. O termo latino *forma* traduz, de fato duas palavras gregas com sentidos muito diversos: εἶδος/*eîdos* e μορφή/*morphḗ*. Isso significa que a própria palavra "forma" pode exprimir, ao mesmo tempo, a *invisibilidade da substância* e a *visibilidade do acidente*, a mais íntima das interioridades e a mais externa das exterioridades. É precisamente a complexidade dessa correlação que favoreceu majoritariamente o papel do termo "forma", que é tanto mais potente quanto mais rico em sentidos – dado que não é unívoco, mas muito mais "analógico", a ponto de poder ser "equívoco". A polarização entre "sentido interno" e "manifestação externa" no mesmo termo "forma" – com o qual ora é afirmada a "visibilidade", ora a "invisibilidade" – impôs à tradição pontos de inflexão muito significativos, assinalando assim a herança eucarística latina com um traço absolutamente característico.

---

8. Ratzinger, J., Forma e contenuto della celebrazione eucaristica, in: Id., *La festa della fede. Saggi di Teologia liturgica*, Milano, Jaca Book, 1984, 33-57, aqui 34 (grifos nossos).

b) Contudo, é preciso considerar uma acepção adicional e mais recente do termo. De fato, com o surgimento da noção de "forma fundamental" (*Grundgestalt*) emerge a consciência, epocal, da insuficiência de uma abordagem da eucaristia que deixe de lado sua "forma ritual" e se limite a especificar sua "causa formal". De fato, o conceito de "forma fundamental" – que Guardini identifica na ceia e Jungmann na oração eucarística[9] – introduz na teologia da eucaristia do século XX uma necessária referência à "forma ritual", ainda que interpretando-a de maneira diferenciada e não unívoca. Isso induz a olhar a realidade da tradição eucarística com uma ótica diferente. Essa abordagem modifica algumas prioridades e alguns *tópoi* da teologia eucarística: torna significativas as dimensões "exteriores" – ritos e orações – que de outro modo a teologia sistemática havia aprendido a negligenciar e a deixar cair no "contingente": antes, *o fato que o "contingente", justamente porque "não necessário", toque o corpo eclesial de modo mais eficaz expõe uma verdade tão antiga quanto a Igreja, mas que redescobrimos somente no último século*. À luz deste critério, como se verá na terceira parte do presente manual, a participação ativa (*actuosa participatio*) pôde se tornar princípio-guia da experiência eucarística. Como intuiu com profundidade o Vaticano II, na *Sacrosanctum concilium* (nn. 47-58), à formulação do princípio de "participação ativa" corresponde o fato que o "pedido de reforma" diz respeito a "perfis não essenciais" da tradição. *A não necessidade essencial – para a "causa formal" – se torna a necessidade contingente – para a "forma ritual"*. A configuração sistemática diferente se torna critério de juízo e de valorização da própria reforma litúrgica e princípio efetivo da sua atuação mais fecunda. Dessa compreensão deriva também a insensatez sistemática – para além da litúrgica e eclesial – de uma possível marcha à ré por parte de alguns sujeitos às "formas rituais" que o Vaticano II explicitamente quis superar[10].

c) A isso se soma paralelamente a consciência histórica, que atinge também a teologia sistemática mais clássica. Deseja-se fazer referência aqui ao fato de que também a configuração tradicional, que reflete sobre a "essência" do sacramento, amadureceu, desde o final do século XIX, a

---

9. Junto ao texto citado de Guardini, é preciso recordar aqui o texto de JUNGMANN, J. A., *Missarum sollemnia*, Milano, Àncora, 2004 (1. ed. 1948) [ed. bras.: São Paulo, Paulus, ³2015].

10. Remeto ao capítulo 10 para a ilustração detalhada dos desenvolvimentos recentes sobre esta delicada questão, marcada pelo *motu proprio Summorum pontificum* (2007) do papa Bento XVI e pelo *motu proprio Traditionis custodes* (2021) do papa Francisco.

necessidade de "temporalizar os conceitos", mostrando a evolução interna da tradição, desde as origens, depois ao longo dos primeiros séculos, passando pela época patrística, escolástica e moderna até chegar à idade contemporânea. Essa tomada de perspectiva histórica interna do saber sistemático introduziu em seguida variações adicionais, confrontando-se com um novo estudo das "práticas", consideradas de modo diverso, com um método não intelectualista, como fontes de identidade e de fé. Assim, com uma nova atenção pela "forma", flexionada não apenas como fórmula, mas também como forma verbal, como forma histórica e como forma ritual, ia-se compondo um quadro novo, não somente para a teoria teológica, mas também para a práxis pastoral, para a vida espiritual e para a ação litúrgica. Uma renovação teórica renovava a prática, e uma renovação prática estimulava ainda mais a elaboração de uma nova teoria.

Com essas observações, aqui apenas acenadas como uma espécie de prelúdio, está agora melhor composto o quadro epistemológico que rege a configuração deste manual. Este submete à consideração uma *ação ritual originária*, uma *interpretação sistemática do sentido e um evoluir histórico, paralelo e entrelaçado, das ações e da sua interpretação*. Esse entrelaçamento de níveis permite restituir hoje, de maneira fiel, uma "inteligência da fé" implicada no (e sustentada pelo) fenômeno eucarístico. Ela reconhece que há uma inteligência *ritual* da fé que é assegurada pela eucaristia, precisamente, atuando *per ritus et preces*. A esse desafio querem responder as páginas deste manual.

IX. A difícil compreensão da eucaristia *in genere ritus*

Contudo, permanece no fundo da argumentação teológica e da práxis eucarística, uma pré-compreensão difícil de superar: esta era expressa com grande clareza por A. Gerken, precisamente na página final de um dos manuais justamente de maior sucesso das últimas décadas: "A ceia eucarística não é primariamente uma questão de liturgia, mas uma questão de fé"[11]. Fé e liturgia estão, nesta afirmação, contrapostas e assim determinam a incompreensão tanto de uma como da outra. Mesmo hoje, após o Movimento Litúrgico, após o Concílio Vaticano II, após a reforma litúrgica, a consciência do que está em jogo nessa "reconsideração ritual

---

11. GERKEN, A., *Teologia dell'eucaristia*, Cinisello Balsamo, Paoline, 1977 (1. ed. 1972), 290.

da teologia eucarística" aparece amplamente imprevisto e frequentemente negligenciado. Isso ocorre com frequência tanto da parte dos teólogos sistemáticos como da parte dos teólogos liturgistas. Os primeiros creem que podem deduzir o sentido da eucaristia de "conceitos" historicamente arraigados, ao passo que os demais creem que podem simplesmente "descrever ritos" para oferecer uma teologia eucarística convincente. Na realidade, como se verá, a provocação posta em campo pelo último século de reflexão nos obriga a rever o modo com que a teologia pretende "explicar" a celebração eucarística.

A passagem de uma teologia eucarística *in genere signi et causae* para uma teologia eucarística *in genere symboli et ritus* aparece assim como um fenômeno muito mais vasto em relação a uma simples "nova predileção" pela teologia anterior à Idade Média, procurada por meio de um consistente e autorizado "retorno aos Padres". Certamente a nova fase de pensamento teve que assumir alguns modelos de teologia pré-escolástica para configurar um novo modo de acesso à tradição. De um lado ela recorreu ao "método histórico-filológico", solução que foi inaugurada por J. Jungmann na década de 1940. Do outro, passou-se mais por uma releitura fenomenológico-antropológica da tradição, como nesses mesmos anos havia proposto R. Guardini.

Assim, de maneira muito significativa e fecunda, nasceu uma nova linguagem sobre a eucaristia, em torno da qual foi se construindo uma consciência sistemática, que lê de modo original a relevância da "forma", nos termos analógicos que consideramos acima. Não há uma "fórmula" (sistemática) ou uma "forma exterior" (histórica), mas há uma "forma fundamental" (*Grundgestalt*) que permite individuar a eucaristia conforme novas coordenadas, não desconhecidas pela tradição, mas não ainda esquematizadas explicitamente por ela. Nascem assim, em Guardini o conceito de "ceia", e em Jungmann, o conceito de "oração eucarística". De certo modo, essas duas teorias dos anos de 1930-1940 assinalam o surgir de uma compreensão da eucaristia *in genere ritus*. Isso constituirá o início de uma profunda reconsideração da tradição[12], que atingirá tanto a teoria como a prática do sacramento.

---

12. Para a valorização desses dois autores, sobre os quais nos deteremos mais vezes adiante, indicamos o estudo fundamental de DELLA PIETRA, L., *Rituum forma. La teologia dei sacramenti alla prova della forma rituale* (Caro salutis cardo. Studi, 21), com apresentação de A. Grillo, Padova, EMP/Abbazia di S. Giustina, 2012.

X. Ciência teológica e experiência humana

Essa virada ritual estava destinada a impor – bem cedo também para o teólogo sistemático da eucaristia – um método de trabalho mais complexo e mais fecundo. Não apenas o liturgista e o historiador da Igreja, mas também o teólogo sistemático do sacramento eucarístico devia certamente se municiar de um novo saber filológico e histórico, e, contudo, tinha a necessidade de amadurecer também uma consciência fenomenológica e sociológica, psicológica e antropológica, necessária para ingressar no "pressuposto ritual" do sinal sacramental. Se o *genus* da eucaristia é o de ser uma "ação ritual", então o acesso a esta deve passar necessariamente pela refeição comunitária e pela palavra de oração, com toda a profundidade e "contingência" fenomenológica e antropológica de ambas. Nesse sentido, *a teologia do sacramento não pode nunca ter um acesso "imediato" ao sentido* – como pretende frequentemente uma sistemática vítima de esquemas antimodernistas –, *mas goza de um acesso "mediado pelas formas fundamentais" da experiência*. A prospecção ritual da refeição e da palavra – que pode ser identificada com a expressão *per ritus et preces* de SC 48 e com o par "códigos não verbais e códigos verbais" – constitui um ponto de crise e de promoção de uma teologia da eucaristia que tome a sério a mediação exterior.

Actus animae e *usus rerum exteriorum* são as categorias com que o próprio Tomás de Aquino tinha pensado a relação entre fé e sacramento (*Summa theologiae*, III, q. 62, a. 6, *corpus*). Mas ele tinha desenvolvido então, em um saber especificamente eucarístico, uma distinção entre "essência" e "uso" do sacramento que teria feito cair o "rito da comunhão" na irrelevância em relação ao sentido do sacramento. A partir dessa distinção se desenvolveu em seguida, como se verá, uma atenção exclusiva pela "consagração" em relação à toda a sequência ritual oração eucarística ⟶ rito da comunhão. A tradição favoreceu assim e sustentou uma abordagem à eucaristia ao longo do caminho privilegiado do ato da alma.

Isso orientou profundamente a prática e a teoria rumo a um progressivo primado do interior por sobre o exterior. A teologia se ocupava do interior, ao passo que a disciplina se limitava ao exterior: assim procedia o saber clássico. E nesse seu modo de proceder – que é tanto um modo de olhar como um modo de agir – construiu catedrais admiráveis. Mas com a nova configuração, que foi amadurecendo na primeira metade do século XX, a exterioridade se tornava inesperadamente "profunda" e os ritos tornavam a ser considerados *condições dos conceitos teológicos*. Inclusive poderia revelar-se como a exterioridade estava radicalmente aberta para a transcendência, ao passo que a interioridade permanecia fechada na imanência: o corpo, sem dúvida, pode aparecer como sempre aberto à relação, ao passo que o conceito facilmente pode se fechar em si mesmo e tornar-se autorreferencial.

A afirmação de Guardini, segundo a qual a eucaristia não é "representação", mas "ação comunitária", escrita em 1939, precisamente na primeira página do seu pequeno e fundamental livro sobre a missa, constitui um *novum* que merece ser valorizado como um dos critérios fundamentais para compreender os desenvolvimentos da teologia eucarística contemporânea. Eis aqui o texto profético:

> Para muitos, a missa adquiriu o caráter de uma representação sacra à qual o fiel assiste, ou de um evento misterioso que convida à oração. Isso, contudo, oculta o seu real significado, e esconde seu insubstituível valor [...]. E, no entanto, é tempo que na consciência dos fiéis a missa volte a ser aquilo que é pela sua instituição mesma: a "ação" sagrada da comunidade de Cristo, que está compendiada no ofício sacerdotal, mas que deve realmente viver e agir como comunidade[13].

Com essas palavras de oitenta anos atrás, era inaugurado um novo curso da teologia eucarística, em cujo sulco gostaríamos de inserir as páginas deste manual.

XI. Estrutura do texto

O texto que me disponho a escrever, tendo por base aquilo que até agora foi acenado, terá a seguinte estrutura. Sendo um manual, apresentará o próprio objeto sob três perspectivas anunciadas, precedidas por um breve "capítulo metodológico", no qual as observações aqui acenadas serão melhor especificadas e articuladas, para servir como "moldura" a todo o desenvolvimento do texto.

a) Uma *primeira parte* será dedicada ao estudo da "ação ritual" da celebração eucarística, sem reduzi-la à simples exposição de um *ordo* ritual, mas indagando também a "forma fundamental" do sacramento. A ação ritual da eucaristia é lugar de comunhão entre Cristo e a Igreja, na forma de uma "palavra-oração" e de uma "refeição-eucaristia". O esclarecimento

---

13. GUARDINI, R., *Il testamento di Gesù*, 25.

deste primeiro aspecto da experiência eucarística – que é, ao mesmo tempo, um *modo de olhar* e um *modo de fazer* – exige a elaboração de categorias que a tradição pressupõe, mas não esquematiza. Por isso aparece como uma abordagem significativamente nova, quer como linguagem, quer como pensamento.

b) Uma *segunda parte* levará seriamente em consideração a "forma histórica" da missa e, paralelamente, o devir das formas celebrativas e das interpretações sistemáticas. De fato, nós buscamos historicamente apenas aquilo que já pensávamos sistematicamente, salvo para, em seguida, corrigir a noção sistemática graças aos "dados históricos" que podemos ou queremos reconhecer. Jamais há dados incompreendidos nem compreensão sem dados. O perfil original desta segunda parte será a correlação estrutural entre teoria eucarística e práxis eucarística, ainda que oferecida somente por meio de "grandes modelos".

c) Uma *terceira parte* proporá uma síntese sistemática, que produza uma inteligência *ritual* da eucaristia, compondo e integrando as diversas fontes de nosso saber-sentir-agir eucarístico. À luz dos dois primeiros passos, esta seção conclusiva não negligenciará a necessidade de um saber sintético sobre a eucaristia que possa oferecer uma adequada "tradução da tradição", levando em consideração as principais novidades teóricas presentes no debate contemporâneo, quer do ponto de vista litúrgico, quer do histórico, quer do sistemático. Valorizará as apropriações de método e de conteúdo que a própria estrutura do percurso terá assegurado à inteligência eucarística da tradição.

A tentativa proposta por este volume consiste em superar uma abordagem intelectualista e doutrinalista – mas também, ao mesmo tempo, uma abordagem positivista e historicista –, e desenvolver, em vez disso, uma colaboração estrutural entre teologia e antropologia, para compreender o coração da tradição cristã sobre a comunhão eucarística. Em que medida serei capaz de manter minha intenção, e conduzi-la a um resultado convincente – apesar de algumas inevitáveis dificuldades e fragilidades, ligadas como sempre à tentativa de pensar em termos novos uma tradição tão antiga e tão articulada –, será o leitor a julgar ao longo da navegação, durante a qual me esforçarei em fornecer com rapidez mapas de cada rota, na tentativa de evitar – para mim e para quem lê – todo tipo de recife, de baixio, de tempestade ou de calmaria. Procurando não esquecer nunca que toda navegação, mesmo teológica, deve se inclinar não apenas diante do mistério do "mar infinito da substância (*pelagus substantiae infinitum*)"[14], mas também diante da presença de todo "homem de mar", que se torna prioridade inevitável e objeto de cuidado privilegiado: tenderemos, portanto, à *salus animarum*, certamente, mas também à *custodia corporum*.

---

14. Tomás de Aquino, *Summa theologiae*, I, q. 13, a. 11, *corpus* (onde retoma São João Damasceno).

CAPÍTULO 0
Prelúdio de caráter metodológico

> Aquilo que cria a unidade das compreensões – contemporâneas ou sucessivas – da fé não é uma *doutrina* que domina as variações da interpretação: é, em vez disso, uma *prática* eclesial da eucaristia.
>
> (Ghislain Lafont)[1]

Também a teologia da eucaristia participa da profunda reconsideração metódica com que é concebido e construído o saber teológico. Essa mudança profunda inicia com o advento da Modernidade tardia, ou seja, com a emergência de uma cultura em que assumem nova relevância a consciência histórica dos sujeitos e as práticas antropológicas que estruturam a sociedade[2]. Todo o desenvolvimento do pensamento teológico cristão, que se confrontou de maneira ampla e articulada com o saber moderno-tardio, constitui o horizonte necessário para poder compreender em que sentido é necessário uma configuração "abrangente" e "complexa" – ousaríamos dizer "pós-liberal" – até mesmo para estruturar um "manual" como

---

1. Lafont, G., L'Eucaristia, in: Grillo, A.; Perroni, M.; Tragan, P.-R. (ed.), *Corso di teologia sacramentaria*. v. II. *I sacramenti della salvezza*, Brescia, Queriniana, 2000, 189.
2. Para uma introdução a esses desenvolvimentos, cf. Luhmann, N., *Funzione della religione*, Brescia, Morcelliana, 1991 e Theissen, G., *La religione dei primi cristiani*, Torino, Claudiana, 2004.

este[3]. A contribuição articulada, desenvolvida por parte de novas formas de reflexão sobre os estilos teológicos na segunda metade do século XX – como a proposta de um "modelo simbólico" elaborada por A. Dulles[4], ou a cuidadosa reflexão sobre a "natureza da doutrina" elaborada por G. Lindbeck[5] – deve ser considerada com grande atenção neste nosso início. Devemos nos deter, portanto, neste primeiro capítulo metodológico, sobre o esclarecimento da abordagem que foi escolhida para este volume e que não parece de modo algum comum, e muito menos óbvia, para o saber teológico contemporâneo dedicado ao estudo do sacramento da eucaristia. De fato, o novo itinerário dos estudos eucarísticos deriva de numerosos e diferentes "pais", que, por sua vez, geraram muitos e diferentes "filhos", entre os quais queremos buscar orientar o leitor e o estudante, para que possam se desembaraçar o melhor possível nos primeiros passos que darão nesta matéria.

Esses "pais" de uma nova teologia eucarística provocaram, em primeiro lugar, uma certa "confusão" no debate geral, como era inevitável. Eles haviam embaralhado os papéis e confundido os planos daquilo que a tradição doutrinal latina anterior – principalmente aquela que vai do século XII ao século XIX – tinha cuidadosamente distinguido e organizado. As antigas distinções, no entanto, tendo se estabelecido a ponto de se tornarem até mesmo divisões e separações, oposições e contradições, pesam ainda hoje não apenas sobre nossa doutrina eucarística, mas sobre nossa própria experiência pastoral, espiritual, moral e ritual da eucaristia. O exemplo mais simples pode ser este: para um católico não é nada fácil falar da eucaristia valorizando plenamente a missa. De fato, pensando bem, a abordagem "sacramental" e a abordagem "litúrgica" – ou seja, uma abordagem que visa a verdade teológica e uma abordagem que examina a forma ritual – permanecem ainda, substancialmente, justapostas, sem que a relação entre as duas vertentes da experiência saiba se tornar estrutural e fundamental. De certa forma, é possível falar de "eucaristia" durante dias inteiros sem nunca fazer sequer um aceno ao rito da missa ou, vice-versa, podemos refletir com grande profundidade sobre as sequências da missa sem nunca captar a eucaristia como sacramento.

---

3. Cf. GRILLO, A., *Introduzione alla teologia liturgica. Approccio teorico alla liturgia e ai sacramenti cristiani* (Caro salutis cardo. Sussidi, 9), Padova, EMP/Abbazia di S. Giustina, ²2011.

4. DULLES, A., *Modelli della Rivelazione*, Città del Vaticano, Lateran University Press, 2011.

5. LINDBECK, G., *La natura della dottrina*, Torino, Claudiana, 2004.

Isso se deve, como se verá melhor principalmente na parte histórica do manual, a um fenômeno muito complexo, mas bem típico da evolução ocidental dos últimos séculos: ou seja, o fenômeno pelo qual *as distinções do passado, em contato com a cultura contemporânea, se transformaram em oposições*. Esse desenvolvimento histórico e cultural produziu tal efeito de distorção e de alteração nas distinções clássicas, que não raramente chegam a gerar o contrário daquilo pelo qual foram planejadas e introduzidas. Por esse motivo, a reação da teologia em qualquer caso pode se limitar somente a "precisar os conceitos clássicos", mas mais frequentemente ela aparece obrigada a reformular os termos, a traduzir as palavras e as noções clássicas em uma nova linguagem: para dizer a mesma coisa de antes, ela deve encontrar a coragem de usar palavras diferentes e conceitos renovados. *A fidelidade à tradição exige a tradução das linguagens e das noções.*

Gostaríamos de sublinhar, ademais, que neste ponto, como em muitos outros casos, *as "noções" e as "experiências" se ligam inseparavelmente e se condicionam mutuamente*. Visto que distinguimos, a partir do saber escolástico, três elementos da experiência eucarística – o sacramento, o sacrifício e a comunhão, que correspondem de alguma forma às palavras "eucaristia" e "missa" – também por causa de controvérsias internas no mundo eclesial, chegamos a transformar as distinções teóricas em oposições práticas. Assim, pudemos *celebrar sacrifícios (missas) sem que a assembleia tivesse acesso à comunhão*; acreditamos *ter acesso ao sentido da eucaristia sem fazer alguma referência ao rito eclesial*; ou ainda pretendemos *cumprir o rito do sacramento com uma atenção guiada apenas pelo intelecto* e sem qualquer preocupação com os sentidos, com grave desprezo pelo espaço e pelo tempo.

Tudo isso, com o passar do tempo, assentando-se no "não dito" e na "obviedade" do intelecto, do sentimento e do comportamento eclesial, teve repercussões institucionais, espirituais e pastorais que marcam muito profundamente cada aspecto da Igreja católica hoje, como fruto dessa complexa interação entre práticas e teorias. Sobre essa íntima conexão, que se revela atualmente tão decisiva, a atenção teórica não se tornou ainda "normal" e, por isso, ainda não foi adquirida. Antes, *o "saber tradicional" não teve, quase que de modo algum, a percepção desse paradoxo, nem mesmo vislumbrou que uma experiência "dividida" da eucaristia – na qual as lógicas do sacrifício, do sacramento e da comunhão se afirmam e se desenvolvem com uma autonomia desenvolta – teria produzido uma incompreensão progressiva da síntese teórica e, portanto, também uma crise da prática.* Também as controvérsias em torno do Concílio de Trento, e boa parte das controvérsias posteriores, permaneceram totalmente dentro de uma "auto-evidência pressuposta" que hoje nos parece difícil de compreender e que nos pede um esforço hermenêutico novo, no qual a fidelidade se apresenta como a audácia da novidade, ao passo que a repetição do conhecido deriva sempre mais na inautenticidade e na infidelidade. Somente com o século XIX algo mudou e iniciou aquela fase da reflexão eclesial, na qual podemos reconhecer também o tom familiar das nossas perguntas e o eco inicial das nossas tentativas de resposta.

I. A nova intuição: insuficiência da teologia eucarística clássica

Um primeiro dado merece ser registrado e reconhecido. Um que chega até nós, como já dizíamos, a partir da história dos últimos dois séculos. Entre o século XIX e o século XX, progressivamente e, se poderia dizer, quase unanimemente, muitos autores, pertencentes às mais variadas escolas teológicas, tiveram que registrar que a teologia da eucaristia – paralelamente a toda teologia dos sacramentos – necessitava de uma profunda reconsideração e de uma nova configuração. Para usar uma expressão de H. U. von Balthasar, que se referia originariamente à doutrina dos novíssimos, também no canteiro de obras da teologia eucarística, apareceu desde então o cartaz: "Homens trabalhando".

De um lado, essa exigência provinha dos *teólogos sistemáticos*, como K. Rahner, E. Schillebeeckx ou A. Gerken, ou seja, de dentro da própria configuração clássica da teologia, que percebia a dificuldade do sistema em comparação com a cultura contemporânea[6]. Por outro lado, e proveniente de outros ambientes, um impulso igualmente forte, e talvez mais impetuoso, provinha dos assim chamados *liturgistas*, que valorizavam a ação ritual como canal de acesso – novo e privilegiado – para o sentido

---

6. As contribuições mais interessantes nesse setor sistemático do pensamento teológico sobre a eucaristia são: Schillebeeckx, E., *L'économie sacramentelle du salut. Réflexion théologique sur la doctrine sacramentaire de saint Thomas, à la lumière de la tradition et de la problématique sacramentelle contemporaine*, Fribourg, Academic Press, 2004 (1. ed. 1952); Rahner, K., *Chiesa e sacramenti*, Brescia, Morcelliana, 1965 (1. ed. 1961); Id., Sulla teologia del simbolo (1. ed. 1959), in: Id., *Saggi sui sacramenti e sull'escatologia*, Roma, Paoline, 1965, 51-107; Ratzinger, J., *Il fondamento sacramentale dell'esistenza cristiana*, Brescia, Queriniana, 2005 (1. ed. 1968); Gerken, A., *Teologia dell'eucaristia*, Cinisello Balsamo, Paoline, 1977 (1. ed. 1972).

teológico da eucaristia. Falamos neste caso de autores como R. Guardini, O. Casel, P. Parsch, C. Vagaggini ou S. Marsili[7].

O primeiro dado a ser considerado é, portanto, de grande relevância: de linhas de frente muito diferentes, e com argumentações também divergentes, numerosos teólogos, a partir da primeira metade do século XX, consideraram como profundamente urgente a tarefa de *reler a tradição eucarística com categorias novas*. Esse processo inadiável de releitura dizia respeito certamente a alguns conceitos-chave da doutrina eucarística como "presença", "sacramento", "sacrifício" e "comunhão", mas também solicitava uma renovação mais abrangente, que não concernia simplesmente a *novas respostas às velhas perguntas*, mas muito mais *à descoberta de perguntas novas* e de *novos métodos-percursos* para dar a palavra a questões antes inauditas e preparar respostas incomuns e surpreendentes.

Muito além de toda, embora necessária, definição dogmática[8], era preciso pôr as mãos em diversas "releituras" da tradição, que poderíamos identificar assim:

– uma doutrina estática da eucaristia devia ser sucedida por uma doutrina dinâmica;
– uma teologia abstrata e intelectualista devia ser substituída por uma teologia concreta e histórica;
– uma rígida separação entre sentido teológico e cerimônia ritual devia ser corrigida, mediante a estruturação de uma teologia do rito e a redescoberta teológica da ação ritual, restituída finalmente ao valor de forma do sacramento.

Essas passagens, que foram inauguradas já há um século e que ainda hoje não podem ser consideradas como concluídas, puderam pressupor uma série de "novas evidências" que, entrementes a cultura comum e a

---

7. As contribuições fundamentais no âmbito litúrgico, além dos textos de Guardini e de Casel citados na Introdução, são PARSCH, P., *Volksliturgie. Ihr Sinn und Umfang*, Würzburg, Echter Verlag, 2004 (1. ed. 1940); VAGAGGINI, C., *Il senso teologico della liturgia. Saggio di liturgia teologica generale*, Roma, Paoline, 1957 [ed. bras.: *O sentido teológico da liturgia*, São Paulo, Loyola, 2009]; MARSILI, S., Teologia della celebrazione eucaristica, in: MARSILI, S.; NOCENT, A.; AUGÉ, M.; CHUPUNGCO, A. J. (ed.), *Eucaristia. Teologia e storia della celebrazione* (Anamnesis 3/2), Genova, Marietti, 193, 9-186.

8. Em analogia com a determinação inaugural do Concílio Vaticano II, expressa no sermão *Gaudet mater ecclesia* de João XXIII e retomada no discurso inaugural da segunda sessão do Concílio por parte de Paulo VI, em que a "índole pastoral" não é determinada pela formulação de dogmas ou de cânones de condenação, mas pela expressão, "com linguagens novas", da substância da antiga tradição do *depositum fidei*.

consciência eclesial, tinham profundamente descoberto e elaborado e que haviam sido reconhecidas como "sinais dos tempos" pelo próprio magistério eclesial. Essas novas evidências se colocam no plano histórico, litúrgico, antropológico e ecumênico. Podemos agora considerá-las uma a uma.

II. A "hermenêutica histórica": a história do sacramento e sua diferença da dogmática clássica

Como já observamos, o desenvolvimento de uma abordagem histórica da tradição – que lentamente tinha começado a se difundir também no contexto católico, depois de se ter imposto tanto na cultura civil, como na prática acadêmica da teologia protestante – permitia reler a tradição com uma visão menos rígida e abstrata, e assim era possível valorizar também o aporte que outras tradições eram capazes de trazer para o saber eucarístico da Igreja católica. Desse modo, a partir da metade do século XIX, aquela "teologia positiva" passou a projetar sobre a teologia da eucaristia uma nova luz que, contra as pretensões de autossuficiência da configuração racionalista e intelectualista clássica, tinha começado a modificar as formas do "raciocínio teológico", a começar pela primeira edição do *Enchiridion symbolorum, definitionum et declarationum de rebus fidei et morum* de H. Denzinger (primeira edição de 1854), com seu esquema "cronológico" de textos oficiais do magistério eclesial[9].

Se a essa virada positiva da teologia sistemática unirmos o aprimoramento da consciência histórica em torno dos "relatos institucionais" no âmbito bíblico, às hermenêuticas patrísticas e à redescoberta do patrimônio litúrgico, podemos facilmente constatar a rápida mutação da *forma mentis* com que passou a ser proposta também uma teologia eucarística. Os pronunciamentos magisteriais não só adquiriam agora uma nova profundidade histórica, como também os textos bíblicos, patrísticos e escolásticos eram então compreendidos mediante uma nova atenção pela sua dinâmica histórica. Somente nos primeiros anos do século XX – no rastro da encíclica *Aeterni Patris* de Leão XIII (1879) – é que do tomismo se voltou para os textos originais de Tomás de Aquino. Portanto, a consciência histórica começava a ser aplicada também nas noções clássicas da teologia eucarística. Ficou imediatamente claro, desde as primeiras décadas do século XX, que

---

9. Para uma avaliação dessa "virada positiva" na teologia do século XIX, cf. Angelini, G.; Colombo, G.; Vergottini, M. (ed.), *Storia della teologia*. v. IV. *Età moderna*, Casale Monferrato, Piemme, 2001.

cada um dos conceitos-chave da teologia eucarística, tendo constituído até então uma base inexpugnável do saber eucarístico escolástico e tridentino, merecia uma leitura "em transformação", que teria permitido perceber de modo mais aprofundado seu sentido e suas implicações. O estudo histórico das doutrinas e dos textos rituais, que se desenvolveu com força precisamente nas primeiras décadas do século XX, conduzirá, por exemplo, do início do novo século até a metade da década de 1950, a um projeto ambicioso de "reforma litúrgica" que em um primeiro momento o papa Pio X começara a configurar e a realizar parcialmente, mas que depois Pio XII passou a propor concretamente e de maneira mais incisiva na experiência ritual católica, preparando a grande *instauratio* do Concílio Vaticano II, a partir da metade da década de 1960. A ideia de uma reforma litúrgica abrangente da missa começou a influenciar fortemente não apenas a prática da celebração, mas a própria concepção teológica da missa. Ainda que na indiferença inicial de muitos teólogos sistemáticos, ficasse claro que a nova competência histórica abria linhas de frente inéditas de reflexão dentro da tradição eucarística tão típica do catolicismo.

III. A dignidade teológica do "rito da missa"

Nesse grande e trabalhoso esforço – ao mesmo tempo teológico e histórico, pastoral e espiritual – a função do "sacramento eucarístico" assumia novos perfis, novos ritmos e novas perspectivas: isso ocorria de acordo com as diferentes nuanças do Movimento Litúrgico e do Movimento Eucarístico, através da influência dos decretos de Pio X sobre a frequência à missa e sobre a idade da primeira comunhão dos anos de 1905 e de 1910. Desse modo, surgia em primeiro plano uma nova leitura teológica do sacramento, na qual o "rito da missa" começava a assumir uma nova densidade e relevância sem precedentes.

De fato, o fenômeno do "renascimento litúrgico" foi em primeiro lugar uma possível e/ou necessária *nova experiência da eucaristia*. Esta adquiria nova relevância e nova visibilidade principalmente por causa de uma série de motivos que podemos, pelo menos, começar a enumerar provisoriamente:

a) A "missa" e o "sacramento da eucaristia" inauguravam um percurso gradual de reconciliação e de reaproximação; a distância que havia sido "consagrada" pelos diversos decretos tridentinos (dedicados respectivamente à Santíssima Eucaristia como "presença real", à Missa como "sacrifício" e por fim, à Comunhão) agora começava a ser compreendida e reconhecida como uma dificuldade, como um obstáculo para a constatação de uma experiência unitária do sacramento. Aquilo que se considerava ter "salvado" a tradição católica, agora se tornava um problema para a própria tradição.

b) Saia-se gradativamente de uma interpretação essencialista do conteúdo da eucaristia e se iniciava uma valorização da ação ritual e da *lex orandi* como "lugar teológico". Punham-se assim as premissas teóricas para superar gradualmente a tendência para o mínimo necessário do rito essencial, que permanecerá por muito tempo em uso na doutrina e na prática, até encontrar novo impulso também no *Compêndio do Catecismo da Igreja Católica* de 2005, que ainda repete fórmulas muito abstratas que, ao reduzir a verdade do sacramento ao "rito essencial", se tornam obstáculo para uma autêntica experiência ritual.

c) Todo o rito da missa, em toda a sua articulação de sequências, e não apenas o momento da "consagração", se tornava lugar de experiência do mistério pascal, superando não apenas a concentração sobre a consagração como *unum necessarium* da tradição latina, mas também a marginalização – de raiz apologética – da comunhão em relação à experiência da presença real (posição antiprotestante) e da epiclese em relação às palavras da consagração (posição antiortodoxa).

d) A experiência da comunhão sacramental se tornava cada vez mais frequente e o rito da comunhão do povo era reconhecido como estrutural. Também esse desenvolvimento, que deriva dos anteriores, modificava profundamente os costumes relativos à "comunhão (somente) pascal" típica de grande parte do povo de Deus. E também a "primeira comunhão", à luz dessa integração da comunhão na missa e na eucaristia, exigirá, a partir das primeiras décadas do século XX, uma iniciação não apenas ao conteúdo da fé, mas também à "forma ritual" deste.

Todos esses diferentes desenvolvimentos conduzem, pouco a pouco, à exigência de uma teologia do sacramento que saiba valorizar uma "contingência ritual", que a tradição latina tinha facilmente relegado – pelo menos teoricamente – aos submundos implícitos do saber eclesial. Aquilo que havia sido "submundo" se tornava agora "baixo contínuo", "fundo" e até mesmo "fundamento" do sentido teológico. Antes, o sentido teológico perdia a possibilidade de ser adquirido independentemente do rito, mas exigia, somente agora, após tantos séculos, a consideração do próprio rito como sua condição de possibilidade. *Uma nova relação entre visível e invisível ia se estruturando, nas práticas e nas teorias, e exigiria em breve uma profunda reconsideração das categorias estruturais da teologia eucarística católica.*

IV. A recuperação de uma "profundidade ritual" da teologia eucarística

Outra importante contribuição, que ocorria paralelamente à recuperação histórica e litúrgica do sentido da eucaristia, parecia ser aquela amadurecida pela reflexão antropológica, fenomenológica e filosófica sobre a eucaristia. De fato, no início do século XX foi possível observar não só uma renovação da teologia sacramentária, graças ao afirmar-se da consciência histórica e a um melhor conhecimento da evolução litúrgica, mas começava também o descobrimento da "natureza ritual" da eucaristia, com sua delicada trama de códigos, linguagens e práticas. Isso ocorreu graças a uma originária contaminação das fontes, quase diríamos do "material de trabalho", dos principais teólogos do Movimento Litúrgico, como M. Festugière, O. Casel e R. Guardini, os quais para poder chegar ao esclarecimento da natureza teológica da liturgia, foram todos obrigados a descobrir, de maneira original e criativa, sua dimensão especificamente simbólica e ritual. Palavras como "conhecimento simbólico" (R. Guardini), "pensamento total" (O. Casel), "conhecimento *per connaturalitatem*" (C. Vagaggini) aparecem como expressões que, para tornar acessível o "conteúdo doutrinal" da eucaristia, sabiam que deviam mediá-lo por meio de uma redescoberta de seu "imediatismo ritual", o qual exigia uma determinada e detalhada forma de experiência e de conhecimento, que se mostrava tão preciosa quanto inevitável[10]. Mediante essa evolução, dava-se conta que apenas uma "inteligência ritual" tornaria possível a "inteligência eucarística" que, a partir do Concílio Vaticano II, com o texto autorizado de SC 48, teria se tornado normativa para a experiência católica do mistério pascal celebrado.

Completamente central, sob essa perspectiva, é a clara expressão que emerge precisamente do texto conciliar apenas citado: *id bene intelligentes per ritus et preces*, cuja tradução correta soa: "compreendendo (*intelligentes*) bem (*bene*) o mistério eucarístico (*id*) por meio dos ritos e das orações (*per ritus et preces*)"[11]. Nesse texto é feita uma preciosa síntese de uma inteligência ritual e comunitária da eucaristia que corresponde – segundo um dado tão tradicional quanto negligenciado – à *res* da própria eucaristia.

---

10. Cf. Grillo, A., *La nascita della liturgia nel XX secolo*, passim.
11. Cf. Girardi, L.; Grillo, A., Introduzione a Sacrosanctum concilium, in: Repole, R.; Noceti, S. (ed.), *Commentario ai documenti del Vaticano II*. v. I. *Sacrosanctum concilium – Inter mirifica*, Bologna, EDB, 2014, 7-114.

Desse modo, coincidiam duas direções de pesquisa que normalmente correriam o risco de serem ingenuamente colocadas em contraposição: ou seja, a convergência dos *critérios de pesquisa mais avançados e sofisticados*, com o *reconhecimento dos dados mais originários* do sacramento. Poderíamos quase dizer – e essa será uma das teses fundamentais deste nosso manual – que *somente graças às novas metodologias, o perfil teológico do sacramento poderia readquirir sua força originária*. Portanto, não se deve contrapor os novos procedimentos de pesquisa ao conteúdo originário do sacramento, mas *se deve reconhecer que precisamente graças a esses novos recursos científicos foi possível a reemersão das condições formais originárias da teologia e da práxis eucarística*.

V. O árduo e controverso caminho de uma síntese

À luz dos desenvolvimentos até aqui retomados resumidamente, pudemos assistir a um fenômeno que devemos reconhecer como altamente surpreendente: o saber eucarístico da Igreja católica, com toda a sua decisiva centralidade no sistema doutrinal da Igreja romana, começou a se articular em diversos níveis, que se poderiam integrar ou entrar em conflito:

a) o saber dogmático, que é doutrina oficial, mas não imóvel, da tradição eclesial e que visa a "inteligência da fé";

b) o saber disciplinar, que define o perfil normativo e institucional de atuação e de administração do sacramento;

c) o saber histórico, com seu progresso orgânico e suas irredutíveis e *legitimae varietates*;

d) o saber litúrgico, que invoca um *corpus* textual de grande autoridade e que busca uma difícil composição com o saber dogmático e com o devir histórico;

e) o saber ritual, que de um lado constitui o fundo imanente do saber litúrgico, e, de outro, convoca o saber histórico e dogmático para um encontro complexo e, não obstante, necessário e inevitável.

Deve-se notar como a essas "formas de saber" corresponde, inevitavelmente, uma experiência distinta do sacramento da eucaristia. Para uma primeira compreensão dessa lógica de "imagem e semelhança" entre *forma do saber* e *forma da experiência*, propomos, do ponto de vista didático, esta breve sinopse:

a) ao saber dogmático sobre a eucaristia corresponde uma experiência pontual, mínima – embora essencial – do sacramento; a característica "de necessidade" deste saber tende frequentemente a imunizá-lo de toda contingência e de toda imanência. Para dizer a verdade do sacramento, ele corre o risco de anular a forma contingente deste, reduzindo-a a uma "fórmula". A ênfase na "presença de corpo e sangue", quando traduzida somente na linguagem da substância, independentemente dos acidentes, corre o risco de corresponder a um sujeito incorpóreo e exangue; esse resultado poderá ser impedido e evitado somente a partir de uma nova relação com outras formas do saber eucarístico, que são decisivas para conferir à realidade eucarística uma vez mais "realidade";

b) ao saber disciplinar sobre a eucaristia, corresponde um dever ou um direito, conforme as posições dos sujeitos dentro da Igreja ou da celebração. De todo modo, em sua difusão capilar, esse saber é exposto correndo o risco de "produzir" uma experiência da eucaristia extremamente limitada e confinada em uma lógica de "prescrições", que não consegue oferecer uma visão sintética e adequada da experiência eclesial que se quer custodiar: sob esse pondo de vista, é exemplar o texto da instrução vaticana de 2004, *Redemptionis sacramentum*, que fala da eucaristia exclusivamente na perspectiva disciplinar e corre o risco de distorcer a experiência fundamental desta, sob a pressão dos "abusos a serem evitados";

c) ao saber histórico acerca da eucaristia corresponde uma experiência diferenciada, articulada e crítica do conteúdo e da forma do sacramento. O conhecimento do devir pode tornar mais dúctil a competência imediata e o juízo pastoral, ainda que inevitavelmente se torne mais vaga a referência de autoridade. A consciência histórica das diferenças locais e das diferenças temporais na doutrina e na disciplina eucarística não só produz certa desorientação inevitável, como também obriga a aceitar o fato de que a evolução e a diferenciação não são o destino incompreensível da última geração, mas correspondem a uma lógica interna da própria tradição, que deve evoluir constitutivamente, sem por isso escandalizar ninguém;

d) ao saber litúrgico sobre a missa corresponde uma experiência participada e articulada da eucaristia. Esta modifica o sujeito, que se descobre não apenas "adorante" ou "contemplante", mas "celebrante", ou seja, empenhado com todo o corpo em uma ação complexa, quer em relação a cada linguagem-registro implicada pela celebração, quer em relação aos diferentes sujeitos-ministérios que assumem a iniciativa. A descoberta dessa qualidade comum da dimensão litúrgica, contra a tendência medieval e moderna de fazer dela uma competência reservada aos clérigos, relê a eclesiologia e a cristologia à luz dessa nova prática e elabora novas formas de pensamento inteligente e de comportamento significativo;

e) ao saber ritual sobre a eucaristia corresponde uma experiência celebrada, segundo sequências e registros diferenciados, com uma "profundidade da superfície" e "riqueza de sentidos" que permite equilibrar o abstracionismo essencialista e intelectualista que tinha dominado, em outros contextos e com outros sujeitos, um período tão longo de tempo. Também a integração dessa explícita dimensão ritual na consciência espiritual e pastoral da Igreja é uma tarefa nada desprezível e uma novidade de não pouca monta para o atual pensamento teológico sobre a eucaristia, que, justamente ao levar a sério essa dimensão, se expõe a uma verdadeira "escola de oração", para citar as palavras que Paulo VI pronunciou na vigília da primeira e provisória "reforma litúrgica" em 1965[12].

Uma síntese entre essas "formas de saber-formas de expressão" e as "formas de vida-formas de experiência" – assumidas em sua interação estrutural, de modo *que é uma forma de saber que permite acessar uma experiência, mas que ainda antes havia sido uma forma de experiência a dar a "dica" para introduzir uma nova forma de saber* – é em grande parte uma realidade eclesial (e teológica) ainda "por vir". É preciso reconhecer, no entanto, que, apesar da gradualidade objetiva com que cada um destes níveis pôde e pode ser integrado na consciência eucarística eclesial, mesmo a simples consciência dessas diversas dimensões do saber-experiência é, nos manuais de teologia eucarística, ainda demasiadamente marginal. Até mesmo os manuais mais recentes – ainda que com traços de diversas aberturas para a nova sensibilidade –, recebem a complexidade dessas instâncias de modo muito formal e sem modificar profundamente a estrutura geral e as categorias recebidas pela tradição[13].

Tudo isso tem como consequência um fato de extrema relevância: o tema eucarístico ainda é tratado segundo lógicas demasiadamente simples, que não percebem o enredo cativante de todas essas dimensões e que,

---

12. Paulo VI, *Audiência geral de 13 de janeiro de 1965*, disponível em: <https://www.vatican.va/content/paul-vi/it/audiences/1965/documents/hf_p-vi_aud_19650113.html>. Acesso em: 18 jul. 2019.

13. Um exemplo muito significativo se encontra no recente texto de Hoping, H., *Il mio corpo dato per voi. Storia e teologia dell'eucaristia*, Brescia, Queriniana, 2015 (1. ed. 2011). Desde a primeira página, o volume afirma querer unir abordagem dogmática e abordagem de "ciência litúrgica" (ibid., 5) e, não obstante, a estrutura do texto está totalmente determinada pela estrutura sistemática tridentina, à qual une também, inevitavelmente, a nostalgia pelo rito que lhe é coerente. A instância do Movimento Litúrgico e da pesquisa histórica aparece muitas vezes nomeada no texto, mas é abertamente contraposta nos desenvolvimentos da teoria eucarística.

portanto, permanecem, de certo modo, aquém da tarefa de uma explicação realmente abrangente e integral do sacramento. É frequentemente comum que um manual, mesmo assinalando também outras duas ou três dimensões, pelo menos em uma passada de olhos, mostre-se limitado ou à eucaristia do ponto de vista "dogmático" ou à celebração do ponto de vista "litúrgico", ou ainda, mais frequentemente, ao perfil "histórico-dogmático" ou "histórico-litúrgico" do saber e da experiência. Parece ser tarefa difícil – e isso objetivamente – *uma efetiva integração entre perfil dogmático e perfil litúrgico*, ambos quase sempre tratados conforme a clássica divisão entre um saber (que não deve agir) e um agir (que não deve saber). Quando se diz "efetiva integração" se quer entender que o saber dogmático clássico, à luz das demais "novas" formas de saber, é obrigado a rever suas próprias categorias, a calibrá-las melhor e a traduzi-las conforme as evidências e as autoridades reorganizadas em uma ordem diversa[14].

Com a mesma frequência falta um assumir real da problemática ritual, muitas vezes ou confinada à marginalidade em relação à liturgia ou reduzida a formas de pequenas "curiosidades cerimoniais". Em suma, ao desenvolvimento teórico dessas diferentes abordagens complexas – testificado por uma pesquisa muitas vezes avançada – não nos parece que corresponda um desenvolvimento paralelo de manuais que assumam a tarefa de integrar e fazer síntese de todas essas linhas de desenvolvimento de pensamento e de experiência – ainda que de maneira elementar e pedagógica –, em uma exposição que certamente deve ser breve, mas que não deve ser considerada como óbvia. É preciso mostrar como, para o saber eclesial sobre a eucaristia, as diferentes contribuições aqui indicadas devem ser sintetizadas, expondo *o valor cognoscitivo das ações* e *o valor de linguagem dos registros não verbais da comunicação eclesial*, a delicada *síntese entre interioridade e exterioridade* necessária para valorizar realmente o momento litúrgico e, por fim, a radical *correlação entre sujeito e comunidade nas ações rituais*, que cuidadosamente fornecem estas diversas perspectivas de leitura.

---

14. A esse propósito é exemplar o projeto de "tratado sobre a eucaristia" que emerge do esforço de uma década de Ghislain Lafont, como se pode ver tanto de sua já citada contribuição no *Corso di teologia sacramentaria* (Brescia, Queriniana, 2000), como de LAFONT, G., *Eucaristia. Il pasto e la parola*, Leumann, ElleDiCi, 2001.

VI. A proposta de síntese deste manual e suas "matrizes"

Para responder a essa exigência, que parece ser não apenas de caráter metodológico, mas principalmente de caráter teológico e pastoral, é nosso desejo propor um manual sobre a teologia eucarística que valorize uma série de aquisições que amadureceram ao longo do século XX e que poderíamos derivar, como já acenado, dos desenvolvimentos de diferentes âmbitos do saber eclesial sobre a eucaristia, que aqui gostaríamos de concentrar em três grandes "correntes" do saber:

a) Uma *pesquisa de caráter dogmático e sistemático* pôs em evidência a exigência de uma profunda reconsideração das categorias fundamentais da argumentação teológica sobre a eucaristia: essa primeira tarefa não é nem um pouco marginal – mesmo em um manual – e exige um esclarecimento cuidadoso das categorias clássicas, das quais se deve pôr em evidências as luzes e as sombras, diante dos desenvolvimentos da cultura, do *intellectus fidei* e da *forma ecclesiae* dos últimos dois séculos. Daí deriva a exigência de recuperar um saber simbólico mais abrangente e integral, junto à instância mais geral de interrogação sobre a "natureza da doutrina", a ser promovida com coragem mesmo no âmbito eucarístico.

b) A *historiografia* mostrou como as teorias eucarísticas e as práticas celebrativas mudaram ao longo do tempo, tanto se consideradas autonomamente quanto se consideradas em mútua relação. Isso ocorreu por causa de uma elaboração que surgiu sempre em relação a questões concretas e a lugares determinados. Uma elucidação desses desenvolvimentos doutrinais e disciplinares, retomados tanto quanto possível em suas contingências e em seus contextos, deve exigir que, mesmo para grandes modelos históricos, se apreendam as *formas diferenciadas da continuidade e da descontinuidade da doutrina e da disciplina*, para adquirir as linhas de desenvolvimento do pensamento e da práxis eucarística, com grande respeito por toda continuidade, mas sem o temor de mostrar significativas e importantes descontinuidades.

c) O *Movimento Litúrgico* e a *teologia litúrgica*, por sua vez, descobriram não apenas as potencialidades teológicas da celebração eucarística, mas também as condições rituais e simbólicas do sentido teológico, contribuindo para uma nova compreensão da tradição pastoral e teológica sob uma nova luz. Essa releitura não poderá nunca superar o saber sistemático, antes, deverá admitir sempre que precisa dele, mas poderá e deverá oferecer-lhe um desenvolvimento tão rigoroso como criativo.

Para unir essas três fontes de investigação, como horizonte comum, gostaríamos de assinalar como a índole pastoral – que caracterizou a virada teológica do Concílio Vaticano II e que liberou as melhores energias da reforma litúrgica pós-conciliar – deve caracterizar a pesquisa da necessária diferença entre "a substância da antiga doutrina do *depositum fidei* e a formulação do seu revestimento", assim como foi assinalado profeticamente pelo papa João XXIII no discurso inaugural do Concílio Vaticano II *Gaudet mater ecclesia*, em outubro de 1962. A fidelidade a essa intenção exige na teologia eucarística muita paciência e, ao mesmo tempo, muita audácia.

Uma síntese convincente entre esses diversos componentes pode ser garantida a partir de uma mais profunda interação entre as duas diversas "inspirações". De fato, buscaremos descobrir as correlações entre a "nova teologia sistemática da eucaristia", o "desenvolvimento histórico da cultura e da práxis eclesial" e a "nova consciência da relação entre rito eucarístico e teologia da eucaristia". Veremos que o centro decisivo será considerado o surgimento do conceito de "forma fundamental" da eucaristia, originado no debate entre R. Guardini e J. Jungmann, entre o final dos anos de 1930 e o início de 1940.

É agora necessário se deter brevemente sobre essa passagem teórica, que em nosso parecer é capaz de assegurar na atualidade uma síntese muito preciosa para enfrentar o problema de uma adequada teologia eucarística.

VII. No coração da proposta teórica do manual: a mudança da noção de "forma"

No ponto de intersecção entre as diferentes tradições que no início do século XX estavam reconsiderando e reformulando o *depositum fidei* acerca da eucaristia, consideramos que seja justo fazer menção ao debate que fez emergir, por mérito de R. Guardini e J. Jungmann, um novo conceito dentro da teologia eucarística: ou seja, o conceito de "forma fundamental" (*Grundgestalt*). Para compreender este precioso desenvolvimento do discurso em torno do sentido teológico da eucaristia, é necessário especificar o sentido e o alcance dessa noção: aqui iremos desenvolvê-la provisoriamente, na expectativa de seu maior aprofundamento na terceira e última parte do manual.

A noção aprofundada de "forma" aparece como uma grande novidade, tendo por pano de fundo um conceito que havia sido empregado, até então, prevalentemente para indicar a causa formal do sacramento da eucaristia, ou seja, a razão do seu ser instituído pelo Senhor, e que enquanto tal, havia sido identificado na "fórmula de consagração". Segundo uma lógica comum a todos os demais sacramentos – elaborada pelo saber escolástico e assumida oficialmente pelo Concílio de Florença (1439) – a "forma" da eucaristia era *aquele elemento do sacramento que permitia reconduzir o ato eclesial à ação de seu Senhor*. A forma, portanto, era entendida como "causa formal" e teve sua importância, de maneira quase indiscutível, na Igreja latina do século XII até o século XX. Enquanto unida à "matéria" (causa material) e ao "ministro" (causa eficiente), a "forma" (causa formal) indicava, com segurança, o sacramento da eucaristia em seu "mínimo necessário", conforme uma *mens* fundamentada sobre o princípio aristotélico do *scire per causas*, o saber reconduzido ao conhecimento das causas. O saber eclesial era, sem dúvida, orientado a esclarecer as "causas" da realidade de salvação.

Em relação a esse horizonte adquirido, e que se tornou normal e normativo por séculos na tradição latina, mediante a "invenção" da noção de "forma fundamental", o modo de conceber o saber eucarístico foi repensado em profundidade, conectando intimamente o conteúdo do saber teológico com a "forma" histórica e ritual da sua atuação. A identificação da forma ritual[15] – não importa se com Guardini ela se identifica com a "ceia", ou se com Jungmann se identifica com a "oração eucarística" – se tornou então um *lugar hermenêutico novo* da tradição, que a teologia do século XX sentia que tinha de elaborar para ter um correto acesso ao conteúdo eucarístico, como experiência de comunhão com a morte e a ressurreição do Senhor na sua Igreja. A pergunta nova aparece então como uma questão deste tipo: qual é a "experiência" da presença de Cristo crucificado e ressuscitado? Ou então poderia ser identificada com esta formulação: em qual forma se encontram e se reconhecem o corpo de Cristo sacramental e o corpo de Cristo eclesial? É evidente que este novo modo de configurar a pergunta exigia que a resposta não fosse mais dada por meio da via breve de uma "fórmula" que se diz sobre a "matéria" por parte de um "sujeito autorizado". *As ferramentas usadas pela tradição para construir a resposta clássica eram, inesperadamente, demasiado pobres, limitadas e, por isso, deviam ser reconsideradas.*

---

15. A "forma ritual" é definida como "forma fundamental": deste modo, quase que implicitamente e para além da reflexão temática, o rito e o fundamento voltavam a entrar em relação.

O surgir de um novo conceito de forma – que J. Ratzinger soube reconhecer lucidamente como a contribuição mais original do Movimento Litúrgico para a história da teologia – nos permite articular a experiência da presença do Senhor crucificado e ressuscitado em três níveis de relação com a "forma". Esta novidade já obteve a devida atenção e recebeu uma primeira articulação por parte de Johannes H. Emminghaus, que em seu escrito (o já citado *Die messe*) havia distinguido as três dimensões da tradição teológica sobre a eucaristia (*Wesen*, *Gestalt* e *Vollzug*, ou seja, essência, forma e celebração), com uma intuição fecunda, elaborada na esteira do pensamento de Pius Parsch, embora ainda em uma compreensão parcial da novidade que essa configuração exige da ciência teológica.

Acreditamos que essa articulação original da matéria traduz de forma mais clara as novidades que devem ser honradas (e que, de nossa parte, propomos como estrutura do manual) a partir dessa integração da "forma fundamental" segundo a perspectiva de observação do teólogo. Como é evidente, essa escolha exige uma reconsideração da relevância diferenciada de "três conceitos de forma", todos eles necessários para dar conta da experiência eucarística na vida da Igreja. Daí deriva que uma teologia sistemática, que será desenvolvida na *terceira parte* do nosso manual, deve ter como premissa outras *duas partes* que elaboram a experiência da eucaristia a partir de duas noções de "forma" diferentes e que, portanto, obrigam a pensar também a noção clássica de maneira renovada. Eis, então, uma vista introdutória à estrutura do manual, apresentada em seus destaques efetivos:

a) Em primeiro lugar deve ser considerada a *forma ritual* da eucaristia, em que o termo "forma" corresponde ao conceito "exterior" de forma – que os gregos chamavam *morphé* – e que assume um extraordinário volume de "contingência": não só porque assume uma "prática ritual" como normativa, mas porque nunca reduz esse nível de experiência à sua essência, antes atravessando-a em sua contingente e imanente articulação. *A "forma fundamental" da eucaristia é então aquele "fundamento" que exige uma forma visível e vivível, imanente e contingente, espacial e temporal, sensível e emotiva*. Articulando-se no espaço e no tempo, conforme os sentidos e os afetos, essa forma ritual se coloca sempre aquém e além do conceito. É irredutível à abstração, ainda que a essa sempre seja correlata, servindo-se de todas as diversas linguagens para exprimir e experimentar o Senhor vivo, presente e atuante.

b) Em segundo lugar, deve-se considerar a *forma histórica* da eucaristia, em que o termo "forma" corresponde ao "devir" das suas atuações e das reflexões sobre estas. Essa perspectiva de leitura constitui o grande campo daquela que poderíamos definir como "continuidade e descontinuidade" da experiência da presença do Senhor ao longo do curso da história[16]. É o campo da correlação entre a prática ritual e a reflexão teórica, que exige uma síntese adequada, sem nunca conjecturar uma primazia fictícia ou da teoria sobre a práxis ou da práxis sobre a teoria. A consciência de que a forma da celebração eucarística sofreu uma evolução ao longo da história se torna, assim, uma passagem obrigatória para que se possa formular uma teoria sistemática que não esteja imunizada contra o devir e o tempo, mas saiba integrá-la adequadamente mediante noções e conceitos suficientemente elásticos.

c) Em terceiro lugar, é necessário perceber a *forma essencial* da eucaristia, em que a noção de forma corresponde à "essência", à "ideia", ao "conceito" e permite "pensar" a eucaristia em maneira apropriada e fiel: é isso que os gregos chamavam de *êidos*, que em latim foi traduzido por *forma* e que assumiu, da escolástica em diante, a tarefa de "explicar o sentido" da eucaristia. Também a teologia contemporânea da eucaristia permanece vinculada à tarefa sistemática: ai de nós se pensássemos que estaríamos dispensados disso! Mas é preciso desenvolver essa tarefa em um contexto renovado, sem se abstrair nem do horizonte abrangente, contingente e imanente da forma ritual, nem do horizonte dinâmico e crítico da forma histórica. Dizer a verdade e a realidade do "corpo de Cristo", crucificado e ressuscitado, como objeto/sujeito presente na celebração eucarística, na ação do pão partido e do cálice distribuído, sobre o qual rezamos e do qual nos alimentamos, deve ser uma afirmação ainda possível, em plena fidelidade às intenções do passado, mas a se realizar hoje por meio de uma linguagem renovada por uma experiência mais rica e menos unilateral. Não se poderá mais ler a celebração à luz de uma presença simplesmente metarritual ou extrarritual, mas antes urgirá recuperar uma experiência simbólico-ritual capaz de fundamentar uma comunhão a-ritual com o corpo de Cristo sacramental e eclesial. Trata-se, em última análise, de estruturar uma forma essencial capaz de reconhecer e valorizar plenamente quer a forma ritual, quer a forma histórica da eucaristia.

Entre essas três experiências da forma – ou seja, entre a forma ritual, a forma histórica e a forma essencial – não há, no entanto, como já

---

16. Para a elaboração dessa "forma" é muito útil o método utilizado por MAZZA, E., *Continuità e discontinuità. Concezioni medievali dell'eucaristia a confronto con la tradizione dei Padri e della liturgia* (Bibliotheca Ephemerides Liturgicae. Subsidia, 113), Roma, C.L.V./ Ed. Liturgiche, 2001.

vimos, uma relação de mera justaposição, mas uma delicada relação de inclusão. Poderíamos dizer que a forma essencial – que é a forma "clássica" da teologia escolástica-tridentina, assim frequentemente identificada *tout court* com a visão católica – constitui o núcleo de um saber que, mediante a forma histórica e a forma ritual, deve se contextualizar e alfabetizar novamente. Poderíamos descrever esse percurso como uma "reestruturação do saber eclesial": partindo da configuração dogmática clássica, de caráter essencialmente objetivo, deseja-se recuperar as razões da subjetividade no âmbito da consciência histórica, para chegar, em última análise, na experiência intersubjetiva da dimensão ritual, que é o verdadeiro acesso imediato à eucaristia[17].

De fato, o desenvolvimento da doutrina eclesial, a partir de século XII, ocorreu com uma evolução que poderíamos articular em três etapas: saber objetivo, saber subjetivo e saber intersubjetivo.

Por isso, não é arriscado ponderar que *a inclusão da forma essencial na forma histórica e de ambas na forma ritual possa ser considerada o coração da razão sistemática deste manual*. A intenção, portanto, não é a de simplesmente dispor de diversas teorias e experiências da eucaristia lado a lado, mas de descobrir que o "coração essencial" está inserido em um "devir histórico" que, por sua vez, se insere fundamentalmente em uma "ação ritual". Esta última, sem querer negar nem a essência nem a história, é a porta de acesso necessária ao – e cume último do – sentido teológico da eucaristia. E, no entanto, *essa dimensão simbólico-ritual é necessária justamente enquanto contingente, é fundamental precisamente enquanto superficial, é aberta à transcendência propriamente enquanto rigorosamente imanente*. Neste caso, ela assume um sentido diverso de "necessidade", como já tinha notado com grande perspicácia Tomás de Aquino, discutindo sobre a necessidade dos sacramentos em relação ao "sacramento mais importante"[18].

Evidentemente, esta reconstrução da experiência eucarística implica duas consequências:

– essa inclusão recíproca das três experiências de forma não deixa nenhuma das três teorias/experiências inalteradas: nem a teoria da

---

17. Gostaria de apontar como o percurso aqui descrito está de ponta-cabeça em relação à "gênese histórica" das linguagens: mais originária é a linguagem simbólico-ritual em relação à linguagem objetiva da doutrina ou à linguagem subjetiva da devoção. Na realidade, nós partimos da versão objetiva e nela recuperamos a dimensão subjetiva – quase que dialeticamente – para chegar, somente ao final, àquilo que é originário.

18. Tomás de Aquino, *Summa theologiae*, III, q. 64, aa. 3-4.

forma essencial, nem a da forma histórica, nem a da forma ritual. Antes, implica que, do ponto de vista da inclusão, se possa e se deva remodelar cada teoria à luz de uma experiência mais complexa. A nossa nova contextualização exige uma revisão e uma nova alfabetização que, salvaguardando a função diferenciada de cada "forma", a saiba conjugar e corrigir à luz das outras duas;
- metodologicamente isso implica uma "inversão" do procedimento de acesso ao tema eucarístico. De fato, se procederá a partir da experiência mais ampla e geral (precisamente a experiência intersubjetiva da forma ritual) para em seguida incluir a da forma histórica e, finalmente, a da forma essencial. Portanto, leremos em primeiro lugar a teoria/experiência da forma ritual, para depois descobrirmos a teoria/experiência da forma histórica e recuperarmos, somente ao final, a teoria/experiência da forma essencial.

VIII. O desenvolvimento da matéria deste manual

As diversas "formas" do sacramento, das quais teremos que dar conta ao longo do percurso do texto, correspondem de maneira estrutural a esta hipótese de síntese, que depende propriamente da identificação da "forma fundamental" do sacramento da eucaristia e de sua conjugação quer no plano ritual, quer no histórico, quer ainda no sistemático. A *ordem da argumentação* não corresponde à *ordem das ideias*, mas gostaria de reconstruir a *ordem das coisas*: colocaremos no primeiro lugar a "forma ritual" (que normalmente se apresenta como fundo), colocaremos no centro a "forma histórica" (que normalmente está no início) e poremos finalmente a "causa formal", que geralmente está no centro do tratado. Essa ordem insólita é imposta pela escolha metodológica de síntese, que já consideramos pouco antes.

Por isso, na primeira parte iniciaremos nosso percurso de compreensão do nível mais originário e imediato, mas também das noções mais "novas" no tangente à eucaristia. De fato, se é verdade que desde sempre se fez uma experiência ritual da eucaristia – Paulo, Pedro, os Atos dos Apóstolos e os Evangelhos testemunham isso com suficiente clareza – muito recentemente houve a constatação de que a teologia da eucaristia exige uma consideração nova, precisamente da dimensão ritual. Embora tenha tido sempre uma certa consideração implícita, *a dimensão ritual da eucaristia na tradição latina havia sido colocada progressivamente de lado para aceder ao conteúdo teológico*. Que uma teologia eucarística deva se deter principalmente sobre a ação ritual parece, ainda amplamente, como uma preocupação pouco oportuna, para não dizer até mesmo enganosa. Por trás do pensamento que nos é comum – e também por trás de nossa práxis evidente, que a este parece estar intimamente ligada – atua ainda *o preconceito que opõe a prática à teoria, a ação à contemplação*: esse preconceito considera que a teologia seja uma atividade primariamente "contemplativa", que não teria nada a aprender de "ações contingentes", tais como as rituais. Em vez disso, na perspectiva deste manual, será precisamente a relação entre rito e teologia que assumirá um papel decisivo para compreender a urgência de uma *recuperação da celebração corpórea e espaçotemporal como pressuposto da inteligência teológica do sacramento eucarístico*. Uma inteligência ritual da eucaristia se tornará o primeiro passo de nosso itinerário, de caráter sobretudo sincrônico.

Na segunda parte esboçaremos, com toda a síntese que for necessária, um itinerário histórico, no qual as formas rituais se desenvolveram e foram interpretadas, dando ensejo a uma pequena "história das formas celebrativas" paralela a uma "história das hermenêuticas teológicas". Também aqui, na medida do possível, tentaremos não cair na armadilha de conferir uma primazia demasiadamente evidente quer das práticas sobre as teorias, quer, ainda, das teorias sobre as práticas. A experiência eclesial da eucaristia é mais profunda do que qualquer uma dessas duas reduções. Identificaremos, assim, uma série de "momentos-chave" que representam para nós *modelos de prática e de teoria eucarística*, com a finalidade de recuperar uma relação virtuosa entre as formas da práxis e as hermenêuticas mais ou menos compartilhadas. Atravessaremos o campo histórico de dois milênios, durante os quais se sucederam pelo menos cinco grandes estilos de prática e de reflexão eucarística (*estilo originário, patrístico, medieval, moderno* e *contemporâneo*), tentaremos pôr à prova as teorias com as práticas e as práticas com as teorias. Uma inteligência histórica da eucaristia não nos permitirá nunca sermos dispensados do pensar sistematicamente e da consideração sobre as ações rituais, mas, ao mesmo tempo, tornará o pensamento responsável e afável, alimentado por uma perspectiva diacrônica qualificante em busca de linhas de continuidade e de espaços de transformação.

Finalmente, na terceira parte alcançaremos uma visão de síntese, ou seja, atingiremos a seção propriamente sistemática do volume, que não se apresenta privada de preciosas antecipações ao longo do percurso das primeiras duas partes, mas na qual tentaremos fornecer uma "inteligência da fé eucarística" que dê conta não apenas da doutrina elaborada de maneira sistemática, mas também da "inteligência ritual" e da "inteligência histórica" que teremos encontrado nas etapas anteriores. Aqui descobriremos não apenas como, a partir das teorias do século XX, a teologia pôde se abrir a – e se reconhecer em – duas novas "formas" de saber eucarístico (que constituem precisamente as duas primeiras partes do presente volume)[19], mas também como esse fenômeno modificou profundamente o modo de se conceber a "revelação/fé eucarística" e a própria doutrina da eucaristia. No fundo, na economia deste volume de síntese, a terceira parte pressupõe as duas primeiras não simplesmente como "premissas", mas mais como "pressupostos" e "contextos" para uma doutrina eucarística, que, exatamente por esse motivo, está assinalada em profundidade pela nova consciência ritual e pela nova consciência histórica do fiel católico – precisamente daquele fiel que vive nos primeiros anos do terceiro milênio e não mais nem no Mediterrâneo dos Padres, nem na cidade medieval da escolástica, e nem mesmo na Europa da Guerra dos Trinta anos ou das duas Guerras Mundiais. Uma inteligência sistemática é também hoje necessária, talvez mais do que ontem, mas somente na condição de não se isolar nem da história, nem do conhecimento simbólico. Somente assim essa inteligência será capaz de uma verdadeira síntese, ou seja, de se colocar no plano sincrônico da relação direta com a verdade, sem, contudo, esquecer as mediações históricas e corpóreas por meio das quais a Igreja pode e deve reconhecer tanto o devir histórico da verdade, como a experiência imediata do sujeito corporal e simbolicamente aberto à verdade.

Nessa complexa experiência de "forma" pode brilhar melhor a experiência da "forma visível do Deus invisível" que chamamos de celebração eucarística, santa ceia, divina liturgia.

---

19. Por esse motivo não seria errado ler este manual como a estruturação de duas "novas visões" da teologia eucarística (as primeiras duas partes), a respeito da qual a terceira parte aparece como a mais clássica. Contudo, esta não permanece inalterada após o surgimento das duas novas abordagens.

PRIMEIRA PARTE

A eucaristia como ação ritual

> A categoria central da compreensão cultual do mundo
> não é o conceito de "ser", mas o de "agir".
>
> (R. Schaeffler)[1]

> Indubitavelmente, quando as nossas populações compreenderem o que é a missa e a sentirem não mais como uma ação incompreensível e quase mágica do sacerdote, mas como uma algo que lhes pertence, na qual tem parte e onde recebem uma rica contribuição de vida espiritual, será fácil persuadi-las do dever de cumprir o preceito: antes, mais que um preceito, a missa festiva se tornará uma necessidade do espírito, como é, para o corpo, a refeição cotidiana.
>
> (G. Lercaro)[2]

A primeira parte deste manual está dedicada ao estudo da eucaristia como ação ritual. Este "ponto de partida" não quer reduzir o objeto de nossa investigação somente à exposição de um *ordo* ritual – algo que obviamente terá também toda sua importância –, mas quer apresentar, em

---

1. SCHAEFFLER, R., Der Kultus als Weltauslegung, in: BALTHASAR, F. et al., *Kult in der säkularisierten Welt*, Regensburg, Pustet, 1974, 9-62, aqui 27.

2. LERCARO, G., *A Messa, figlioli! Direttorio liturgico per la partecipazione attiva dei fedeli alla Santa Messa letta*, Bologna, Ufficio Tecnico Organizzativo Vescovile, 1955, 17.

primeiro lugar, a "forma fundamental" do sacramento, ou seja, aquilo que o caracteriza de modo "imediato", como fenômeno visível, tangível, sensível e contingente da experiência eclesial. Contudo, dado o hábito, consolidado pelos séculos de prática teológica latina, de antecipar sistematicamente o "sentido" teológico por sobre o "sinal" sacramental, será útil esclarecer desde as primeiras linhas o que comporta esta escolha de iniciar a partir da ação ritual, ou seja, de assumir o rito como elemento decisivo para uma definição sistemática de eucaristia. Com essa finalidade, devemos definir imediatamente quais são as condições para compreender o "fenômeno eucarístico", ou seja, as condições de sensibilidade, de visibilidade e de tangibilidade da eucaristia.

Esta escolha de método não quer ser simplesmente – e não deve ser compreendida como – uma "premissa antropológica" à argumentação teológica sobre a eucaristia. Em vez disso, essa escolha surgiu de uma nova consciência teológica e pastoral. Esta última nasce da compreensão do fato – que não é nada óbvio – de que o que especifica a eucaristia como sacramento não é somente sua "instituição jurídico-doutrinal", mediante a qual é possível fazer remontar toda celebração eucarística à vontade instituidora do Senhor. Por outro lado, a eucaristia não pode ser nem mesmo identificada e definida como um "programa ritual" estabelecido e recebido pela tradição, ao qual é necessário obedecer de maneira cuidadosa e estrutural. Este modo de pensar, que atravessou grande parte da tradição bimilenária cristã latina, e que divide as competências sobre a eucaristia em um campo "dogmático" e em um campo "disciplinar", em um conteúdo a ser pensado-crido e em uma cerimônia a ser repetida-custodiada, não quer certamente ser aqui desmentido, mas exige correção e integração, precisamente pelo fato de ser *considerado sob uma perspectiva mais ampla e complexa*.

Em primeiro lugar, deve mobilizar não apenas a razão e a vontade, mas também o "sentimento do prazer e do desprazer", a sensibilidade e a emoção.

Tentando exprimir essa ideia geral em outras palavras, podemos afirmar que para ingressar no sentido teológico da celebração eucarística não basta, embora seja necessário, averiguar e reconhecer uma explícita vontade instituidora por parte do Senhor Jesus em relação ao ato sacramental, e nem mesmo obedecer a um programa ritual oficialmente estabelecido e garantido. Antes, como se verá melhor na terceira parte deste volume, precisamente no nível da instituição, o trabalho de reconsideração da tradição, que se desenvolveu ao longo do século XX, predispôs alguns instrumentos conceituais – particularmente a noção de "forma fundamental" – que assinalam um fenômeno expressivo e experiencial do máximo interesse e que merece uma configuração teológica nova[3].

Mediante a elaboração dessa nova categoria foi, de fato, possível sair gradualmente de um modo "formalista" de pensar a instituição e o sentido do sacramento eucarístico – um modo que estava baseado em uma recondução do sacramento à sua causa formal, identificada justamente na fórmula de consagração. A partir da Alta Idade Média, pensava-se que mediante essa fórmula – que constituía, segundo uma leitura "institucional" dos testemunhos do Novo Testamento, as *ipsissima verba Iesu* – se poderia garantir a relação fundadora do sacramento com sua origem divina. Assim, o sacramento podia ser reconduzido institucional e autorizadamente ao Senhor, ao Crucificado ressuscitado, assegurando à Igreja o fato de se mover no âmbito daquilo que o Senhor havia estabelecido e ordenado.

Contudo, por meio da introdução da noção de "forma fundamental", as assim chamadas "palavras da instituição" não pareciam mais suficientes para restituir plena autoridade ao sacramento eucarístico. Em vez disso, era necessário inseri-las, de maneira estrutural e persuasiva, em uma "forma" de prática comunitária, de refeição e de palavra, de banquete e de oração, que as palavras instituidoras, se consideradas de per si e isoladas em sua grande autoridade, não podiam explicitar nem conseguiam assegurar. A "instituição" do sacramento devia ser recuperada e explicada de modo muito mais complexo em relação à simples, ainda que solene, aproximação entre forma e matéria, entre uma palavra autorizada e uma coisa que, associada à palavra por parte de um sujeito autorizado, se tornava "sagrada".

O fato de não se poder iniciar imediatamente pelo "sentido" ou pelo "mandato", mas de ter de recuperar a plenitude do "sinal" que constituía a mediação do sentido e o desenvolvimento do mandato, havia se tornado, a partir da década de 1930, uma aspiração rumo a uma nova teologia eucarística, que havia se apresentado, para dizer a verdade muito modestamente, sob a roupagem de uma simples e humilde redescoberta da tradição litúrgica. Nessa redescoberta – que, graças precisamente a essa modéstia de modos e de aspirações, foi possível defender das ameaçadoras acusações de "modernismo" – se lançavam as bases para uma inteligência mais fiel e profunda da tradição eucarística.

---

3. Não é arriscado considerar que mediante esta noção de "forma fundamental" tenha se manifestado, já na primeira metade do século XX, a exigência de uma profunda modificação das categorias de compreensão da teologia eucarística clássica.

Portanto, em certo sentido, *por meio da introdução do novo termo "forma fundamental" começava a se realizar uma difícil saída do horizonte clássico da teologia dogmática e se colocava, simultaneamente, tanto uma necessária referência do sacramento ao seu caráter litúrgico (ou seja, à dimensão da ação ritual), como uma referência estrutural à sua dinâmica de caráter histórico (às diversas formas que a ação ritual tinha assumido ao longo da história).*

Tendo já se passado oitenta anos dessa primeira grande intuição, sobre a qual Guardini e Jungmann haviam discutido longamente entre si e com a teologia do seu tempo, consideramos que podemos dizer que nessa se encontrava um dos pontos decisivos para a compreensão atual da teologia eucarística. A memória da morte do Senhor Jesus, que se torna ação eclesial, não está simplesmente associada ao evento por uma "dedução institucional ou jurídica" ou, então, por uma "conformidade de caráter cerimonial", mas haure sua verdade somente em um regime de palavra (*oração*) e em um regime de ação (*refeição*) que se tornam mediações fundamentais para o acesso do sentido teológico da eucaristia. Pode-se afirmar assim – quase sob a forma de uma tese inicial desta primeira parte – que *a refeição e a palavra orante de Jesus, retomadas na refeição e na palavra orante da comunidade eclesial celebrante, se tornam "contexto necessário" para que a fórmula seja significativa e a ação se torne eficaz.*

Aquilo que os autores de oitenta anos atrás chamaram de "forma fundamental" (*Grundgestalt*) da eucaristia pode ser hoje traduzido por meio de uma noção mais geral e mais ampla, como a de *forma ritual* ou de *ação ritual*, que de per si abrange todas as dinâmicas, tanto de palavra-oração, como de ação, ceia, sacrifício e comunhão. Desse modo, a noção de "forma" – em um percurso de transformação que vai da "fórmula da instituição" à "forma verbal", e à "forma ritual da celebração", que inclui certamente também a fórmula e todas as demais palavras, mas a estas não redutível – conhece uma ampliação e uma regeneração – expressiva e experiencial – da qual devemos nos ocupar nesta primeira parte de nosso volume[4].

A "ação ritual" da eucaristia é, portanto, *lugar de comunhão entre Cristo e a Igreja*, na forma de uma "palavra escutada/oração de resposta" e de uma ceia em que ocorre "tomar/dar graças-abençoar/partir/dar" o pão e o cálice, como corpo e sangue recebido pelos fiéis e que os próprios fiéis estão destinados a se tornar: eles recebem no pão e no cálice a comunhão

---

4. A forma "mais complexa" é aquela que garante a maior riqueza: cf. BONACCORSO, G., *Il corpo di Dio. Vita e senso della vita*, Assisi, Cittadella, 2006.

ao corpo e ao sangue sacramental, para se tornar corpo de Cristo eclesial. Muito relevante, como se verá, é essa relação estrutural entre "pão e vinho" e "corpo e sangue", que deve ser lida desde o início, precisamente em um contexto de ação ritual, como uma *relação não unívoca, mas biunívoca*. A eucaristia não é somente a passagem de "pão e vinho" em "corpo e sangue", mas é também o movimento inverso, ou seja, a passagem do "corpo e sangue" ao "pão e vinho". O corpo de Cristo se torna pão para alimentar com sua própria comunhão a comunhão dos seres humanos e gerar reunião, unidade e Igreja.

O mandamento "Fazei isto em minha memória" não é, pois, em primeiro lugar, uma afirmação que remete a um significado conceitual ou a uma relação moral, redutíveis à imagem esquemática da "fórmula sobre uma matéria", mas é, antes, uma referência à ação ritual, complexa e dinâmica, em que linguagens verbais e não verbais se entrecruzam, relacionam-se e se complementam, e criam uma condição de "comunhão" entre o Senhor Jesus e sua Igreja. A totalidade da tradição eucarística – que pôde ser compreendida simplesmente como "representação de um ato da alma" – é assim mais um "ato de linguagem", uma "oração" e uma "ação de refeição ritual". Por isso, antes de tudo, devemos colocar em primeiro plano essa dinâmica de refeição e palavra[5] ou, para usar uma linguagem mais clássica, de ceia e de oração eucarística[6], enquanto ações que constituem as "formas fundamentais" da eucaristia. Será útil manter bem fixa a referência à atual recepção da virada ritual[7] e do que isso implica em termos de trabalho histórico nas categorias da teologia sistemática[8].

O conteúdo desta primeira parte é uma exposição da eucaristia como ação ritual, ou seja, compreendida como ato de palavra e refeição, de oração

---

5. O livro fundamental para se ter acesso a essa compreensão é LAFONT, G., *Eucaristia. Il pasto e la parola*.

6. Como já acenado, as duas concepções de "forma fundamental" como "ceia" e como "oração eucarística" são respectivamente de R. Guardini (*Il testamento di Gesù*, 1939) e de J. A. Jungmann (*Missarum sollemnia*, 1948).

7. Para uma valorização da virada ritual na argumentação teológica sobre a eucaristia remetemos principalmente ao verbete de CATELLA, A., Eucaristia, in: BARBAGLIO, G.; BOF, G.; DIANICH, S. (ed.), *Teologia* (I Dizionari San Paolo), Cinisello Balsamo, San Paolo, 2003, 621-643 e ao recente volume de CARRA, Z., *Hoc facite. Studio teologico-fondamentale sulla presenza eucaristica di Cristo*, Assisi, Cittadella, 2018.

8. Sobre esse desenvolvimento se poderá utilizar com proveito as páginas de MAZZA, E., *Continuità e discontinuità*, juntamente com BOSSY, J., *Dalla comunità all'individuo. Per una storia sociale dei sacramenti nell'Europa moderna*, Torino, Einaudi, 1998, especialmente o capítulo final dedicado à "La messa come istituzione sociale – 1200-1700" (ibid., 143-190).

e de ceia, em vista de uma sua apresentação global como "sequência ritual". Portanto, esta primeira parte do manual se compõe de quatro seções sucessivas: a primeira dedicada à eucaristia como "ato de palavra" (capítulo 1), a segunda à eucaristia como "ato de refeição" (capítulo 2), a terceira à eucaristia como "ato de oração" (capítulo 3) e a quarta exporá sincronicamente a eucaristia em sua unidade global de "sequência ritual" (capítulo 4).

CAPÍTULO 1

O rito, a palavra e a experiência do outro

Neste capítulo buscaremos introduzir o leitor em uma compreensão ritual do sacramento da eucaristia. Este é um ponto de evidência primária da tradição eucarística, que está certamente fundamentado desde a sua origem na práxis de Jesus e da Igreja primitiva, mas que, com igual evidência, e com o passar dos séculos, sofreu profundas transformações, até entrar em uma crise dramática a partir do final do século XVIII e inícios do século XIX. Assim procuraremos identificar nitidamente a qualidade de "ação ritual" da eucaristia, sua dinâmica de "palavra" escutada e compartilhada, enquanto experiência de memória, de presença e de advento do Senhor, que doa sua vida, em meio aos seus, tornando-se *sacramentum et exemplum* para eles.

I. Um acesso ritual à eucaristia

A dimensão ritual da eucaristia permaneceu por séculos quase como *um fundamento implícito e um pressuposto da experiência imediata da eucaristia, mas pouco ou nada esquematizado por parte da reflexão teológica*. Poderíamos dizer que isso determinou sua presença na experiência e sua ausência da reflexão[1]. A eucaristia sempre foi um rito – tanto para os

---

1. Cf. GRILLO, A., *Introduzione alla teologia liturgica. Approccio teorico alla liturgia e ai sacramenti cristiani* (Caro salutis cardo. Sussidi, 9), Padova, EMP/Abbazia di S. Giustina, ²2011, especialmente a segunda parte, 153-276.

discípulos de Jesus como para a Igreja ao longo dos séculos – mas nos últimos duzentos anos essa dimensão ritual não pôde mais ser pressuposta nem para a argumentação teológica nem para a experiência eclesial. Por esse motivo, ligada a fatores históricos e culturais inevitáveis, a pretensão de propor um início "ritual" para o tratado sobre a eucaristia pode parecer muito original, para não se dizer errônea. Antes, um começo como esse pode até mesmo ser entendido como um *má-compreensão da disciplina* ou um *erro de competência*: espera-se que esse início possa ser proposto pela teologia litúrgica, ou talvez até mesmo por uma abordagem pastoral, mas não pela teologia sistemática. Na realidade, esse "déficit ritual" da cultura teológica clássica se deve a um processo histórico particular. Historicamente – durante o longo período em que teve força de evidência essa pressuposição ritual não esquematizada – o desenvolvimento das competências em torno desse sacramento foi subdividido em três âmbitos que, de forma mais ou menos profunda, ao pressuporem a experiência ritual, evitam ou contornam o "fenômeno ritual". Essa evasão e remoção não se deve a um limite ou a uma lacuna da visão tradicional acerca da eucaristia, mas ao fato de que *essa visão foi construída durante um tempo em que não se considerava problemático o nível ritual da experiência* e, exatamente por isso, podia pressupô-lo. Isso não corresponde mais à nossa cultura moderna tardia, que precisamente neste ponto entrou em crise.

Portanto, agora apresentaremos rapidamente esses diferentes âmbitos de competência do *saber eucarístico clássico*, para mostrar em que sentido eles delineiam uma série de "argumentações sobre a eucaristia" incapazes de assumir e de esquematizar sua natureza de ação ritual como tema de reflexão de um saber autenticamente teológico.

a) Uma *teologia sistemática* da eucaristia – na tradição latina – se detém sobre o conteúdo de fé da eucaristia, dando vida a imponentes desenvolvimentos e a fundamentadas discussões sobre os temas da presença real do corpo e sangue de Cristo, da natureza sacrifical da ação eclesial e da adoração/comunhão como consequência da celebração do sacramento. Nesse âmbito do saber "dogmático", a utilização de alguns pares de conceitos filosóficos – substância/acidentes, essência/uso – introduziu "dispositivos teóricos" cujas consequências à prática favoreceram, para não dizer impuseram, certa *distração teórica em relação à visibilidade sacramental*. Em certo sentido, a remoção e a fuga do rito, que antes era um *pressuposto* da teologia, tornaram-se gradualmente um *efeito* dessa, precisamente por causa das categorias que a teologia difusamente utilizou e profundamente enraizou no corpo eclesial. *Sem ser sua culpa, a teologia causou, e ainda causa, o esquecimento e a remoção da ação ritual do seu papel fundamental.* Justamente por causa das categorias com que foi construída, essa teologia determina uma aceleração do fenômeno de "remoção do rito" do coração da eucaristia, da consciência eclesial e dos estilos espirituais. Ela permanece vítima da cultura que desejaria combater e assim estrutura um saber que gera uma experiência da fé substancialmente a-ritual.

b) Por sua vez, uma *reflexão sobre o culto* valorizou o aspecto moral e espiritual da eucaristia. Ainda que baseando-se sobre uma distinção formulada com lucidez medieval por Tomás de Aquino – que havia subdividido o saber sobre o sacramento entre santificação do ser humano (dom da graça) e a glorificação de Deus (culto) –, certo modo de reflexão efetivamente procurou uma verdadeira oposição entre lógicas descendentes (teológicas) e lógicas ascendentes (antropológico-morais), transformando o culto em competência, primeiro, de uma "filosofia moral", pela qual o culto era considerado um aspecto fundamental da virtude da justiça, e, em seguida, de uma "filosofia da religião", que mais tarde o lerá de maneira mais estrutural e abrangente. Isso impôs de fato uma *separação interna* àquela realidade que para a experiência deve permanecer unitária e na qual culto e santificação não podem ser opostos sem a grave perda de uma visão abrangente e da própria qualidade da investigação teológica. Se na eucaristia se pretende separar o dom da graça e o ato de culto – distinção que na linguagem escolástica sobre a eucaristia se torna aquela entre sacramento e sacrifício – compromete-se a longo prazo ambas as dimensões. Mas, também aqui, as categorias da reflexão não favorecem uma composição, pelo contrário: frequentemente tornam mais aguda a divisão. E visto que pensamos de maneira "dividida", também nossa experiência é distorcida e dilacerada.

c) Uma *competência litúrgica* sublinhou, no último milênio, até o século XIX, quase que exclusivamente a *dimensão cerimonial e prescritiva* da eucaristia. Com base nos dois âmbitos de competência, já descritos e adquiridos em sua definição, a relevância do rito foi sendo progressivamente reduzida à observância do *ritus servandus*, convencendo o corpo da Igreja de que o rito era algo da competência dos clérigos, que deviam executá-lo formalmente com o máximo escrúpulo; os leigos, por sua vez, não era envolvidos nessa experiência normativa, pois assistiam – "como estranhos ou mudos expectadores" (SC 48) – à cerimônia ritual, da qual recebiam os frutos de santificação e durante a qual faziam os seus atos de culto, sem estar aí diretamente envolvidos, mas antes sendo chamados a desenvolver, entrementes, práticas paralelas de oração e de contemplação, como ainda pensa e projeta o papa Pio XII na encíclica *Mediator Dei* de 1947[2]. Assim a ação ritual eucarística era relevante apenas como "atuação prática por parte dos clérigos" de uma verdade e de uma eficácia sacramental, a que o culto respondia autonomamente, com um paralelismo de experiências e de tradição realmente impressionante. E de tudo isso ainda hoje fazemos experiência "atematicamente", pagando em grande medida uma espécie de "preço" geracional por esse desenvolvimento não linear da tradição.

Este ordenamento do saber eucarístico, que marcou profundamente não apenas a teologia, mas também a espiritualidade, a devoção, a formação, a psicologia e a arte cristã ocidental, foi o fruto complexo de uma evolução da tradição latina, surgida da elaboração teológica, doutrinal, religiosa e disciplinar do segundo milênio. *Diante desse "ordenamento do saber", com raízes tão profundas e tão articuladas, uma redescoberta da "ação ritual" da eucaristia teria logo modificado profundamente tanto o modo de compreender a "santificação" como a maneira de entender o "culto"*[3]. Mas essa redescoberta teve que proceder lenta e laboriosamente ao longo de três estradas, que foram abertas entre o final do século XIX e o início do século XX. Em continuação, devemos agora examinar esses caminhos sumariamente, fazendo referência a uma série de "movimentos" que renovaram, naquela época, a consciência eclesial[4].

1. *A Escritura e os Padres da Igreja como "fontes"*

A experiência da celebração eucarística modificou-se com o progressivo conhecimento científico e espiritual do texto bíblico e da hermenêutica que os Padres haviam proposto. Este âmbito dos estudos foi amadurecendo na cultura católica somente a partir do final do século XIX e, gradualmente, foi modificando o modo de ler a Escritura e de utilizar seus textos. Ainda nas primeiras décadas do século XX, até mesmo nos mosteiros e

---

2. A encíclica *Mediator Dei* de Pio XII prevê as "devoções paralelas" como via normal de "participação" da assembleia no ato de culto. Cf. abaixo, cap. 9, item V.2.

3. Aqui parece evidente a correlação estrutural entre a "nova hermenêutica litúrgica" e a reconsideração do coração da argumentação teológica sobre a eucaristia em termos de santificação e culto. Sobre a relevância "sistemática" do renascimento litúrgico, remetemos a GRILLO, A., *Teologia fondamentale e liturgia. Il rapporto tra immediatezza e mediazione nella riflessione teologica* (Caro salutis cardo. Studi, 10), Padova, EMP/Abbazia di S. Giustina, 1995.

4. Voltaremos mais pormenorizadamente sobre essas raízes complexas na segunda parte, no capítulo 9.

nos seminários, havia a vigência da proibição da leitura direta dos textos dos Padres da Igreja. A pluralidade de fontes neotestamentárias do saber eucarístico e a liberdade e a originalidade com que os primeiros séculos haviam oferecido sua interpretação e testemunho – não obstante algumas inevitáveis resistências iniciais, que em parte permanecem até hoje – introduziram uma "hermenêutica dinâmica" da eucaristia, tanto teórica como prática, permitindo uma progressiva reconsideração das dimensões da fé, da relevância comunitária e da envergadura simbólico-ritual da experiência celebrativa.

2. A descoberta do "sentido teológico" da liturgia

Ao lado desse *ressourcement* bíblico e patrístico, e em íntima correlação com essas novas sensibilidades exegéticas e patrológicas, nascia uma compreensão da liturgia que redescobria sua envergadura teológica, espiritual e pastoral. Essa "fuga do rubricismo" modificou profundamente o modo de considerar, de estudar e de celebrar toda a liturgia, particularmente a liturgia eucarística. A teologia da liturgia, que nasce a partir da primeira década do século XX, supera antes de tudo as rubricas na palavra, mas depois contextualiza a palavra em um complexo sistema de linguagens não verbais. Prepara-se assim uma dupla passagem, dotada de grande relevância sistemática: primeiro a passagem da "fórmula" à "forma verbal", e depois a da "forma verbal" para a "forma ritual" da eucaristia.

3. As demais tradições cristãs, ocidentais e orientais

Essa dupla renovação – devida ao movimento bíblico, ao movimento patrístico e ao Movimento Litúrgico – é flanqueada por um terceiro âmbito de nova experiência da eucaristia, ligado ao novo interesse pelas tradições celebrativas "não católicas" e "não latinas", que no mesmo período surge como fruto do movimento ecumênico e suscita gradualmente novas leituras das tradições eucarísticas evangélicas e ortodoxas, mediante as quais, em um espírito não mais apenas apologético, é favorecida uma profunda releitura da tradição católica à luz dos desenvolvimentos dessas diversas tradições. Os temas clássicos da presença real, do sacrifício e da comunhão são reconsiderados em relação não apenas aos desenvolvimentos dogmáticos de outras configurações teológicas, mas também em relação às práticas rituais e às formas eclesiais dessas diferentes tradições. Será então possível descobrir, graças à intensa comparação com os diversos desenvolvimentos da única tradição cristã, não tanto os casos de negação da comunhão, mas sim os exemplos de diferença na comunhão. E dessa comparação derivará, de maneira consistente, uma nova visão de consideração do "próprio" graças à intensa e aberta comparação com o "outro".

4. Rumo a uma síntese nova

Entre o final do século XIX e o início do século XX, o grande trabalho de estudo acadêmico e de experimentação pastoral, de releitura de alguns dados removidos do passado e de comparação com realidades eclesiais distantes e diferenciadas, trouxe à tona algumas "verdades esquecidas" da celebração eucarística, que hoje podem ser compreendidas como uma redescoberta do *sentido teológico da eucaristia mediado pela forma ritual do sacramento*. Os componentes desse desenvolvimento histórico, como já visto, são muitos diferenciados e passam através de uma profunda releitura da tradição bíblica, patrística, litúrgica e ecumênica. Exigem uma nova liberdade e uma nova obediência, impõem novos dados e solicitam novas categorias conceituais. Em certo sentido, procedem, paralelamente, no nível "positivo" (mais visível e menos arriscado) e no "sistemático" (mais oculto e mais arriscado). Esse desenvolvimento teve consequências impressionantes não só na reconstrução histórica do texto bíblico, da teologia dos Padres, das fórmulas litúrgicas ou das posições dos "irmãos separados", mas também extremamente relevantes no modo de pensar sistematicamente a eucaristia e de celebrá-la precisamente enquanto ação ritual: a ampliação de horizontes históricos e confessionais passou a renovar as categorias fundamentais com que a tradição tinha, de um lado, pensado o sacramento eucarístico e, de outro, considerado o nível celebrativo como parte essencial da sua verdade.

II. As características estruturais da ação ritual

Ao lado dos fatores de desenvolvimento da compreensão católica da eucaristia, que poderíamos definir como "endógenos" em relação à Igreja, amadurecidos por meio de um grande *retorno às fontes* e de um profundo diálogo com *outras tradições cristãs*, devemos também lembrar que a atenção pela "ação ritual", considerada como um campo autônomo do saber científico, é resultado do surgimento de *novas abordagens da realidade*, da estruturação de novas disciplinas – da antropologia e da sociologia, mas também da psicologia e da ciência da religião – que se apresentam entre o século XIX e XX como uma das criações mais originais da cultura moderna tardia. Graças a essas novas abordagens, *o tema do "rito" se torna objeto autônomo do saber*[5] ao longo do percurso que vai da segunda metade do século XVIII até o século XX, e é identificado como tal apenas quando a sociedade tradicional – estruturalmente fechada e hierárquica – entra em crise[6]. Era inevitável que muitos dos autores católicos que tinham trabalhado nesse campo a partir do final do século XIX sentissem a influência dessa nova cultura, elaborada pelas "novas ciências" então em seus inícios e que, em meados da metade do século XX, serão chamadas de "ciências humanas". Ninguém pode negar que tudo isso que hoje dizemos da eucaristia em termos de "ação ritual" deriva em parte – às vezes em medida também muito consistente – não só de uma reflexão "interna" ao saber teológico, mas também dessas novas perspectivas de observação e de gestão da realidade social e pessoal, que foram inauguradas pela cultura moderna tardia[7].

A ação ritual, em sua estrutura formal, aparece aos olhos dos cristãos, nessa nova elaboração teórica e prática, como *mediação de presença*, *exercício de memória* e *abertura para o futuro*. Além disso, a ação ritual aparece em uma forma particular de "garantia de verdade e de fidelidade", que não se realiza primariamente mediante os conceitos e as representações abstratas, mas mediante o uso dos corpos e as ações concretas de comunidades e de sujeitos. R. Schaeffler propôs uma bela síntese acerca da diferença entre modo ontológico e modo ritual de ler as realidades: é preciso, de fato, reconhecer que "a categoria central da compreensão cultual do mundo não é o conceito de 'ser', mas o de 'agir'"[8]. Essa admissão abre um percurso de inteligência da eucaristia que é ainda mais "novo" pois recupera um código originário da tradição cristã, sempre presente mas teoricamente negligenciado.

---

5. Cf. Rivière, C., *I riti profani*, Roma, Armando, 1998.

6. Uma fecunda consideração sobre esse desenvolvimento entre sociedade fechada da honra e sociedade aberta da dignidade pode ser encontrada em Taylor, C., *Il disagio della modernità*, Bari, Laterza, 1999.

7. Todos os "pais" do Movimento Litúrgico eram devedores do saber sociológico, fenomenológico, psicológico e antropológico que vinha se difundindo durante aquele período: cf., por exemplo, Casel, O., *Fede, gnosi e mistero. Saggio di teologia del culto Cristiano* (Caro salutis cardo. Studi, 14), ed. it. a cura di A. Grillo, Padova, EMP/Abbazia di S. Giustina, 2001 e, já antes e de maneira originária, Festugière, M., *La liturgia cattolica* (Caro salutis cardo. Studi, 15), ed. it. a cura di A. Catella e A. Grillo, Padova, EMP/Abbazia di S. Giustina, 2002.

8. Schaeffler, R., *Der Kultus als Weltauslegung*, 27.

Portanto, uma nova compreensão da eucaristia – que possa valorizar a virada epistemológica ocorrida no século XX e a compreensão que a reforma litúrgica conciliar introduziu estruturalmente no corpo eclesial – deve antes de tudo esclarecer porque a *actio sacra*, o agir cultual e ritual, merece ser considerada – e também teorizada – como a porta de ingresso da experiência eucarística. Devemos então considerar uma ação litúrgica que, enquanto ação ritual e cultual, pressupõe um percurso de elaboração da experiência que se pode sintetizar segundo *uma sucessão de três questões*[9]: por que celebrar?, o que celebrar?, como celebrar?. A resposta a essas três perguntas é capaz de esclarecer as características fundamentais da ação ritual eucarística, dispondo o leitor a adentrá-la mediante um percurso tão novo quanto urgente e necessário. Note-se que as três questões nasceram em certa ordem cronológica (primeiro o "como", depois o "o quê" e por fim o "porquê"), mas são aqui apresentadas em ordem não cronológica, conforme uma prioridade inversa: primeiro o "porquê", precisamente como a pergunta "nova" dos últimos dois séculos; depois o "o quê/quem?", como pergunta sobre o objeto/sujeito da celebração; finalmente a pergunta sobre o "como", para recuperar a complexidade linguística e experiencial em seu nível mais originário e intersubjetivo. Eis, em síntese, as três perguntas cujas respostas abrem novos campos do saber e da experiência eclesial.

1. *Por que celebrar? Experiência religiosa, linguagem simbólica e ação ritual*

A resposta à primeira questão se articula em três níveis, todos caracterizados por uma dimensão paradoxal. Celebra-se porque dentro da experiência comum todo ser humano identifica "experiências religiosas", nas quais autonomia e heteronomia se entrecruzam radicalmente. Essas experiências, contudo, não são imediatas, mas se estruturam em dois níveis: mediante a elaboração de "linguagens simbólicas" e por meio do cumprimento de "ações rituais". Também essas duas locuções são paradoxais, a linguagem comum simplesmente indica, ao passo que a linguagem simbólica abre para a experiência de algo mais; as ações comuns transformam o real em vista do futuro, ao passo que as ações rituais, mesmo mantendo

---

9. Para essa síntese nos deixaremos guiar por Bonaccorso, G., *Celebrare la salvezza. Lineamenti di liturgia* (Caro salutis cardo. Sussidi, 6), Padova, EMP/Abbazia di S. Giustina, ²2008 (1. ed. 1996).

essa mesma orientação para o futuro, se enraízam em uma memória que custodiam e reabrem. A experiência religiosa implica a utilização de linguagens simbólicas e de ações rituais; mas, reciprocamente, são os usos simbólicos da linguagem e as formas rituais da ação que abrem a experiência daquilo que é transgressivo e transcendente em relação à imanência e à contingência.

2. *O que celebrar? Mistério celebrado, comunidade celebrante, celebrações litúrgicas*

Também no âmbito do conteúdo, a ação ritual pode ser ilustrada como um "processo simbólico". À pergunta sobre qual é o "objeto" da ação ritual, podemos fornecer uma resposta complexa e, por isso mesmo, de grande riqueza. Aqui é evidente como o saber tradicional escolástico, de caráter prevalentemente intelectualista, esforçou-se para manter precisamente essa polaridade não resolvida, que aos nossos olhos parece tão peculiar, da liturgia da missa. De fato, em certa medida, devemos admitir que o "objeto" da celebração eucarística é o "mistério pascal", e o sujeito da celebração é a assembleia dos fiéis sob a direção daquele que preside e na articulação dos seus ministérios. Contudo, essa resposta se mostra parcial. Sem dúvida, uma análise da verdade última da ação ritual mostra também uma realidade invertida. Deus, efetivamente, não pode ser simplesmente um "objeto": ele é muito mais o verdadeiro sujeito da ação eucarística, da qual a Igreja se torna objeto. Finalmente, se a atenção recai sobre a própria celebração litúrgica, é evidente que esta funciona como mediação desse *admirabile commercium*, no qual o Sujeito divino se torna Objeto e o objeto humano pode se tornar sujeito. Na ação ritual é a intersubjetividade que gera sujeitos e objetos.

3. *Como celebrar? O espaço, o tempo, as ações rituais*

A resposta à terceira pergunta atinge a dimensão da "sensibilidade": em primeiro lugar, o espaço e o tempo são "condições da eucaristia", em união com o conjunto abrangente de todas as linguagens implicadas na ação ritual. Quando falamos do conjunto de todas as linguagens – verbais e não verbais – entendemos nos referir não apenas aos "instrumentos de expressão", mas às próprias formas da experiência do mistério. Por isso, como já acenamos acima, a pergunta em torno do "como" se celebra não é respondida através de uma simples referência a "rubricas", mas sim pela mobilização de todas as linguagens do espaço, do tempo e de todos os registros da expressão-experiência. Este é o fundamento antropológico da "participação ativa", que é o verdadeiro fim da reforma litúrgica da celebração eucarística. A arte de celebrar (a *ars celebrandi*), a partir deste ponto de vista, aparece não apenas como o último *escopo* da celebração, mas como a *fonte* do saber eclesial, radicada principalmente não na profundidade do intelecto, mas na fineza do tato. A resposta ao "como" celebrar ganha uma evidência decisiva da compreensão ritual da eucaristia: o sacramento inicia e termina, encontrar o seu *fons* e o seu *culmen*, antes no tato que no intelecto!

Assim reconstruída em suas características essenciais, mas evidentemente irredutível enquanto tal a uma definição conceitual, a ação ritual da eucaristia recupera a riqueza intersubjetiva principalmente mediante a convocação de todas as linguagens para "experimentar e exprimir a mediação de Cristo" na experiência da Igreja enquanto seu corpo dado e seu sangue derramado. Essa dinâmica de "re-apresentação" do originário cristológico e eclesial se dá a partir de uma síntese de linguagem verbal e de linguagens não verbais. Por isso, agora nos deteremos primeiramente na "palavra" (item III deste capítulo) e, em seguida, na "refeição" (capítulo 2), que são as estruturas de sustentação dessa experiência fundamental e delineiam o horizonte da "oração" (capítulo 3), que encontrará sua "forma institucional" na sequência ritual do *ordo missae* (capítulo 4).

III. O ser humano, a palavra e Deus como palavra

A ação ritual, como já visto, nunca é apenas ação verbal. Apesar disso, esta possui na Palavra o seu ponto de maior evidência. A tradição, que permaneceu por um longo período fascinada pela primazia intelectualista do sinal-palavra, considerou que "apenas a palavra" fosse realmente crível. Na realidade, se não quisermos sobrepor e confundir com demasiada rapidez a "primazia da Palavra" com a primazia da "linguagem verbal", devemos, em primeiro lugar, nos perguntar sobre quais são as "condições corpóreas da palavra", para descobrir em que sentido a ação ritual, enquanto irredutível à palavra, exige não apenas compreensão mediante conceitos, mas também iniciação por meio de ações. De fato, a própria palavra possui, em si mesma, a resposta a essa pergunta que, como se verá, implica em consequências dogmáticas e espirituais muito relevantes.

1. *A dimensão corpórea e comunitária da palavra*

Em primeiro lugar devemos observar um primeiro dado interessante. Para que o ser humano possa falar, são necessárias duas condições fundamentais:

- que a boca possa estar livre das funções instrumentais, como morder, arrancar, segurar, defender, ameaçar etc.
- que no exercício dessas funções seja substituída pelas mãos, que, por sua vez, deixam a boca para a palavra.

Portanto, o acesso à palavra não é imediato, mesmo no âmbito corpóreo, a cada ser humano. A palavra pressupõe um corpo em que a boca tenha sido liberada de algumas funções "servis", para se dedicar ao "exprimir gratuito" da linguagem verbal[10].

Contudo, há uma segunda mediação necessária para o acesso do ser humano à palavra: para este, não é somente estrutural um distanciamento gradual da boca em relação à realidade imediata das necessidades primárias, como também é necessário aquilo que Aristóteles individuou como nota distintiva do ser humano enquanto "animal político (ζῷον πολιτικόν/ *zôon politikón*)": ou seja, *a diferença do humano – em relação ao animal – está colocada na (e confiada à) tradição*, pela mediação decisiva da "família, sociedade e Estado"[11]. Sem encontrar uma "comunidade de palavra" e "práticas de palavra", com seu uso de sons e sinais transmitido em uma tradição linguística, todo homem e toda mulher nunca chegariam a falar. Assim, em cada palavra humana resplandece não apenas *a liberdade de um sujeito*, mas também *a tradição e a autoridade de uma comunidade de linguagem*. De per si a comunidade é, ao mesmo tempo, condição e efeito da palavra. Mediante a comunidade temos acesso à palavra, e graças à palavra podemos viver em comunidade.

Portanto, se de um lado o ser humano é um "animal dotado de palavra (ζῷον λόγον ἔχον/*zôon lógon échon*)", do mesmo modo Deus é Palavra que se fez carne. *O fazer-se carne da Palavra é a verdade de um animal que se torna homem graças à palavra*. Aqui é evidente como a relação com a palavra é completamente decisiva para toda antropologia da linguagem e para toda teologia da palavra. Como "sabedoria de Deus" e como "distinção do homem do animal", a palavra assume uma relevância inevitável,

---

10. Cf. Lafont, G., *Dio, il tempo e l'essere*, Casale Monferrato, Piemme, 1992.
11. Essa teoria foi formulada por Aristóteles na *Política* (cf. *Pol.* I[A], 2, 1253a).

que exige uma cuidadosa análise, em que a teologia e a antropologia se cruzam de modo radical e cooriginário.

2. O acesso "comum" à palavra e as diversas formas da palavra

Portanto, a palavra é "terreno de comunhão". Poderíamos repetir que atrás de cada palavra se esconde uma comunidade eficaz. Mas essa vocação da palavra à comunidade e da comunidade à palavra se torna evidente no âmbito daquilo que chamamos de "rito". No rito, a palavra testemunha, enquanto tal, esse "horizonte de comunhão", que é ao mesmo tempo condição e tarefa, doado pelo passado e prometido no futuro. Por isso a palavra toma formas diversas dentro da sequência ritual. De fato, no rito não se fala sempre do mesmo modo e no mesmo âmbito. E as palavras do livro ritual – escritas em preto – são profundamente qualificadas pelos gestos e pelas atitudes – escritas em vermelho. Há de fato *diversas funções da palavra* que devem ser cuidadosamente distintas dentro do percurso ritual de uma celebração eucarística.

Notamos, em primeiro lugar, uma diferença fundamental, que salta aos olhos do observador: a palavra pode ser "evocação" e/ou "invocação". Com a palavra posso "relatar um fato" ou "pedir algo".

Acrescente-se também que por trás dessa grande distinção se esconde uma diferença adicional, ainda mais relevante. Dentro da grande divisão entre evocar e invocar, encontramos uma articulação do invocar, e, em seguida, também do evocar, entre diversos "usos" do falar, que correspondem àquilo que, como se verá, é característico da "oração". Antes, deveríamos dizer que a palavra estrutura a oração e vice-versa.

De fato, a "invocação" atravessa todas essas diferentes formas de palavra:

- pedir um bem para si (súplica) ou para outros (intercessão);
- pedir o bem: ou seja, o perdão a ser recebido ou o perdão a ser concedido;
- louvar: ou seja, se alegrar pelo bem dos outros;
- dar graças: ou seja, reconhecer o próprio bem como fundamentado no bem de outrem;
- bendizer: dizer bem em vez de dizer mal.

Essas diferentes "funções" da linguagem verbal determinam o espaço para diversas "experiências" da relação com o próximo e com Deus Pai,

Filho e Espírito Santo. A articulação dessa linguagem é a "forma verbal" da relação de paternidade, de filiação e de inspiração. Não seria um exagero – pelo contrário, deveria ser uma exigência primária – recuperar essa "raiz linguística" das verdades que a profissão de fé "proclama", mas que a linguagem experimenta em uma sua articulação complexa e original, em uma "forma" da tomada de palavra que atravessa todo o espectro da experiência e da expressão humana.

3. *A escuta da Palavra e a prática da oração*

Escutar a Palavra é uma ação ritual à qual é preciso ser iniciado. Precisamente por causa do particular "ponto de vista" com que olhamos para a celebração eucarística mediante a categoria de "rito", devemos reconhecer que também a liturgia da Palavra pode e deve ser reconhecida em sua natureza ritual. Essa constatação possui uma consequência muito simples e, ao mesmo tempo, muito difícil: significa que não se acede imediatamente à experiência de "Palavra" da celebração, mas por mediação de limiares iniciáticos, simbólicos, corpóreos, temporais e espaciais.

De fato, a tradição litúrgica da eucaristia, com suas sequências rituais de liturgia da Palavra, ou seja de "comunidade de prática da escuta da Palavra", constrói, por assim dizer, uma "Bíblia ritual"[12], selecionando no cânon bíblico uma série de perícopes, escolhidas segundo critérios diversos, que acabam por construir uma "nova unidade literária", entrelaçada de maneira original com orações, invocações, evocações, cantos, silêncios, movimentos, ministérios. De certo modo, a escuta da Palavra, tornada possível por uma série de ministérios da Palavra e do canto, constitui a assembleia em torno de seu Senhor que fala. Assim, ela reativa a não verbalidade do texto bíblico, dá voz à Palavra, articula o corpo de Cristo no próprio ato do anúncio.

A liturgia da Palavra – que é ao mesmo tempo escuta e oração, escuta orante e oração obediente – institui assim uma experiência de comunhão em que a Igreja e o Senhor estão, ao mesmo tempo:

– em mútua presença;
– em reciprocidade de palavra e de corpo;
– em uma troca de palavra e de voz.

---

12. Cf. CHAUVET, L.-M., *Della mediazione. Quattro studi di teologia sacramentaria fondamentale*, Assisi/Roma, Cittadella/Pontificio Ateneo Sant'Anselmo, 2006.

O Senhor, que é o ponto de chegada da palavra, sendo ele próprio Palavra, torna-se o critério de leitura e, ao mesmo tempo, o sujeito que proclama. E a Igreja se une ao seu Senhor para escutá-lo e para escutar "sobre ele".

Assim, ao longo dos diversos percursos articulados que marcam três ciclos festivos (ano A, B e C) e dois ciclos feriais (anos pares e ímpares) – e, portanto, com uma riqueza de temas e de correlações realmente surpreendente, mas recuperada há apenas cinquenta anos – a Igreja se deixa convocar pela Palavra, a escuta e a medita, para responder ao dom com a apresentação dos dons, graças aos quais, com a oração eucarística, chega a "receber aquilo que é": corpo e sangue de Cristo. A relevância da "Palavra", coisa que pode ser considerada um dado readquirido pela tradição católica latina, deve, contudo, recuperar internamente a relevância daquilo que no código verbal não é imediato. Precisamente sobre este ponto a consciência da dimensão da ação ritual ajuda a Igreja a recuperar a sabedoria de mediação comum, que hoje chamamos de *ars celebrandi*.

4. A palavra e a onipotência que se torna diálogo

A onipotência de Deus, tornando-se palavra voltada ao ser humano, tonando-se "expectativa de resposta", se coloca em uma "abertura" que também está ferida. A criação do ser humano expõe a Palavra à palavra. Esse evento de graça assinala originariamente a relação entre Deus e o ser humano, que é "ouvinte da palavra" e que pode/deve responder a esta para encontrar a si próprio. Assim, o amor se apresenta como originariamente "ferido": a graça se dá como frágil relação de uma palavra aberta para o outro.

Como se viu acima, a experiência humana da palavra implica *uma dupla mediação*: a do imediatismo corpóreo e a do imediatismo da identidade. Ela quebra tanto o *pequeno círculo* do imediatismo com que a boca "come tudo", para instituir o papel das mãos e da razão, como também o *grande círculo* da autossuficiência verbal, colocando cada sujeito na comunidade-comunhão de linguagem. Mas essa dinâmica de "rupturas" do imediato e de descoberta do outro encontra em Deus um parceiro tão autorizado quanto liberal. A autoridade de Deus coloca o ser humano originariamente em uma relação de possibilidade e de liberdade. Há, portanto, uma "natureza eucarística da palavra" que deve ser reconhecida como dimensão originária do humano em relação ao divino. A celebração eucarística reconhece como definitivamente cumprida essa abertura dialógica na "história de

Jesus". Mas também para ele, como para Adão e Eva, a verdade da palavra se entrelaça originariamente com a verdade do comer. Palavra e refeição estão reciprocamente ligadas, no início da história (criação), em seu centro (redenção) e no fim (*éschaton*)[13].

Aquilo que a teologia redescobriu, ao longo do último século, pode ser considerado precisamente como uma releitura eficaz da correlação entre "refeição" e "oração" da celebração eucarística.

Temas de estudo

1. De que modo é possível apresentar a diferença de uma abordagem da tradição eucarística que parta mais do "agir" do que do "ser"? Quais podem ser as "fontes" de uma abordagem como essa? E seriam apenas fontes de caráter eclesial ou seria possível também reconhecer fontes de caráter extraeclesial?
2. Uma compreensão das três perguntas que permitem a descoberta da eucaristia como "ação ritual" (por quê?, o quê?, como?) demonstra bem a transformação da "rubrica" em "linguagem não verbal". Como se poderia apresentar essa evolução como uma das transformações mais importantes da experiência eclesial do século XX? Quais são as consequências para uma teologia renovada da eucaristia?
3. A articulação da oração cristã, no âmbito da eucaristia, conhece diferentes e importantes registros: da súplica à bênção. Como encontrar cada registro dentro da celebração eucarística e como correlacioná-los?

Para aprofundar

- Para uma análise lúcida da releitura da tradição sacramentária com a ajuda decisiva das ciências humanas cf. CHAUVET, L.-M., *Simbolo e sacramento. Una rilettura sacramentale dell'esistenza cristiana*, Leumann, ElleDiCi, 1990 [ed. bras.:

---

13. Ghislain Lafont elaborou essas reflexões não somente em seu texto *Eucaristia. Il pasto e la parola*, que já citamos, mas também em intervenções por ora publicadas na internet (cf. suas postagens sobre o tema "Nuova teologia eucaristica" no blog <www.cittadellaeditrice.com/munera/come-se-non/>) e que estão para ser publicadas em um próximo volume intitulado: *Le catholicisme autrement?* (ed. it., Bologna, EDB).

Símbolo e sacramento. Uma releitura sacramental da existência cristã, São Paulo, Loyola, 2023].
- Uma síntese muito lúcida sobre a dimensão ritual e suas implicações teológicas e eucarísticas encontra-se em Bonaccorso, G., *Celebrare la salvezza. Lineamenti di liturgia* (Caro salutis cardo. Sussidi, 6), Padova, EMP/Abbazia di S. Giustina, ²2008 [1. ed. 1996].
- Um aprofundamento das dinâmicas eucarísticas em relação ao agir ritual é desenvolvido no volume *Liturgia e scienze umane. Itinerari di ricerca. Atti della XXIX Settimana di Studio della APL* (Bibliotheca Ephemerides Liturgicae. Subsidia, 121), Roma, C.L.V./Ed. Liturgiche, 2002.
- Para uma redescoberta das dinâmicas "sensíveis" da eucaristia é importante o estudo de Tomatis, P., *Accende lumen sensibus. La liturgia e i sensi del corpo* (Bibliotheca Ephemerides Liturgicae. Subsidia, 153), Roma, C.L.V./Ed. Liturgiche, 2010.

CAPÍTULO 2
A refeição, a dependência do outro e a comunhão com o outro

É interessante que a primeira identificação da "forma fundamental" do sacramento eucarístico, tal como proposta por R. Guardini em 1939, tivesse individuado na "ceia" e no "banquete" a experiência fundamental que a Igreja cumpre no sacramento da eucaristia, no seguimento de seu Senhor. Uma experiência que não substitui nem o sacrifício, nem a presença do Senhor, nem a comunhão, mas interpreta originariamente seu sentido em termos de uma "forma elementar". A dimensão da refeição é, de fato, para qualquer tradição religiosa, a passagem decisiva na relação com Deus. Isso vale também para a fé cristã. A recuperação dessa dimensão exige uma interrogação muito radical, um olhar perspicaz e uma perspectiva muito mais abrangente. Por isso, no presente capítulo, queremos investigar a experiência do "comer" na tradição humana, para depois esclarecer suas lógicas secretas na práxis anterior de Jesus e, em seguida, da Igreja primitiva, até descobrir em que sentido a repetição da ação ritual da refeição em comum – refeição com Jesus e refeição com o Ressuscitado – seja qualificante no que diz respeito à "memória eficaz" dele.

I. Comer e beber como ações primordiais: substância e símbolo

"Comer e beber são ações primordiais e reconhecimento inicial do mundo"[1]. Cada homem e cada mulher vêm ao mundo, se abrem para o

---
1. LAFONT, G., *Eucaristia. Il pasto e la parola*, 19.

mundo, passam a descobrir o mundo e, depois também o próximo e, por fim, a Deus, mediante essa ação de refeição: inicia-se com o comer ou, mais exatamente, com o beber, com o beber leite. Há nesse "ciclo", em que cada humano está irremediavelmente inserido, desde as primeiras horas de vida até as últimas horas de sua existência, uma "troca", um assumir do real e um restituir ao real, que estruturam uma "consubstanciação" entre terra e corpo e entre corpo e terra. Esse "agir" permanece como o horizonte estável de tudo quanto vivemos. Como fundo, e como fundamento, de nossa vida está esse constante ato de nutrição que, mediante uma troca contínua com a terra, nos dá a vida, no tornar vivos e nos conserva na vida.

Devemos notar que a atenção dada a essa dimensão primária – entendida não apenas fisiológica ou economicamente, mas antes de tudo, antropologicamente – é muito recente. É o fruto de um "olhar" sobre o ser humano que não tem mais do que dois séculos. Esse olhar que a ciência do homem dirigiu sobre o real para captar a dimensão constitutiva e simbólica se distanciou de uma leitura funcional, que a tradição antiga, medieval e moderna tinha sempre proposto e conservado. Pode-se afirmar que nesse âmbito ocorreu uma dupla passagem: este nos permite perceber dois aspectos da tradição eucarística que ao longo da história não haviam sido objeto de reflexão e talvez nem mesmo de percepção:

– comer e beber não são apenas atos funcionais, mas simbólicos;
– comer e beber não indicam apenas a "autoconservação" do corpo individual, mas a "comunhão" do corpo social.

Essa diferença pode ser percebida de uma forma muito surpreendente, considerando o silêncio que provém do saber eucarístico clássico sobre esse perfil da experiência. Não devemos duvidar que também o homem e a mulher antigos, medievais e modernos também estiveram envolvidos nessa troca, nessa comunhão, nessa simbólica substancial e nessa substância simbólica. Contudo, o que devemos reconhecer é que a experiência deles – certamente existente – nunca foi "esquematizada" e, por isso, não se tornou "experiência refletida". Antes, a reflexão enquanto tal tendia naquelas épocas a excluir precisamente essa dimensão que é tão importante para nós. De fato, o comer-beber, junto com o "sono" e o "asseio pessoal", são as ações primárias que dizem respeito a todo humano, mas que não receberam qualquer hermenêutica simbólica explícita até o advento da "sociedade aberta". Apenas com o "fim da tradição" – diríamos – chegamos a conceber e a exigir a simbolização explícita das ações primárias.

II. A tradição pré-moderna e as simbólicas primárias

Podemos encontrar uma prova de que o saber eucarístico clássico não tematizou de modo radical e simbólico o comer e o beber no modo como Tomás de Aquino fala dessas "ações primárias" do ser humano.

Experimentemos considerar brevemente *três lugares domésticos* – mesa, leito e banheiro – nos quais os tempos e as ações se entrecruzam e se fundem tornando-se "cultura do si mesmo" e, portanto, também "cuidado do outro". Revisemos esses três atos como uma espécie de "topologia simbólica". Será possível notar imediatamente que os três lugares não possuem todos a mesma tradição. A Igreja falou muito de si e de Deus com a linguagem da mesa e do leito. Muito mais recente é a tradição do banheiro, que carece de uma "crítica exitosa" eclesial; mas não são poucas as surpresas que também este lugar doméstico pode reservar. Ainda que em uma leitura diversa, nem mesmo Tomás o esqueceu, já que, não obstante, apresenta essas "ações" de maneira diferenciada. Escutemos o que o Doutor de Aquino diz dessas ações na *Summa contra gentiles* (III, 123):

> Entre as ações naturais, somente a geração está ordenada ao bem comum: de fato, o comer e a liberação do supérfluo do corpo dizem respeito apenas ao indivíduo (*Inter naturales actus sola generatio ad bonum commune ordinatur: nam comestio, et aliarum superfluitatum emissio, ad individuum pertinent*).

Não é uma extrapolação considerar que "leito" equivalha a *generatio*, "mesa" a *comestio* e "banheiro" a *emissio*. A alimentação-*comestio* e o banheiro-*emissio* – ou seja o horizonte que assumimos como simbólica originária da eucaristia – dizem respeito, para Tomás, simplesmente ao indivíduo, ou seja, não possuem nem profundidade simbólica, nem articulação comunitária-comunial. Em vez disso, é importante tentar mostrar como também correspondem ao "comer" e à "liberação do supérfluo" experiências simbólicas, valiosas para a experiência da comunhão e para sua expressão.

a) *A mesa e a vida dada*. – A primeira topologia simbólica está na refeição em comum. Nela se entrecruzam os tempos e as ações dos seres humanos. Com efeito, em cada refeição a síntese entre direito a comer e o dever de ganhá-lo para si se encontra com uma ulterioridade dada, que é custodiada pela gratuidade do ato. Por isso, em cada refeição fazemos memória do "dom" do qual fomos constituídos. Por isso, toda refeição é, ao mesmo tempo, lugar de "iniciação à vida", de "cura do sofrimento" e de "serviço ao próximo". Há uma arte no comer juntos que está tão arraigada na cultura italiana e que não se pode perder. A tradição eclesial faz memória do Senhor com o compartilhamento do "pão da vida" e do "cálice da salvação". De alguma maneira, permanece fiel a um ato profundamente humano precisamente no ato mais profundo da relação com o transcendente. Mas, comer juntos é mais do que alimentar-se: é sempre escuta, crescimento, consolação, acordo, projeto, amizade, pacto, cumplicidade.

b) *O leito e o abandono ao outro*. – O segundo lugar que consideramos é o leito, não apenas como momento da "comunhão corpórea", mas também como sono comum, como "conversa no escuro" ou como "contato consolante". O leito é o símbolo do "tempo perdido": saber perder tempo para dormir delimita a arrogância de um ser humano puramente produtor e o predispõe ao gosto pelo festivo. Mas o leito, mesmo se configurando tradicionalmente como espaço conjugal para o exercício do *ius in corpus*, está marcado pela consciência de que nele os direitos, mais do que serem exercitados, são deixados, abandonados, reconsiderados e transfigurados. O leito transfigura os nossos direitos e deveres, quer porque nos aproxima do outro de modo mais íntimo, quer porque nos faz voltar a uma identidade mais simples, libertando-nos do pensamento e da sensibilidade, tornando-nos de animal em vegetal, e de vegetal em mineral. Até a ponto de "dormirmos como uma pedra". Ver o outro "se tornar pedra" é o milagre do sono comum, que é típico da vida familiar. Nesse sono, somos iniciados na humanidade, somos curados das crises e somos postos a serviço do outro. Poder dormir, enquanto a tempestade assola, é sinal divino de autoridade.

c) *O banheiro e o cuidado pelo outro (e do outro)*. – A terceira topologia simbólica, na experiência imediata do lugar doméstico, é também confiada ao delicado equilíbrio do cuidado de si e da necessidade do outro. Em toda família, o indivíduo está em uma "passagem de gerações" que prevê – pelo menos em algumas fases da existência – que o serviço de outra pessoa substitua e cure o limite do indivíduo "não autossuficiente". Assim ocorre com todas as crianças, pelo menos durante o primeiro ano de vida; assim acontece às vezes com os muito idosos, nos últimos tempos da vida. Nosso mundo inventou *banheiros* como "lugares de clausura"; mas há aí uma comunhão – inicial e final – que constrói uma experiência plenamente humana. O humano tem necessidade de fazer memória do fato que a autossuficiência não é originária. Principalmente ao banheiro. Que se torna assim um possível lugar simbólico de uma existência transfigurada, ou seja, capaz de "ver o bem que vem", de descobrir, sob a trama dos direitos e dos deveres, a saliência promissora de dons gratuitos.

No horizonte dessas "ações primárias" se coloca também a ação eucarística: quando dizemos "ceia", "convite", "banquete" – quer como dado histórico, quer como horizonte escatológico – levamos para o centro da experiência e da expressão essa simbólica primária da comunhão. Mas isto, repita-se, não é somente uma *estrutura originária* a ser reconhecida em todo lugar, sempre e por todos, antes é também uma *elaboração cultural* que se produziu apenas quando a sociedade fez a experiência de uma solidão radical do indivíduo sem relações. Somente a sociedade pós-tradicional pode elaborar uma experiência das ações elementares como essa e a reconhecer presente no centro do próprio credo e do próprio culto. *A argumentação eucarística pôde assim ser traduzida em categorias que eram "novas" do ponto de vista da reflexão, mas muito antigas do ponto de vista da experiência atemática e não refletida.*

III. Digestão, sentidos e ritmo

A ação primária do "comer e beber" – exatamente como ocorre para o descarte do supérfluo, para o dormir e para o exercício da sexualidade – não está em primeiro lugar na esfera do "disponível": ela se baseia em um "involuntário" que se revela em seu ponto mais delicado. O alimento se torna "nutrição" em um processo que é tirado de nosso controle: a digestão.

> Essa permanece praticamente fora do poder do querer e, se as coisas vão bem, também da consciência. O lado mais interior e mais vital da nutrição, aquele mediante o qual se realiza a unidade entre o alimento e o homem, se obtém fora do poder dessas faculdades[2].

E é peculiar que a não voluntariedade do digerir seja tão profunda a ponto de constituir um caso clássico de inversão: digere-se na medida em que não se pensa sobre isso. Se for aplicado sobre a digestão um "controle", é aí que a comprometemos. Poderíamos dizer que a "inteligência digestiva" exclui uma intervenção do intelecto e da vontade; apenas tolera intervenções de alguns sentidos: do contato de uma carícia sobre o ventre, do gosto de uma bebida quente ou da escuta de uma melodia ordenada, e, por isso, digestiva. O "território dos sentidos", no que diz respeito à digestão, permite perceber como a passagem da dimensão substancial à dimensão simbólica do comer-beber é uma operação que confia à sensibilidade – tátil,

---

2. Ibid., 22.

gustativa, olfativa e auditiva – uma primazia radial. "O espetáculo da vida sempre humilha a vontade" (Paul Ricoeur). Uma inteligência eucarística que queira permanecer fiel à sua dimensão insuperável de "inteligência ritual" deve sempre levar isso em conta.

Analogamente, isso vale para a relação entre a boca que come, a boca que fala, o ouvido que escuta e a mão que trabalha. Os humanos têm necessidade de alimento e de bebida, mas essa dependência, culturalmente instituída, que se torna "cozinha" e distingue "cru" de "cozido", constitui ao mesmo tempo um pressuposto e uma consequência da sacralidade da refeição, da qual o "sacrifício" é o traço mais antigo. A disponibilidade do alimento é "gratuita", é "doada". Isso é o que diz, de mil maneiras a tradição antropológica da refeição, que extrai e retoma seu sentido a partir de/para uma "refeição ritual".

Tudo isso aparece muito claro também na dimensão temporal do comer-beber. Daqui emerge, com grande força, a exigência de "dar um ritmo mensurado" ao comer-beber: comer e não comer, beber e não beber devem encontrar seu ritmo, sua medida. Refeição e jejum se alternam, tanto na vida civil, como na vida eclesial. Nem o comer sempre, nem o jejuar sempre são a solução. Antes, essas falsas soluções se transformam, muito facilmente, em patologias. Há uma bulimia e uma anorexia física assim como há uma bulimia e uma anorexia espiritual. A substância que se torna símbolo e o símbolo que se torna substância exigem a interrupção do alimento e da bebida a fim de renovar seu justo desejo. Gula e alcoolismo são a substituição do símbolo com a substância: essa substituição perde aquilo que não se vê do alimento e da bebida, ou seja, a dimensão de dom e de graça. Por isso, correspondem aos cuidadosos ritmos da refeição civil as delicadas normativas da refeição ritual, para que na trama dos direitos e dos deveres seja custodiado o aspecto doado de toda refeição.

IV. Alimento, produção e consumo

Por fim, há uma dimensão do alimento-bebida que a tradição eucarística conhece bem e que funda suas raízes na cultura do ser humano. Ou seja, a dinâmica de produção-consumo. Pão e vinho são *tecnologias muito antigas*, produtos da terra e do trabalho do homem: são "coisas para comer e beber" que passaram pela "mão" dos seres humanos, que, por sua vez, sapientemente transformaram trigo e uva em pão e vinho, por meio de um cuidadoso processo que exige técnica e arte. Também isto é "humanização": produção dos meios de sustento por meio de uma organização material (K. Marx). Na ação primária do comer e do beber não apenas os elementos naturais estão envolvidos, mas também a cultura da boca e da mão: uma boca que não apenas come, mas também fala; e que pode falar graças à função "mediadora" que as mãos adquiriram. Portanto, como elemento distintivo do humano não há apenas a *ratio* (ou seja, o *lógos* como pensamento e palavra), mas também as *manus* (como operação tecnológica, como mediação de transformação e como órgãos do *tactus*), o que nos permite identificar "três polos antropológicos"[3] sobre os quais é possível, do ponto de vista da ação ritual, interpelar e interpretar a tradição eucarística. Os três polos são ao mesmo tempo corpóreos e espirituais, substanciais e simbólicos:

- a mão indica uma relação tátil-técnica com o mundo;
- a boca remete à comunicação e à linguagem;
- o cérebro processa cada experiência como imagens, memória e pensamento.

Produção e consumo são as dinâmicas da refeição que colocam à prova o ser humano nesses três níveis. Tanto a produção quanto o consumo não só implicam todos os três níveis, mas, precisamente mediante essa coimplicação irredutível, instituem a comunidade: produzir e consumir são "atos sociais", atos de uma comunidade que se reconhece, em princípio e ulteriormente, doada a si mesma. A comunidade enquanto *communitas* (*cum-munus*) deve reconhecer o "dom" do qual vive. Por isso, faz do ato de autossustentação – dessa ação primária – o ato de dom mais radical: em um fechamento identitário e defensivo descobre uma abertura radical, ao outro e ao Outro. A verdade do comer é a "festa" que celebra o dom da vida mediante a refeição festiva, que é, ao mesmo tempo, "antiestrutura social" – donde a centralidade do convite ao estranho – e verdade da relação social – como recondução ao dom do direito/dever.

V. Jesus e o comer e beber

Não há dúvida que este modo de considerar a ação ritual da refeição em comum interfere profundamente nos testemunhos que recebemos sobre Jesus a partir da tradição. Essa perspectiva de leitura, entretanto, sendo o fruto de um "mundo novo" – ou seja da sociedade aberta, secular

---

3. Ibid., 31.

e altamente diferenciada[4] –, permanece principalmente como fundo da argumentação teológica clássica, que não elaborou tematicamente um saber acerca das *ações*, mas principalmente (para não dizer exclusivamente) um saber acerca das *palavras*. O enraizamento da dependência da tradição de Jesus em especial nas "fórmulas" – fórmulas de consagração, de instituição, de injunção – revela a limitação do olhar com que a tradição considerou a autoridade do Senhor e sua eficácia na história. Por outro lado, *aquilo que hoje podemos esquematizar explicitamente – graças a condições materiais, políticas e culturais muito diversas – estava presente de maneira implícita e óbvia também dentro da experiência eclesial e pessoal do cristão pré-moderno, embora não chegasse a ser verbalizado ou a ser esquematizado conceitualmente.*

Se observarmos cuidadosamente aquilo que os textos da Escritura nos transmitem, podemos logo perceber uma série de elementos que, uma vez considerados com atenção, podem modificar profundamente nosso modo de pensar e de agir em relação à tradição do banquete eucarístico.

1. Jesus e a communitas victus

A experiência das refeições com Jesus é reiteradamente atestada pelo Novo Testamento. As primeiras anotações a esse respeito provêm de uma dupla observação:
- sobre Jesus, fala-se o contrário daquilo que se fala de João Batista: se este pratica o jejum, o primeiro come e bebe (Mt 11,18 s.);
- junto a isso, adiciona-se que o comer e beber de Jesus é não é apenas "não ritual", mas é realizado "com publicanos e prostitutas" (Mc 2,16).

Essa dupla circunstância indica claramente que Jesus enriquece a refeição em comum com um valor duplo: emprega-a como *instrumento de anúncio* e a celebra *precisamente com os pecadores*. Isso exprime uma "autoridade durante o comer" que se tornou, no tempo da Igreja, sinal de comunhão com ele, de presença e de eficácia.

> As refeições tomadas com o Cristo, dia após dia certamente tiveram uma parte importante na educação dos discípulos; se é verdade que "nunca nin-

---

4. Usamos aqui as expressões típicas da análise de Charles Taylor e de Niklas Luhmann.

guém falou como este homem", talvez nem mesmo "nunca ninguém tenha comido como este homem"[5].

Portanto, há um "magistério da refeição em comum", da comunhão de mesa (a *communitas victus*), que passou de Jesus para sua Igreja, que, precisamente por isso, deve elaborar quer para si mesma, quer para o mundo, uma interpretação clara da eucaristia em termos de "refeição em comum", como banquete, como ceia – não para negar o sacrifício, mas para compreendê-lo melhor.

2. A dinâmica "involuntária" da comunhão eucarística

Em segundo lugar, o comer enquanto tal comunica uma lógica elementar da eucaristia em que a valorização das "ações primárias" requer uma profunda transformação das categorias da teologia eucarística. As espécies eucarísticas são "comidas e bebidas", ou seja, seguem o percurso de toda outra comida: não podem se furtar a essa dinâmica "involuntária". Isso demonstra que nos encontramos diante de uma ação que é

> símbolo de uma transformação de alguma forma virada de cabeça para baixo: trata-se da transformação total feita pelo fenômeno da nutrição, contudo, é o fiel a ser transformado naquilo que recebe, não o contrário. Ele se torna realmente, junto com todos aqueles que comungam, o corpo de Cristo[6].

Apenas uma plena consideração da "inteligência corpórea" do sacramento consegue restituir à eucaristia sua linguagem básica e sua forma fundamental. E é curioso que seja justamente essa evidência invencível da lógica material do sacramento a exigir, da teologia, a mais aberta aceitação do próprio campo de atuação. É o ser do pão e do vinho, que a doutrina transformou em "acidente/espécie", que não pode ser julgado como meramente "acidental". É evidente como a lógica da ação e a lógica do ser não podem ser julgadas com o mesmo método e com o mesmo critério.

---

5. Lafont, G., *Eucaristia. Il pasto e la parola*, 26.
6. Ibid., 23.

3. *A sequência das ações de Jesus, sem excluir nenhuma delas*

Estudaremos mais adiante (na segunda parte deste manual) as pesquisas acerca dos testemunhos sobre a última ceia. Aqui nos limitaremos a observar uma "dinâmica antropológica" da sequência simbólico-ritual que estrutura a celebração eucarística e que modifica profundamente um dos pressupostos implícitos da teologia eucarística. Trata-se de responder de maneira diferente à pergunta: "O que é determinante naquilo que Jesus faz na última ceia?". A concentração nas palavras sobre o pão e sobre o cálice depende de uma escolha básica que já notamos e que *tende sempre a valorizar as palavras em detrimento das ações*. Nas ações da refeição em comum, o complexo processo de sequências do "tomar", do "dar graças-abençoar", do "partir o pão", do oferecer o pão e o cálice e do "comer-beber juntos" é reduzido teologicamente a poucas proposições autorizadas ditas "sobre os elementos".

Nesse desenvolvimento doutrinal e disciplinar uma espécie de seleção perceptiva, uma concentração do olhar e da atenção que delimita aquilo que esta vertente da tradição considera significativo em relação a tudo o que é testemunhado (principalmente pelo Novo Testamento). Em outros termos, é preciso compreender que uma teoria teológica que se estabeleceu ao longo do tempo, juntamente com uma prática capilar que se tornou costume, impactaram de tal forma a tradição a ponto de ter até mesmo *mudado as nossas faculdades perceptivas*. Contudo, se observarmos fenomenologicamente a ação atestada, se a examinarmos da forma menos preconceituosa e mais objetiva possível, ela se revela mais ampla e rica do que aquilo que a atenção teológica se habituou a considerar significativo e necessário.

De fato, aquilo que a Igreja continua fazendo, há quase dois milênios, é, precisamente, a imitação de toda a sequência de ações feitas por Jesus com os seus discípulos: ações que, iniciando pela "apresentação dos dons", chegam até a "comunhão", interpretada pelas palavras como dom-sacrifício e como aliança e reconciliação.

Portanto, é evidente que a reconsideração do "comer e beber", enquanto linguagem simbólico-ritual, transforma profundamente o modo com que a teologia interpreta a celebração eucarística. Trata-se, em essência, de um duplo movimento: de um lado, trata-se de *redescobrir no evento originário a complexidade que nós hoje celebramos*; de outro, trata-se de *trazer na celebração atual a complexidade do evento originário*. É claro que essa dupla passagem não poderia ser de modo algum realizada se o saber teológico permanecesse fechado em uma experiência demasiadamente estreita, seja do evento, seja da celebração. Essa "coimplicação" estrutural do saber eucarístico – entre prática e teoria, entre presente e passado, entre saber sobre o evento e prática ritual – reabilita definitivamente uma colaboração interdisciplinar dos saberes para a elaboração de uma teologia plenamente fiel à tradição.

Aqui descobrimos, mais uma vez, que é precisamente a riqueza do testemunho originário que pode aparecer em sua plenitude – não apesar, mas graças aos novos modelos de leitura do comportamento ritual que o saber teológico e o saber antropológico puderam elaborar no último século. Assim, graças às abordagens "mais recentes", nós nos tornamos capazes de reconhecer as dinâmicas "mais originárias": nessa consequência paradoxal, recebe uma nova luz também a dimensão "orante" da celebração eucarística.

Temas de estudo

1. A consideração contemporânea da refeição como "lugar de comunhão" é uma descoberta elaborada a partir das tradições religiosas e civis, pelas ciências humanas: qual é a diferença e distância diante da trabalhosa recepção teológica dessa realidade, relida com novos óculos?
2. Refeição e comunhão implicam a relevância daquilo que a tradição teológica chamou de *sacramentum tantum* (= o pão e o vinho). Em que medida essa nova consideração é ou não capaz de modificar o modo como a doutrina teológica tem raciocinado sobre a "significação" do pão e do vinho?
3. A dinâmica cultural estrutura o pão e o vinho em uma ordem simbólica, à qual recorre a tradição judaico-cristã, a fim de elaborar o sentido cristológico e eclesiológico do gesto eucarístico. Em que sentido, e sob quais limites, pode-se dizer que a autoridade do Senhor não diz respeito apenas ao falar, mas também ao comer e ao beber?

Para aprofundar

– Para uma investigação no âmbito da antropologia, do ponto de vista teológico, permanece a obra fundamental de LAFONT, G., *Dieu, le temps et l'être*, Paris, Cerf, 1986, disponível também em italiano como LAFONT, G., *Dio, il tempo e l'essere*, Casale Monferrato, Piemme, 1992.

- É possível encontrar um esclarecimento da contribuição das ciências humanas para a investigação teológica sobre o agir ritual em TERRIN, A. N., Antropologia culturale, in: SARTORE, D.; TRIACCA, A. M. (ed.), *Nuovo Dizionario di Liturgia*, Cinisello Balsamo, Ed. Paoline, 1990, 71-92; e também em SARTORE, D.; TRIACCA, A. M.; CIBIEN, C. (ed.), *Liturgia* (I Dizionari San Paolo), Cinisello Balsamo, San Paolo, 2001, 95-127.
- Para a valorização do agir cultural eucarístico, permanece importante a contribuição de SCHÄFFLER, R., Kultisches Handeln. Die Frage nach den Proben seiner Bewährung und nach Kriterien seiner Legitimation, in: HÜNERMANN, P.; SCHÄFFLER, R. (ed.), *Ankunft Gottes und Handeln des Menschen. Thesen über Kult und Sakrament* (Quaestiones disputatae, 77), Freiburg i. Br., Herder, 1977, 9-50.

CAPÍTULO 3

A oração e o rito: anáfora e rito da comunhão

A eucaristia é "oração". Essa é uma das afirmações fundamentais que qualificam a releitura que o século XX propôs da realidade teológica e espiritual da celebração eucarística. Pois, de um lado, é o resultado da identificação da "forma fundamental" encontrada por J. Jungmann como conceito-chave para uma análise principalmente de caráter histórico-pastoral; e, de outro, é fruto da elaboração dos teólogos sistemáticos em uma nova relação com a tradição litúrgica. De fato, não se deve esquecer o grande impulso com que R. Guardini, em 1919, abria o seu *O espírito da liturgia* justamente com um capítulo dedicado à "oração litúrgica". Essa grande redescoberta da liturgia como "ato orante" – e da oração como ato ritual comum – está na base da segunda vertente de redescoberta da liturgia eucarística, exatamente enquanto "oração".

Dentro deste capítulo examinaremos primeiramente essa relação, historicamente bastante comprometida na tradição latina, entre rito eclesial e oração cristã (item I), para depois propor uma pequena fenomenologia da oração (item II), da qual a eucaristia é a forma mais plena e mais completa.

I. Oração e liturgia: um duplo preconceito a ser superado

O primeiro ponto que devemos considerar é constituído pela complexa tradição daquilo que chamamos relação entre oração e liturgia. E devemos reconhecer que essa tradição marcou profundamente as consciências e as práticas e mesmo os livros dos últimos séculos. A esse propósito, escreve um dos maiores especialistas em liturgia do século XX, o jesuíta Josef A. Jungmann, em sua *Breve storia della preghiera cristiana* [Breve história da oração cristã]:

> Existe indubitavelmente uma diferença entre a história da oração pública, isto é, a liturgia da Igreja, e a oração privada, individual [...]. Na oração extralitúrgica, à qual se refere nossa investigação, as formas são muito mais variáveis e difíceis de serem percebidas: de fato, a oração mais autêntica ocorre para além de toda forma, no diálogo secreto entre Deus e o homem[1].

A partir desse texto inferimos duas coisas muito importantes para a nossa reflexão sobre a eucaristia.

Em primeiro lugar, Jungmann bem sabe, através da tradição, que a oração pode ser pública e privada, mas permanece ligado a uma ideia – ainda hoje muito difusa – que a oração seja essencialmente a privada, a extralitúrgica. De fato, é preciso recordar que, pelo menos desde a primeira metade do século XX, permanecia muito viva no corpo eclesial a ideia segundo a qual a oração não é liturgia e a liturgia não é oração. Por isso sua *Breve storia della preghiera cristiana* se limitava a tratar da oração extralitúrgica. Nessa maneira de enfrentar a questão, na verdade se corre o risco de cair em um erro de método ao qual não há remédio: partindo nessa direção, e com esse preconceito, fala-se somente daquilo que não é importante, pois é removida toda a experiência de oração, mesmo individual, que é constituída pela liturgia e principalmente pela eucaristia. Que essa má compreensão se apresente em um especialista de eucaristia como Jungmann é muito significativo: não podia ser senão assim, pois ele pertencia a um mundo assinalado em profundidade por uma experiência orante e eucarística que hoje poderíamos definir "pré-conciliar". Do Concílio Vaticano II em diante as coisas mudaram profundamente, pelo menos em teoria: de fato, compreendemos – também graças ao livro de Jungmann sobre a missa – que, para compreender a oração, é necessário estar plenamente, com os dois pés, também na tradição litúrgica. A oração individual não pode ser outra história, paralela em relação à liturgia. Sabemos que foi assim por séculos, mas não deve e não pode ser mais assim. Do contrário a liturgia seria mera exterioridade e a oração pessoal soaria de modo apenas interior. Desse modo, faltaria a uma o correspondente vital da outra.

---

1. Cf. JUNGMANN, J. A., *Breve storia della preghiera cristiana*, Brescia, Queriniana, 1991, 9 s.

A isso, deve-se adicionar, em segundo lugar, outra característica. No passado, assim como ocorre ainda hoje, não era efetivamente dito que a oração chamada individual não pudesse ter um lado comunitário (por exemplo, no rosário, nas procissões etc.) ou que a liturgia pública não fosse reduzida a ofício individual (a missa ou a liturgia das horas como tarefa e dever de indivíduos). Em suma, aquilo que para nós hoje se tornou praticamente óbvio – a natureza comunitária da liturgia como oração – é o fruto de um caminho complexo de recuperação da tradição. Essa grande divisão entre liturgia e oração, que o passado nos impôs e da qual hoje devemos nos libertar como que de um preconceito, não está isenta da sutileza pela qual, na individualidade da oração pessoal, pensar as lógicas comunitárias e, nas lógicas aparentemente públicas, inserir dimensões individuais. Entretanto, muitas vezes isso foi feito piorando as coisas: mesmo aquele perfil que seria de per si profundamente comunitário é vivido em chave individualista, ao passo que as formas comunitárias da oração individual na realidade não alcançam a consciência de uma comunidade, mas são frequentemente apenas a somatória de uma multiplicidade de atos individuais isolados.

É preciso também adicionar a expressão conclusiva do texto citado, em que o autor se refere à não formalidade da oração mais autêntica – ultimamente apontando para a misteriosa relação entre Deus e o ser humano, que é secreta e, ao mesmo tempo, identificável com toda a vida –, e que levanta uma "questão formal" que não deve ser negligenciada se se quer esclarecer que papéis têm os conteúdos e as formas em vista de uma identificação – diríamos, afinal, quase escatológica – da oração com a vida e da vida com a oração. Que a oração secreta seja uma espécie de "realidade imediata" é definitivamente, sob muitos aspectos, o fruto de um gigantesco preconceito. De fato, ela pode existir e conferir a si própria uma fisionomia apenas como fruto de uma multiplicidade de mediações: *não rezamos espontaneamente, mas aprendemos a fazê-lo nas formas comunitárias que conhecemos e praticamos.* De outra forma, vivemos imersos em uma tradição individualista que lentamente vai perdendo sua abrangência e se torna apenas a confirmação de preconceitos burgueses. É o que ocorreu na tradição individualista medieval, que, posteriormente, com o mundo moderno e moderno tardio, tornou-se a oração "burguesa" e "privada", incapaz de autênticas correlações comunitárias.

O ser humano que reza é a manifestação da Igreja e não simplesmente aquele que manifesta as próprias necessidades: esta é uma figura antropológica encerrada na história de um ser humano que possui com Deus somente uma relação de necessidade. Relação que é um ponto de partida, mas não pode ser jamais um ponto de consistência, nem mesmo um ponto de chegada.

Então, a primeira tarefa que devemos assumir é a de superar esse duplo preconceito: em primeiro lugar, *a separação entre liturgia e oração*, em segundo, *a ideia de uma primazia da oração individual*, silenciosa, interior, sobre a forma comunitária, mediada linguisticamente, com o canto, com a arte, com as formas espaciais, com as experiências temporais, que são a grande mediação que ensina a rezar. De fato, todo homem e toda mulher se encontram sempre na condição de dever aprender a rezar, e devem reconhecer de antemão que não sabem como se faz isso.

Recapitulando as primeiras aquisições, poderíamos então dizer que:

a) oração pessoal e oração litúrgica *estão intimamente correlacionadas*: é uma correlação estrutural que hoje não conseguimos perceber e chegamos mesmo a contestar. Na realidade, nós rezamos pessoalmente em relação a uma oração comunitária a partir da qual começamos e para a qual nos movemos, fornecendo-nos o alfabeto, a gramática e a sintaxe da nossa oração;

b) o conteúdo, que diz respeito tanto a uma como a outra, ajuda a *compreender a diferença entre elas, bem como sua correlação*; sobre isso não devemos ser formais, mas podemos analisar como é construída a oração, em que ela se baseia, de que modo interpela Deus e o próximo e porque não deixa sozinho o sujeito que reza;

c) as diversas formas de vida *têm necessidade de ambas as experiências*: elas são uma síntese admirável no âmbito individual e comunitário, e desenvolvem, de modos muito variados, a *lógica de dependência do outro* que a oração levanta na vida humana e cristã;

d) é ingênuo considerar que vida e oração podem ser identificadas *sem serem mediadas por essas formas históricas e antropológicas do culto comunitário e pessoal*; nosso imediatismo individual é frequentemente vazio. Não é realista pensar que uma relação evidente entre oração e vida do indivíduo seja imediatamente acessível; são muito mais as mediações simbólico-rituais, ou seja, os ritos comuns, que colocam em relação a oração com a vida e a vida com a oração.

II. Pequena fenomenologia do rezar cristão

A dimensão da oração estrutura toda a celebração da missa e se assenta não só em um "evento irreiterável", mas também em uma "estrutura comum" a toda a humanidade na história.

Todos os homens e mulheres, de fato, rezam. O rezar é uma experiência comum, ordinária, mesmo que nem sempre pareça dotada de evidência. A distinção da fé não é rezar, mas a *consciência* de rezar: crer e se dar conta de quanto é fundamental "rezar", confiar a si mesmo e a própria liberdade nas mãos misericordiosas do Senhor e do próximo. Rezar é um modo particular de falar, é um "uso da linguagem" (verbal e não verbal) em que entram em jogo sempre três elementos: o *sujeito orante*, sua *relação com o bem* e sua *relação com o outro/próximo*. Quando rezamos, falamos, agimos e pensamos em relação a um bem e em relação ao outro.

Aqui apresentaremos brevemente as dimensões fundamentais do rezar humano e cristão, que encontra na celebração eucarística uma de suas expressões mais plenas:

a) *Não somos autossuficientes*: por isso devemos "pedir algo" que sozinhos não conseguimos obter para nós. As formas do *self-service* diminuem o pedido como ato fundamental de todo ser humano. As formas de vida contemporâneas tendem a diminuir essa necessidade originária: no mercado posso pegar tudo e colocar no carrinho de compras; mas depois devo pagar. A oração se encerra assim, no dinheiro, cujo acúmulo nos tranquiliza acerca de nossa "não autossuficiência". Rezar é pedir os bens de que estamos privados e de que temos necessidade. Rezar é, em primeiro lugar, *oração de súplica*.

b) *Não somos infalíveis*: cometemos erros, somos injustos, mas também vivenciamos erros diante de nós e erros feitos contra nós. Uma segunda grande experiência – comum – de oração é a de "implorar (para receber) perdão" e de "oferecer perdão". Aqui não é um bem específico e determinado do qual temos necessidade, mas é "o bem" em geral: o bem que gostaríamos de ver restituído a nós e o bem que gostaríamos de poder restituir aos outros. A oração é, portanto, *oração de perdão*.

c) *Não somos magnânimos*: vemos frequentemente o bem do outro como uma ameaça ao nosso bem. Um nível inusitado de oração é o da capacidade de louvar, ou seja, de *se alegrar pelo bem do outro*. Nesse sentido, rezar é sair dos tentáculos da "inveja" (que, segundo a tradição, é a raiz de todos os pecados). Rezar é desmontar as lógicas da inveja e saber fazer festa pela prosperidade e felicidade do outro. *A oração é oração de louvor*.

d) *Não somos dotados de memória*: olhamos para o nosso bem como se tivesse sido sempre nosso. Mas é possível um olhar diferente, capaz de gratidão, que reconhece francamente que, na sua raiz, o nosso bem não vem de nós, mas dos outros. É o movimento recíproco em relação ao louvor e é o contrário da "ingratidão", ou seja, da palavra de quem sustenta que "não deve nada a ninguém". Rezar é, assim, *oração de ação de graças*.

e) *Não somos insensíveis ao mal*: falar mal, amaldiçoar, suspeitar e injuriar são atos aos quais não estamos imunes. Falar mal é, frequentemente, o que há mais fácil. Mas a oração, que tem em si também a maldição, é uma via para a bênção, para o "bem dizer", para a possibilidade de reconhecer o bem, mesmo quando não é evidente e manifesto. Esse é talvez o grau máximo do rezar, o mais livre e o mais solene. Rezar é *oração de bênção*.

Toda esta sucessão de relações entre o sujeito, o bem e o outro é muito humana, e pede principalmente para escutar e observar. A "sabedoria humana" elabora estratégias extraordinárias de exercício sobre estes cinco níveis. E corre o risco de perder a si própria quando os esquece ou censura.

A fé cristã parte daí, mas transfigura e potencializa de modo surpreendente tudo isso. Diríamos que o torna explícito, não em teoria, mas na prática e em uma prática: se em Adão estamos todos "além e aquém do rezar", em Cristo nós nos reconhecemos "no rezar". Podemos ser plenamente humanos na medida em que aprendemos a rezar.

Isso é o que Jesus realizou na relação como o Pai. Restituiu aos homens e mulheres a dignidade de uma relação "rezada", no sentido elevado e solene do "rezar" como indicamos acima. Rezar não apenas como "pedido de graça", não apenas como "repertório de palavras santas", mas como correlação estrutural e expressa entre o si, o bem e o outro. O pai-nosso, que a Igreja liturgicamente repete três vezes ao dia, é o modelo da oração e está constituído por sete petições.

Não se deve esquecer que, entre as formas da "presença do Senhor" que a *Sacrosanctum concilium* elenca, a última está assim descrita:

> [Cristo] está, definitivamente, presente quando a Igreja reza e louva, ele que prometeu: "Onde dois ou três estiverem reunidos em meu nome, aí estarei eu no meio deles" (Mt 18,20). De fato, para o cumprimento dessa obra tão grande, pela qual se dá a glória perfeita a Deus e se santificam os homens, Cristo associa sempre a si a Igreja, sua esposa amada, a qual o invoca como seu Senhor e por meio dele presta culto ao eterno Pai (SC 7).

Portanto, a dimensão orante da eucaristia assegura a presença do Senhor que, assumindo como próprias as súplicas dos seres humanos e associando esses mesmos seres humanos às próprias palavras, permeia toda a sequência ritual e a torna ao mesmo tempo sacramento de graças e exemplo de vida. Também Santo Agostinho conhecia bem essa dinâmica de "troca" entre a oração de Cristo e a oração da Igreja, quando, em seu comentário ao Salmo 85, escreveu:

> Nenhum dom maior Deus poderia ter dado aos homens que constituir como sua cabeça o seu Verbo, por meio do qual criou todas as coisas, e a ele uni-los como membros, de modo que fosse Filho de Deus e Filho do homem, um só Deus com o Pai, um só homem com os homens. Assim, quando rezamos, falamos com Deus, mas nem por isso separamos o Filho do Pai e quando o corpo do Filho reza não separa de si a própria cabeça, mas é o mesmo e único salvador de seu corpo, o Senhor nosso Jesus Cristo, Filho de Deus, que suplica por nós, suplica em nós e é suplicado por nós. Suplica por nós como nosso sacerdote, suplica em nós como nossa cabeça, é suplicado por nós como nosso Deus. Reconheçamos, portanto, nele as nossas vozes e suas vozes em nós (AGOSTINHO, *Enarrationes in psalmos*, 85).

Esse reconhecimento recíproco de palavra e voz – sua palavra em nossa voz e sua voz em nossa palavra – assume, na celebração eucarística, uma evidência totalmente única. Por isso, a "forma" da oração eucarística, unindo-se à "forma da refeição", constitui o horizonte fundamental para compreender seu sentido teológico.

III. A perspectiva propriamente ritual sobre a eucaristia

Ante de entrar no último capítulo desta primeira parte, no qual examinaremos toda a sequência ritual do *ordo missae*, podemos voltar mais uma vez à abordagem metodológica que até aqui consideramos, ou seja, a descoberta da "ação ritual" como categoria fundamental da celebração eucarística. O que comporta teologicamente essa perspectiva?

Para compreender melhor, é bom confrontar a interessante perspectiva oferecida por Gerd Theissen[2], que relê o cristianismo primitivo como a elaboração de três tipos de "sinais": os mítico-narrativos, os ético-prescritivos e os simbólico-rituais. Assim é possível identificar a religião como uma "catedral semiótica", cujos materiais de construção são de três tipos:

---

2. THEISSEN, G., *La religione dei primi cristiani*, Torino, Claudiana, 2004, especialmente 159 ss. [ed. bras.: *A religião dos primeiros cristãos*, São Paulo, Paulinas, 2009].

Uma linguagem narrativa de sinais, feita de mito e história, uma linguagem normativa de sinais, constituída por imperativos e avaliações, e uma linguagem ritual de sinais, em cuja base estão principalmente os dois sacramentos cristãos primitivos do batismo e da ceia do Senhor[3].

Essa articulação parece muito significativa no momento em que se reconhece o caráter particular do terceiro âmbito, quando o autor afirma que "nos ritos está condensado todo o sistema de sinais de uma religião"[4]. Isso significa que é preciso evitar o erro, muito difundido não apenas junto aos católicos, de reduzir a liturgia a um conjunto de sinais narrativos e de sinais prescritivos. O Movimento Litúrgico, com seu trabalho durante os séculos XIX e XX, permitiu reconhecer a autonomia da experiência religiosa que se exprime principalmente mediante linguagens simbólico-rituais. Essa virada, na qual caminharam juntos o protestantismo e o catolicismo, mesmo quando brigavam entre si, abriu a possibilidade de identificar na liturgia eucarística um "novo campo do saber". Que haja sinais simbólico-rituais irredutíveis ao seu próprio conteúdo cognitivo e prescritivo – e que exerçam uma função determinante na estruturação do espaço-tempo e na construção de ligações de comunhão[5] – parece ser uma condição epistemológica para fazer da liturgia eucarística não somente uma "disciplina", mas uma "doutrina".

Uma abordagem da eucaristia enquanto *sistema de sinais rituais* implica uma redescoberta muito importante e transformadora da relação com ela: de uma relação meramente disciplinar a uma relação doutrinal. Em outros termos, pode-se compreender que o rito não só "aprende" do conceito – daí a ideia que seria interessante apenas para a "disci-plina" (de *disco*) –, mas que o rito também "ensina" o conceito – e é, portanto, portador de uma "doutrina" (de *doceo*). *A justificativa para uma análise do rito eucarístico dentro de um tratado sistemático sobre o sacramento depende precisamente dessa "conversão do olhar" a que está chamada a tradição latina.* Uma conversão que comporta a saída de uma compreensão meramente disciplinar, cerimonial e rubrical da liturgia eucarística. A descoberta de uma dimensão doutrinal da liturgia eucarística implica uma grande mudança: poderíamos definir como uma "mudança de paradigma". Exige que se reconheça e se consinta à ação ritual uma função docente, que não a

---

3. Ibid., 161.
4. Ibid.
5. Cf. ibid., 163.

transcreva simplesmente em um registro conceitual, que não distorça suas linguagens, mas as valorize tal como se apresentam, em sua qualidade sensível, não verbal, corpórea.

O próximo capítulo será dedicado à análise da sequência ritual, examinada na perspectiva de um saber ritual custodiado precisamente pela sua lógica "agitada" e "ativa". Na terceira parte deste volume veremos que ela se mostra hoje como um dos desafios mais difíceis para a doutrina teológica e para a prática pastoral.

Temas de estudo

1. A experiência eucarística da oração exige uma dupla retomada: da oração intrínseca da celebração e da sua articulação plena e detalhada. Sobre este ponto, em que medida pode incidir positivamente não tanto uma oração pessoal, mas uma oração comunitária "diferente", como é a da Liturgia das Horas?
2. A exigência de "rezar durante a eucaristia" e a descoberta de "rezar a eucaristia" – em sua riqueza de registros orantes – constitui um desafio pastoral e espiritual nada pequeno: onde estão as questões teóricas e práticas mais relevantes?
3. No breve texto de Agostinho citado por nós, a mediação cristológica transfigura o rezar eclesial e o transcreve, ao mesmo tempo, no coração da existência do fiel e nos lábios do Senhor: em que sentido a celebração eucarística realiza essa conexão da forma mais elevada possível?

Para aprofundar

– É muito útil, para perceber as tensões entre as diferentes perspectivas sobre o tema da oração ritual, as páginas paralelas, mas não concordes, destes três autores: FESTUGIÈRE, M., *La liturgia cattolica* (Caro salutis cardo. Studi, 15), ed. it. a cura di A. Catella e A. Grillo, Padova, EMP/Abbazia di S. Giustina, 2002; GUARDINI, R., *Lo spirito della liturgia*, Brescia, Morcelliana, 1930 [ed. bras.: *O espírito da liturgia*, São Paulo, Cultor de Livros, 2020]; JUNGMANN, J. A., *Breve storia della preghiera cristiana*, Brescia, Queriniana, 1991.
– Para um aprofundamento da relação entre oração, Escritura e eucaristia, é estimulante ler TERRIN, A. N. (ed.), *Bibbia*

e *liturgia*. v. II. *Scriptura crescit cum orante* (Caro salutis cardo. Contributi, 7), Padova, EMP/Abbazia di S. Giustina, 1993.
- Para uma compreensão dos vários níveis da oração cristã, permanece ainda um clássico BEAUCHAMP, P., Salmi notte e giorno, Assisi, Cittadella, 2005.

CAPÍTULO 4

A sequência ritual do *ordo missae*

Para completar nossa abordagem da eucaristia como "ação ritual", devemos agora examinar o *ordo missae* aprovado após o Concílio Vaticano II e já em sua terceira edição (*editio typica tertia*). Nele podemos encontrar a "forma ritual" hoje acessível a todo cristão católico dentro da comunidade eclesial. Omitimos aqui, intencionalmente e até mesmo programaticamente, toda referência a outras formas rituais, superadas do ponto de vista litúrgico, eclesial e pastoral, e das quais trataremos de maneira crítica no final da segunda parte deste volume.

É evidente que o *ordo* que hoje marca a experiência eucarística católica é o produto de uma história – sobre a qual não trataremos nesta parte do manual, mas na próxima. Em vez disso, aqui desejamos propor uma leitura rigorosamente sincrônica, estudando o *ordo* (analisado em si e em suas "Preliminares gerais" contidas na *Institutio Generalis Missalis Romani*, para o Brasil *Instrução Geral do Missal Romano*) como princípio "imediato" de relação com a eucaristia enquanto ação ritual. Especifique-se que faremos uma exposição que segue principalmente a "missa comunitária dominical", sem entrar nos detalhes dos diversos tempos e das diversas articulações do *ordo missae* (tempos fortes, santoral, missas votivas etc.).

Antes de entrar na consideração, detalhada na sequência, sobre o desenvolvimento do rito eucarístico tal como este se apresenta imediatamente hoje para a experiência de um fiel católico – com todos os acidentes e as contingências que abordaremos –, devemos fazer alguns esclarecimentos de caráter metodológico, particularmente urgentes para que não se entenda mal tudo o que estudaremos.

I. Alguns esclarecimentos metodológicos necessários

1. *Fazer memória a partir do rito*

Como já dissemos muitas vezes, a tradição teológica latina acerca da eucaristia, pelo menos a partir dos séculos IX ou X, esteve inclinada a concentrar a "memória do Senhor" nas palavras da consagração do pão e do vinho. Este desenvolvimento complexo e não linear, que estudaremos detalhadamente ao longo do percurso histórico oferecido na segunda parte do manual, deve nos interpelar radicalmente ao final desta primeira parte, a fim de compreender a grande novidade que pode e deve assumir uma compreensão da eucaristia como ação ritual. De fato, para a tradição teológica ocidental latina se trata de recuperar uma experiência específica da liturgia eucarística que poderia ser assim sintetizada: *fazer memória do Senhor em forma ritual*. Para que essa intenção seja possível *é necessário reabilitar uma abordagem "não essencialista" da tradição*.

De fato, a ação ritual mediante a qual "fazemos isto em memória dele" não pode ser reduzida à simples "repetição" de poucas palavras autorizadas, pronunciadas sobre isolados elementos materiais. Essa é uma redução da experiência que, a longo prazo, põe em sério risco a própria tradição e seu conteúdo memorial. Em vez disso, o rito faz memória do evento da morte e ressurreição de Cristo não mediante um "ato pontual de consagração", mas *mediante um "ato processual de celebração"*. A diferença entre essas duas perspectivas – que representam dois modos diferentes de enxergar e dois modos de pensar – produz consequências sistemáticas de grande relevo e induz uma compreensão da experiência que modifica em profundidade não apenas a teoria teológica, mas também o modo de celebrar: antes, *modifica a teologia precisamente por meio de uma autoridade diversa atribuída à ação ritual da celebração comunitária do mistério*.

2. *A "diferença" em relação à abordagem sistemática clássica*

A memória ritual é mais ampla, mais articulada e mais radical do que a repetição formal de um ato de consagração. Isso aparece com toda evidência a partir de uma simples comparação sobre como ocorre a memória ritual da ceia-oração enquanto forma de interpretação da cruz-ressurreição.

A atenção da tradição sistemática latina se concentrou apenas na repetição das palavras sobre o pão e o sobre o cálice, que são entendidas como "causas" da conversão da substância. A tradição litúrgica, que também pode "suportar" essa interpretação redutiva, procede com outra riqueza bem diferente e o faz em diversos níveis:

a) a ação ritual assume uma "liturgia da Palavra" antes da "liturgia eucarística", segundo uma tradição atestada desde os evangelistas João e Lucas, além das "refeições de Jesus" de que se fala amplamente nos outros dois Evangelhos sinóticos;

b) dentro da liturgia eucarística, o rito propõe uma representação-reapresentação de todas as ações do Senhor (*accepit, gratias egit, fregit, dedit discipulis*, ou seja, "tomou", "deu graças", "partiu" e "o deu aos seus discípulos"), que se apresentam e devem ser consideradas como o contexto do seu "dizer" ("E disse: 'Este é o meu corpo... Este é o cálice do sangue da aliança'");

c) o fazer memória assume assim a "Palavra" e o "sacramento" em uma acepção extremamente ampla, de certo modo mais ampla em relação à acepção pontual da palavra como "fórmula" sobre um elemento entendido como "matéria". A liturgia da Palavra é, em vez disso, uma sequência *de ações* e a liturgia eucarística é outra sequência *de ações*, que vão da preparação dos dons ("tomou") à oração eucarística ("deu graças", "dizendo"), da fração do pão ("partiu") até a distribuição da comunhão ("deu aos seus discípulos");

d) A redução da tradição, que a teologia eucarística latina elaborou por exigências doutrinais, relê essa dúplice liturgia – da Palavra e do sacramento – reconduzindo-a aos "termos mínimos", ou seja, à simples aplicação de uma "fórmula verbal" sobre a "matéria sacramental"; e é evidente como essa redução alterou profundamente e redimensionou o papel que a ação desenvolve no fazer memória da Igreja;

e) por fim, adicione-se a isso que, no desenvolvimento da tradição latina – também sucessivo à Reforma protestante, e de fato com certa ênfase condicionada pela própria Reforma –, a primazia das "palavras da consagração" sobre o resto da eucaristia introduziu a convicção pela qual essas palavras representam o elemento instituidor do sacramento, ao passo que tudo aquilo que o precede e lhe segue seria somente "cerimônia eclesial". Em vez disso, a releitura que aqui é proposta, na esteira do Movimento Litúrgico, recupera o valor instituído e instituinte de *toda a sequência*, que "imita" e "faz memória" do Senhor, repetindo não apenas as palavras, mas também as ações que Jesus cumpriu profeticamente pouco antes da entrega de si: ações de linguagem verbal e de linguagem não verbal.

3. *A riqueza da contingência ritual*

Portanto, é evidente que um exame cuidadoso da ação ritual eucarística não constitui simplesmente uma "aplicação" à ação que deve ser realizada pela consciência sistemática que a teologia elaborou ao longo dos séculos, mas representa, em primeiro lugar e de modo mais profundo, a estrada necessária para um "acesso imediato" à riqueza teológica da memória da Páscoa do Senhor. Precisamente o rito – *com sua estrutura processual que configura uma série de quatro sequências rituais em sucessão* – se revela como a mediação mais fiel à memória integral do mistério pascal. O rito procede não por reduções conceituais, mas por sequências espaçotemporais, por distensão linguística e por articulação sensível. Não exige, em primeiro lugar, síntese racional, mas sensibilidade intensa, diferenciada e matizada. Não abstrai do espaço e do tempo, mas se enraíza em um "hoje" e em um "aqui", por assim dizer, a seu modo e com eficácia diversificada, o "sempre" e o "em todo lugar".

4. *Uma teologia eucarística "a partir do rito"*

O desenvolvimento desta abordagem constitui, enfim, uma novidade nada desprezível para o modo de conduzir a reflexão teológica em torno do sacramento eucarístico. A novidade comporta a superação de duas estratégias clássicas de atribuição de sentido à eucaristia.

De um lado, é amplamente atestada a modalidade típica da teologia sistemática ocidental, desenvolvida sobretudo a partir da teologia escolástica, com a acentuada dependência de uma progressiva "essencialização" da relação com a ação ritual, da qual se valorizou teologicamente apenas o "centro consecratório", em detrimento de todas as demais sequências rituais. Isso determinou, de fato, uma progressiva marginalização do rito da teologia e uma divisão aparentemente insuperável entre "sacramento da eucaristia" e "sacrifício da missa".

De outro lado, desenvolveu-se um modo de comentar o rito da eucaristia (nas inúmeras variações da *expositio missae*) em que a "cerimônia eclesial" era relida por meio de uma hermenêutica que submetia o rito a uma redução metafórica, alegórica e exemplar, quase que totalmente separada da função que o rito desenvolvia objetivamente em permitir a experiência do mistério de Cristo e da Igreja. Esses dois filões, que se cruzaram de mil maneiras, influenciaram não apenas a prática e a espiritualidade do povo de Deus, mas também a teologia e a especulação da teologia acadêmica.

Como veremos na segunda e na terceira parte deste volume, foi a recuperação de uma noção não "substancial", mas "substanciosa" de rito[1] que restituiu à interpretação da eucaristia uma nova articulação entre nível prático e teórico, entre sacrifício e sacramento, entre missa e eucaristia. Poderíamos dizer que *a nova noção de rito*, elaborada pelas ciências humanas a partir da metade do século XIX, *constitui um dos pressupostos para uma reestruturação do saber eucarístico eclesial*. Isso tornou possível uma "hermenêutica ritual da eucaristia" incapaz de permanecer vinculada apenas a uma perspectiva cerimonialista e rubricista das questões.

5. A expositio missae na Summa theologiae de Santo Tomás

Pode ser útil, antes de se passar para a apresentação da "sequência" estabelecida pelo *ordo missae* de 1969, considerar um modo clássico de apresentar o rito da eucaristia: de fato, um exemplo ilustre de *expositio missae* se encontra justamente na *Summa* de Tomás de Aquino. No quadro abaixo se reproduz o texto integral em versão portuguesa, sublinhando as palavras-chave da estrutura e da interpretação. Seguirão algumas breves observações de nossa parte:

Tomás de Aquino, Summa theologiae, III, q. 83, a. 4, corpus

Na eucaristia se compendia todo o mistério da nossa salvação: por isso, é celebrada com mais solenidade do que os demais sacramentos. E porque está escrito: "Vigia teus passos, quando vais à casa de Deus" [Ecl 4,17], e "Antes da oração dispõe a tua alma" [Sr 18,23; Vg], de modo que na celebração deste mistério se precede primeiramente a uma preparação (*praeparatio*) que

---

1. Sobre a mudança do conceito de "substância" como uma das "condições" do Concílio Vaticano II e sobre o papel que nesse campo desenvolveu a mediação profética do papa João XXIII, cf. RUGGIERI, G., Esiste una teologia di papa Giovanni?, in: FONDAZIONE PER LE SCIENZE RELIGIOSE GIOVANNI XXIII (ed.), *Un cristiano sul trono di Pietro. Studi storici su Giovanni XXIII*, Bergamo, Servitium, 2003, 253-274.

disponha a realizar dignamente os atos sucessivos. – A primeira parte dessa preparação é o louvor divino que está no introito, conforme as palavras do salmo: "Quem oferece o sacrifício de louvor, este me honra, e este é o caminho no qual lhe mostrarei a salvação de Deus" [Sl 49,23; Vg]. E frequentemente esse trecho é tomado dos salmos, ou pelo menos é cantado intercalado por um salmo, pois, como observa Dionísio, "os salmos compreendem, sob forma de louvor, tudo aquilo que está contido na Sagrada Escritura" [*De eccl. Hier.*, III, 4, 5]. – A segunda parte recorda a miséria da vida presente, enquanto se invoca a misericórdia divina dizendo três vezes "Kyrie eleison" para a pessoa do Pai, três vezes "Christe eleison" para a pessoa do Filho, e novamente três vezes "Kyrie eleison" para a pessoa do Espírito Santo: e isso contra a tríplice miséria da ignorância, da culpa e da pena; ou então, para significar que todas as Pessoas são imanentes uma na outra. – A terceira parte recorda a glória celeste, à qual estamos destinados após a atual miséria, com as palavras: "Glória a Deus nas alturas" etc. E esse canto é feito nas festividades em que se comemora essa glória celeste, ao passo que é omitido nos ofícios penitenciais que rememoram as nossas misérias. – A quarta parte contém a oração que o sacerdote faz pelo povo, para que os fiéis sejam dignos de tão grandes mistérios.

Em segundo lugar, sempre com finalidade preparatória, segue a instrução do povo fiel (*instructio fidelis populi*), sendo este sacramento "o mistério da fé", como se disse acima [q. 78, a. 3, ad 5]. E essa instrução é feita inicialmente com o ensinamento dos profetas e dos apóstolos, que é lida na igreja pelos leitores e pelos subdiáconos. Depois dessa leitura é cantado pelo coro o gradual, que significa o progresso na virtude, e o aleluia, que significa a exultação espiritual; ou então, nos ofícios penitenciais canta-se o trato, que exprime o gemido espiritual. De fato, são estes os frutos que deve produzir no povo o ensinamento supramencionado. Porém, o povo é instruído de maneira perfeita mediante o ensinamento de Cristo contido no Evangelho, que é lido pelos ministros mais altos, isto é, pelos diáconos. Após a leitura do Evangelho, dado que nós cremos no Cristo, como a verdade divina, segundo as palavras: "Se eu digo a verdade, por que não credes em mim?" [Jo 8,46], canta-se o símbolo da fé, com o qual o povo mostra a adesão de sua fé à doutrina de Cristo. E esse símbolo é cantado nas festas às quais, de alguma forma, ele faz referência, isto é, nas festas de Cristo, da bem-aventurada Virgem e dos apóstolos, que fundaram nossa fé, e em festas semelhantes.

Assim, preparado e instruído o povo, passa-se à celebração do mistério (*ad celebrationem mysterii*). Este é oferecido como sacrifício e é consagrado e consumido como sacramento (*quod quidem et offertur ut sacrificium, et consecratur et sumitur ut sacramentum*): de fato, primeiro há a oblação, depois a consagração da matéria da oblata e, por fim, sua consumação.

Na oblação há dois momentos: o louvor por parte do povo no canto do ofertório, para indicar a alegria dos oferentes, e a oração por parte do sacerdote que suplica para que a oblação do povo seja aceita por Deus. De fato, esses foram os sentimentos expressos por Davi: "Com simplicidade de coração te ofereço todas essas coisas, e vi teu povo aqui reunido te oferecer seus dons com grande alegria" [1Cr 29,17] e, pouco depois: "Senhor Deus, guarda esse sentimento para sempre no íntimo do coração de teu povo" [v. 18]. Em relação à consagração, que ocorre por virtude sobrenatural, antes de tudo o povo é incitado à devoção com o prefácio, daí que ele seja convidado a ter os "corações ao alto; dirigidos à Deus". Em seguida, ao final do prefácio o povo louva devotamente seja a divindade de Cristo, dizendo com os anjos: "Santo, Santo, Santo", seja sua humanidade, dizendo com as crianças: "Bendito aquele que vem [em nome do Senhor]". – Em seguida, o sacerdote em segredo recorda antes de tudo aqueles pelos quais é oferecido esse sacrifício, isto é, pela Igreja universal, "aqueles que detêm autoridade" [1Tm 2,2] e, de modo especial, as pessoas "que oferecem ou pelas quais é oferecido o sacrifício". – Em seguida comemora os santos, dos quais implora o patrocínio sobre a pessoas já lembradas acima, dizendo: "Em comunhão com toda a Igreja veneramos" etc. Finalmente conclui sua oração com as palavras: "Aceita esta oblação" etc., pedindo que ela seja salutar para aqueles pelos quais é oferecida. O sacerdote passa então à consagração em si. E pede, primeiro, que a consagração alcance seu efeito, dizendo: "Santifica, ó Deus, estas oferendas" etc. – Depois, realiza a consagração com as palavras do Salvador (*consecrationem peragit per verba Salvatoris*): "Na vigília de sua paixão" etc. – Em terceiro lugar, pede desculpas pela sua presunção, declarando ter obedecido ao preceito de Cristo: "Celebrando o memorial" etc. – Em quarto, suplica que o sacrifício realizado seja agradável a Deus: "Volvei sobre nossa oferta vosso olhar sereno e benigno" etc. – Em quinto, invoca os efeitos desse sacrifício e sacramento: primeiramente para aqueles que o recebem, dizendo: "Nós vos suplicamos, Deus onipotente" etc., em seguida para os mortos que não o podem mais receber: "Lembrai-vos, ó Senhor" etc., e finalmente para os próprios sacerdotes que oferecem: "E a todos nós, seus ministros, pecadores" etc.

Passa-se assim à consumação do sacramento. Antes de tudo, dispõe-se o povo para a comunhão. Primeiro, com a oração comum de todo o povo, que é a Oração do Senhor, em que pedimos que nos venha dado "o pão nosso de cada dia", e também com

> uma oração particular que o sacerdote recita sozinho pelo povo, dizendo: "Livrai-nos, ó Senhor" etc. – Em seguida, dispõe-se o povo mediante a paz, que é dada invocando o Cordeiro de Deus: a eucaristia é de fato o sacramento da unidade e da paz, como se viu acima [q. 67, a. 2; q. 73, a. 3, ad 3; a. 4; q. 79, a. 1]. Em vez disso, nas missas dos defuntos, em que o sacrifício não é oferecido pela paz presente, mas para o repouso dos mortos, omite-se a paz. Continuando, segue a consumação do sacramento: e aqui o sacerdote comunga primeiro e depois os outros, pois, como diz Dionísio, "quem dá aos outros os bens divinos deve, ele próprio, antes participar deles" [De eccl. hier., III, 14].
>
> Por fim, toda a celebração da missa termina com a ação de graças: o povo exulta por ter recebido o mistério, como indica o canto depois da comunhão, e o sacerdote celebrante dá graças mediante a oração; como também Cristo, depois de ter celebrado a Ceia com os discípulos, "cantou o hino", como diz o Evangelho [Mt 26,30].

A análise do rito eucarístico, assim como é interpretado por Tomás de Aquino, depende das duas condições epistemológicas que trouxemos à tona e que, para facilitar aqui, repetiremos sinteticamente:

- de um lado, ele pressupõe que a eficácia da eucaristia depende exclusivamente da "consagração" mediante a repetição das palavras do Salvador na última ceia;
- de outro, examina a sequência das ações com critérios amplamente "alegóricos", em cujo centro não há a imitação da ação de Cristo, mas a explicação do mistério mediante analogias e semelhanças conceituais, e não práticas.

A estrutura com que o progresso ritual é apresentado é duplamente tripartite: há a *grande tripartição* de "preparação", "instrução" e "celebração do mistério", mas a terceira etapa, que para Tomás é o centro da experiência eucarística, é, por sua vez, subdividida em uma *pequena tripartição*, entre "oferta do sacrifício", "consagração do sacramento" e "consumação da comunhão", à qual correspondem, como é evidente já a partir do texto, "objetos diversos". Como se verá melhor adiante, na segunda e na terceira parte do manual, este é um ponto que será decisivo, quer do ponto de vista histórico, quer do sistemático, para justificar a passagem para o modelo de celebração que nos propomos apresentar agora.

Além disso, é evidente como a percepção da estrutura ritual – que está bem presente na experiência de Tomás – mostra-se profundamente condicionada por uma concentração sobre a consagração, que torna todo o resto secundário para a "essência" do sacramento. Esse olhar sistemático fixado na essência condiciona a compreensão da *res: tudo quanto precede a consagração é apenas "preparação" ou "instrução", ao passo que o que segue é "cerimônia" ou "uso"*. Nesse caso podemos notar que o pensamento sistemático se entrepõe como um impedimento para a "inteligência ritual". Mesmo no atual período eclesial, que foi profundamente renovado em sua abordagem ao mesmo objeto, persistem as inércias dessa configuração redutiva e essencialista de leitura teológica da eucaristia. O rito foi profundamente reformado, mas o olhar permanece frequentemente ainda hoje o mesmo de Tomás. Descobriremos alguns traços disso mesmo dentro dos documentos que analisaremos nos próximos parágrafos, em que investigaremos o *ordo missae* nascido da reforma sucessiva no Concílio Vaticano II.

6. O rito da missa em relação à Institutio generalis Missalis Romani

Por esses motivos, e com todas as ressalvas necessárias feitas até aqui, na continuação deste último capítulo da primeira parte nos dedicaremos a um cuidadoso exame das quatro sequências rituais que estruturam toda celebração eucarística. Essa experiência corpórea, espaçotemporal, sensível e contingente, *permite acessar a riqueza da tradição cristológica e eclesiológica da Igreja de maneira sem igual*. Entretanto, para poder ser corretamente entendida, ela pressupõe uma nova disponibilidade de se deixar passivamente tocar e de querer ativamente tocar o mistério com os próprios sentidos, *a ter acesso ao sentido mediante os sentidos*, a confiar a "fidelidade" não apenas à faculdade da *ratio*, mas à complexa união de *ratio et manus*: a inteligência eucarística implica e exige uma "fina destreza", que saiba valorizar a contingência e a imanência como condições valiosas da memória e da tradição. A referência obrigatória para nossa análise será a última edição – ou seja, a terceira – da *Institutio generalis* do Missal Romano, assim como foi publicada no verão do ano 2000[2]. Dessa edição valorizaremos mais a atenção aos detalhes da sequência ritual do que a síntese

---

[2]. Para uma compreensão do Missal Romano reformado e de sua *Institutio generalis* (IGMR) indicamos BARBA, M., *Il messale romano. Tradizione e progresso nella terza edizione tipica*, Città del Vaticano, LEV, 2004, e GIRAUDO, C. (ed.), *Il Messale Romano. Tradizione, traduzione, adattamento* (Bibliotheca Ephemerides Liturgicae. Subsidia, 125), Roma, C.L.V./Ed. Liturgiche, 2003.

sistemática, muitas vezes profundamente marcada por preocupações de caráter apologético, para assegurar uma continuidade com a tradição ainda que de caráter lexical e categorial.

II. Ritos iniciais (primeira sequência ritual)

Quando Agostinho relata no *De civitate Dei* a celebração de uma eucaristia, parece atestar que, depois de ter saído da sacristia e ter feito a saudação ao povo, ele se senta para ouvir a palavra da Escritura. Seguramente, podemos dizer que a sequência de entrada é a parte menos antiga da celebração eucarística. Nela se constitui a assembleia, se "toma contato" com o mistério – do qual é parte constitutiva a assembleia – e se aproxima das duas sequências centrais – a da Palavra e a do sacramento – com uma série de movimentos, ações, palavras. O sentido dessa sequência inicial é, portanto, duplo: de um lado constitui a assembleia em sua identidade e, de outro, a dispõe para entrar no coração da celebração. Examinemos isso agora mais detalhadamente.

1. *Reunião dos fiéis*

A condição formal da "reunião dos fiéis" não é simplesmente uma premissa exterior ao rito, mas dele constitui, de algum modo, a antecipação do sentido último. De fato, se a eucaristia possui como seu centro o dom da graça da "comunhão da Igreja", o reunir-se dos fiéis e o seu realizar comunidade é desde o início reconhecido como inauguração da "finalidade" de toda a sequência dos ritos iniciais: "A finalidade dos ritos é *fazer com que os fiéis, reunindo-se em assembleia, constituam uma comunhão* e se disponham para ouvir atentamente a Palavra de Deus e celebrar dignamente a eucaristia" (IGMR, 46)[3]. Portanto, há uma experiência comunitária do ato ritual que toma imediatamente as distâncias de uma compreensão individual, referente a cada fiel individualmente, que teriam apenas que se "preparar para o sacrifício", e aos ministros, orientados a uma celebração "privada" do sacramento eucarístico.

---

3. Neste volume, as citações da *Instrução Geral do Missal Romano* (IGMR) e da *Introdução ao Lecionário* serão tiradas da versão da Conferência Nacional dos Bispos do Brasil (Brasília, CNBB, [7]2021). (N. do T.)

2. Procissão e canto de entrada

O primeiro "ato" é uma dupla ação: movimento e canto. Aquele que preside entra no ambiente, acompanhado pelos outros ministros, e enquanto isso a assembleia canta. Sob certo aspecto, todos se voltam corporalmente em direção ao Senhor: os ministros se aproximando do altar, o povo cantando e ritmando no canto o movimento, quase tornando-o próprio por meio da participação "no canto". "A finalidade desse canto é abrir a celebração, *promover a união da assembleia*, introduzir no mistério do tempo litúrgico ou da festa, e acompanhar a procissão do sacerdote e dos ministros" (IGMR, 47). Também o canto assume a função de "unidade eclesial", de modo bem mais forte do que a simples proclamação da antífona de entrada, que está prevista como alternativa ao canto (cf. IGMR, 48).

3. Saudação e beijo do altar

A segunda ação significativa é realizada pela presidência e pelos ministros, primeiro "com uma inclinação profunda" ao altar e, depois, com um beijo (IGMR, 49). O dispositivo ritual comunica mediante gestos corpóreos de grande força simbólica. Uma possibilidade é que esse gesto seja acompanhado pela incensação da cruz e do altar.

4. Sinal da cruz e saudação à assembleia reunida

Uma vez tendo chegado à cadeira, com a devida tomada de distância do altar, ao qual se reaproximará somente no início da terceira sequência ritual (com a apresentação dos dons), quem preside realiza o "sinal da cruz", que é gesto corpóreo e primeiro uso da palavra. E as palavras sucessivas, de saudação, reconhecem na assembleia reunida a presença do Senhor: "[O sacerdote] a seguir, pela saudação, expressa à comunidade reunida a presença do Senhor. Essa saudação e a resposta do povo exprimem o mistério da Igreja reunida" (IGMR, 50). O processo ritual estrutura a experiência eclesial como "fidelidade de comunhão", com uma cuidadosa economia de gestos e palavras. Não deve ser esquecido que a longa tradição das "missas privadas" se interrogou, precisamente no início do segundo milênio cristão, sobre o sentido da expressão "O Senhor esteja convosco (*Dominus vobiscum*)", questão resolvida pelo eremita camaldulense Pedro Damião de maneira genial do ponto de vista retórico, mas encontrando uma solução muito problemática do ponto de vista teológico e pastoral[4].

5. *Introdução à celebração do dia*

Após a saudação, cria-se um espaço oportuno para uma palavra "brevíssima" a fim de "introduzir os fiéis na missa do dia" (IGMR, 50). Será este um dos níveis de livre exercício da palavra, ou seja, não subordinado a um programa ritual em sentido estrito, no qual seja necessário amadurecer uma *ars celebrandi* específica. A característica do rito de ser "fim em si mesmo" implica uma formação específica sobre esses usos da palavra (admonições, oração universal e homilia).

6. *Ato penitencial (aspersão dominical da água benta)*

O ato penitencial é um limiar de memória e de purificação: o obstáculo para a comunhão eclesial é o pecado pessoal. A confissão do pecado, que prevê uma "absolvição" diferente da prevista pelo quarto sacramento, pode ser substituída, aos domingos e no tempo pascal, pela aspersão da comunidade como memória corpórea do batismo. Participar no corpo de Cristo implica memória da morte ao pecado que se renova em toda celebração eucarística.

7. *Kyrie eleison*

O canto volta na aclamação do Ressuscitado. Esse ato está intimamente ligado ao ato penitencial, mas a súplica de misericórdia é também proclamação da ressurreição e da comunhão que a ressurreição torna possível. Por isso é ação cantada, não simplesmente "dita". Essa é a estrutura de uma forma repetitiva, que pode ter também mais de uma dupla repetição (por exemplo, o próprio Tomás, como visto acima, recorda as *três* repetições).

---

4. Cf. GRILLO, A., Tracce del pensiero di Pier Damiani nel secondo millennio della Chiesa romana. Dominus vobiscum – Disciplina del clero – Cristo Auctor sacramentorum, in: GARGANO, G. I.; SARACENO, L. (ed.), *La "grammatica di Cristo" di Pier Damiani. Un maestro per il nostro tempo*, Verona, Gabrielli Ed., 2009, 279-289.

8. Gloria in excelsis

Em seguida, é cantado o hino antiquíssimo do *Gloria*, no qual a Igreja, convocada e reunida pelo Espírito Santo, se dirige ao Pai e ao Cordeiro, para glorificá-los e suplicar-lhes (cf. IGMR, 53). Também aqui, e ainda mais neste caso, a modalidade corporal do canto ressalta a dimensão somática da relação da Igreja com o Senhor e dentro de si mesma. Aqui, o crescimento da consciência do ato de canto comunitário como "experiência", antes que mera "expressão", é ainda mais valioso.

9. Oração da coleta

Essa primeira sequência ritual da celebração eucarística se conclui com a "coleta", a oração com que a assembleia, consciente de se encontrar na presença de Deus, se dirige ao Pai, por meio do Filho, no Espírito Santo, e exprime o caráter peculiar da celebração. O limiar que sela essa parte inicial do processo ritual eucarístico também sublinha com força a "unidade eclesial" com a participação do povo: "O povo, unindo-se à súplica, faz sua a oração pela aclamação *Amém*" (IGMR, 54).

III. Liturgia da Palavra (segunda sequência ritual)

As recomendações que o Concílio Vaticano II quis exprimir acerca da reforma da celebração eucarística diziam respeito, em grande medida, precisamente à reabilitação dessa sequência, que, de parte "didática" da missa, foi entendida e reconhecida como "liturgia da Palavra"[5]. Esse grande esforço, que produziu importantes textos de *Ordines*, como os novos Lecionários festivos e feriais, constitui um modo novo e mais articulado de pensar e de viver o sentido teológico da eucaristia. O pedido conciliar sobre a maior riqueza bíblica, sobre a homilia, sobre a oração universal, sobre a língua vernácula e sobre a unidade das duas mesas (cf. SC 51-54) constitui o horizonte no qual é possível apreciar plenamente essa novidade. Por outro lado, o próprio fato de que exista um "livro diferente", dedicado exclusivamente à proclamação da Palavra, assinala o fato de que a ministerialidade da eucaristia é reconhecida como "ministerialidade complexa":

---

5. Cf. *La parola di Dio tra Scrittura e rito* (Bibliotheca Ephemerides Liturgicae. Subsidia, 122), Roma, C.L.V./Ed. Liturgiche, 2002.

para celebrar a eucaristia, quem preside utiliza o Missal, quem proclama a Palavra usa o Lecionário[6].

Para encontrar o sentido dessa sequência ritual podemos nos valer, para além do texto da *Institutio generalis Missalis Romani*, também do valioso texto do *Ordo lectionum missae*. A partir desses textos podemos inferir uma primeira afirmação importante e determinante: a liturgia da Palavra é experiência de "comunhão na escuta", que se estrutura conforme uma complexa articulação:

> A parte principal da Liturgia da Palavra é constituída pelas leituras da Sagrada Escritura e pelos cantos que ocorrem entre elas, sendo desenvolvida e concluída pela homilia, a profissão de fé e a oração universal ou dos fiéis. Nas leituras explanadas pela homilia Deus fala ao seu povo, revela o mistério da redenção e da salvação e oferece alimento espiritual; e o próprio Cristo, por sua palavra, se acha presente no meio dos fiéis. Pelo silêncio e pelos cantos o povo se apropria dessa Palavra de Deus e a ela adere pela profissão de fé; alimentado por essa palavra, reza na oração universal pelas necessidades de toda a Igreja e pela salvação do mundo inteiro (IGMR, 55).

Além disso, deve ser sublinhado que a liturgia da Palavra é ato corpóreo de celebração, em que linguagens verbais e não verbais – palavra e música, proclamação e canto – restituem não apenas o "conteúdo" do anúncio, mas também a forma afetiva e emotiva deste. Tal unidade permite considerar essa sequência como uma experiência de comunhão com o Senhor e como sua presença em meio aos seus. A corporeidade da ação é sublinhada pela relevância com que se deve evitar "de todo qualquer pressa" e deve ser cuidado o "silêncio" que permeia ritmicamente a proclamação e o canto (cf. IGMR, 56). A importância dessa sequência prevê que haja ministros próprios, os leitores, diferentes de quem preside. Como vimos, a diferença de "livro" se torna diferença de "ministério": é a articulação de ministerialidade eclesial que se torna viva e visível.

O lugar da liturgia da Palavra é o ambão, do qual os *Praenotanda* do *Ordo lectionum missae* dizem:

> No recinto da igreja, deve existir um lugar elevado, fixo, adequadamente disposto e com a devida nobreza, que ao mesmo tempo corresponda à

---

6. Cf. *Ordo lectionum missae*, capítulo III, 38-57, integralmente dedicado à ministerialidade na liturgia da Palavra.

dignidade da Palavra de Deus e lembre aos fiéis que na missa se prepara a mesa da Palavra de Deus e do corpo de Cristo, e que ajude da melhor maneira possível a que os fiéis ouçam bem e estejam atentos durante a Liturgia da Palavra. Por isso se deve procurar, segundo a estrutura de cada igreja, que haja uma íntima proporção e harmonia entre o ambão e o altar (OLM, 32).

O cuidado por essa "espacialização da Palavra" é uma grande novidade para a tradição católica, que deriva das prescrições da *Sacrosanctum concilium* visando uma participação ativa que restitua à assembleia a experiência de não ser uma "assistência muda" de um espetáculo sagrado, mas "parte do mistério que celebra". As linguagens do espaço e do tempo são parte integrante de toda a celebração, também da liturgia da Palavra.

1. *Primeira leitura (profética)*

As leituras, proclamadas do ambão, que, como já visto, é o "centro" dessa sequência ritual, estão organizadas em uma sucessão que se inicia geralmente com uma leitura profética tirada do Antigo Testamento (salvo durante o tempo pascal, em que é lido o livro dos Atos dos Apóstolos). Essa leitura está sempre "concorde" com o Evangelho e ilustra seu arraigamento na experiência de Israel. O anúncio profético prepara o horizonte em que o Evangelho dirá a palavra nova. Cria-se assim uma relação temática entre textos que constitui, como escreveu L.-M. Chauvet, uma "Bíblia litúrgica"[7]. O cânon bíblico entra em um uso ritual que o renova e o enriquece, pois "no velho se esconde o novo, no novo se manifesta o velho (*in vetere novum latet, in novo vetus patet*)", como disse Agostinho, retomado também em DV 16.

2. *Salmo responsorial*

À profecia da primeira leitura, a Igreja não se limita a dar graças a Deus, como prevê a aclamação que fecha a proclamação, mas responde com o canto do salmo. O salmo responsorial é precisamente essa resposta eclesial à Palavra escutada. Por essa sua natureza "responsorial", é concebido como resposta *cantada*, com uma mudança de registro linguístico que exige, do ponto de vista corpóreo, outro tom, uma mudança de atitude,

---

7. Cf. CHAUVET, L.-M., *Della mediazione*, capítulo II, 35-58.

uma transformação visível. No salmo, a antiga aliança, tornada própria pelas palavras de Jesus, se torna oração da Igreja. Portanto, é uma passagem delicada quer do ponto de vista do conteúdo cristológico e eclesial, quer da forma musical e responsorial. O canto do refrão pela assembleia é a mediação fundamental na experiência de escuta da Palavra.

3. *Segunda leitura (apostólica)*

Também a leitura apostólica, tirada das cartas dos apóstolos ou do Apocalipse, acompanha e prepara ainda mais a escuta do Evangelho, podendo estar ligada tematicamente ao Evangelho e à primeira leitura (como é o caso nos tempos fortes) ou então proceder autonomamente, com uma leitura semicontínua do texto, por uma série de domingos sucessivos.

4. *Canto ao Evangelho*

O aleluia, ou o versículo que o substitui durante o tempo quaresmal, é "uma ação por si mesma" da celebração da Palavra (cf. IGMR, 62) e introduz outro salto na sequência. Assim ele prevê, antes do Evangelho, uma sucessão bastante "variada" de palavra proclamada, palavra cantada, palavra proclamada, palavra cantada, sempre intercalada por momentos de silêncio. É evidente como o dispositivo corpóreo da liturgia da Palavra orienta decisivamente, com uma tensão festiva, para o centro da proclamação do Evangelho, à qual conduzem contínuos "saltos" entre silêncio, palavra, canto, silêncio, palavra etc.

5. *Proclamação do Evangelho*

Enquanto os primeiros quatro atos podem ser realizados pelo ministro chamado "leitor", a proclamação do Evangelho é reservada ao diácono ou ao presbítero. Essa proclamação pode ocorrer por meio de canto. E prevê, no limite, a possibilidade de "sinais de veneração" do Evangeliário (IGMR, 60), como a incensação antes da proclamação e o beijo ao término desta. Os gestos corpóreos que acompanham a escuta do Evangelho são numerosos e fortes: os sinais de cruz sobre a testa, boca e coração, o perfume do incenso, o canto, e envolvem todos os sentidos – tato, olfato, visão e audição. E o estilo da proclamação ou do canto envolve também o quinto sentido, ou seja, o paladar.

6. Homilia

A palavra da homilia intervém como "síntese" e como "ponte". De certo modo, ajuda a compreender que todas as leituras ouvidas falam não apenas *à* Igreja, como também *da* Igreja. Por isso, a homilia é parte integrante da liturgia da Palavra[8]: não é um olhar "de fora" em relação aos textos, mas uma continuação dos textos "a partir de seu íntimo". Sob outro aspecto, é também uma ponte entre duas experiências do Espírito, diferentes, mas não opostas: de um lado, o Espírito que falou na comunidade dos discípulos, do outro, o Espírito da comunidade que se reconhece e se manifesta graças à Palavra. Desse modo, o homileta – que precisamente por isso deve conhecer tanto a Palavra quanto a assembleia – poderá iluminar a comunidade com o Espírito que sopra a partir da Palavra, e pode perscrutar e esclarecer a Palavra com o Espírito que sopra na comunidade. Essa delicada obra de costura e de iluminação é, por motivos óbvios, tarefa e dom daquele que presidem, que frequentemente é o único capaz de conhecer ambos os lados dessa relação espiritual e eclesial, entre os quais deve fazer uma síntese.

7. Profissão de fé

Uma vez terminada a homilia, e observado um natural mas frequentemente e não óbvio momento de silêncio, a sequência ritual prevê a profissão do "credo" (*símbolo da fé*) que é o ato de reconhecimento da fé comum e ponto de chegada da experiência de comunhão com o Senhor que se tornou presente em sua Palavra. A possibilidade de cantá-lo, ou de recitá-lo com coros alternados, conserva também aqui um elemento de mudança de registro que precede o último ato da sequência. Não se exclui a possibilidade de uma formulação enriquecida pela Palavra escutada: à formulação da presidência, sobre os três artigos, a assembleia responde, em voz alta ou por meio do canto, "Creio".

8. Oração universal ou dos fiéis

A oração universal, com que a Igreja reza pelos ausentes e estende a todos a boa notícia que escutou e que está prestes a repercorrer ritualmente

---

8. Cf. CHIARAMELLO, P. (ed.), *L'omelia. Atti della 38ª Settimana di studio dell'Associazione professori di liturgia. Capaccio, 30 ago.–3 set. 2010* (Bibliotheca Ephemerides Liturgicae. Subsidia, 160), Roma, C.L.V./Ed. Liturgiche, 2012.

em seu centro eucarístico, é uma novidade reintroduzida pela *Sacrosanctum concilium*, e pela qual as comunidades se deixam iniciar gradualmente. A súplica "Senhor, escutai a nossa prece!", confere ritmo a uma série de pedidos que cobrem toda a experiência eclesial e extraeclesial. Se há uma culminância de uma experiência de comunhão na escuta, não se poderá permanecer por muito tempo com formulários "pré-fabricados", mas será necessário haurir da maturidade crescente das comunidades reunidas. Eventualmente, a forma da súplica poderá ser cantada ou proposta silenciosamente.

Portanto, como fechamento da sequência, palavra, canto e silêncio selam um ritmo do qual as assembleias fazem uma experiência progressiva, postas à prova por formas expressivas a serem assumidas e purificadas. A qualidade da oração dessas comunidades se torna sempre mais um espelho da qualidade da celebração posta em ato e da profundidade da fé em comum.

IV. Liturgia eucarística (terceira sequência ritual)

A liturgia eucarística, que se segue à liturgia da Palavra, se estrutura em *três partes fundamentais*, que poderíamos considerar como três "subsequências" de uma única e grande sequência. Isso encontra fundamento autorizado na *Institutio generalis Missalis Romani*, que em seu número 72 estabelece a visão fundamental para compreender adequadamente essa passagem. Vale à pena citar integralmente esse texto:

> Na última Ceia, Cristo instituiu o sacrifício e a ceia pascal, que tornam continuamente presente na Igreja o sacrifício da cruz, quando o sacerdote, representante do Cristo Senhor, *realiza aquilo mesmo que o Senhor fez e entregou aos seus discípulos para que o fizessem em sua memória* [SC 47]. Cristo, na verdade, tomou o pão e o cálice, deu graças, partiu o pão e deu-o a seus discípulos dizendo: "Tomai, comei, bebei: isto é o meu Corpo; este é o cálice do meu Sangue. Fazei isto em memória de mim". *Por isso a Igreja dispôs toda a celebração da liturgia eucarística em partes que correspondem às palavras e gestos de Cristo*. De fato:
> a) na preparação dos dons levam-se ao altar o pão e o vinho com água, isto é, aqueles elementos que *Cristo tomou* em suas mãos.
> b) na oração eucarística *rendem-se graças* a Deus por toda a obra da salvação e as oferendas tornam-se Corpo e Sangue de Cristo.
> c) pela *fração do pão* e pela *comunhão* os fiéis, embora muitos, recebem o Corpo e o Sangue do Senhor de *um só pão* e de *um só cálice*, do mesmo modo como os Apóstolos, das mãos do próprio Cristo.

O texto da *Institutio generalis* apresenta de maneira sintética o desenvolvimento dessa sequência, subdividindo-a nas três "subsequências" que agora trataremos detalhadamente. Em todo caso, fique claro também aqui como a *repraesentatio crucis* não assume simplesmente a forma breve da "conversão da substância" (transubstanciação), mas a forma longa e articulada de uma experiência de comunhão do corpo sacramental e místico de Cristo. Isso fica ainda mais claro pelo fato de que os níveis de *re-praesentatio* não são apenas verbais, mas também não verbais. De fato, a narração daquilo que Jesus fez não corresponde apenas a "palavras autorizadas", mas também a "ações potentes". Portanto, a Igreja, em todas as três "subsequências" que constituem a liturgia eucarística em sentido próprio, faz a experiência da presença do Senhor e da comunhão com o seu corpo e seu sangue, que a transforma em corpo de Cristo.

1. Preparação dos dons

A primeira das "subsequências" é a preparação dos dons, que já foi chamada de "ofertório". Com ela se faz memória e se reapresenta o ato do "tomar", atribuído a Jesus pela narrativa evangélica. O ritmo das ações é o seguinte:

a) *Preparação do altar* – O altar, que a partir desse momento se torna o centro da ação litúrgica, é preparado colocando sobre ele o corporal, o purificatório, o Missal e o cálice. A mesa é preparada silenciosamente, com uma ação tão tranquila quanto precisa.

b) *Procissão dos dons e canto do ofertório* – Pão e vinho são levados em procissão até a mesa, enquanto a assembleia entoa o "canto do ofertório" (cujo nome passou, por tradição, a indicar toda a ação). Também neste caso, prevalece o registro não verbal do movimento, da entrega, da posição sobre o altar e do canto. O dispositivo corpóreo é central e dispõe a assembleia e os ministros, a partir desse momento, a uma nova proximidade com o altar-mesa. Trata-se da segunda das três procissões: após a procissão de entrada, e antes da de comunhão[9].

c) *Preparação dos dons* – Depois de ter colocado os dons sobre o altar, aquele que preside os prepara pronunciando os textos de bênção sobre

---

9. Cf. VALENZIANO, C., *L'anello della sposa. Mistagogia eucaristica*, 2 v., Roma, C.L.V./Ed. Liturgiche, 2005: a missa é aí descrita como o "anel da esposa" no qual as duas "pedras preciosas" (liturgia da Palavra e liturgia eucarística) estão engastadas em três fios de ouro (procissão de entrada, procissao de apresentação dos dons e procissão de comunhão).

o pão e sobre o cálice. Após isso, ele poderá incensar os dons, o altar e a cruz. O próprio presbítero poderá ser incensado e depois dele também o povo (cf. IGMR, 75): com a ação ritual, também nesses gestos de honra e de culto, cria-se uma grande unidade entre dimensão sacramental e dimensão eclesial. Os dons oferecidos são figura do corpo e do sangue de Cristo, que encontrará sua plena verdade na comunhão eclesial, no povo de Deus, corpo de Cristo e templo do Espírito Santo.

d) *Abluição das mãos* – Ao lado do altar, e ainda antes que se encaminhe para apresentar a Deus a oração de ação de graças e de louvor, as mãos daquele que preside são lavadas. A limpeza das mãos, como memória histórica da purificação da intenção e da consciência, é um potente dispositivo corpóreo, que manifesta não só a fragilidade do ministro, mas também a potência da comunhão.

e) *Convite à oração e oração "super oblata"* – Terminada a sequência das ações de preparação dos dons, aquele que preside convida a assembleia à oração e, em seguida, pronuncia a oração sobre as ofertas (*super oblata*), com que se conclui a primeira "subsequência". A resposta do povo com o Amém assume no âmbito eclesial o pedido formulado na oração por parte de quem preside.

2. Oração eucarística

A segunda "subsequência" está constituída pela oração eucarística. É a parte que prevê maiores possibilidades de variação, de adaptação e de opção, por parte daquele que preside, em virtude do tempo ou da ocasião da celebração. Entre as novidades mais importantes realizadas com a reforma litúrgica pós-conciliar estão justamente os numerosos textos novos criados para a celebração dessa subseção. Não se trata certamente de textos totalmente novos, a não ser em poucos casos, trata-se muito mais de estarmos diante dos frutos fecundos de uma redescoberta de textos antigos, repropostos e remanejados para permitir uma nova experiência eclesial. Portanto, além do Cânon Romano, constam onze textos adicionais, que permitem uma riqueza celebrativa e anafórica realmente surpreendente. Obviamente, esses vários textos não são idênticos em sua estrutura e sucessão. Aqui assumimos uma verificação geral e comum, que cada oração eucarística pode interpretar a seu modo.

O texto do n. 79 da *Institutio generalis Missalis Romani* apresenta com muita precisão cada passagem dessa sequência fundamental. Aqui o reproduzimos integralmente:

Podem distinguir-se do seguinte modo os principais elementos que compõem a oração eucarística:

a) Ação de graças (expressa principalmente no Prefácio): em que o sacerdote, em nome de todo o povo santo, glorifica a Deus Pai e lhe rende graças por toda a obra da salvação ou por um dos seus aspectos, de acordo com o dia, a festa ou o tempo.

b) A aclamação: pela qual toda a assembleia, unindo-se aos espíritos celestes canta o *Santo*. Esta aclamação, parte da própria oração eucarística, é proferida por todo o povo com o sacerdote.

c) A epiclese: na qual a Igreja implora por meio de invocações especiais a força do Espírito Santo para que os dons oferecidos pelo ser humano sejam consagrados, isto é, se tornem o Corpo e Sangue de Cristo, e que a hóstia imaculada se torne a salvação daqueles que vão recebê-la em comunhão.

d) A narrativa da instituição e a consagração: quando pelas palavras e ações de Cristo se realiza o sacrifício que ele instituiu na última Ceia, ao oferecer o seu Corpo e Sangue sob as espécies de pão e vinho, e ao entregá-los aos apóstolos como comida e bebida, dando-lhes a ordem de perpetuar este mistério.

e) A anamnese: pela qual, cumprindo a ordem recebida do Cristo Senhor através dos Apóstolos, a Igreja faz a memória do próprio Cristo, relembrando principalmente a sua bem-aventurada paixão, a gloriosa ressurreição e ascensão aos céus.

f) A oblação: pela qual a Igreja, em particular a assembleia atualmente reunida, realizando esta memória, oferece ao Pai, no Espírito Santo, a hóstia imaculada; ela deseja, porém, que os fiéis não apenas ofereçam a hóstia imaculada, mas aprendam a oferecer-se a si próprios, e se aperfeiçoem, cada vez mais, pela mediação do Cristo, na união com Deus e com o próximo, para que finalmente Deus seja tudo em todos.

g) As intercessões: pelas quais se exprime que a eucaristia é celebrada em comunhão com toda a Igreja, tanto celeste como terrestre, que a oblação é feita por ela e por todos os seus membros vivos e defuntos, que foram chamados a participar da redenção e da salvação obtidas pelo Corpo e Sangue de Cristo.

h) A doxologia final: que exprime a glorificação de Deus, e é confirmada e concluída pela aclamação *Amém* do povo.

Podemos agora adicionar alguns comentários a cada passagem dessa segunda "subsequência":

a) *Prefácio (ação de graças)* – Como já havia escrito Ghislain Lafont, o prefácio, colocado entre o diálogo de exórdio e a aclamação do *Sanctus*, é como uma síntese concentrada, na qual é brevemente antecipado todo o percurso que a oração eucarística deverá cobrir em todos os seus passos sucessivos[10]. Memória e realização já estão correlacionadas em uma síntese inicial e solene.

b) *Aclamação do* Sanctus – A mudança de registro é evidente. De fato, não por acaso essa aclamação é um dos repertórios musicais mais valiosos da tradição. Aqui, a palavra não é suficiente e o clímax que fecha o prefácio não pode não desembocar em um louvor de "céus e terra" que transfigura a palavra no canto. Assim ocorrerá também nas outras duas intervenções sucessivas da assembleia: na aclamação "Mistério da fé" e no grande "Amém" que encerra ao mesmo tempo tanto a doxologia quanto a oração eucarística.

c) *Epiclese (sobre as ofertas e sobre a assembleia)* – A invocação do Espírito Santo, que aparece diferenciada nas diversas orações eucarísticas, assume duas funções. De um lado, invoca o "Dom" por excelência para uma "transformação dos dons", ou seja, para que eles se tornem o corpo e o sangue do Senhor; mas, de outro, ele é invocado "para uma transformação dos doadores/donatários", ou seja, para que a Igreja seja reunida em uma unidade, para que "se torne em Cristo um só corpo". Não é apenas para que na comunhão haja uma graça para quem dela participa, mas para que cada membro seja reunido em "um só corpo". O sentido sacramental e o sentido eclesial da epiclese se entrelaçam profundamente e de maneira articulada.

d) *Relato da instituição e consagração (ou "palavras explicativas")* – O perpetuar do mistério ocorre "mediante as palavras e os gestos" de Cristo: enquanto em toda liturgia eucarística o mistério é atuado *per ritus et preces*, dentro da oração eucarística ele é também reevocado narrativamente, de maneira formal, para explanar e "explicar"[11] o sentido último de toda a sequência. As palavras sobre o pão e sobre o cálice não o substituem, mas o esclarecem. Sobre isso serão necessários os oportunos aprofundamentos da segunda e terceira partes deste manual, haja vista que essa ação da segunda "subsequência" atraiu uma maior atenção na Igreja latina e suscitou também as polêmicas e as incompreensões mais acaloradas.

---

10. Cf. LAFONT, G., *Eucaristia. Il pasto e la parola*, 57 s.

11. No original "per spiegare ed 'esplicare'": jogo de palavras de difícil tradução. Na língua italiana a palavra *spiegare* – e também *esplicare* – mantém um duplo sentido mais afeito à origem latina dessas palavras (*ex-plicar*, tirar a dobra, abrir), donde o sentido de "abrir" (aquilo que estava envolvido, escondido) e o sentido de nosso termo "explicar", isto é, "tornar claro, inteligível". (N. do T.)

e) *Anamnese e aclamação da assembleia* – Ao final do relato, a assembleia aclama, também na forma cantada, a memória da paixão e morte do Ressuscitado, como sentido do mistério que se celebra. E a oração, "celebrando, pois, a memória", atualiza o mistério de morte, ressurreição e ascensão, como anúncio-chave da celebração.

f) *Oblação* – Aqui reemerge o tema da oferta, que já havia aparecido no início da liturgia eucarística, no assim chamado ofertório. Nos vários textos são afirmadas coisas bem diferentes: a Igreja oferece o sacrifício de louvor para receber do Espírito Santo o dom do corpo e do sangue, para se tornar corpo de Cristo, mas se diz também que "oferece a vítima". A diferença entre "sacrifício" e "vítima" permanece sensível. Os textos litúrgicos são afetados pela elaboração teológica, enquanto a teologia trabalha a partir dos textos proclamados. Como veremos, sobre esse ponto o desenvolvimento doutrinal sofreu uma aceleração a partir da negação, levantada por Lutero, do sacrifício eucarístico. Contudo, permanece também no catolicismo uma diferença estrutural entre "oferta do sacrifício" e "recepção do sacramento", que alguns textos recentes – e algumas traduções – parecem ocultar, quando não, superar. É claro que a expressão "oferta da vítima imaculada"[12] deve ser oportunamente esclarecida e colocada em relação estrutural com a oferta de si e com a comunhão eclesial, que se torna visível na própria celebração, como recorda o texto de SC 48:

> Por isso a Igreja com diligente solicitude zela para que os fiéis não assistam a este mistério da fé como estranhos ou expectadores mudos. Mas cuida para que, compreendendo-o bem em seus ritos e em suas orações, participem consciente, piedosa e ativamente da ação sagrada; sejam instruídos pela Palavra de Deus, saciados pela mesa do Corpo do Senhor e deem graças a Deus. E aprendam a oferecer-se a si próprios oferecendo a vítima imaculada, não só pelas mãos do sacerdote, mas também juntamente com ele e assim tendo a Cristo como Mediador, dia a dia se aperfeiçoem na união com Deus e entre si, para que finalmente, Deus seja tudo em todos.

De certo ponto de vista, porém, a Igreja só pode oferecer aquilo que recebeu, e a consciência clássica dessa distinção – entre sacrifício e sacramento – pode voltar hoje a permitir uma compreensão mais adequada da

---

12. Obviamente o autor tem presente aqui o texto da Oração eucarística I em sua versão italiana. Como já notado um pouco antes, a tradução disponível no Missal Romano para o Brasil apresenta uma redação diferente. (N. do T.)

linguagem ritual. Mas sobre esse aspecto fundamental voltaremos a falar mais especificamente na segunda e terceira partes do manual.

g) *Orações de intercessão* – As intercessões, que podem preceder ou continuar a sequência ritual, testemunham a unidade da Igreja terrena com a Igreja celeste, de vivos e mortos, de presente, passado e futuro. É uma convocação universal em torno do "sacrifício puro", cuja memória só se efetiva em vista da realização universal e definitiva, "enquanto esperamos a vossa vinda".

h) *Doxologia final* – Uma grande fórmula de "toda honra e toda glória" dirigida ao Pai, "por Cristo, com Cristo e em Cristo" e "na unidade do Espírito Santo" encerra a oração e a assembleia aí participa com o solene "Amém", que poderá ser cantado e que sela solenemente a experiência de comunhão, que, na "subsequência" que lhe segue, toma forma corpórea e comunitária. Deve-se notar como na tradução italiana[13] a doxologia final está privada de qualquer verbo. No ponto mais alto da expressão eucarística da Igreja, a linguagem se torna puramente evocativa, relacional: comunica plenitude de identidade apenas na relação, sem algum verbo. No vértice da ação não há nada mais senão a doxologia: a ação mais alta livre da ação.

3. Ritos da comunhão

A terceira subseção da liturgia eucarística – aquilo que Enrico Mazza definiu como o *ritus* que segue à *prex*[14] – é o cumprimento da celebração e a constituição do corpo de Cristo eclesial pela mediação do corpo de Cristo sacramental.

a) *Oração do Senhor* – O *pai-nosso*, com suas sete petições e a modulação dos diferentes níveis do rezar cristão, introduz a sequência para a comunhão em especial com a petição sobre o pão de cada dia e sobre o perdão das ofensas. O texto da *Oratio dominica* entrou no ritual da missa graças à ação de Cipriano de Cartago, com valor penitencial. Assim, introduz solenemente a aproximação da Igreja à mesa do corpo e do sangue de Cristo. Precisamente a invocação do *Abbá*, que só pode ser dita "no Espírito", abre o caminho para a paz.

b) *Rito da paz* – Desse modo, como consequência da oração eucarística e da invocação do Pai mediante o Filho, no Espírito Santo, o dom

---

13. E também portuguesa. (N. do T.)
14. Cf. MAZZA, E., *La celebrazione eucaristica. Genesi del rito e sviluppo dell'interpretazione*, Cinisello Balsamo, San Paolo, 1996, 308-313.

da paz, que é dom do Ressuscitado, é comunicado e manifestado com o gesto da mão que aperta a mão, do corpo que abraça ou da boca que beija. A "forma ritual" desse gesto é assumida pela cultura, como é inevitável. O desenvolvimento dessa ação, e sua extensão a toda a assembleia, diferentemente de uma práxis anterior diferente – que tinha reservado o gesto apenas para o presbitério, ou que o tinha transformado em uma espécie de "substitutivo da comunhão"[15] para o povo – introduziu dispositivos corpóreos que amplificavam o gesto no canto, com certa sobreposição do *Agnus Dei*. Definir essas amplificações como "abusos" seria não apenas exagerado, mas injusto e anacrônico.

c) *Fração do pão e "immixtio"* – A ação ritual de partir o pão é simbolicamente tão central, a ponto de ter se tornado, na tradição de Lucas, o nome de toda a celebração. É interessante que o texto da *Institutio generalis* leia a ação apenas teologicamente, tendo por base os textos paulinos. De fato, ela diz: "significa que muitos fiéis pela Comunhão no único pão da vida, que é o Cristo, morto e ressuscitado pela salvação do mundo, formam um só corpo" (IGMR, 83). Essa "significação", contudo, não ocorre senão mediante uma *actio*. Também aqui, não obstante o texto muito reservado da *Institutio generalis*, a forma ritual parece exigir a "produção das partículas" mediante o ato ritual: *apenas essa ação complexa "comporta" e "suporta" o sentido eclesial*. Uma parte do pão fracionado é introduzida no cálice e essa ação é denominada *immixtio*. Muito se discutiu sobre o sentido sacramental desse gesto, mas ele certamente indica a unidade de corpo e sangue e talvez de morte e ressurreição. Enquanto ocorre a fração do pão, a aclamação do "Cordeiro de Deus" – falada ou cantada – acompanha a ação ritual: como é possível perceber, também nessa passagem, que corresponde àquilo que o relato institucional recorda com a expressão "partiu o pão", o registro verbal é acompanhado, sustentado e transfigurado pela linguagem corpórea e pela linguagem musical. Durante todo o primeiro milênio, esse gesto foi considerado central para a experiência eclesial da eucaristia e, portanto, em vez de ser lido em termos meramente funcionalistas, era considerado como particularmente solene.

d) *Comunhão* – "Deu-o aos seus discípulos, dizendo: Tomai e comei-bebei, todos vós": a última ação que a memória eclesial recorda de Jesus, com as palavras que pronuncia sobre o pão e sobre o cálice, é a distribuição para que os discípulos comessem e bebessem. Isso não pode ser

---

15. Cf. Bossy, J., *Dalla comunità all'individuo*, 87-96.

considerado como "uso do sacramento", mas como "forma" do sacramento. A redescoberta da comunhão como "rito eucarístico" – que se tornou possível graças à sua maior frequência, conforme desejada por Pio X a partir do início do século XX – modificou as práticas e a teologia após a reforma sucessiva ao Concílio Vaticano II. Mas, no anel da Esposa – conforme a bela expressão de Crispino Valenziano[16] – o terceiro "fio de ouro", ou seja, a procissão da comunhão, não adquiriu ainda a evidência de uma "ação eclesial". E o modo de participar do único pão partido e do único cálice compartilhado é ainda profundamente condicionado por uma prática minimalista, que emerge tanto na prevalência da "única espécie", como em uma comunhão "sob as duas espécies" (*sub utraque*) em que a relevância do gesto pleno tende a ser sufocada por uma aliança não transparente entre exigências dogmáticas e normas disciplinares. E o objetivo de "não cometer abusos" – entendido sobretudo como a possível dispersão de fragmentos – por vezes prevalece sobre a "iniciação mediante usos".

O gesto de partilha ocorre em uma assembleia que caminha processionalmente e canta a comunhão. Sendo a música e o canto códigos necessariamente correlacionados, em uma ação de movimento não pode existir uma relação casual entre "ritmo" e "passo"; antes, a descoberta da unidade corpórea do rito da comunhão deveria integrar sempre melhor ação, palavra e música. Sem esquecer que a ativação de todos os códigos deve sempre vir do (e voltar para o) clima de silêncio que caracteriza a intimidade da ceia eucarística.

e) *Reserva eucarística* – O pão sobre o qual foi proclamada a oração eucarística, e que não foi consumido no rito da comunhão, por antiga tradição é conservado para dar a comunhão aos doentes ausentes da celebração. Que o tabernáculo tenha assumido certa relevância a partir da Idade Média e que os projetos posteriores ao Concílio de Trento o tenham até mesmo colocado em uma posição central dentro do espaço eucarístico, não pode ser considerado um fato surpreendente. Contudo, igualmente natural deveria ser também a exigência de *delimitar a devoção eucarística* em relação à *centralidade da ação celebrativa*. Isso aparece ainda mais evidente principalmente na práxis de "distribuir a comunhão" não tomando do pão consagrado sobre o altar, mas do que está conservado no tabernáculo. Também aqui, as inércias doutrinais e a comodidade processual tendem a minar a tradição pela raiz. Esta pode recuperar o sentido da devoção a

---

16. VALENZIANO, C., *L'anello della Sposa*.

partir da celebração, mas não pode fazer o contrário. A "reserva eucarística" é, portanto, uma preciosa "margem" eclesial: se falta o pão, provê; se sobra, custodia. Apenas marginal e eventualmente pode substituir a ação com que a Igreja recebe aquilo que é. Tomar ordinariamente do tabernáculo nas missas comunitárias é um "vício" que pode ser corrigido apenas por uma prática transformada, que se deixe iluminar por uma teologia realmente capaz de valorizar o poder corpóreo da ação ritual e sua qualidade sacramental e teológica.

f) *Purificação dos vasos sagrados* – Tudo aquilo que foi disposto sobre o altar para a oblação, a oração e a comunhão, deve ser agora purificado, dobrado, recolocado. O altar-mesa volta à sua despojada e nobre simplicidade.

g) *Silêncio e canto depois da comunhão* – Ao dispositivo corpóreo funcional das "ações em volta do altar" corresponde o canto da assembleia que volta gradualmente ao silêncio. Todos os códigos, ao final, se calam e retornam ao silêncio. A plenitude da comunhão é um fim e a realização do ato é uma iniciação.

h) *Oração* postcommunio – A última palavra da terceira grande "subsequência" – e da liturgia eucarística como terceira parte da missa – é a oração chamada *postcommunio*, ou "Depois da comunhão". Após um convite à oração dirigido à assembleia, aquele que preside proclama o "pedido", que ordinariamente diz respeito à relação entre a comunhão sacramentalmente celebrada e a vida da comunidade e de cada fiel. À oração se responde com a aclamação do Amém por parte da assembleia. Assim, imediatamente depois, entra-se nos ritos conclusivos.

V. Ritos de encerramento (quarta sequência ritual)

A oração "Depois da comunhão", como visto, conclui a grande sequência da liturgia eucarística. Falta somente a última, e mais breve sequência, que é constituída pela conclusão de toda a ação ritual. Esses últimos atos de despedida constituem de algum modo uma espécie de "inclusão", que se coloca de forma simétrica em relação aos ritos de entrada[17]. Podemos aqui identificar sua estrutura paralela:

---

17. Cf. HERMANS, J., *La celebrazione dell'eucaristia. Per una comprensione teologico-pastorale della messa secondo il Messale Romano*, Leumann, ElleDiCi, 1985, 167-169.

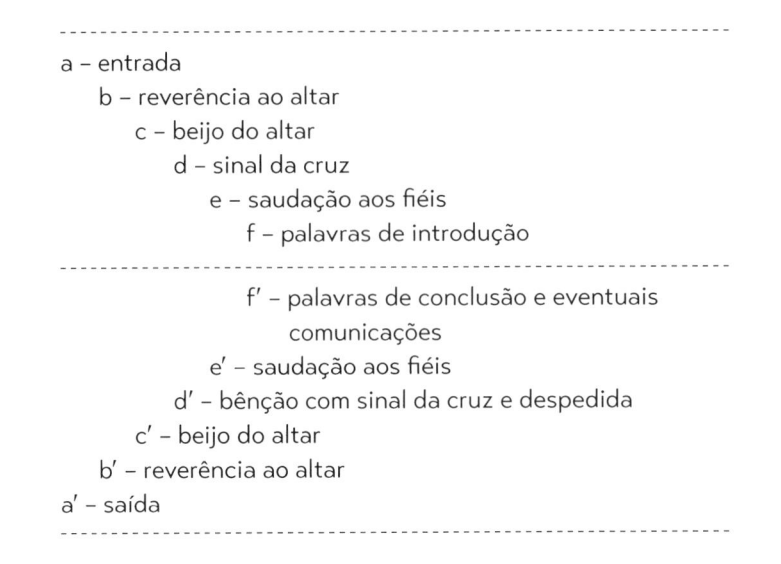

```
a – entrada
   b – reverência ao altar
      c – beijo do altar
         d – sinal da cruz
            e – saudação aos fiéis
               f – palavras de introdução
```
```
               f' – palavras de conclusão e eventuais
                    comunicações
            e' – saudação aos fiéis
         d' – bênção com sinal da cruz e despedida
      c' – beijo do altar
   b' – reverência ao altar
a' – saída
```

É possível individuar uma série de passagens com que a celebração eucarística chega ao fim. Eis aqui a sucessão brevemente ilustrada:

a) *Palavras conclusivas e eventuais comunicações* – Antes da saudação final, aquele que preside pode deixar um espaço para comunicações e avisos.

b) *Saudação aos fiéis* – A fórmula de saudação é especular em relação às primeiras palavras que são pronunciadas no início, após o sinal da cruz.

c) *Bênção final e despedida* – Na bênção final, que de tempos em tempos pode também assumir a forma de "oração sobre o povo", aquele que preside proclama de maneira conclusiva o poder do Deus Pai, Filho e Espírito Santo, e, em seguida, confia ao diácono a última palavra de despedida e de dissolução da assembleia (sobre a qual cf. abaixo, item VI deste capítulo).

d) *Beijo do altar, reverência ao altar e saída (procissão de despedida)* – As últimas ações do rito estão todas novamente configuradas no registro não verbal do tato: o beijo, a reverência e o movimento falam pela forma como são realizados. Assim como teve início, do mesmo modo a celebração eucarística se conclui, enquanto a assembleia pode permanecer ainda no canto final (de per si não previsto pela *Institutio generalis* do Missal).

VI. A fórmula "*Ite, missa est*"

A missa, entendida como sequência ritual possui um fim, mas o dar graças não termina. A ação ritual, precisamente porque é um processo iniciático, deve ter um início e um fim. Ao retomar esse ponto crucial da experiência cristã, o cardeal Carlo Maria Martini, por ocasião de uma conferência pública, tinha provocado os ouvintes sugerindo uma nova expressão: "A missa não termina nunca!". Talvez para compreender melhor essa tensão – fim e sem fim – devamos nos deter conclusivamente sobre diversos aspectos da relação entre rito e vida, que devemos harmonizar e compor, sem negar que um está a serviço do outro.

1. A missa e a vida

O ato ritual que chamamos de "missa" – que toma seu nome da expressão latina com que este se encerra ("Ite, missa est"), e cujo sentido não está totalmente claro – é, em todo caso, caracterizado por uma estrutura formal que impõe um início e um fim. Os ritos de conclusão têm justamente a função de encerrar o ato ritual e de reconduzir à experiência ordinária.

Diante desse fato, poderia parecer que essa "interrupção" da missa introduz uma cisão na experiência, que deve ser evitada. Desse modo, a tendência (ou a tentação) seria considerar toda a vida como uma missa e a missa estendida a toda a vida. Essa legítima reconstrução do sentido profundo da eucaristia, contudo, não leva em consideração um fato muito simples, mas não facilmente contornável. Ou seja, a missa *não é* – enquanto tal – uma experiência "ordinária": ela *interrompe a vida ordinária*, a coloca diante da presença da palavra de Deus, a faz exultar pelo louvor, pela ação de graças e pela bênção, a transforma em dom e em oblação, a toca com graciosidade na forma de uma comunhão sem tempo e sem espaço. Tudo isso é realizado a partir de uma forma simbólico-ritual, ou seja, segundo modalidades da experiência, da linguagem e da ação que são e permanecem *totalmente particulares*, ou seja que não se podem diretamente traduzir em formas evidentes e imediatas da existência ordinária.

Surge aqui, então, uma das objeções mais traiçoeiras que a Igreja poderia fazer a si própria: desse modo, a liturgia eucarística não se tornaria uma grande cerimônia que não tem nada a ver com a vida vivida?

2. A interrupção e a continuidade

Para responder a essa pergunta – que definitivamente tem a ver com a qualidade da ação ritual da eucaristia – é preciso considerar atentamente a especificidade do modo com que os ritos realizam a missa da Igreja. Estes – fazendo uso de experiências, de formas linguísticas e de ações muito menos "claras", muito mais "elementares", e, por isso mesmo, muito mais "ricas" – reconduzem a Igreja ao "ponto zero" da própria experiência. Com seu imediatismo, eles restituem à Igreja a experiência primária do ser doada a si própria, de ter recebido o dom da Palavra, do qual ela é "criatura", e de ser animada e sustentada pelo Senhor naquilo que de mais autêntico ela realiza. A liturgia eucarística reconfigura as prioridades e as identidades eclesiais. Contudo, para que possa fazê-lo, ela deve sair da linguagem ordinária, deve sair do agir ordinário, deve sair da "experiência normal": não para negar essas dimensões, mas para configurá-las novamente, para fazer uma releitura delas e para reconhecer sua verdade mais profunda.

Eis então o emergir de uma verdade mais complexa, mais rica, da relação entre missa e vida, entre missa e missão. Antes que a missa não comece, não está totalmente claro qual é a vida e a missão que foi doada/pedida à Igreja pelo Senhor. Mas, enquanto a missa não termina, não se abre o espaço "não ritual", que não é simplesmente o profano em relação ao sacro, mas que representa o lugar mais autêntico de exercício e de descoberta da santidade cristã. Na missa somos poucos, mas o Evangelho é para todos. Por outro lado, na missão temos necessidade de reencontrar uma verdadeira universalidade, que apenas o rito sabe prometer e rememorar.

3. A cooriginariedade entre culto ritual e culto espiritual

Para ter acesso a essa consciência realmente nova, que o cristianismo introduziu em relação à sensibilidade e à prática religiosa clássica – em parte também em relação à de Israel –, é preciso evitar a oposição entre culto ritual e culto existencial. Não se tem acesso à vida como culto e como missão de uma só vez, mas sim na redescoberta contínua da lógica batismal-crismal da repetição eucarística (dominical e/ou cotidiana).

Aquilo que a Igreja redescobre hoje com a palavra "iniciação" tem a ver precisamente com essa cooriginariedade do culto ritual em relação ao culto espiritual-existencial[18]. Enquanto tivermos a pretensão de "instrumentalizar" o culto ritual à evidência do culto espiritual, continuaremos a ser vítimas de um "preconceito antirritual" que não nos permitirá perceber sua verdade mais profunda. Por outro lado, enquanto nos mantivermos

---

18. Cf. Jüngel, E., Der evangelisch verstandene Gottesdienst, in: Id., *Wertlose Wahrheit. Zur Identität und Relevanz des christlichen Glaubens. Theologischen Erörterungen III*, München, Kaiser, 1990, 283-310, disponível também em italiano: Id., Il culto compreso in prospettiva evangelica, in: Id., *Segni della parola. Sulla teologia del sacramento*, Assisi, Cittadella, 2002, 123-156.

ligados a uma leitura devota e clerical do culto, poderemos sempre adiar o compromisso decisivo com o culto espiritual, encerrando o sentido da Igreja em uma "missa que não termina nunca".

Entretanto, a missa termina e *deve* terminar, justamente porque a Igreja não é o Reino. Enquanto ato ritual, deve ter início e fim. Somente assim poderá "passar para a vida". Essa passagem para a vida, essa força missionária, esse anseio de evangelização será tão grande quanto mais intensas forem as diferentes lógicas do rito. Só quando a narração da Palavra se torna Palavra sobre minha vida, quando a oração eucarística se torna a minha oração mais elevada, só quando o pai-nosso recapitula todas as minhas súplicas, todos os meus louvores, todos os meus "obrigados" e todas as minhas bênçãos, só quando o "fazer a comunhão" é com toda evidência um participar do mesmo pão partido e do mesmo cálice compartilhado para ser ao mesmo tempo membros de um só corpo, acomunados na mesma vida e na mesma morte, como filhos de um único Pai e irmãos em Cristo, é que então a vida será alimentada e reconhecida em sua verdade. Aqui aparece com evidência que *a verdade da missa é uma verdade "iniciática"*: não pode ser transposta imediatamente para a linguagem ordinária, mas alimenta uma "passagem" que está efetivamente destinada à vida ordinária.

Como é evidente, essa consciência ritual, ao amadurecer, muda a vida não ritual. E a vida não ritual, ao se reconhecer instituída e destinada a essa comunhão, semeia comunhão e se abre à lógica santa do "não viver para si".

Desse modo, podemos compreender melhor que a lógica cristã é a lógica *eucarística*, quer no sentido ritual, quer no existencial. O Espírito se torna animado tanto na forma de um rito como na forma de uma vida. E o ser humano não tem como olhar para Deus e para si próprio senão no exercício de uma iniciação progressiva a um início e a um fim ritual, que se traduz e se explica em um centro vital. Por isso, é preciso que a missa termine (ritualmente) para que possa ser interminável (existencialmente). Mas é preciso também que a vida possa se reconhecer finita para poder atingir, a partir do rito, o dom infinito que a torna acolhimento da livre promessa e dom de liberdade promissor.

No próprio nome de "missa" está esculpido em letras de fogo o caráter "ritual" da experiência que aí está implicada. Pela repetição "superficial" da última das palavras que as gerações cristãs ouviam ressoar na celebração, *missa* se tornou o nome daquele rito que se concluía com a fórmula "Ite, missa est". Que depois signifique "enviada" ou "terminada", o sentido não justifica o nome, mas é uma consequência surpreendente.

4. A superfície profunda da palavra "missa"

O nome com que a celebração eucarística chegou à experiência da Igreja católica traz pois consigo os traços de uma "primazia ritual": ela é assim denominada não por um processo conceitual, mas por uma sinédoque, ou seja, por aquela figura retórica na qual a "parte" (a assembleia que se dissolve) se torna sinônimo do todo (a Igreja reunida pelo seu Senhor). Memória eclesial e experiência ritual dizem, de modo imediato e quase ocasional, aquilo que depois a "forma fundamental" retomará no âmbito da forma e dos conteúdos os termos de "ceia" e de "oração eucarística"[19].

Assim, na identificação do "sacramento" com a "missa" e na compreensão do termo *missa* como efeito linguístico de uma experiência ritual complexa – irredutível tanto às evidências conceituais quanto à associações sentimentais – poderemos recuperar, no âmbito histórico, toda a densidade das experiências elaboradas conceitualmente, e de conceitos fundamentados a partir de um ponto de vista experiencial, que construíram a "história da eucaristia" e da qual se poderão tirar bons ensinamentos em torno das labutas e das alegrias com que a consciência eclesial deu razão da fé que viveu ao longo dos séculos na celebração do sacramento.

Dessa história, lida em ambos os sentidos – ou seja, do passado para o presente e do presente para o passado – e que ocupa toda a segunda parte deste volume, faremos brotar em seguida as evidências que nos permitirão propor, na terceira parte, um ponto de vista sintético, que integre ação ritual, devir histórico e forma fundamental da eucaristia. Não sem ter declarado abertamente que esse resultado final aparece – e deve ser reconhecido – também como o princípio originário de todo o nosso percurso. Por outro lado, não poderia ter sido de outra forma.

Temas de estudo

1. Tente fazer uma comparação cuidadosa entre a "narração" de Tomás de Aquino e a narração que podemos fazer hoje: como descobrir as semelhanças e as diferenças entre a abordagem escolástica e a contemporânea?
2. A sucessão das sequências não é portadora de um "sentido oculto", mas exprime, precisamente em sua estrutura do

---

19. Cf. Raffa, V., *Liturgia eucaristica. Mistagogia della messa: dalla storia e dalla teologia alla pastorale pratica* (Bibliotheca Ephemerides Liturgicae. Subsidia, 100), Roma, C.L.V./Ed. Vincenziane, ²2003, 25-29.

visível e do invisível, a manifestação do invisível. Portanto, é justo dizer que o "método de apresentação" corresponde ao procedimento com que podemos perceber o sentido da ação de modo mais "sintético" que "analítico".
3. Ao "programa ritual" corresponde uma sucessão irredutível de momentos verbais e não verbais. Ambos são dotados de sentido. Isso vale também no caso da liturgia da Palavra: quais são os elementos mais significativos que podem ser destacados?
4. Por que e em quais termos se poderia dizer que a palavra "missa", enquanto tal, revela uma espécie de "primazia ritual" sobre o sentido conceitual?

Para aprofundar

Três textos clássicos ajudam a reconstruir a "sequência ritual" da celebração eucarística:
- Com uma leitura prevalentemente histórica, pode-se ler Mazza, E., *La celebrazione eucaristica. Genesi del rito e sviluppo dell'interpretazione*, Cinisello Balsamo, San Paolo, 1996; 2ª ed. aum., Bologna, EDB, 2003.
- Uma análise de caráter pastoral se encontra mais em Hermans, J., *La celebrazione dell'eucaristia. Per una comprensione teologico-pastorale della messa secondo il Messale Romano*, Leumann, ElleDiCi, 1985.
- Para um exame mais minucioso e analítico, mas não isento de muitos elementos sistemáticos: Raffa, V., *Liturgia eucaristica. Mistagogia della messa: dalla storia e dalla teologia alla pastorale pratica* (Bibliotheca Ephemerides Liturgicae. Subsidia, 100), Roma, C.L.V./Ed. Liturgiche, ^{2}2003.

SEGUNDA PARTE

História da práxis e história da Doutrina Eucarística

O que os fiéis recebem na comunhão é o corpo
de Cristo *in mysterio* ou *in veritate*?

(Carlos, o Calvo)

Distinguendum est tamen subtiliter inter tria, quae sunt in hoc sacramento discreta, videlicet formam visibilem, veritatem corporis et virtutem spiritualem. Forma est panis et vini, veritas carnis et sanguinis, virtus unitatis et caritatis. Primum est "sacramentum et non res". Secundum est "sacramentum et res". Tertium est "res et non sacramentum".

(Inocêncio III)[1]

Per ritus et preces id bene intelligentes.

(Sacrosanctum concilium, 48)[2]

---

1. "É preciso distinguir com sutileza entre três coisas distintas neste sacramento, a saber, a forma visível, a verdade do corpo e a virtude espiritual. A forma é o pão e o vinho, a verdade é a carne e o sangue, a virtude a unidade e a caridade. A primeira é *sacramentum et non res*, a segunda *sacramentum et res* e a terceira é *res et non sacramentum*".

2. "Compreendendo bem o mistério eucarístico por meio dos ritos e das orações".

Nesta segunda parte do manual se quer considerar com seriedade a "forma histórica" da celebração eucarística e o movimento em devir – conforme um movimento paralelo, ainda que nem sempre sincrônico – das *formas celebrativas* e das *interpretações teológicas*. É preciso admitir, de fato, que só podemos tornar objeto de uma pesquisa histórica aquilo que já havíamos pensado sistematicamente, e apenas para corrigir a noção sistemática graças aos "dados históricos" que possam ser descobertos, ou que se queiram reconhecer, naquilo que é investigado. Por sua vez, no entanto, só se pode pensar sistematicamente aquilo que já se experimentou na sensibilidade e na práxis. Em suma, não há nenhum dado ou fato sem compreensão, nem compreensão que não se apoie em dados e fatos. Uma correlação estrutural entre essas duas "frentes" do saber teológico é uma das apropriações mais valiosas para a consciência teológica contemporânea também no que diz respeito à liturgia e à eucaristia. Essa correspondência necessária entre dados e compreensão pode determinar, em todo caso, tanto a ideia de um "desenvolvimento orgânico" da tradição eucarística, em que a história está já compreendida em um conceito teológico antecedente, como a perspectiva de um "desenvolvimento livre", em que o dado histórico da práxis eclesial recupera um valor autorizado não apenas mais elevado, mas quase absoluto. O percurso histórico aparece assim ao mesmo tempo como o *devir de um conceito* e como *compreensão do devir*. Contudo, é óbvio que uma competência histórica se entrecruza sempre com um horizonte – primeiro e último – de caráter ideal e conceitual.

As grandes etapas desse desenvolvimento da celebração eucarística são aqui explanadas em cinco períodos-chave: o das *origens* (capítulo 5); o dos *primeiros séculos* (capítulo 6); o da fundamental *síntese sistemática medieval* (capítulo 7); o da *síntese moderna* (capítulo 8) e, finalmente, o da *reconsideração contemporânea* (capítulo 9). Cada um desses períodos possui linguagens, culturas, perspectivas e preocupações parcialmente diferentes. Cada um elabora um modelo de compreensão da eucaristia que depende de certas práticas e conduz a outros pensamentos e a outras ações. A inércia do modelo precedente e a urgência para fazer frente a algumas *res novae* compõem, de tempos em tempos, um equilíbrio diferente daquele precedente, o qual se torna mais ou menos precário, e essa reestruturação do saber e da práxis reconstrói a experiência eucarística de maneira renovada, introduzindo elementos práticos e teóricos frequentemente problemáticos em relação ao passado.

A tarefa desta parte do manual é perceber as linhas de continuidade e descontinuidade dentro desse vasto mar em perene movimento. Essa parte se fundamenta nas aquisições que a história e a prática ritual elaboraram ao longo dos últimos cem anos. Por um lado, houve, de fato, a constatação de que existe certo contraste entre a compreensão da história da missa e sua definição doutrinal no âmbito sistemático. Por isso, em sua obra fundamental sobre a história da celebração eucarística, intitulada *Missarum sollemnia*, J. Jungmann considerou urgente elaborar um modelo de "compreensão teológica" radicalmente fundamentado sobre a pesquisa histórica, justificando-o desta maneira:

> Procuremos, pois, nos orientarmos em todas as realidades litúrgicas constatadas até o momento e entremos, portanto, no campo teológico, *baseando-nos apenas nelas*. Essas realidades nos ensinam que *não devemos, desde o início e exclusivamente, tomar por base a ideia de sacrifício*, do contrário não encontraremos em seguida o lugar para mais de uma característica importante[3].

E é evidente que essa "conversão de método", atestada muito bem por essas palavras, tenha tido consequências profundas no âmbito teológico e espiritual, como mostra com grande clareza um pouco mais adiante o mesmo autor:

> Enquanto na transubstanciação é a Igreja que torna seu o sacrifício de Cristo, e cada fiel talvez se contente em segui-lo apenas de longe, mais como expectador do que como ator, na comunhão cada participante que queira realmente entrar ativamente na celebração da missa é levado bem a sério[4].

Não surpreende, pois, que uma cuidadosa consideração da história da liturgia eucarística possa conduzir a consequências muito ricas também nos âmbitos sistemático e espiritual. O método histórico modifica profundamente as prioridades e as palavras da tradição sistemática[5].

Por outro lado, um fenômeno análogo brota da nova atenção pela eucaristia como ação ritual, que exige um aberto e sincero reconhecimento no âmbito teológico. Como afirma em sua ótima síntese A. Catella,

---

3. JUNGMANN, J. A., *Missarum sollemnia*, 153; grifos nossos [cf. a página 191 da edição brasileira. (N. do T.)].
4. Ibid., 165. [cf. a página 206 da edição brasileira. (N. do T.)].
5. Cf. MAZZA, E., Liturgia e metodo storico. Un esempio significativo: il caso dell'epiclesi eucaristica, *Rivista liturgica*, v. 88 (2001), 419-438.

quem se prepara para tratar sobre o tema da eucaristia não pode se iludir identificando outro ponto de partida senão aquele que é constituído pelo fato de que ela se dá como uma experiência celebrativa das comunidades cristãs; ela se dá como "rito" peculiar e representativo da religião católica. Diante desse fato, impõe-se a necessidade de se perguntar se esse "modo de ser" da eucaristia (essa "dimensão ritual e celebrativa") deve ser assumido dentro da reflexão teológica, ou então, ser rapidamente desconsiderado e abandonado[6].

Aqui surge, nos primeiros anos do novo milênio e de forma paralela àquilo que fora escrito por Jungmann sessenta anos antes, a consciência da novidade desse ponto de vista e dessa forma de experiência da eucaristia. Por isso, sempre segundo A. Catella, é preciso reconhecer que é necessário

> superar a tentação de percorrer uma espécie de via breve; é necessário não se deixar tomar pela impaciência de dar um salto imediato entre rito e teologia, considerando factível a inserção do primeiro no horizonte da segunda *sic et simpliciter*. Em vez disso, é preciso tornar-se conscientes de que a "mediação antropológica" é a passagem obrigatória para toda teoria plausível do culto cristão e que justamente ela, enquanto mediação antropológica, constitui um imediatismo para a própria teologia, que o *intellectus fidei* tem direito e o dever de reconhecer no próprio fundamento[7].

É importante enfatizar como aqui se trouxe à tona um defeito relativamente difuso e também historicamente justificado: ou seja, a incapacidade de resistir à tentação de uma integração simplista do dado ritual em um horizonte teológico prévio, deixando, de fato, sem mudança todas os graves preconceitos e as fortes reduções que esse horizonte tinha gradualmente imposto à seleção dos dados significativos e a sua interpretação. Não faltam exemplos, até mesmo famosos, dessa aparente integração do dado litúrgico-ritual no horizonte sistemático, quer da teologia sistemática, quer da própria teologia litúrgica[8].

---

6. Catella, A., *Eucaristia*, 621.
7. Ibid.
8. Já havíamos sinalizado os limites do texto de Helmut Hoping, mas já antes, no manual de Alexander Gerken – do qual, no entanto, o próprio Hoping se declara dependente – estavam presentes os sinais claros dessa integração ausente. Como se verá também nos capítulos sucessivos, mesmo o manual que consideramos hoje o mais avançado na integração do "dado ritual" – o de Caspani, P., *Pane vivo spezzato per il mondo. Linee di teologia eucaristica*, Assisi, Cittadella, 2011 – ao mesmo tempo que institui harmonizações pontuais

Como se vê, uma história dos documentos, uma história das práticas, juntamente com uma história das interpretações tanto dos documentos como das práticas, constitui uma tarefa nova para a teologia eucarística. Deixar de fora do campo de observação da teologia sistemática essas questões pode ser um recurso compreensível de "economia metodológica", mas é frequentemente causa de problematização insuficiente ou unilateral dos dados com que, e sobre os quais, trabalham o teólogo e o pastor. Por isso, ao examinar cada modelo que foi se sucedendo ao longo da história, buscaremos, por quanto seja possível, e nos limites acadêmicos de um manual, fazer emergir as tensões e as oportunidades dos diferentes pontos de vista metodológicos postos em causa.

---

entre saber sistemático e saber litúrgico, em alguns casos predetermina o sentido teológico em relação a qualquer possível experiência histórica ou ritual. Mais adiante voltaremos ao diálogo crítico com esse importante autor.

CAPÍTULO 5

As origens da eucaristia: fatos históricos, práticas rituais e sentidos teológicos

O que está no início da tradição eucarística e o que pensamos daquilo que está no início? Eis a questão sobre a origem da celebração e da teologia eucarística.

De um lado, devemos excluir imediatamente uma fácil, e compreensível, ilusão: *não existe possibilidade alguma de alcançar a identificação de um "início puro" da eucaristia, posto que os dados mais antigos também chegaram a nós sob forma de "teologias"*. Toda abordagem fundamentalista – isto é, aquela que a partir de fora pretende separar o início daquilo que se segue – parece, pois, destinada a um sucesso muito decepcionante. Os dados se manifestam como já interpretados e não se apresentam nunca de forma "pura". Os relatos mais antigos daquilo que Jesus fez com os seus, "na noite em que ia ser entregue", estão organizados a partir de práticas rituais e de narrativas estruturadas, que as comunidades primitivas viviam e compartilhavam como experiência de fé, estilizadas sob a forma de ritual. O relato "dele" não era justificado senão pela fé "nele". Não há, pois, aí um dado "asséptico" sobre o qual aplicar a fé: há, na verdade, *relatos de fé dos quais podemos inferir uma série de dados*.

Tentaremos apresentá-los de maneira linear e ordenada.

I.   A ceia do Senhor e as palavras da ceia

As palavras mais antigas que nos falam da eucaristia são as de Paulo ("ceia do Senhor": 1Cor 11,20-26) e de Lucas ("fração do pão": Lc 24,35;

At 2,42). Mas os contextos que estão na origem da nossa celebração eucarística são mais amplos na referência explícita à última ceia. Tentaremos oferecer uma primeira abordagem, anexando, nos quadros que acompanham este parágrafo, sete textos fundamentais (isto é, os três sinóticos, alguns textos de Paulo e dois de João).

a) *Os relatos da última ceia* – Não há dúvida de que uma das fontes daquilo que hoje chamamos como "eucaristia" é a última ceia que Jesus teve com os seus discípulos. Dela nos falam cinco fontes neotestamentárias: os três sinóticos, Marcos, Mateus e Lucas; Paulo na Primeira Carta aos Coríntios; e João (o capítulo 13, e não o capítulo 6 do seu Evangelho). Os testemunhos são concordes sobre a ceia, mas discordam no que diz respeito aos tempos, às formas, às ações e às palavras. Procuraremos mais adiante reconstruir, ainda que de forma sintética, toda a articulação dessas "diferenças", tão úteis para compreender o dado comum, ou seja, o sentido e a extensão dessa ceia. Mas, por enquanto, podemos anotar que essa ceia é a "última", não somente porque ocorre no final da vida de Jesus, como momento solene de despedida e de profecia, mas também porque ocorre "no fundo" e "no ápice" de uma longa série de ceias e de refeições comuns, nas quais Jesus concentrou de maneira especial o próprio anúncio do Evangelho.

b) *Os relatos das refeições do/com o Jesus histórico* – Se a última ceia é um ponto-chave para toda a doutrina eucarística, ela deve ser colocada no horizonte das "refeições de Jesus/com Jesus". Trata-se, de fato, de uma longa cadeia de "banquetes", nos quais Jesus participa frequentemente tomando a iniciativa do convite para a refeição, e, em todo caso, sempre revestindo a refeição com um valor de anúncio e de aliança. Esse é um aspecto que impressionou muito os discípulos, quando cuidadosamente perceberam aí a diferença entre Jesus e João Batista: eles relacionavam o jejum de João às refeições de Jesus, comparando-os. Em todo caso, o que impressionava não era só a distância de determinadas práticas ascéticas, mas o modo "autorizado" com que Jesus comia e bebia (cf. acima, cap. 3, item III), com os seus e com os "outros". A refeição era frequentemente o lugar predileto para o anúncio, para a reconciliação e para a profecia.

c) *Os relatos das refeições de/com Jesus ressuscitado* – Outro ponto-chave para compreender adequadamente a tradição eucarística é o dado de que o próprio Ressuscitado se apresenta aos seus quase sempre no âmbito de uma "refeição em comum": as aparições pós-pascais com frequência tomam a figura de uma "ceia do/com o Ressuscitado". Também nesse caso parece que podemos dizer que o motivo apologético – se o Ressuscitado come, significa que certamente não é um fantasma – deve ser melhor interpretado como argumento simbólico: o acesso à verdade da morte do Crucificado ocorre ao reconhecer que a Escritura o tinha anunciado e que a "fração do pão", repetindo o gesto da entrega de si, o reconhece vivo e presente, na comunidade e como comunidade. A cena instituidora dos dois de Emaús (Lc 24,13-35) é exemplo de uma "forma eucarística" elementar, já evidente para a Igreja de Lucas.

d) *Os relatos da multiplicação dos pães* – Finalmente, deve ser considerado um último contexto de "refeição", ou seja, aquele que é identificado como a "multiplicação dos pães", que é uma "forma milagrosa" da refeição narrada pelos três Evangelhos sinóticos (Mt 14,13-21; Mc 6,30-44; Lc 9,12-17) e em cujo horizonte João propõe a própria catequese eucarística (Jo 6,1-14), deslocada da última ceia e, pelo contrário, colocada nesse âmbito, estendendo-se ao longo de todo o capítulo 6 de seu Evangelho.

1. Sete trechos neotestamentários

Nas páginas seguintes serão apresentados sucessivamente os sete textos que nos oferecem, de uma forma bem explícita mas não imediata, o "relato da instituição" e algumas considerações "paralelas" de máxima importância. Serão também adicionados aos três sinóticos e aos dois textos de Paulo o início do capítulo 13 e todo o capítulo 6 do Evangelho segundo João, pelos motivos que esclareceremos no próximo parágrafo.

Aqui nos limitaremos a antecipar uma consideração prévia: salta aos olhos a diferença entre, de um lado, o testemunho de Paulo e dos sinóticos e, de outro, o de João. Trata-se evidentemente de diferentes tradições, que a crítica exegética procurou iluminar pelo que têm de diferente, mas também pelo que têm de afinidade e em comum. Particularmente, à brevidade dos primeiros textos corresponde a articulação dos últimos, que se caracterizam por uma "carência" que se torna "superabundância". Na "última ceia" falta, em João, a referência explícita às "palavras da instituição", que estão, pelo contrário, presentes – ainda que de forma diferente – no contexto da multiplicação dos pães. Sem antecipar nossas conclusões, sugerimos desde agora que essas diferenças permitem precisamente a constatação de uma perspectiva que não é apenas "original", mas também "originária": os textos joaninos são, de fato, tanto uma elaboração adicional dos dados originários, como justamente um testemunho precioso e diverso desses dados arcaicos.

Primeira Carta aos Coríntios 11,23-25

²³ De fato, eis o que eu recebi do Senhor, e o que vos transmiti: o Senhor Jesus, na noite em que foi entregue, tomou o pão, ²⁴ e após ter dado graças, partiu-o e disse: "Isto é o meu corpo, em prol de vós; fazei isto em memória de mim". ²⁵ Ele fez o mesmo quanto ao cálice, após a refeição, dizendo: "Este cálice é a nova aliança no meu sangue; fazei isto todas as vezes que dele beberdes, em memória de mim".

Primeira Carta aos Coríntios 10,14-22

¹⁴ Por isso, meus queridos, fugi da idolatria. ¹⁵ Eu vos falo como a pessoas sensatas. Julgai vós mesmos o que digo: ¹⁶ o cálice da bênção que nós abençoamos não é porventura uma comunhão com o sangue de Cristo? O pão que partimos não é uma comunhão com o corpo de Cristo? ¹⁷ Visto haver um só pão, todos nós somos um só corpo; porque todos participamos desse pão único. ¹⁸ Vede Israel segundo a carne: os que comem as vítimas sacrificadas não estão porventura em comunhão com o altar? ¹⁹ Que quero eu dizer? Que a carne sacrificada aos ídolos ou o ídolo tenham, em si mesmos, algum valor? ²⁰ Não! Mas como os seus sacrifícios são oferecidos aos demônios, e não a Deus, eu não quero que entreis em comunhão com os demônios. ²¹ Não podeis beber, ao mesmo tempo, o cálice do Senhor e o cálice dos demônios; não podeis participar, ao mesmo tempo, na mesa do Senhor e na dos demônios. ²² Ou acaso estaríamos querendo provocar o ciúme do Senhor? Somos nós porventura mais fortes do que ele?

Evangelho segundo Marcos 14,22-25

²² Durante a refeição, ele tomou o pão e, depois de ter pronunciado a bênção, partiu-o, deu-lhes e disse: "Tomai, isto é o meu corpo". ²³ A seguir, tomou um cálice e, depois de ter dado graças, deu-lhes, e todos beberam dele. ²⁴ E ele lhes disse: "Isto é meu sangue, o sangue da aliança, derramado em prol da multidão. ²⁵ Em verdade, eu vos digo, nunca mais beberei do fruto da videira até o dia em que eu o beber, de novo, no Reino de Deus".

Evangelho segundo Mateus 26,26-29

²⁶ Durante a refeição, Jesus tomou o pão e, depois de ter pronunciado a bênção, ele o partiu; depois, dando-o aos discípulos, disse: "Tomai, comei, isto é o meu corpo". ²⁷ A seguir, tomou um cálice e, depois de ter dado graças, deu-o a eles, dizendo: "Bebei dele todos, ²⁸ pois isto é o meu sangue, o sangue da aliança, derramado em prol da multidão, para o perdão dos pecados. ²⁹ Eu vos digo: doravante não beberei deste fruto da videira até o dia em que eu o beber, de novo, convosco no Reino do meu Pai".

Evangelho segundo Lucas 22,14-20

¹⁴ E quando chegou a hora, [Jesus] se pôs à mesa, ¹⁵ e os apóstolos com ele. E ele disse: "Eu desejei tanto comer esta Páscoa convosco antes de padecer! ¹⁶ Pois eu vos digo, nunca mais a comerei até que ela se tenha realizado no Reino de Deus". ¹⁷ Ele recebeu então um cálice e, depois de ter dado graças, disse: "Tomai-o e reparti-o entre vós. ¹⁸ Pois eu vos digo: Doravante eu não beberei mais do fruto da vinha até que venha o Reinado de Deus". ¹⁹ A seguir, ele tomou o pão e, depois de ter dado graças, partiu-o e lhes deu, dizendo: "Isto é o meu corpo dado por vós. Fazei isto em memória de mim". ²⁰ E para o cálice ele fez o mesmo após a refeição dizendo: "Este cálice é a nova aliança em meu sangue derramado por vós".

Como é evidente, os textos que foram considerados são, desde logo, muito diferentes entre si. Entretanto, todos convergem para determinar aquela tradição eucarística, à qual a Igreja confiará o testemunho explícito do vínculo de comunhão com o Senhor.

Buscaremos apresentar uma reconstrução desses dados originais segundo duas hipóteses, que não consideramos como alternativas, mas que nos ajudam a elaborar uma "leitura" dos textos de caráter teológico, que oferece um princípio sistemático próprio, sem depender da projeção sobre si dos modelos de compreensão que surgiram séculos depois. Particularmente, *desejamos mostrar como o testemunho bíblico impede uma reconstrução essencialmente "ontológica" da comunhão com o Senhor, exigindo não apenas que pão e vinho se tornem corpo e sangue, mas também que corpo e sangue se tornem pão e vinho.* Há, nesses testemunhos originários, um duplo movimento que torna as explicações em termos dualísticos e irreversíveis (entre substância e espécie, entre essência e uso) inadequadas para colher a verdade plena. As pesquisas de Xavier Léon-Dufour e de Enrico Mazza[1], que fundamentam nossa hipótese[2], nos serão úteis para identificar bem essa complexidade originária, à qual a tradição procurará ser fiel segundo categorias e noções inevitavelmente diferentes.

2. *Uma contextualização dos sete textos*

Os textos neotestamentários aos quais nos referiremos ao longo de todo este capítulo apresentam uma série de perspectivas diversas de interpretação da eucaristia, encontrados desde a origem da tradição cristã. Desejamos aqui apresentá-las sumariamente, dividindo-as em três âmbitos, ou tradições:

a) *A perspectiva paulina* – Para Paulo, a repetição da ceia é autêntica apenas se mantém um duplo nível de relação: com a cruz, da qual é anamnese, e com a *parusia*, da qual é profecia e expectativa. Isso emerge de uma série de afirmações que já citamos e que manifestam uma dupla preocupação, muito pragmática, em relação à comunidade de Corinto: as duas perguntas fundamentais são sobre *onde* e sobre *como* se deve comer a ceia do Senhor. E a resposta paulina, com as inevitáveis consequências sobre contingências específicas, mostra a preocupação de uma correlação insuperável da "presença" com seu sentido teológico em termos de "cruz" e de "retorno-*parusia*". É possível afirmar, sem forçar os dados, que para Paulo "a cruz e sua contínua anamnese constituem uma verdadeira e própria chave de leitura para uma autêntica compreensão da presença do Ressuscitado, em uma ceia em que ele continua falando e partindo seu pão"[3]. A questão central não é a da sua presença, mas a do sentido estaurológico e escatológico dessa presença. O sentido desses textos, pois, exprime uma preocupação: Jesus está sempre vivo, mas essa experiência é autêntica não "em si", mas somente como lugar de uma memória ardente e de uma espera ansiosa. Portanto, o testemunho de Paulo reconecta a refeição

---

1. Os dois textos fundamentais em que nos apoiaremos são, pois Léon-Dufour, X., *Condividere il pane eucaristico secondo il Nuovo Testamento*, Leumann, ElleDiCi, 1982 e a nova edição de Mazza, E., *La celebrazione eucaristica. Genesi del rito e sviluppo dell'interpretazione*, Bologna, EDB, 2003.

2. Cf. adiante, respectivamente, itens II.1 e II.2 deste capítulo.

3. Perrot, C., L'eucaristia nel Nuovo Testamento, in: Brouard, M. (ed.), *Eucharistia. Enciclopedia dell'eucaristia*, Bologna, EDB, 2004, 41-102, aqui 92.

em comum a uma identidade eclesial capaz de manter viva a memória e aberta a esperança.

b) *Os relatos da última ceia* – Os relatos da última ceia, nos sinóticos e no testemunho de Paulo, identificam uma tradição que já o texto paulino declara ter "recebido" e que, como se verá, aponta para duas linhas: a de Marcos, que deriva de Mateus, e a antioquena, que deriva de Paulo. Mas, o gesto da ceia e a refeição messiânica estão correlacionados, quer em Marcos, quer em Paulo. E as palavras sobre o pão e sobre o cálice não apenas instituem uma presença, mas fazem parte de uma sequência de ações em que o *seder* pascal judaico, a experiência com o maná e a antecipação da morte se fundem e se sobrepõem. Exatamente como o estabelecer-se da sequência pão → cálice, que encontra nos relatos, além da confirmação que a institui, também uma antecipação do cálice em relação ao pão, o que mostra uma origem mais complexa. Assim não seria forçado considerar que *os arquétipos fundamentais* das primeiras ceias sejam três:

- o da multiplicação dos pães (e do maná);
- o de uma antecipação do banquete escatológico;
- o da memória da morte do Ressuscitado, da qual se recebe a salvação.

Evangelho segundo João 13,1-15

¹ Antes da festa da Páscoa, sabendo Jesus que a sua hora tinha chegado, a hora de passar deste mundo para o Pai, ele, que amara os seus que estavam no mundo, amou-os até o extremo. ² Durante uma refeição, quando o diabo já incutira no coração de Judas Iscariotes, filho de Simão, o pensamento de o entregar, ³ Jesus, sabendo que o Pai lhe entregou todas as coisas entre as mãos, que ele saiu de Deus e volta para Deus, ⁴ se levanta da mesa, depõe o seu manto e toma um pano com o qual se cinge. ⁵ Depois, derrama água em uma bacia e começa a lavar os pés dos discípulos e a enxugá-los com o pano com que se havia cingido. ⁶ Ele chega assim a Simão Pedro, que lhe diz: "Tu, Senhor, lavar-me os pés?". ⁷ Jesus lhe responde: "O que eu faço, tu não és capaz de saber agora, mais tarde, porém, compreenderás". ⁸ Pedro lhe disse: "Lavar os pés a mim? Jamais!". Jesus lhe respondeu: "Se eu não te lavar, não poderás ter parte comigo". ⁹ Simão Pedro lhe disse: "Então, Senhor, não somente os pés, mas também as mãos e a cabeça!". ¹⁰ Jesus lhe disse: "Aquele que se banhou não tem nenhuma necessidade de ser lavado, pois está inteiramente puro. Quanto a vós, estais puros, mas não todos". ¹¹ Ele sabia, com efeito, quem ia entregá-lo; e é por isso que disse: "Vós não estais todos puros".

¹² Tendo acabado de lhes lavar os pés, Jesus tomou o seu manto, pôs-se de novo à mesa e lhes disse: "Compreendeis o que vos fiz? ¹³ Vós me chamais de 'Mestre e Senhor', e dizeis bem, pois eu o sou. ¹⁴ Se pois eu, o Senhor e Mestre, vos lavei os pés, vós deveis, também vós, lavar-vos os pés uns aos outros; ¹⁵ pois é um exemplo que eu vos dei: o que eu fiz por vós, fazei-o vós também".

Evangelho segundo João 6,1-65

¹ Depois disso, Jesus passou para a outra margem do mar da Galileia, também chamado mar de Tiberíades. ² Uma grande multidão o seguia, porque tinha visto os sinais que ele operava nos enfermos. ³ Por isso, Jesus subiu à montanha e aí se assentou com os seus discípulos. ⁴ Era pouco antes da festa judaica da Páscoa.

⁵ Ora, tendo levantado os olhos, Jesus viu uma grande multidão que acorria a ele. Ele disse a Filipe: "Onde compraremos pães para que tenham o que comer?". ⁶ Falando assim, ele o punha à prova, pois bem sabia o que ia fazer. ⁷ Filipe lhe respondeu: "Duzentos denários de pão não bastariam para que cada um recebesse um pedacinho". ⁸ Um dos seus discípulos, André, irmão de Simão Pedro, lhe disse: ⁹ "Há aí um rapaz que possui cinco pães de cevada e dois peixinhos; mas que é isso para tanta gente?". ¹⁰ Jesus disse: "Fazei-os sentar". Havia muita relva naquele lugar. Assentaram-se, portanto; e eram cerca de cinco mil. ¹¹ Então Jesus tomou os pães, deu graças e os distribuiu aos convivas. Fez o mesmo com os peixes; deu-lhes quanto desejavam. ¹² Quando ficaram saciados, Jesus disse aos seus discípulos: "Recolhei os pedaços que sobraram, de modo que nada se perca". ¹³ Eles os recolheram e encheram doze cestos com os pedaços dos cinco pães de cevada que sobraram aos que tinham comido.

¹⁴ À vista do sinal que ele acabava de operar, esses homens disseram: "Este é verdadeiramente o Profeta, aquele que deve vir ao mundo". ¹⁵ Mas Jesus, sabendo que viriam arrebatá-lo para fazê-lo rei, retirou-se de novo, sozinho, para a montanha.

¹⁶ Ao anoitecer, os seus discípulos desceram até o mar. ¹⁷ Eles subiram em um barco e se dirigiram a Cafarnaum, na outra margem. Já havia escurecido, e Jesus ainda não se juntara a eles. ¹⁸ Um forte vento soprava, e o mar estava encapelado. ¹⁹ Eles tinham remado cerca de vinte e cinco estádios, quando viram Jesus, andando sobre o mar e se aproximando do barco. ²⁰ Então ficaram tomados de medo, mas Jesus lhes disse: "Sou eu, não tenhais medo!". ²¹ Eles quiseram recolhê-lo ao barco, mas imediatamente o barco aportou no lugar para onde iam.

²² No outro dia, a multidão que ficara na outra margem se apercebeu de que havia lá um só barco e que Jesus não tinha acompanhado os seus discípulos no barco deles; estes tinham partido sozinhos. ²³ Em compensação, outros barcos tinham chegado, vindos de Tiberíades, perto do lugar onde eles tinham comido o pão depois de o Senhor ter dado graças. ²⁴ E quando a multidão verificou que nem Jesus, nem os seus discípulos se achavam lá, tomaram as pequenas embarcações e foram-se para Cafarnaum à procura de Jesus. ²⁵ E quando eles o encontraram do outro lado do mar, disseram-lhe: "Rabi, quando é que chegaste aqui?".

²⁶ Jesus lhes respondeu: "Em verdade, em verdade, eu vos digo, não é porque vistes sinais que me procurais, mas porque comestes pães à saciedade. ²⁷ É necessário que vos empenheis, não para obter esse alimento perecível, mas o alimento que permanece para a vida eterna, o qual o Filho do homem vos dará, pois foi a ele que o Pai, que é Deus mesmo, marcou com o seu selo". ²⁸ Então eles lhe disseram: "Que devemos fazer para trabalhar nas obras de Deus?". ²⁹ Jesus lhes respondeu: "A obra de Deus é que creiais naquele que ele enviou".

³⁰ Eles lhe replicaram: "Mas tu mesmo, que sinal realizas para que nós vejamos e possamos crer em ti? Qual é a tua obra? ³¹ No deserto, os nossos pais comeram o maná, como está escrito: 'Ele lhes deu a comer um pão que vem do céu'". ³² Mas Jesus lhes disse: "Em verdade, em verdade, eu vos digo, Moisés não vos deu o pão do céu, mas é o meu Pai que vos dá o verdadeiro pão do céu. ³³ Pois o pão de Deus é aquele que desce do céu e dá a vida ao mundo". ³⁴ Eles lhe disseram então: "Senhor, dá-nos sempre este pão!". ³⁵ Jesus lhes disse: "Eu sou o pão da vida; aquele que vem a mim não terá fome; aquele que crê em mim jamais terá sede. ³⁶ Mas eu vo-lo disse: vós vistes e no entanto não acreditais. ³⁷ Todos os que o Pai me dá virão a mim, e aquele que vem a mim, eu não o rejeitarei. ³⁸ Pois eu desci do céu para fazer, não a minha vontade, mas a vontade daquele que me enviou. ³⁹ Ora, a vontade daquele que me enviou é que eu não perca nenhum dos que ele me deu, mas que eu os ressuscite no último dia. ⁴⁰ De fato, esta é a vontade de meu Pai: que todo aquele que vê o Filho e nele crê tenha a vida eterna; e eu o ressuscitarei no último dia".

⁴¹ A partir de então, os judeus começaram a murmurar a seu respeito porque ele dissera: "Eu sou o pão que desce do céu". ⁴² E acrescentavam: "Não é ele porventura Jesus, o filho de José? Acaso não conhecemos o seu pai e a sua mãe? Como pode declarar agora: 'Eu desci do céu'"?

⁴³ Jesus retomou a palavra e lhes disse: "Cessai de murmurar entre vós! ⁴⁴ Ninguém pode vir a mim se o Pai que me enviou não o atrair; e eu o ressuscitarei no último dia. ⁴⁵ Nos profetas está

escrito: 'Todos serão instruídos por Deus'. Todo o que ouviu aquele que vem do Pai e recebe o seu ensinamento vem a mim. [46] É que ninguém viu o Pai, a não ser aquele que vem de Deus. Este sim, viu o Pai. [47] Em verdade, em verdade, eu vos digo, aquele que crê tem a vida eterna. [48] Eu sou o pão da vida. [49] Os vossos pais, no deserto, comeram o maná e morreram. [50] O pão que desce do céu é de tal sorte que aquele que dele comer não morrerá. [51] Eu sou o pão vivo que desce do céu. Quem comer deste pão viverá para a eternidade. E o pão que eu darei é a minha carne, dada para que o mundo tenha a vida".

[52] Ouvindo isso, os judeus se puseram a discutir violentamente entre si: "Como é que este homem pode dar-nos a sua carne a comer?". [53] Jesus lhes disse então: "Em verdade, em verdade, eu vos digo, se não comerdes a carne do Filho do homem e não beberdes o seu sangue, não tereis a vida em vós. [54] Aquele que come a minha carne e bebe o meu sangue tem a vida eterna, e eu o ressuscitarei no último dia. [55] Pois a minha carne é verdadeira comida e o meu sangue verdadeira bebida. [56] Aquele que come a minha carne e bebe o meu sangue permanece em mim e eu nele. [57] E como o Pai, que é vivo, me enviou e eu vivo pelo Pai, assim aquele que comer de mim viverá por mim. [58] Este é o pão que desceu do céu: ele é bem diferente daquele que os vossos pais comeram; com efeito, eles morreram, mas aquele que comer deste pão viverá para a eternidade".

[59] Tais foram os ensinamentos de Jesus, na sinagoga, em Cafarnaum. [60] Depois de o terem ouvido, muitos dos seus discípulos começaram a dizer: "Essa palavra é dura! Quem pode escutá-lo?". [61] Mas, sabendo em si mesmo que seus discípulos murmuravam a esse respeito, Jesus lhes disse: "Então, isto é para vós uma causa de escândalo? [62] E se vísseis o Filho do homem subir para onde estava antes? [63] É o Espírito que vivifica, a carne para nada serve. As palavras que eu vos disse são espírito e vida. [64] Mas há entre vós alguns que não creem". De fato, Jesus sabia desde o princípio quais eram os que não acreditavam e quem o ia entregar. [65] Ele acrescentou: "É por isso que eu vos disse: 'Ninguém pode vir a mim se não lhe for concedido pelo Pai'".

As diferenças internas dos quatro diferentes relatos da última ceia, que examinaremos a seguir, oferecem um contexto suficientemente articulado da elaboração que cada tradição realizou, mas também da correlação entre aquilo que Jesus disse e fez. Nas diferentes sequências, palavra e ação não aparecem como facilmente reduzíveis ao esquema teológico das "palavras da instituição".

c) *A perspectiva joanina* – O terceiro âmbito da tradição eucarística é o do Evangelho segundo João, Evangelho em que encontramos, ao mesmo tempo, dois dados aparentemente contraditórios: as referências eucarísticas são mais intensas e profundas – das bodas de Caná à morte na cruz –, não obstante, é justamente João a não possuir o relato da instituição da eucaristia durante a última ceia. O espaço extraordinário que o texto evangélico dedica à ceia de despedida do Senhor Jesus (seis capítulos: Jo 13–18) não diz uma única palavra sobre o pão e o cálice, falando, em vez disso, no capítulo 13, do "lava-pés". Entretanto, o mesmo texto já havia oferecido, em um capítulo inteiro (Jo 6), um duplo *midrash* sobre a multiplicação dos pães que, na tradição, levou o nome de "Sermão sobre o pão da vida". Também nesses textos, que estão entre os mais realistas de todo o Novo Testamento, a "presença eucarística" é abordada com uma perspectiva profundamente diferente daquela que se imporá na tradição latina a partir do século IX. É sobretudo no quarto Evangelho que a fé em Cristo se torna "carne dada como comida" e "sangue dado como bebida". Mas, sempre em João, essa insistência sobre carne e sangue se une à insistência sobre o tornar-se alimento e bebida da salvação. A diferença da linguagem da substância, que se imporá no segundo milênio, nos permite perceber, principalmente em João, a "lógica da reversibilidade" entre pão e carne, entre vinho e sangue. De um lado, o pão se torna carne e o vinho se torna sangue, mas, de outro, a carne se torna pão e o sangue se torna vinho. Diversos arquétipos – entre os quais, muito fortemente, o da refeição – impõem uma lógica mais "substanciosa" que "substancial". Essa será uma das vertentes que, a partir do século XIX, a tradição valorizará no *ressourcement* das fontes bíblicas e patrísticas.

II. As diferentes tradições sobre a última ceia

À luz dessas primeiras considerações, e para tentar oferecer um quadro geral, suficientemente articulado, das questões que giram em torno da última ceia, para encontrar o ponto inicial da tradição eclesial que hoje chamamos de eucaristia, é o caso de seguir os dois autores já indicados, que propuseram em períodos diferentes uma reconstrução completa da relação entre os textos e uma compreensão integral do evento do qual esses textos são o testemunho autorizado.

1. *Tradição testamentária e tradição cultual segundo Xavier Léon-Dufour*

Em primeiro lugar analisaremos o trabalho de Xavier Léon-Dufour, do qual é necessário mostrar a estrutura, as argumentações, as análises dos textos e as conclusões. Trata-se de uma obra muito importante, que procura nos indicar uma nova compreensão da eucaristia, baseando-se em uma releitura da práxis primitiva e dos relatos da instituição.

Se quisermos identificar a intenção fundamental dessa leitura, podemos encontrá-la na tentativa de compreender *de modo unitário* as diversas fontes que narram a última ceia. Não apenas os sinóticos e Paulo, mas também João. Embora possa ser ilusório querer fixar um texto-base, é, no entanto, possível notar entre os textos diferenças interessantes e analogias.

As recordações da última ceia de Jesus são expressas a partir de duas formas literárias claramente distintas: a forma ou tradição *testamentária*, que toma a forma de um "sermão de despedida"; e a forma ou tradição *cultual*, que, pelo contrário, assume a forma de um rito. Por sua vez, a tradição cultual se divide em uma dupla orientação: ou seja, na tradição *antioquena* (Lucas e Paulo) e na tradição *marcana* (Marcos e Mateus).

a) *A tradição cultual e a tradição testamentária* – Comecemos examinando a primeira tradição, isto é, a cultual-litúrgica, atestada por Paulo e pelos Evangelhos sinóticos. O texto mais antigo (a Primeira Carta aos Coríntios), atesta um relato que é certamente pré-paulino e que Paulo recebeu em Antioquia, entre os anos 35 e 40 d.C. A análise dos textos, em suas repetições, em seu estilo hierático, nos leva a afirmar que *não se trata aí de relatar um episódio biográfico, mas de proclamar uma ação fundante*, embora em seu interior transpareçam referências fundamentadas em um evento histórico.

A segunda tradição é atestada principalmente por João, mas transparece também nos sinóticos. De fato, os três sinóticos trazem, ainda que em posições diferentes, um trecho que se mostra um pouco surpreendente, e que na versão de Marcos soa: "Em verdade, eu vos digo, nunca mais beberei do fruto da videira até o dia em que eu o beber, de novo, no Reino de Deus" (14,25). A presença dessa frase indica muitas coisas interessantes: em Marcos e Mateus ela é colocada logo *depois* das palavras sobre o vinho e testemunha *outro registro* do relato, não mais litúrgico, mas profético; em Lucas sua posição não está depois, mas *antes* do relato cultual, e está ligada *a outro cálice*…

Isso permite ao jesuíta francês identificar dois modos fundamentais de apresentação da última ceia de Jesus: um litúrgico e outro existencial. O quarto Evangelho representaria o segundo de uma forma pura. Mateus e Marcos o primeiro; Lucas representaria o segundo inserido no primeiro. Por isso, nos textos que chegaram até nós, seria possível rastrear duas diferentes tradições, que correspondem de modo diferente à pergunta: como Jesus pode se fazer presente por meio da ausência? Práxis cultual e atitude existencial se sustentam reciprocamente, quase como *sacramentum* e *res sacramenti*. A relação entre liturgia e vida não é aqui pensada segundo a relação que existe entre causa e efeito, mas segundo a relação entre significante e significado.

b) *As duas direções da tradição cultual* – Como já dissemos, a tradição cultual se divide, por sua vez, em dois filões, um denominado antioqueno e outro chamado de marcano:

- a tradição antioquena (à qual pertencem Lucas e Paulo) conserva a separação da ação sobre o pão da ação sobre o cálice ("ao fim da ceia…"), e as palavras são assimétricas: no lugar do paralelismo corpo-sangue se encontra aquele entre corpo e aliança;
- a tradição marcana (que compreende Marcos e Mateus) apresenta, em vez disso, o paralelismo ausente na tradição precedente, a expressão "em prol da multidão" e o termo "bênção" para o pão.

Isso não exclui o fato de que as duas tradições possam ser adicionalmente subdivididas e caracterizadas em seu interior. Observando o quadro sinótico, é possível ver o quanto são distintas as versões, a tal ponto que Léon-Dufour afirma que é impossível remontar para além das *duas* versões atribuídas às duas tradições[4]. Em todo caso, ainda que com todas essas variáveis, é possível concentrar a continuidade e a diferença em torno de três palavras[5], que devemos agora examinar com atenção.

c) *As três palavras: memória, pão e cálice* – A primeira palavra diz respeito ao mandamento da memória, "fazei isto em minha memória": ela está presente apenas na tradição antioquena, possui origem bíblica com o valor de memorial do Êxodo (Ex 12,14), à qual se adiciona a *personalização* daquele "em minha" que especifica de modo surpreendente a concentração cristológica do culto cristãos. Nessa frase, Jesus passa do ser sujeito a ser objeto do culto. – A segunda questão diz respeito à *função da identificação entre "pão" e "corpo"*, que é completada pelas duas tradições de

---

4. Veremos que sobre este ponto E. Mazza fez progredir a consciência acadêmica e eclesial.

5. Observe-se que a atenção está dirigida antes às "palavras" que às "ações": isso não é irrelevante para a solução que será proposta pelo exegeta jesuíta.

modo diferente: enquanto a tradição antioquena adiciona "dado por vós" ou "que é para vós", a tradição marcana possui o "tomai" inicial, que coloca em relação a afirmação de Jesus com a comunidade eclesial dos discípulos. – Mas é sobretudo nas palavras sobre o cálice, o terceiro ponto, que a diferença e a distância entre as duas tradições diferentes se tornam extremamente significativas. Ambas põem em relação com o cálice o sangue e a aliança, mas com prioridades diversas, em conformidade com as duas configurações diferentes:

- "Isto é meu sangue, o sangue da aliança, derramado em prol da multidão": na tradição marcana a inspiração é a palavra de Moisés no momento do sacrifício da aliança no Sinai. Além disso, a própria tradição foi afetada pela influência de Isaías (sobretudo Is 53,12). A remissão dos pecados é condição da aliança (na versão de Mateus).
- "Este cálice é a nova aliança em meu sangue derramado por vós": a tradição antioquena logo enfatiza a nova aliança, inspirando-se em Jeremias, mesmo sem deixar de lado o panorama da profecia de Isaías e da aliança do Sinai.

O que Jesus realiza, na última refeição em comum, é profecia e hermenêutica da cruz: o "fazer isto em memória" indica certamente uma ação ritual, cujo conteúdo, entretanto, se qualifica em duas direções. Na direção da pessoa de Cristo, de um lado, e na direção da experiência eclesial, do outro: o pessoal e o comunitário, poderíamos dizer, são mediados pela ação ritual. Este ponto, muito delicado, pode emergir somente no momento em que se restitui ao rito do culto o espaço de uma mediação possível. Chegaremos a isso no próximo parágrafo, dedicado à pesquisa de Enrico Mazza. Em contrapartida, no âmbito da pesquisa sobre as diversas tradições da memória eucarística – segundo a análise perspicaz de Léon-Dufour –, elas nos fazem perceber um aspecto importante da última ceia de Jesus. Mas o fato capaz de determinar adequadamente o termo final, ao qual parece se referenciar todo o quadro, segundo a reconstrução de Léon-Dufour, aparenta estar orientado a passar – não obstante todas as suas afirmações – *do cultual ao existencial*. A determinação da "nova aliança" não é confiada à tradição cultual, mas à testamentária, aos "sermões de despedida", e pode ser resumida no "Amai-vos uns aos outros!". De fato, ao final de seu texto, diz Léon-Dufour: "Aquele que crê é convidado a passar do rito à pessoa"[6].

---

6. Léon-Dufour, X., *Condividere il pane eucaristico*, 262.

Essa conclusão, que parece estar assinalada pela estreiteza de uma visão típica da "remoção do rito do fundamento" e, para além de todas as repetidas afirmações de equilíbrio e de conciliação entre sacramento e existência, demonstra certa incompreensão pela ação ritual e ameaça também o trabalho do autor. Naturalmente, isso não tira a grande contribuição que a análise desse biblista trouxe ao nosso exame da eucaristia, mas indica com clareza como um "pressuposto sistemático" condicionou fortemente o resultado da investigação exegética.

2. A reconstrução da origem da eucaristia segundo Enrico Mazza

Enrico Mazza estuda as origens da anáfora eucarística já há quarenta anos. Nos últimos anos, ele se concentrou na investigação em torno dos textos bíblicos do Novo Testamento, buscando elaborar seu sentido unitário. Em sua análise, é evidente, não se encontra presente o preconceito que identificamos nas palavras de Léon-Dufour. Isso lhe permite avançar significativamente para além dos resultados daquela pesquisa, indo na direção de uma releitura da tradição que, *a priori*, não opõe rito e existência.

É muito interessante considerar os gestos e as palavras de Jesus sob um ângulo adicional, isto é, como *modelo e fonte da anáfora eucarística que ainda hoje celebramos na eucaristia*. Ou seja, a última ceia não apenas constituiria o coração da anáfora (caso a entendamos como "palavras da instituição"), mas, com as duas ações-textos da bênção sobre o pão e da ação de graças sobre o cálice, seria o início de um desenvolvimento complexo, em cujo final se encontrariam os nossos textos eucarísticos.

Em primeiro lugar, é importante estabelecer como a ceia foi realizada: aqui parece que Lucas nos oferece a reconstrução mais articulada. A ceia se divide em três partes: o rito de abertura, a ceia verdadeira e própria e o rito de encerramento.

a) um *rito de abertura*, que, por sua vez, compreende dois momentos: um rito do cálice, com um discurso escatológico; um rito do pão, com palavras explicativas e o mandamento da memória;

b) a *ceia* (verdadeira e própria);

c) um *rito de encerramento*, que prevê o segundo cálice, com ação de graças.

Essencialmente, a estrutura geral é a seguinte:

– rito do cálice;
– rito do pão;

– ceia;
– rito final do cálice.

A esta altura, podemos nos perguntar de onde vem essa estrutura particular do rito da última ceia. A ceia festiva judaica apresenta uma oração com estrutura similar (o *Qiddush*, que significa "Santificação"), seguida pelo agradecimento final (a *Birkhat ha-mazon*).

As indicações da *Didaché* e da Primeira Carta aos Coríntios, e em seguida os Evangelhos de Mateus e Marcos, atestam a tendência de unificar os momentos antes da ceia (que posteriormente serão pouco a pouco abandonados).

Esse núcleo da reflexão conduzida por Mazza encontrou, nos últimos anos, um desenvolvimento precioso, com implicações de caráter sistemático de grande valor. Vale a pena deter-se nas mais importantes.

a) *A data pascal da ceia* – Um dos lugares comuns da pesquisa neotestamentária sobre as origens da eucaristia é a data da última ceia: a questão de saber se se trata de uma ceia *pascal* não pode receber uma resposta seca e unívoca, por conta do fato de que o calendário dos sinóticos não é o mesmo em relação ao do evangelista João. A defasagem temporal, entre os sinóticos e o quarto Evangelho pode ser explicada desta maneira, como sugerem os textos de Mazza[7]: "As duas tradições não falam da mesma Páscoa"[8]. Baseando-se nas teses de A. Jaubert publicadas em 1957, Mazza considera que a última ceia foi temporalmente descrita de modo diferente pelos sinóticos e por João. Para o relato dos sinóticos, a Páscoa ocorre no cair da tarde da terça-feira, ao passo que para João ela ocorre no cair da tarde da sexta-feira. Isso se deve a uma contagem diferente do calendário, que para os sinóticos corresponde ao antigo calendário sacerdotal, em uso junto aos essênios, enquanto para João corresponde ao calendário lunissolar, utilizado oficialmente para a Páscoa dos judeus. O primeiro era de data fixa, de modo que a Páscoa inevitavelmente caía em uma quarta-feira (que inicia no cair da tarde da terça-feira), ao passo que o segundo, dependendo também do ciclo lunar, tinha uma data variável e, naquele ano, a Páscoa caía em um sábado (entardecer da sexta-feira). Conforme essa diferente cronologia, fica claro que, enquanto para os sinóticos, tendo por base a cronologia sacerdotal, a ceia é ceia pascal, para João a ceia é somente

---

7. Referimo-nos aos últimos frutos maduros da pesquisa do teólogo: Mazza, E., *Dall'ultima cena all'eucaristia della Chiesa*, Bologna, EDB, 2014; e Id., *Il Nuovo Testamento e la cena del Signore*, Bologna, EDB, 2017.

8. Id., *Dall'ultima cena*, 15.

"antes da festa da Páscoa", embora assuma em seguida um caráter pascal, e o paralelismo com a Páscoa judaica é dado mais pela imolação dos cordeiros do que pela ceia.

b) *Qual rito?* – Em segundo lugar, se examinarmos o "rito" da última ceia, seria preciso corrigir uma tendência que surge espontaneamente em nós: procuramos a "consagração", enquanto todo o resto parece secundário. Uma reconstrução segundo as diferentes fontes deve nos tornar muito mais cautelosos. E, antes de tudo, nos faz descobrir a presença de ritos diferentes, conforme a tradição considerada: a judaica ou a essênia. Uma bela síntese se encontra no modo diferenciado com que Paulo e Lucas se referem às ações da ceia: Paulo nos oferece duas versões (respectivamente em 1Cor 10,16 s. e em 1Cor 11,23-25), nas quais estão atestadas a tradição judaica e a essênia: segundo a primeira, a sucessão é cálice → pão, enquanto a segunda é pão → cálice. Lucas, a partir desse ponto de vista, aparece como remanescente de uma prática judaica, que ainda não havia se assentado segundo a tradição essênia; no terceiro Evangelho, de fato, a sucessão é cálice → pão → cálice[9].

c) *As palavras e os gestos* – Outra importante constatação por parte da exegese recente é a relevância não apenas das palavras, mas também dos gestos de Jesus. Como os profetas, também Jesus traz à existência o "mistério" não apenas falando, mas também agindo. Assim é possível identificar, se não as *ipsissima verba*, pelo menos as *ipsissima facta* de Jesus na última ceia. Observada como "conjunto de gestos", antes mesmo que "conjunto de palavras", a ceia é

> comunhão com Jesus, porque se come o mesmo pão partido, a fim de que haja um pedaço para todos, e bebe-se no mesmo cálice, do qual tomam todos. Tal importância exigia uma explicação, e eis que aparecem as palavras explicativas que dão a razão desse gesto e do mandamento de comer e beber. Por essa sua função explicativa, essas palavras compõem um único corpo com o gesto e, portanto, devem ser consideradas como um fato gestual e não como um fato verbal[10].

Aqui é importante perceber com muito cuidado que a natureza da ceia é a de uma *ação a ser imitada*: a verdade da ceia eucarística não é um pensamento, um conceito, uma ideia ou uma doutrina, mas é, em primeiro lugar, uma ação. "Fazei a mesma coisa que fez o Senhor (*Idem facere quod*

---

9. Cf. ibid., 40.
10. Ibid., 50.

fecit Dominus)" (Cipriano de Cartago) é a lógica fundamental com a qual compreender a relação entre ceia e eucaristia.

A isso é preciso acrescentar que a terminologia da tipologia bíblica e patrística, se aplicada à eucaristia, permite entender melhor o que está em jogo na comunhão do único cálice e do único pão. Em outras palavras: a lógica tipológica não é desprovida de valor ontológico, mas repousa sobre uma "ação" que permite passar da ausência à presença. A tipologia se torna uma topologia e uma cronologia, isto é, permite redefinir o espaço/tempo da relação com o Senhor, sem se comprometer diretamente com uma demonstração substancial. Em outros termos, essa abordagem diversa da tradição eucarística afirma a presença como "circunstância" e "contingência", não como "substância" e "essência". Portanto, é possível fazer duas afirmações, que podemos ainda tirar da boa síntese de Mazza:

> Para ter uma experiência da pessoa de Jesus, é preciso ter compartilhado a mesa com ele, onde ele revelou a si próprio de modo privilegiado, principalmente na última ceia, quando anunciou sua morte e ressurreição[11].
>
> A tipologia permite uma identidade ontológica entre o *tipo* (a realidade) e o *antítipo* (a figura), ou seja, entre a ação de Cristo (*tipo*) e a ação ritual (*antítipo*); pelo contrário, a doutrina da *presença real* e da *transubstanciação* não é aplicável às ações, mas apenas ao ente, ou seja, em nosso caso, ao pão e ao vinho[12].

A partir dessas observações podemos tirar argumentos adicionais para considerar a compreensão bíblica da eucaristia como fundamentada sobre uma ação ritual, que, de um certo ponto de vista, antecipa o sentido dos eventos (morte e ressurreição) e, de outro, recebe destes plenamente seu sentido próprio. É o pão que se torna corpo e o vinho-cálice que se torna sangue – como anúncio da morte e da ressurreição –, mas é também o corpo que se torna pão e o sangue que se torna vinho-cálice – como comunicação de vida e de salvação a todos os seres humanos. Se no lugar dessa refinada correlação, mediada pela ação, substituímos um princípio de leitura radicalmente dualístico – que introduz as oposições fortes entre visível e invisível, entre acidente e substância, entre uso e essência – perdemos inevitavelmente um lado decisivo da experiência. *Na eucaristia, com efeito, não apenas o sujeito eclesial encontra o objeto "corpo de Cristo sacramental", mas o sujeito Senhor alimenta o objeto "corpo de Cristo eclesial"*. O

---

11. Ibid., 63.
12. Ibid., 62.

dado bíblico não se deixa dobrar facilmente às lógicas antitéticas que serão introduzidas gradualmente apenas a partir do século IX. Por isso, uma releitura dos textos bíblicos, recomendada pelas categorias elaboradas a partir da Idade Média, quase não consegue conceber, e nem exprimir, aquele *admirabile commercium* que se institui entre visível e invisível. A teologia eucarística do Novo Testamento não pode reduzir o pão ao corpo e nem o corpo ao pão, mas salvaguarda a lógica da visibilidade nutriente em relação à invisibilidade a ser acreditada. "No banquete vivemos o corpo de Cristo e, vivendo-o, conhecemo-lo e tornamo-nos nele."[13] Esse modo de considerar a "comunhão com o Senhor", com essa correlação fundamental entre visível e invisível, constitui uma assimilação que encontramos originariamente na Escritura, mas que só a podemos reconhecer realmente redimensionando as categorias metafísicas objetificantes, que condicionaram o pensamento cristão e católico do século IX ao século XX[14].

3. Uma síntese da pesquisa exegética

J. Jeremias escreveu: "Os banquetes da Igreja primitiva não são originariamente uma repetição da última ceia de Jesus com seus discípulos, mas a renovação da cotidiana comunhão de mesa dos discípulos com ele"[15]. Isso explica como mesmo o seu caráter pascal não assumiu, desde o início, uma periodicidade apenas anual, mas semanal e, posteriormente, até mesmo cotidiana. A raiz dessa evolução está desde a origem no testemunho das palavras e dos gestos, que "transformam a última ceia de um rito judaico em um fato profético, ou seja, em um anúncio: a última ceia é parábola e profecia da cruz"[16]. O que, em síntese, podemos inferir dessa reconstrução oferecida nos textos de Léon-Dufour e de Mazza, pode ser concentrado em uma série de afirmações sintéticas:

---

13. Ibid., 64.
14. Para uma releitura desse trabalho de "ressistematização" da experiência eucarística, com a passagem da centralidade do "ente" para a centralidade da "ação", são importantes os estudos de BELLI, M., *Caro veritatis cardo. L'interesse della fenomenologia francese per la teologia dei sacramenti*, Milano, Glossa, 2013; BONACCORSO, G., *Il dono efficace. Rito e sacramento*, Assisi, Cittadella, 2010; CARRA, Z., *Hoc facite. Studio teologico-fondamentale sulla presenza eucaristica di Cristo*, Assisi, Cittadella, 2018; ROUILLÉ D'ORFEUIL, M., *Lieu, présence, résurrection. Relectures de phénoménologie eucharistique*, Paris, Cerf, 2016.
15. JEREMIAS, J., *Le parole dell'ultima cena*, Brescia, Paideia, 1973, 75 (apud MAZZA, E., *Il Nuovo Testamento*, 23).
16. MAZZA, E., *Dall'ultima cena*, 41.

a) As palavras e ações *não podem ser separadas*. Nas diferentes tradições sinóticas, paulinas e joaninas, que podem ser distinguidas em palestinenses e antioquenas, em cultuais e testamentárias, é preciso identificar o centro da experiência eclesial.

b) Esse centro, ainda que expresso nas diferentes modalidades e com diferentes linguagens, constitui a *comunhão com o Senhor* que é mediada pelo compartilhar do pão e do cálice, como anúncio da morte.

c) A compreensão dessa comunhão com o Senhor morto e ressuscitado determina uma forte relação entre pão-cálice de vinho e corpo-sangue; essa relação, tendo por base os textos neotestamentários, *não é unívoca mas biunívoca*: isto é, tem em vista não apenas o tornar-se corpo e sangue do pão e do vinho, mas também o tornar-se pão e cálice de vinho do corpo e sangue.

d) A compreensão da comunhão com o Senhor, pois, *exige noções mais dinâmicas que estáticas*: ou seja, deve permitir mais a "ação de comunhão" do que somente a "identificação do corpo e do sangue".

e) Por isso, a identificação da "imagem" ou da "tipologia" bíblica é uma redescoberta do século XX, como correção de uma explicação da comunhão que tinha assumido a linguagem da "presença" e o havia explicado mediante a linguagem da "transubstanciação".

f) Se a linguagem da substância pode ser aplicada ao ente, mas não diz respeito à ação, ela deixa inevitavelmente descoberta uma parte essencial da tradição. Mais precisamente, não consegue valorizar a ação ritual com sua dinâmica específica e orienta a atenção eclesial, pastoral e espiritual mais sobre a *substância do ente* do que sobre a *qualidade da ação ritual*.

g) A recepção que os primeiros séculos farão da tradição neotestamentária mostrará a tensão entre esses dois aspectos da ceia do Senhor, mas lhe desenvolverá uma teoria e uma prática ainda em plena concordância com essa leitura originária.

III. A instituição, a consagração, a explicação e a celebração

A origem da práxis eucarística da Igreja cristã teve a necessidade – muito compreensível – de encontrar uma continuidade indiscutível com a palavra e a ação de seu Senhor. É evidente que essa preocupação encontrou respostas diferenciadas ao longo da história. Por isso, é possível reconstruir a "cena originária" da ceia eucarística segundo *quatro modelos* que, sem se excluírem completamente, delineiam um quadro muito diferenciado para o desenvolvimento sucessivo. Vamos apresentá-los em uma sucessão que é mais analógica que cronológica.

a) *A "instituição" da eucaristia* – Ao ler os testemunhos dos diferentes textos, o que nos perguntamos? A pergunta mais fácil, mas também a mais legítima, é esta: em que sentido Jesus é a origem daquilo que a Igreja realiza ainda hoje? Essa pergunta teve como resposta primitiva o fato de que Jesus "instituiu" o sacramento da eucaristia e dela é *auctor*. Não há dúvida de que nenhum outro gesto ou palavra de Jesus (pelo menos do Jesus histórico) apareça tão eivado de força "prescritiva". O "Fazei isto em minha memória" institui uma ação-palavra que a Igreja recebe *como tarefa*. Mas há mais. Não se trata de uma tarefa *extrínseca*, isto é, de um preceito ao qual obedecer, mas de uma tarefa *intrínseca*, ou seja, de uma palavra-ação na qual está em jogo aquilo que o próprio Jesus chama de "minha memória". O objeto do memorial instituído por Jesus não é "além de si mesmo", mas *é ele mesmo*, como corpo dado e como sangue derramado, como oferta de si e dom de vida. Isso torna a "instituição" uma espécie de "autoinstituição": o que Jesus institui não é algo além de si próprio, mas é ele mesmo, de modo mais pleno e completo, o dom de si próprio.

b) *A "consagração" da matéria* – A determinação do que seja o "isto" de que falam os textos – isto é, o τοῦτο ποιεῖτε/*tûto poiêite*, o *hoc facite*, o "fazei isto" – assumiu progressivamente, pelo menos na tradição latina, a direção de uma "consagração da matéria". A Igreja teria recebido de seu Senhor a tarefa de consagrar o pão e o vinho em sua memória e pela sua autoridade. É evidente que essa interpretação – que, *a posteriori*, o Concílio de Trento recupera da Idade Média, e a Idade Média, por sua vez, principalmente de Santo Ambrósio – orientou profundamente a leitura das fontes neotestamentárias. Como uma luz retroprojetada no texto antigo, essa orientação sistemática e jurídica selecionou as palavras, determinou os primeiros e segundos planos, trouxe à luz ou deixou na sombra os diversos elementos do rito. Poderíamos dizer que, com um movimento quase imperceptível, mas decisivo, o desenvolvimento histórico foi transformando cada vez mais a "instituição" em "consagração", determinando assim importantes desenvolvimentos teológicos, eclesiológicos e espirituais, de um alcance tão vasto a ponto de ser quase incontrolável *a posteriori*.

c) *As palavras como explicação da ação* – Uma hipótese diversa, que devemos aqui analisar cuidadosamente em seu desenvolvimento histórico, é que o "isto" que deve se "fazer" imperativamente (*hoc facite*) não tenha como objeto apenas a palavra a ser pronunciada sobre a matéria, mas toda a ação a ser realizada em toda a sua complexa articulação. Portanto, se o "fazei isto" diz respeito à *ação* de Jesus antes ainda que a sua *palavra*, esta pode ser considerada e estudada não tanto como um "ato pontual", que se concentra exclusivamente na consagração, mas muito mais como toda uma "sequência", que aparece atestada quer pelos sinóticos, quer por Paulo, de modo substancialmente análogo e que pode ser dividida em duas estruturas:

- uma série de verbos, que precedem as palavras de Jesus e que descrevem uma ação dele: "tomou", "abençoou-deu graças", "partiu", "deu";
- outra série de verbos que estão dentro das palavras de Jesus e fazem referência, no caso de Mateus e Marcos, não à ação de Jesus, mas à dos discípulos: "tomai", "tomai e comei"; no caso de Lucas e Paulo, definem a relação entre o pão-cálice como dom e aqueles que o recebem: "que é dado por vós".

Portanto, pode-se dizer que as palavras remetem a um agir, ou seja, a um código não verbal, que é decisivo para determinar o objeto daquele τοῦτο ποιεῖτε, *hoc facite*, "fazei isto".

Essa sequência de verbos-ações pode ser considerada simplesmente como o fundo contextual para a emergência das palavras (e assim foi considerada durante muitos séculos) ou então – preferível e mais apropriadamente – como *aquilo de que as palavras falam*. Essa diferença permite considerar diversamente as coisas e falar respectivamente daquilo que temos chamado de "consagração" do pão e do vinho, definindo-a mais como *explicação da ação realizada em relação ao pão e ao cálice*. As palavras são assim reconhecidas como "explicativas", justamente quando, e na medida em que, se assume a perspectiva segundo a qual é *a ação que deve ser reconhecida como a lógica fundamental da última ceia e da eucaristia*. Nesse caso, não se trata de uma eficácia devida apenas às palavras, mas de uma eficácia que envolve toda a ação que está em jogo, com todas suas linguagens, que vão do tato ao intelecto e implicam a integralidade da experiência de relação. Desse modo, entra em jogo uma dinâmica complexa, de fato irredutível a uma lógica essencialista ou substancialista – que pode ser sempre e, de todo modo, explicável mesmo de modo essencial ou substancial, mas que não poderá nunca ser reduzida a essa explicação *mínima*, nem no âmbito da autoridade e nem no âmbito do sentido[17].

---

17. Aqui é evidente como a compreensão sistemática do texto bíblico aplica a própria atenção ao texto de maneira pré-orientada, impedindo, de fato, que o texto comunique ple-

d) *A celebração da eucaristia* – Por fim – ou melhor, como consequência de tudo isso –, para completar esse percurso de hermenêutica neotestamentária, parece oportuno que o enriquecimento linguístico, que pudemos reconhecer na passagem entre a perspectiva das "palavras de consagração" e a das "palavras de explicação", nos permita compreender como a "memória do Senhor" não consiste simplesmente na repetição de um núcleo mínimo de palavras "autênticas e autorizadas" sobre a matéria do pão e do vinho, mas na *repetição articulada de um "tomar-escutar", de um "dar graças", de um "partir" e de um "compartilhar", de um "comer" e de um "beber"* que instituem, em sua totalidade e complexidade, a fidelidade ao mandato que o Senhor deixou para os seus. O que nós reconheceremos na terceira parte deste manual como "participação ativa" na celebração eucarística – isto é, o assumir, no Espírito Santo, por parte de toda a assembleia eclesial da "sequência cristológica" do dom da vida por parte do Senhor ao Pai e aos seus – constitui, em síntese, a determinação do "isto" que deve "ser feito". *O mandato não se refere, pois, ao gesto mínimo de um único sujeito, mas ao gesto pleno e complexo de uma comunidade sacerdotal.*

IV. A última ceia do Senhor, as ceias de Jesus e o comer com o Senhor

Para concluir esta reconstrução sumária da origem da práxis eucarística é preciso reconhecer que a leitura teológica do texto sagrado é obrigada a concentrar sua própria atenção em três dimensões da "ceia" que merecem ser distinguidas e que poderiam ser indicadas da seguinte maneira: a última ceia do Senhor; as refeições de e com Jesus; a fração do pão. É muito interessante fixar uma correlação entre esses três níveis da origem que não pode ser simplesmente resolvida em um "início puro" e em uma "interpretação pura". Poderíamos dizer, pelo contrário, que cada um desses pontos aparece como originário *secundum quid*, mas parece derivado *secundum quid*.

a) *A última ceia do Senhor* – É o ponto de viragem da relação com Jesus, que se projeta na iminência do último dia, sobre a morte e sobre o túmulo vazio. Entretanto, é também o ápice de uma longa experiência

---

namente todo o seu sentido, ou, antes, mostrando uma forte tendência a encerrá-lo dentro de uma pré-compreensão definida, que se desenvolveu muitos séculos depois e que, em seguida, colocou atrás de si uma luz ofuscante. Isso é legítimo, mas não impede de modo algum uma leitura mais ampla e menos seletiva do "material originário".

de banquetes com o Senhor, nos quais ele anunciou o Reino por ocasião das refeições, mas também na forma com que as refeições eram tomadas: pela hospitalidade que elas reconheciam e pelos comensais que acolhiam. A última ceia atesta profeticamente a verdade da vida como dom de si e a comunica como anúncio do Reino. As palavras são explicativas das ações e não as substituem. A identificação do pão e do cálice de vinho com a presença e a aliança no sangue do Senhor implicam, reciprocamente, o tornar-se pão da vida do Senhor e o tornar-se cálice da aliança em seu sangue, para que os discípulos possam se alimentar dele e se tornar como ele.

b) *As refeições de e com Jesus* – A última ceia seria incompreensível se não se apoiasse em uma experiência de "refeições com o Senhor" que permitisse reconhecê-lo "por aquilo que ele realiza" e fazer comunhão com ele, agora ausente, tornando presente seu "agir profético". Esse horizonte de refeição comum se torna ação ritual em seu conjunto. Internamente, as palavras sobre o pão, sobre o cálice e sobre a memória se tornam a "explicação" da sequência de ações, que colocam em comunhão com ele, com seu corpo e seu sangue, ou seja, com o dom da vida por meio da vitória sobre a morte.

c) *A fração do pão* – No horizonte daquele "hábito convivial de profecia" e na base da hermenêutica solene da cruz que ocorre na última dessas ceias, a "fração do pão" ou "ceia do Senhor" é mais uma retomada daquelas refeições que da última ceia (como já dizia J. Jeremias). Ou melhor, é continuação transfigurada do costume profético das refeições com o Senhor, que prossegue, para além de sua presença histórica, na comunhão com o Ressuscitado, mediada pelo seu corpo dado e pelo seu sangue derramado, que se reapresentam no âmbito da sequência ritual.

Ao mesmo tempo, o sentido do gesto eucarístico se fundamenta sobre uma referência historicamente determinada – a ceia com seus discípulos antes da morte –, cuja interpretação, entretanto, depende enquanto tal de uma hermenêutica tanto das "refeições do Jesus histórico" como das "refeições com o Ressuscitado". A última ceia, colocada no limiar entre essas duas outras dimensões, oferece nos dois âmbitos que assinalamos – o cultual e o testamentário –, um duplo canal de testemunho da presença do Senhor em meio aos seus. Retomando ao mesmo tempo a comunhão histórica de refeição e, em seguida, o reconhecimento do Senhor crucificado e ressuscitado, a ceia eucarística, imitando a última ceia, reconhece presente aquele Jesus que amava comer com os seus e com os pecadores, e o anuncia como o Crucificado que ressuscitou. Que, enquanto tal, é reconhecido na Palavra e no sacramento. As duas tradições – testamentária e cultual – encontram na dupla sequência central da eucaristia – liturgia da Palavra e liturgia eucarística – sua concretização mais explícita. A escuta do Senhor que fala e ensina, e o encontrá-lo como corpo partido e dado, como sangue derramado e aspergido, permite à Igreja escutar a Palavra para se tornar palavra de salvação, de receber o corpo de Cristo para se tornar corpo de Cristo.

Ao término deste percurso, um ícone se coloca como resumo da experiência neotestamentária, já projetada para o futuro na experiência eclesial. O episódio dos "dois de Emaús" (Lc 24,13-35) aparece, de maneira muito significativa, como a síntese de Lucas de todas as passagens que já assinalamos. De um lado, é evidente como a memória dos dois discípulos tenha neles, de algum modo e ainda que de forma implícita, o "pressentimento" daquilo que descobrirão apenas ao final do relato. A história de uma desventura e de uma desilusão, que eles relatam ao forasteiro-Cristo, pode ser lida diversamente a partir de dois processos: o primeiro é o processo da "hermenêutica da Escritura", o segundo é o da "hermenêutica ritual". A interpretação das Escrituras e o reconhecimento do forasteiro "na fração do pão" (Lc 24,35) realizam a síntese entre as três dimensões. A refeição comunitária, fazendo memória do aspecto convivial com o Senhor, reconhece sua presença invisível na audibilidade da Escritura proclamada e na visibilidade da ação celebrada. Também nessa figura sintética, a comunhão com o Senhor nunca é redutível a um estático "estar diante"; é antes a hermenêutica de uma palavra e de uma ação, que são, ao mesmo tempo, palavra do Senhor e da Igreja, experiência do corpo de Cristo comunicado à Igreja e comunhão de Igreja como corpo de Cristo.

V. Três perspectivas de leitura teológica

O Novo Testamento nos oferece uma leitura complexa da experiência eucarística: a última ceia do Senhor, as ceias com ele na história da peregrinação rumo à Jerusalém e as ceias de reconhecimento do Ressuscitado estruturam uma compreensão muito rica e não uniforme. Podemos ver em ação três exemplares: em Paulo, no Evangelho segundo Lucas e no segundo João. Consideramos nos deter brevemente em cada uma dessas perspectivas, para trazer algumas luzes não apenas de caráter exegético, mas de orientação sistemática. Nenhum desses autores assume diretamente a perspectiva da "presença" ou do "sacrifício", que se tornarão os conceitos de base muitos séculos depois. Cada um desenvolve muito mais uma compreensão diferente da "ceia do Senhor" ou da "fração do pão".

a) *Paulo e a "comunhão com o Senhor"* – Para Paulo, a referência eucarística se torna decisiva para definir a "comunhão", ao mesmo tempo com o Senhor e na Igreja. Os textos paulinos, quando fazem referência à "ceia", se preocupam que esta seja "comunhão" com o sangue de Cristo e com o corpo de Cristo. Beber do cálice compartilhado e comer do pão partido indicam, enquanto tal, a comunhão com o Senhor e a comunhão eclesial. Essa implicação conjunta das diferentes experiências de comunhão – com Cristo e com a Igreja – é o horizonte no qual os séculos sucessivos buscarão coordenar os dois níveis mediante as categorias de "sinal" e de "causa". Essas categorias estão ausentes na compreensão paulina: evidentemente, isso não as desqualifica, mas nem por isso permite à tradição que se traduza exclusivamente segundo essa lógica sucessiva. Ademais, não parece nem mesmo justificado reler a experiência paulina da comunhão eclesial somente a partir de categorias jurídicas ou morais: há em Paulo uma cooriginariedade de cristologia e eclesiologia de comunhão, que não se deixa reduzir simplesmente a uma "lei diversa". Isso é, mesmo hoje, um nível de recepção da "comunhão" segundo Paulo, que tem, por exemplo, uma influência muito forte no modo de compreender a relação entre teologia, pastoral e direito[18].

b) *Lucas e o "reconhecimento do Senhor"* – O texto-chave da experiência eucarística, no Evangelho segundo Lucas, é certamente a ceia de Emaús. A possibilidade de "reconhecer" o Crucificado como Ressuscitado é assegurada por duas sequências: escutar a palavra interpretada e partir o pão. Essas são as ações de Cristo que a Igreja assume como reconhecimento do Senhor e como princípio de identidade missionária. É evidente que o reconhecimento do Senhor "no partir o pão" se refere, ao mesmo tempo, a dois precedentes: ao precedente pontual da última ceia e ao precedente habitual das refeições com Jesus. A repetição do gesto habitual e do gesto

---

18. Destacamos aqui como na interpretação do cânon 915 do *Código de Direito Canônico*, que define os casos de "excomunhão", uma referência ao texto paulino sobre a "indignidade" de ter acesso à comunhão (1Cor 11,27-29) é uma passagem decisiva para estruturar as formas de excomunhão e as dinâmicas para superá-la. Sobre esse ponto, também a Exortação apostólica *Amoris laetitia* do papa Francisco (2016) toma posição de maneira nova e significativa: "Nessa linha, convém tomar muito a sério um texto bíblico [1Cor 11,17-34] que habitualmente é interpretado fora de seu contexto, ou de uma maneira muito geral, pelo que é possível negligenciar seu sentido mais imediato e direto, que é marcadamente social" (AL, 185). É, em todo caso, útil se referir a todo o ditado sobre o tema, proposto pelos nn. 185-186, que têm como título "Discernir o corpo". Sobre o tema, cf. TARANZANO, A., ¿Se disuelve la indisolubilidad matrimonial? Consideraciones acerca del debate en torno al próximo Sínodo, *Teología*, n. 115 (2014) 185-213.

institucional constitui a ocasião para reconhecer uma "presença invisível" e uma "ausência eficaz". O mesmo vale para a palavra autorizada da "hermenêutica da Escritura", que faz arder o coração e que descobre como toda a Escritura se realiza no Senhor, morto e ressuscitado. Assim, a Igreja é introduzida na própria experiência da repetição da ação que se refere ao Cristo em três modos sobrepostos: a Igreja repete o hábito da refeição com ele, a ceia de despedida com ele e a presença dele, após sua morte, na Palavra escutada e na mesa compartilhada. O Senhor está presente nessa ação de Palavra e sacramento, que tem no pão e no cálice seu ápice simbólico.

c) *João e "o comer a carne do Senhor" como ato de fé* – Comer a carne e beber o sangue do Senhor são, no capítulo 6 do Evangelho segundo João, a forma mais explícita de ter fé nele. Mas o Senhor é também "pão da vida". O tornar-se corpo do pão e fazer-se pão da carne estão, no texto joanino, profundamente entrelaçados. Há um duplo movimento – do pão ao corpo e da carne ao pão – que se torna estrutura de compreensão da vida e da morte do Senhor. Seria possível dizer que aquilo que em Paulo e em Lucas aparece como uma dupla dinâmica, que é comunhão com Cristo e com a Igreja, relação com a Palavra e com o pão-cálice, em João se torna mais movimento biunívoco, reversibilidade simbólica entre pão e corpo, entre vinho e sangue. O tornar-se corpo e sangue do pão e do vinho exige, na fé e para a missão, o tornar-se da carne em pão e o tornar-se do sangue em bebida. Esse elemento de reversibilidade substitui de fato, no quarto Evangelho, a dimensão de comunidade, que em Paulo caracteriza o corpo de Cristo. Essa diferença terá grande influência na tradição sucessiva, que gradualmente fará prevalecer a posição joanina por sobre a leitura paulina, mas perderá progressivamente muito da lógica simbólica "reversível", assumindo as categorias da irreversibilidade, ligadas à transposição da experiência no âmbito da relação entre "espécie" e "substância" e da irreversibilidade da "conversão da substância" (transubstanciação). Assim, a hermenêutica teológica que começará no século IX latino se tornará também, indiretamente, critério de exegese bíblica e patrística[19].

---

19. Desse modo, com a introdução da *mens* que chamaremos de "conversão substancial", toda a riqueza desses âmbitos diferenciados (entre Cristo e a Igreja, entre Palavra e sacramento, entre carne e pão), sem nunca ter sido completamente perdida, será, contudo, canalizada e "forçada" dentro de uma lógica "unívoca". A univocidade da "conversão substancial" terá uma série de efeitos muito relevantes: subordinará o corpo de Cristo eclesial ao corpo de Cristo sacramental, marginalizará a Palavra em vantagem do sacramento, introduzirá univocidade da substância do corpo à reversibilidade da carne e pão. A teologia eucarística sofrerá assim uma profunda transformação.

Todos esses três princípios interpretativos, em sua diferença, sofreram, por sua vez, um duplo processo de interpretação: de um lado, foram considerados textos-chave para uma interpretação "existencial" da eucaristia; de outro, foram lidos como "lugares típicos" de uma abordagem simbólico-ritual da tradição. É interessante notar como o retorno às fontes (*ressourcement*) ocorrido a partir do século XIX permitiu redescobrir com grande eficácia a profunda interferência que as categorias sistemáticas exercitaram sobre a "leitura" e sobre a "seleção" das fontes. A hermenêutica eclesial não parte nunca diretamente da fonte, mesmo quando a teoriza do modo mais radical e urgente: parte-se sempre de uma pré-compreensão, que deve se tornar explícita e posta à prova pelas fontes. A releitura das três perspectivas que consideramos, com sua extraordinária riqueza, permite perceber todo o sofrimento com que a tradição quis traduzir os fenômenos complexos da "comunhão com o Senhor", do seu "reconhecimento" e do "comer a carne – beber seu sangue" com as categorias de *presença*, de *sacramento* e de *sacrifício*. O sofrimento foi grande, assim como os ganhos e as perdas[20].

Um novo enriquecimento só poderá emergir da consciência de um "enfrentamento sistemático necessário" para conceder a palavra às fontes. As fontes nunca falam sozinhas. A circularidade da abordagem *deve recuperar o sentido delas apenas colocando-lhes um horizonte de pensamento e de práxis que exige uma grande consciência acerca das interações culturais, eclesiais e rituais que determinaram o curso e as reviravoltas da tradição*. Ter a pretensão de enfrentar o problema com uma solução drástica – apenas de caráter textual, ou apenas de caráter ritual, ou ainda, apenas de caráter sistemático – não resolverá o problema, quando muito correrá o risco de agravá-lo.

Temas de estudo

1. A origem não está simplesmente no início: o modo com que é pensada a "instituição" da eucaristia sofre a influência do modo com que ela é celebrada. Como é possível

---

20. Em todo caso, é difícil atribuir pacificamente ao texto bíblico uma "teoria ontológica" sobre a presença real. A constatação do "óbvio" da referência ao corpo e ao sangue na relação com o pão e o vinho eucarísticos parece ditada mais por motivos cristológicos e eclesiológicos que por uma teoria sobre o sacramento ou sobre a substância. Os desenvolvimentos sucessivos não devem impor aos textos bíblicos categorias que lhes sejam estranhas e forçadas: cf. CASPANI, P., *Pane vivo*, 58.

colocar em correlação os diferentes modos de "chamar" o início da eucaristia com a forma de celebração e de reflexão sobre ela?
2. A partir dos textos mais antigos, aparece claramente a relação originária entre a última ceia e a ceia do Senhor: que papel pode ser atribuído ao "costume de refeição" que Jesus tinha com os seus (e com "os outros") e na qual manifestava abertamente o centro de seu anúncio?
3. O Novo Testamento apresenta uma série de "concepções" da eucaristia e de seu "início": o papel da dimensão eclesial aparece muito sublinhado em Paulo, mas ausente no quarto Evangelho. Como seria possível justificar essa diferença?
4. Em que medida a diferenciação da "missa" da "ceia" foi um fenômeno do século I e em que medida é, em vez disso, uma projeção sobre o século I das diatribes que se abriram no coração da Igreja apenas a partir do século XVI?

Para aprofundar

Sobre a bibliografia que trata do tema da "origem" da eucaristia indicamos os seguintes volumes:
- Com um perfil filológico e patrológico, mas com um interesse litúrgico novo, pode-se ler Mazza, E., *Dall'ultima cena all'eucaristia della Chiesa*, Bologna, EDB, 2014; Id., *Il Nuovo Testamento e la cena del Signore*, Bologna, EDB, 2017.
- Um livro clássico que renovou profundamente os estudos sobre a última ceia é Jeremias, J., *Le parole dell'ultima cena*, Brescia, Paideia, 1973.
- Uma resposta católica ao grande livro de J. Jeremias pode ser considerada a obra de Léon-Dufour, X., *Condividere il pane eucaristico secondo il Nuovo Testamento*, Leumann, ElleDiCi, 1987.

CAPÍTULO 6

Os primeiros séculos e a elaboração dos Padres da Igreja

A teologia dos Padres, que retornou à consideração teológica a partir do século XX, com a nova difusão dos textos do primeiro milênio na cultura da Igreja católica, constitui um desafio aberto para nossa compreensão da eucaristia[1]. De fato, ela parece organizada segundo critérios retóricos, filológicos e narrativos muito diferentes dos modelos de doutrina e de disciplina que se estruturaram sucessivamente e que foram impostos a partir do período escolástico e pós-tridentino. A continuidade com o texto bíblico e a elaboração original que se manifesta na teologia dos primeiros séculos da era cristã constitui um "modelo" de teologia e de experiência eucarística com características absolutamente peculiares. Mas para reconhecê-la, sem a reduzir às categorias sucessivas, é necessário certa força e grande determinação. Seria muito fácil, mesmo para nós, assumir dos Padres apenas o florilégio de elegantes citações que fosse compatível com o nosso "sistema"[2]. A consciência de que essa seria uma via errônea não é igual à certeza de nela não recair. Uma "teologia da imagem" (A. Gerken) e uma "teologia tipológica" (E. Mazza) nos ajudam a recuperar uma experiência da celebração eucarística mais ampla e mais rica.

---

1. A "teologia dos Padres", embora sendo anterior à síntese medieval, é o fruto de uma redescoberta sucessiva. Por isso, justamente enquanto "fonte", se coloca mais no futuro do que no passado da tradição doutrinal latina.

2. Em grande parte, foi justamente este o "método" com que os mestres da Idade Média nos franquearam o acesso aos Padres, que frequentemente aparecem como "autoridades" nas *quaestiones disputatae*, mas de uma forma totalmente descontextualizada.

Neste capítulo, vamos proceder em quatro passos: em primeiro lugar, apresentaremos a característica de uma teologia que se alimenta de releituras contínuas dos textos da Escritura e da liturgia, construindo uma teologia da imagem e da tipologia; em seguida, examinaremos os dois Padres latinos mais importantes (Ambrósio e Agostinho), até ilustrar a prevalência, mais tardia, de uma exegese alegórica da ação ritual, chegando no limiar da reestruturação carolíngia da práxis ritual, que, contudo, será já campo do modelo medieval posterior. Esse tipo de teologia e de prática eucarística permanecerá como uma referência normativa, mesmo dentro de "sistemas" que assumirão para si o ditado literal, mas que em larga medida perderão o seu espírito e experiência. Justamente por esse motivo, ou seja, pela dependência "linguística" que a Idade Média terá em relação a esses textos, providenciaremos a citação, com certa amplitude, de algumas passagens – quer de textos rituais, quer de textos teológicos –, para que o aluno possa verificar diretamente – diríamos, quase filologicamente – o teor da linguagem e a força da "história dos efeitos" (*Wirkungsgeschichte*) que puderam determinar[3].

I. A teologia eucarística dos Padres: exegese da Escritura e da liturgia

Para abordar o desenvolvimento ritual e teológico dos primeiros séculos devemos iniciar com a consideração de uma série de textos: a *Didaché*, Inácio de Antioquia, Justino mártir e Ireneu de Lião são as testemunhas da compreensão eclesial da eucaristia durante um século, entre os finais do século I e do século II. Trata-se de textos muito próximos do cânon neotestamentário e que, por isso, são particularmente valiosos a fim de se estabelecer, de um lado, as primeiras *práxis*, e, de outro, as mais antigas *teorias* eucarísticas.

1. Três capítulos da Didaché

Em primeiro lugar é preciso ler os textos dos três capítulos da *Didaché* que falam da eucaristia.

---

3. Os textos originais e a história dos efeitos deles nunca coincidem. Santo Agostinho diz algo, que muda quando é citado por Santo Tomás e muda ainda quando é citado por Lutero e, posteriormente, por K. Rahner. Assim funciona a tradição. Por isso, a mudança das hermenêuticas de um texto esclarece bem as passagens culturais e as reviravoltas dos paradigmas.

Didaché IX-X e XIV

IX,1 Em relação à eucaristia, dai graças deste modo: ² Primeiro para o cálice: Nós te damos graças, Pai nosso, pela santa videira de Davi teu servo, que nos revelaste por meio de Jesus teu servo. A ti glória pelos séculos. ³ Depois, para o pão partido: Te damos graças, Pai nosso, pela vida e o conhecimento que nos revelaste por meio de Jesus teu servo. A ti glória pelos séculos. ⁴ Assim como este pão partido estava espalhado aqui e ali sobre os montes e colhido se tornou uma só coisa, possa assim se reunir dos confins da terra a tua Igreja no teu reino; pois tua é a glória e teu é o poder, por Jesus Cristo pelos séculos.

⁵ Ninguém, porém, coma ou beba da vossa eucaristia senão os batizados em nome do Senhor, pois também a esse respeito o Senhor disse: Não dai aquilo que é santo aos cães [Mt 7,6].

X,1 Após vos terdes saciado, dai graças assim: ² Damos-te graças Pai santo, pelo teu santo nome que fizeste habitar em nossos corações, e pelo conhecimento, pela fé e pela imortalidade que nos revelaste por meio de Jesus teu servo. A ti glória pelos séculos. ³ Tu, Senhor onipotente, criaste tudo para a glória de teu nome; deste aos homens alimento e bebida para o conforto deles, para que te dessem graças; mas a nós deste alimento e bebida espirituais e a vida eterna por meio do teu servo. ⁴ Damos-te graças principalmente porque és poderoso. A ti glória pelos séculos. ⁵ Lembra-te, Senhor, da tua Igreja, de preservá-la de todo o mal e de torná-la perfeita em teu amor; santificada, reúne-a dos quatro ventos em teu reino que para ela preparaste. Pois teu é o poder e a glória nos séculos. ⁶ Venha a graça e passe este mundo. Hosana à casa de Davi.

Quem é santo se aproxime, que não o é, se arrependa. Maranathá. Amém.

⁷ Aos profetas, porém, permiti que eles deem graças conforme queiram.

XVI,1 No dia do Senhor, reunidos, parti o pão e dai graças após ter confessado os vossos pecados, a fim de que vosso sacrifício seja puro. ² Mas todos aquele que têm alguma discórdia com seus companheiros, não se unam a vós se não tiverem se reconciliado antes, para que vosso sacrifício não seja profanado. ³ Este é, com efeito, o sacrifício do qual o Senhor disse: "Em todo lugar e em todo tempo oferecei-me um sacrifício puro, pois eu sou um grande rei – diz o Senhor – e admirável é meu nome entre os povos" [Ml 1,11.14].

Como é evidente, nesses textos que remontam ao final do século I encontramos já a utilização "técnica" do termo "eucaristia" para designar a ceia do Senhor e a fração do pão. Parece atestada a presença de uma "ceia" concomitante e a sequência é "cálice → pão", segundo o que é referido pelos textos de Paulo e de Lucas. Salta principalmente aos olhos o fato de que falta qualquer menção às "palavras sobre o pão e sobre o cálice". Temos aqui o testemunho de uma práxis litúrgica muito antiga, talvez até mesmo precedente em relação à que é atestada pelos Evangelhos. E nela encontramos uma forma da oração eucarística em que a referência ao sacrifício aparece integralmente referida à ação eclesial, e não ao evento da cruz. Antes, como é evidente no texto, não há nele qualquer referência à morte de Jesus. Esse é um dos textos que permite considerar essa referência "teológica" como o fruto de uma elaboração tão delicada quanto decisiva, concebida e efetuada pela consciência eclesial, diante da herança da ceia e da oração eucarística.

2. *As Cartas de Santo Inácio de Antioquia*

Com as Cartas de Inácio, no limiar do século II, inicia-se uma consideração sobre a eucaristia em que pão e vinho são explicitamente referidos ao corpo e sangue de Cristo, com um realismo bastante acentuado. Nos quadros da próxima página estão reproduzidos os textos fundamentais desse Padre da Igreja, retirados, respectivamente, da *Carta aos Efésios*, a *Carta aos Filadélfos* e a *Carta aos Esmirnenses*.

A partir desses textos, é possível inferir, de maneira muito clara, um decisivo avanço da reflexão a propósito da práxis eucarística. De um lado, a eucaristia é reconhecida como "remédio de imortalidade e antídoto para não morrer e viver sempre em Jesus Cristo"; em seguida, afirma-se claramente a consciência de que a eucaristia é "carne de nosso Salvador", da qual se delineia o valor redentor na paixão e ressurreição. A isso se deve acrescentar o valor da referência episcopal e eucarística à unidade da Igreja. Inicia-se, portanto, a estruturação de uma "teologia eucarística", em que a correlação entre o ato de ação de graças e a dinâmica da redenção se manifesta de modo muito íntimo, assentando as bases para o desenvolvimento posterior. Outro elemento claro é a correlação estrutural entre reconhecimento da carne do Salvador na eucaristia e prática de caridade. Encontraremos esses temas retomados justamente no pensamento de Ireneu.

Inácio, *Carta aos Efésios* XIII.XX

XIII,1 Empenhai-vos em vos reunir mais frequentemente na ação de graças e de glória para com Deus. Quando vós vos reunis com frequência, as forças de Satanás são derrubadas e seu flagelo se dissolve na concórdia da fé. Nada é mais belo do que a paz na qual se frustra toda guerra de poderes celestes e terrestres.

XX,1 Se Jesus Cristo pela vossa súplica me tornará digno de graça e se for de sua vontade, em um segundo escrito que considero escrever-vos, explicarei a economia que acenei em relação ao homem novo Jesus Cristo, que consiste em sua fé, sua caridade e em sua paixão e ressurreição. 2 Principalmente se o Senhor me revelar que cada um e todos juntos na graça que vem de seu nome, vos reunis em uma só fé e em Jesus Cristo da semente de Davi, filho do homem e de Deus, para obedecer ao bispo e aos presbíteros, em uma concórdia estável partindo o único pão que é remédio de imortalidade, antídoto para não morrer, mas para viver sempre em Jesus Cristo.

Inácio, *Carta aos Filadélfos* IV

IV Preocupai-vos em vos dedicar a uma só eucaristia. Uma é a carne de nosso Senhor Jesus Cristo e um só é o cálice da unidade de seu sangue, único é o altar assim como único é o bispo com o presbitério e os diáconos servidores comigo. Se vós fizerdes isso, o fareis conforme Deus.

Inácio, *Carta aos Esmirnenses* VI-VIII

VI,2 Considerai aqueles que possuem uma opinião diferente sobre a graça de Jesus Cristo que veio a nós: como são contrários ao desígnio de Deus. Não se preocupam com a caridade, nem com a viúva, nem com o órfão, nem com o oprimido, nem com quem é prisioneiro ou liberto, nem com quem tem fome ou sede. VII,1 Eles se afastam da eucaristia e da oração pois não reconhecem que a eucaristia é a carne do nosso salvador Jesus Cristo que sofreu por nossos pecados e que o Pai em sua bondade ressuscitou. Esses que desconhecem o dom de Deus, no dia do juízo morrerão. Seria melhor para eles praticar a caridade, para ressuscitarem. 2 Convém se manter afastado deles e não falar com eles nem em privado nem em público, para, pelo contrário, seguir os profetas e especialmente o Evangelho no qual está manifestada a paixão e realizada a ressurreição. Fugi das divisões como o princípio dos males. ^{VIII,1} Assim como Jesus Cristo segue o Pai, segui todos vós o bispo e os presbíteros como aos apóstolos; venerai os diáconos como a lei de Deus. Ninguém sem o bispo faça algo que diga respeito à Igreja. Seja considerada válida a eucaristia que é feita pelo bispo ou por quem é por ele delegado. ² Onde está o bispo, aí esteja a comunidade, assim como onde está Jesus Cristo está a Igreja católica. Sem o bispo não é lícito nem batizar e nem fazer o ágape; aquilo que ele aprova é agradável a Deus, para que tudo o que se realiza seja legítimo e seguro.

---

3. *A Primeira apologia de Justino*

Outra passagem importante na elaboração de uma teologia eucarística ocorre com Justino, em Roma, na metade do século II. Em sua *Primeira apologia*, logo depois de ter descrito o batismo, ele descreve de modo detalhado a práxis eucarística do tempo.

Justino, *Primeira apologia* LXV-LXVI

^{LXV,1} Após termos assim lavado aquele que se tornou crente e aderiu, nós o conduzimos junto daqueles que chamamos irmãos, onde eles se encontram reunidos, para rezarmos juntos fervorosamente, quer por nós mesmos, quer pelo iluminado, quer ainda por todos os outros, onde quer que se encontrem, a fim de que, uma vez conhecida a verdade, mereçamos ser nas ações bons cidadãos e fiéis guardiães dos preceitos, e alcançar a salvação eterna. ² Terminadas as orações, nos saudamos mutuamente com um ósculo. ³ Em seguida, àquele que preside os irmãos são levados um pão e uma taça de água e vinho temperado; ele os toma e eleva louvor e glória ao Pai do universo em nome do Filho e do Espírito Santo, e faz uma ação de graças para que sejam tornados dignos dele esses dons. ⁴ Quando ele termina as orações e a ação de graças, todo o povo presente aclama: "Amém". A palavra "Amém" em língua hebraica significa "assim seja". ⁵ Depois que aquele que preside fez a ação de graças e todo o povo aclamou, aqueles que nós chamamos diáconos distribuem a cada um dos presentes o pão, o vinho e a água consagrados e eles levam aos ausentes.

^{LXVI,1} Esse alimento é chamado por nós de eucaristia, e a ninguém é lícito participar dele senão a quem crê que os nossos ensinamentos são verdadeiros, se purificou com o lavacro para a remissão dos pecados e a regeneração, e vive assim como Cristo ensinou. ² Com efeito, nós os consumimos não como pão comum

> e bebida ordinária; mas como Jesus Cristo, o nosso Salvador encarnado, por meio da palavra de Deus assumiu a carne e o sangue para a nossa salvação, assim aprendemos que também aquele alimento, consagrado com a oração que contém a palavra dele próprio e do qual se alimentam nosso sangue e nossa carne para transformação, é carne e sangue daquele Jesus encarnado. [3] De fato, os apóstolos, nas suas memórias chamadas Evangelhos, transmitiram o que foi a eles deixado desse mandamento de Jesus, o qual tomou o pão e deu graças dizendo: "Fazei isto em minha memória, isto é meu corpo". E, igualmente, tomou o cálice e tendo dado graças, disse: "Este é o meu sangue", e o distribuiu somente para eles.

No texto de Justino aparece pela primeira vez o termo "transformação" (μεταβολή/*metabolé*), que terá grande influência na tradição latina. Mas a descrição global da celebração apresenta, de forma muito detalhada, muitas características já definidas. A sequência de ações e sua interpretação ocorrem dentro da grande similitude: como, pelo poder da Palavra, o Filho assumiu em Jesus carne e sangue, assim, pela mesma Palavra, na eucaristia o pão e o vinho "por transformação" alimentam nossa carne e sangue *porque* são carne e sangue. A correlação entre mistério da encarnação e dinâmica eucarística é "para a nossa salvação": a adesão com o amém às palavras e a participação na distribuição do pão e do vinho (e da água) estruturam a experiência de salvação. E um grande paralelismo marca tudo esse texto: a ação da Igreja, apresentada até o detalhe em todas as suas sequências, retoma não simplesmente um "mandato", mas uma sequência de ações que são, de um lado, a grande sequência da encarnação, e, de outro, a pequena sequência da "última ceia". Encarnação e mistério pascal são as referências para a explicação da ação eucarística e de seu sentido como "carne e sangue" do Senhor. É a palavra de Deus que acompanha, simultaneamente, a encarnação e a eucaristia: pela Palavra o Filho de Deus "assumiu carne e sangue", do mesmo modo, pela Palavra do Filho, o pão e o vinho "se transformam em carne e sangue". É evidente como, de maneira totalmente explícita, Palavra e sacramento são compreendidos em uma relação íntima e inseparável, sem a qual não há acesso ao sentido da eucaristia.

4. *Ireneu de Lião*

No final do século II, Santo Ireneu também atesta uma evolução adicional, quando, em relação à tradição gnóstica, apresenta a eucaristia valorizando sua profundidade carnal e criatural. A esse propósito, veja-se principalmente os dois textos mais importantes do livro IV de *Adversus haereses* [*Contra as heresias*].

> **Ireneu de Lião, *Adversus haereses* IV,17s.**
>
> [17,5] Exortando seus discípulos a oferecerem a Deus as primícias das suas criaturas, não porque tivesse necessidade disso, mas para que eles não fossem nem estéreis nem ingratos, Jesus tomou o pão, proveniente da criação, e deu graças, dizendo: "Isto é o meu corpo". E de modo análogo tomou o cálice, proveniente da criação à qual pertencemos, declarando-o seu sangue e oblação da nova aliança. Aquela oblação que a Igreja recebeu dos apóstolos e em todo o mundo oferece a Deus, que nos dá o alimento, como primícias de seus dons da nova aliança. Dentre os doze profetas, Malaquias assim falara precedentemente dessa aliança.
>
> [18,4-5] Como poderão estar certos de que o pão eucaristizado (*eum panem in quo gratiae actae sunt*) é o corpo de seu Senhor e o cálice é o seu sangue, se não afirmam que ele é o Filho do Criador do mundo? [...] Além disso, como podem dizer que a carne é incapaz de receber o dom de Deus que consiste na vida eterna, enquanto essa é alimentada pelo sangue e pelo corpo de Cristo? Consequentemente, ou mudem seu modo de pensar ou se abstenham de oferecer aquilo que dissemos acima. O nosso pensamento, no entanto, está plenamente de acordo com a eucaristia e esta, por sua vez, confirma nosso pensamento. Pois lhe oferecemos aquilo que lhe pertence, proclamando de modo harmonioso a comunhão e a união da carne e do Espírito. Pois, assim como o pão que procede da terra, após ter recebido a invocação (epiclese) de Deus, não é mais pão ordinário, mas eucaristia, constituída por duas realidades, uma terrestre e outra celeste, do mesmo modo nossos corpos que participam da eucaristia não são mais corruptíveis, pois possuem a esperança da ressurreição.

A reflexão sobre a eucaristia aparece aqui, ainda que de modo ocasional, profundamente correlacionada tanto com a cristologia como com a antropologia. E a eucaristia parece assumida como uma "prova de experiência" para sair dos escolhos de leituras teológico e antropologicamente inadequadas. Por outro lado, nas palavras de Ireneu aparece, pela primeira vez de maneira explícita, uma correlação entre "terrestre" e "celeste" na eucaristia, que parece ser passível de uma recondução respectivamente ao pão-vinho e à oração eucarística, com a "invocação de Deus". O valor da "epiclese" como mediação entre pão ordinário e eucaristia é um dos primeiros "assuntos" com que se esclarece não tanto a identidade de Jesus e sua identidade de Filho de Deus, mas sim o valor do pão e do vinho. Também em Ireneu está claro que não é a cristologia o fundamento da doutrina eucarística, mas muito mais o contrário: ou seja, *é a prática eucarística a ser chamada como "testemunha" de uma doutrina cristológica não defeituosa e não unilateral.*

Em todos esses textos dos primeiros dois séculos de experiência eclesial, é evidente que, no entrelaçamento de temas apologéticos, descritivos ou de comentário, *a referência eucarística não parece diretamente objeto temático de atenção primária*. Antes, as referências à eucaristia são, quando muito, apresentadas como "argumentos óbvios", com que se contrastam leituras distorcidas ou erradas no âmbito doutrinal, mas que dizem respeito não à eucaristia, mas à teologia da criação, da redenção, da cristologia ou da antropologia. Assim, poderíamos dizer que *a prática eucarística constitui* – ainda que de modo diferenciado, mas substancialmente tranquilo – *um horizonte de referência útil para a argumentação teológica, mas que não se torna objeto direto de reflexão, senão de modo indireto e oblíquo*. Como, com razão, afirma P. Caspani,

> as referências à eucaristia afloram principalmente no âmbito dos argumentos relativos a três problemas: o afastamento do cristianismo nascente do judaísmo, a atitude da Igreja perante o mundo pagão e as questões ligadas à unidade da Igreja[4].

Isso indica precisamente um desenvolvimento apenas indireto de interesse para aquilo que será chamado, muito mais tarde, de "doutrina eucarística".

II. A forma ritual nos primeiros séculos: textos e contextos

Também o desenvolvimento paralelo e sucessivo, quer da práxis ritual, quer da compreensão teológica, pode ser interceptado apenas "de soslaio", ou seja, não de maneira imediata e direta. Nunca encontramos nesse período uma tratativa explícita, como gostaríamos, das questões que se tornarão problemáticas apenas alguns séculos mais tarde. Assim, tanto

---

4. Caspani, P., *Pane spezzato*, 74.

os primeiros textos litúrgicos, que inauguram aquela que será a anáfora eucarística, ou seja, a oração central da celebração, como as reflexões de alguns Padres pré-nicenos (como os cartaginenses Tertuliano e Cipriano), nos fornecem um quadro de determinações e características da celebração eucarística que não parece nem completo nem plenamente articulado. Contudo, isso nos permite apreciar, justamente na diferença do estilo que se imporá em seguida, uma tradição mais antiga tanto no âmbito dos ritos como no da teologia. Como se verá, na avaliação desses textos, nem sempre será oportuno enfatizar somente seu caráter "arcaico", pois eles mantêm alguns perfis de grande relevância e que merecem mesmo hoje a mais cuidadosa consideração.

1. Paleoanáforas, tradição antioquena e tradição alexandrina

Os estudos dos últimos setenta anos destacaram os complexos percursos de formação dos textos das orações eucarísticas (anáforas)[5]. Aqui não dispomos do espaço e nem da competência para investigar devidamente a questão em todas as suas delicadas articulações. Nos limitaremos a indicar muito esquematicamente os textos fundamentais, com as suas características essenciais. De um lado, eles assinalam uma "fé eucarística tranquila" (P. Caspani), mas, de outro, ilustram bem quão diferentes eram as modalidades de compreensão do dado e da reflexão indireta sobre ele por parte de cada uma das diferentes tradições.

O desenvolvimento dos textos ocorre de modo diferenciado no Oriente e no Ocidente. Enquanto no Oriente se registra a presença de uma tradição alexandrina, de uma tradição antioquena (ou siro-ocidental) e de uma tradição siro-oriental, no Ocidente, além do Cânon Romano se encontram textos das tradições ambrosiana, moçárabe, galicana e também céltica.

Para que essas diferentes tradições do Oriente e do Ocidente se desenvolvessem era preciso que ocorresse uma passagem da liturgia judaica para o estabelecimento de um "cânon cristão" de oração de ação de graças. Essa passagem é atestada por alguns textos que servem como "ponte" e nos permitem propor hipóteses significativas sobre a origem da oração eucarística. Os textos fundamentais que testemunham essa "passagem" são fundamentalmente quatro: *Didaché, Eucharistia mystica, Traditio apostolica*

---

5. Cf. Bradshaw, P., *Alle origini del culto Cristiano. Fonti e metodi per lo studio della liturgia dei primi secoli*, Città del Vaticano, LEV, 2007.

e o *Papiro de Estrasburgo gr. 254*. Agora nos deteremos brevemente sobre cada um desses testemunhos.

a) *Didaché*[6] – O texto dos capítulos IX e X, que foram reproduzidos anteriormente, testemunha uma cristianização do *Qiddush* (oração judaica para o início da refeição) e da *Birkhat ha-mazon* (oração judaica de término da refeição), que remontam a uma época pré-paulina. Da oração judaica possui a estrutura que prevê *três ações de graças*: uma sobre o cálice e uma sobre o pão antes da refeição e uma sobre o cálice ao final da refeição. Uma série de elementos cristológicos e eclesiológicos aparecem aqui pela primeira vez e serão por sua vez retomados por Paulo. Em particular, o texto da *Didaché* apresenta já com muita clareza o tema da "unidade da Igreja" como realização escatológica da ação ritual.

b) *Eucharistia mystica* – Esse texto, contido nas *Constituições apostólicas*, remonta provavelmente a um período anterior ao século IV, quando foi composto em Antioquia, com material que depende do texto da *Didaché*. Nesse texto ocorrem algumas mudanças valiosas: não há mais referência à ceia e, em seguida, se unificam os ritos de início com os ritos do final da ceia. A ação de graças se estende do cálice, como na *Didaché*, apenas à ação de graças "pelo precioso sangue" e "pelo precioso corpo" de Cristo. Aparece o termo "antítipos" referido aos elementos do sacramento, colocados desse modo em relação com os "tipos" da última ceia. Também a súplica final pela unidade da Igreja transforma a expressão da *Didaché* de uma perspectiva exclusivamente escatológica para uma dimensão histórica.

c) *A Traditio apostolica* – No texto da *Traditio apostolica*, que é do início do século III, aparece uma anáfora colocada em um rito de ordenação episcopal. A anáfora é tripartite e prevê duas ações de graças, uma epiclese e uma doxologia. No quadro abaixo pode ser lido o texto integral, que merece ser conhecido.

Traditio apostolica

Damos-te graças, ó Deus, por meio do teu amado Filho Jesus Cristo, que nos últimos tempos enviaste a nós como Salvador, Redentor e mensageiro da tua vontade. Ele é o teu Verbo

---

6. Como oportunamente observado por Bradshaw (*Alle origini*, 138), o texto da *Didaché* foi publicado pela primeira vez em 1883. Portanto, aqui é colocado como "origem", embora seja fruto do trabalho filológico e histórico que está "ao final" do desenvolvimento histórico.

inseparável, por meio do qual criaste todas as coisas e foi do teu agrado que o mandaste do céu no seio de uma Virgem e, acolhido em seu seio, se encarnou e se manifestou como teu Filho, nascido do Espírito Santo e da Virgem. Para cumprir a tua vontade e conquistar para ti um povo santo, ele estendeu as mãos na paixão para libertar do sofrimento aqueles que confiam em ti.

Enquanto se entregava livremente à paixão para destruir a morte, quebrar as cadeias do demônio, pisar no inferno, iluminar os justos, fixar a norma e manifestar a ressurreição, tomou o pão, te deu graças e disse: "tomai, comei, isto é o meu corpo que será partido por vós".

Do mesmo modo fez com o cálice, dizendo: "Isto é o meu sangue que será derramado por vós. Quando fazeis isto, fazei-o em minha memória". Recordando, pois, sua morte e ressurreição, te oferecemos o pão e o cálice e te damos graças por nos tornar dignos de estar na tua presença e de te prestar culto.

E te pedimos que envie o teu Espírito Santo sobre a oferta da santa Igreja. Reunindo em uma só coisa, doa àqueles que participam dos santos mistérios a plenitude do Espírito Santo para confirmar a sua fé na verdade, a fim de que te louvemos e te glorifiquemos por Jesus Cristo teu Filho, pelo qual glória e honra a ti com o Espírito Santo na tua santa Igreja agora e pelos séculos dos séculos. Amém.

É surpreendente o quanto esse texto aparece como um passo adicional para o desenvolvimento sucessivo. A ação de graças, que recorda a obra do Verbo na criação, encarnação, paixão, morte e ressurreição, aparece modelada nas homilias pascais do período. Mas desemboca diretamente no "relato da instituição", baseado em uma tradição oral e inserido diretamente na oração de agradecimento, como na série de eventos que a precedem. Após as palavras sobre o pão e o cálice, a anamnese-oferta chega a uma nova ação de graças pelo culto que se está realizando. Seguem a epiclese, composta por duas partes não totalmente homogêneas, e a doxologia final, de caráter trinitário e com forte ênfase eclesial. Esse texto é muito claro se observado como "fonte" para aquilo que segue, principalmente na tradição antioquena. Mas é difícil compreender de onde provém. Uma hipótese, apenas provável, é que também essa anáfora relatada por Hipólito deriva da *Didaché* e que, entretanto, em relação a essa, da qual conserva a estrutura tripartite, a segunda ação de graças pelo momento presente e a súplica pela unidade, tenha introduzido na primeira ação de graças temas tirados das homilias pascais, que estavam ausentes no texto anterior.

d) *Papiro de Estrasburgo gr. 254* – Uma quarta e última "fonte", o papiro *Estrasburgo gr. 254*, atesta a mais antiga tradição alexandrina. Também esse texto está constituído por três estrofes: possui duas ações de graças, das quais a segunda especifica o sentido do ato de culto como "sacrifício" baseando-se nos textos de Romanos 12,1 e de Malaquias 1,11: a ação de graças é o sacrifício. A essa segunda ação de graças se seguem diretamente as intercessões, sem qualquer presença do relato da instituição, que, em certo sentido, é absorvido pelo texto profético de Malaquias. Temos aqui o modelo mais antigo da tradição alexandrina, fortemente marcado pela concepção litúrgica dos monges Terapeutas.

Para concluir esta primeira investigação nos primitivos textos eucológicos da Igreja cristã, podemos observar uma série de aspectos que caracterizam essa literatura arcaica e originária. Em primeiro lugar, não é simples unificar todas as fontes: ou seja, é difícil conseguir formular uma teoria coerente e linear que possa alinhar todas as "anáforas" sucessivas à base de um único modelo inicial. É mais fácil chegarmos a um duplo modelo (de um lado o modelo *proto-alexandrino*, e, de outro, o modelo de Hipólito, que deriva da oração judaica e da *Didaché*) que não parece ser ainda mais redutível. Por outro lado, seguindo a tese formulada por E. Mazza, é preciso recordar a perspectiva diferente colocada por C. Giraudo[7], que é de caráter mais sistemático do que histórico-filológico. Giraudo lê a oração eucarística cristã não à luz do modelo da *Birkhat ha-mazon*, mas da *Todah*, que não possui uma estrutura tripartida, mas bipartida (prótase indicativa e apódose imperativa). Em todo caso, permanece nessas pesquisas sobre a origem da oração eucarística cristã a distância entre uma "hipótese genética" (seguida por Mazza) e uma "hipótese formal e estrutural" (estudada por Giraudo).

2. A eucaristia em Cartago entre os séculos II-III: Tertuliano e Cipriano

Um testemunho de Agostinho nos permite apreciar

> os cristãos púnicos [que] chamam o batismo de "salvação" e o sacramento do corpo de Cristo (*sacramentum corporis Christi*) de "vida". De qual fonte, senão da tradição antiga e apostólica, como eu considero, de onde provém as Igrejas de Cristo que possuem uma consciência íntima de que sem o ba-

---

7. Cf. Giraudo, C., *La struttura letteraria della preghiera eucaristica. Saggio sulla genesi letteraria di una forma*, Roma, Pontificio Istituto Biblico, 1989.

tismo e a participação à mesa do Senhor, ninguém pode alcançar não só o reino de Deus, mas nem mesmo a salvação e a vida eterna[8].

Desses cristãos Agostinho pouco diz além de que são "aqueles que chamam de 'vida' o sacramento da ceia do Senhor (*qui sacramentum mensae dominicae vitam vocant*)". Esse testemunho autorizado nos introduz na elaboração que Cartago conheceu por parte de Tertuliano e Cipriano. Para a história da teologia eucarística, os dois autores cartaginenses, situados entre o final do século II e a primeira metade do século III, testemunham alguns desenvolvimentos importantes:

a) Tertuliano apresenta uma das primeiras reflexões que conectam "pão", "vida" e "corpo" com Cristo. Ele faz isso em seu *De oratione* e demonstra como o pai-nosso já poderia ser entendido em termos eucarísticos: "Pedindo o pão cotidiano, pedimos a perpetuidade em Cristo e para não sermos separados de seu corpo". Corpo que é pão e é vida.

b) Tertuliano ainda atesta, na mesma obra, outras compreensões de grande relevância: de um lado, a existência de uma práxis de conservação do pão eucarístico, para dele se alimentar quando não houvesse celebração; e, de outro, a definição de celebração eucarística como *sacrificiorum orationes*, em que "sacrifício" é definido em termos de oração.

c) Por fim, é preciso recordar que, na obra *Adversus Marcionem* [*Contra Marcião*], Tertuliano, em uma passagem em que ele se preocupa em afirmar a encarnação do Verbo (IV, 40, 3), quase que *en passant*, cita as palavras do relato institucional "Isto é o meu corpo", glosando-as com "a forma do meu corpo (*figura corporis mei*)", o que testemunha, já no final do século II, a presença dessa fórmula que encontraremos em seguida em Ambrósio, como fórmula arcaica do Cânon Romano.

Esses elementos permitem encontrar em Tertuliano os traços evidentes de uma reflexão em que *o realismo da afirmação* se vale daquelas palavras que se tornarão, alguns séculos depois, *negação do realismo*. Aqui é evidente como *os primeiros séculos elaboram um material linguístico e reflexivo, do qual a Idade Média fará um uso extremamente livre*. Quase se poderia dizer que o desenvolvimento da teologia será em grande parte confiado a um "uso diverso" da mesma terminologia.

Algumas décadas depois, São Cipriano de Cartago escreve uma carta inteira (*Carta 63*, endereçada a Cecílio) dedicada à eucaristia. É o único

---

8. Agostinho de Hipona, *De peccatorum meritis et remissione et de baptismo parvulorum*, I,24,34.

escrito anterior à Niceia integralmente dedicado à ceia do Senhor. Justamente por essa razão, ele parece surpreendentemente "indireto": também fala da eucaristia tendo por base um "saber" que não é tematizado diretamente, sendo o texto dedicado mais a um "abuso", contra o qual o bispo de Cartago busca fornecer os instrumentos doutrinais para que possa ser superado. E é falando do abuso de quem emprega "apenas água" no cálice que Cipriano pode, indiretamente, propor uma grande teoria "imitativa" da missa em relação à última ceia.

a) Se a missa é "imagem do sacrifício (*imago sacrificii*)", ela só o pode ser porque, ao imitar a última ceia, ela se coloca em relação de participação com a paixão do Senhor. Esse dispositivo tipológico funciona na argumentação de Cipriano e torna possível a compreensão cristológica da celebração em termos de "sacrifício". Em Cipriano, talvez pela primeira vez de maneira tão clara, ao termo *passio* parece ter um sentido tal a ponto de indicar em primeiro lugar a última ceia, antes ainda de todos os eventos em torno da cruz com que ordinariamente é compreendido.

b) O "sacramento da paixão do Senhor (*sacramentum dominicae passionis*)" pode, pois, ser entendido na terminologia de Cipriano como "representação" sem, contudo, perder toda a sua consistência veraz e realista. Ainda no âmbito representativo, aquele que preside a eucaristia, em virtude do poder da imagem, "faz as vezes de Cristo" e, portanto, adquire sua autoridade e virtude.

Com os dois autores "púnicos", é possível ver, entre a passagem dos séculos II e III, a forma de uma argumentação e de uma percepção da eucaristia em que se percebe bem como *a representação ritual do evento originário se torna princípio de unidade e de autoridade eclesial*. Esse enquadramento, em certo sentido confirmado também pelos grande Padres dos dois séculos sucessivos, encontrará, entretanto, justamente no pensamento destes, ainda uma nova possibilidade. Não será mais a imitação ritual a fundamentar a autoridade da tradição, mas será a *forma autorizada da tradição* a garantir *a verdade da imitação ritual*. E isso ocorrerá de tal forma que justamente o caráter de "sinal" da relação ilustrada – e que anteriormente constituía a relação primária com o evento – entrará em crise profunda.

Oração eucarística (Cânon Romano)
Versão anterior ao Concílio Vaticano II

V. Dóminus vobíscum. – R. Et cum spíritu tuo.
V. Sursum corda. – R. Habémus ad Dóminum
V. Grátias agámus Dómino Deo nostro. – R. Dignum et iustum est.

PREFÁCIO (comum)

Vere dignum et iustum est, aequum et salutáre, nos tibi semper et ubíque grátias ágere: Dómine, sancte Pater, omnípotens aetérne Deus: per Christum Dóminum nostrum. Per quem maiestátem tuam laudant Angeli, adórant Dominatiónes, tremunt Potestátes. Caeli caelorúmque Virtútes, ac beáta Séraphim, sócia exsultatióne concélebrant. Cum quibus et nostras voces ut admítti iúbeas, deprecámur, súpplici confessióne dicéntes: Sanctus, Sanctus, Sanctus Dóminus Deus Sábaoth. Pleni sunt caeli et terra glória tua. Hosánna in excélsis. Benedíctus ✠ qui venit in nómine Dómini. Hosánna in excélsis.

CÂNON

Te ígitur, clementíssime Pater, per Iesum Christum, Fílium tuum, Dóminum nostrum, súpplices rogámus ac pétimus, uti accépta hábeas et benedícas haec ✠ dona, haec ✠ múnera, haec ✠ sancta sacrifícia illibáta: In primis, quae tibi offérimus pro Ecclésia tua sancta cathólica: quam pacificáre, custodíre, adunáre et régere dignéris toto orbe terrárum: una cum fámulo tuo Papa nostro N. et Antístite nostro N. et ómnibus orthodóxis, atque cathólicae et apostólicae fídei cultóribus.

COMEMORAÇÃO DOS VIVOS

Meménto, Dómine, famulórum famularúmque tuarum N. et N. et ómnium circumstántium, quorum tibi fides cógnita est et nota devótio, pro quibus tibi offérimus: vel qui tibi ófferunt hoc sacrifícium laudis, pro se suísque ómnibus: pro redemptióne animárum suárum, pro spe salútis et incolumitátis suae: tibíque reddunt vota sua aetérno Deo, vivo et vero.

RETOMADA DO CÂNON

Communicántes, et memóriam venerántes, in primis gloriósae semper Vírginis Maríae, Genitrícis Dei et Dómini nostri Iesu Christi: sed et beáti Ioseph, eiúsdem Vírginis Sponsi, et beatórum Apostolórum ac Mártyrum tuórum, Petri et Pauli, Andréae, Iacóbi,

Oração Eucarística (Cânon Romano)

Versão anterior ao Concílio Vaticano II

V. O Senhor esteja convosco. – R. E com o teu espírito.

V. Corações ao alto. – R. Já os temos para o Senhor.

V. Demos graças ao Senhor, nosso Deus. – R. É justo e necessário.

Prefácio (comum)

É verdadeiramente justo e necessário, nosso dever e nossa salvação, dar-vos graças sempre e em todo lugar, ó Senhor, Pai santo, Deus onipotente e eterno, por Cristo nosso Senhor. Por meio dele os anjos louvam a vossa Majestade, as dominações o adoram, as potestades a reverenciam, os céus e as virtudes dos céus com os bem-aventurados serafins a celebram, unidos na mesma alegria. Permiti que aos seus cantares se unam também nossas vozes, que em humilde louvor proclamam: Santo, Santo, Santo o Senhor Deus dos exércitos celestes. Os céus e a terra estão cheios da vossa glória. Hosana no mais alto dos céus! Bendito ✠ aquele que vem em nome do Senhor. Hosana no mais alto dos céus!

Cânon

Pai infinitamente bom, nós humildemente vos suplicamos e vos pedimos, por meio de Jesus Cristo, vosso Filho, nosso Senhor, que aceite e abençoe estes ✠ dons, estas ✠ ofertas, estes ✠ sacrifícios santos e sem mácula. Nós os oferecemos a vós sobretudo pela vossa santa Igreja católica: dignai-vos dar-lhe a paz, protegê-la, reuni-la na unidade e governá-la em toda parte do mundo, em união com o vosso servo e nosso Papa N., o nosso bispo N. e todos aqueles que, fiéis à verdadeira doutrina, mantêm a custódia da fé católica e apostólica.

Comemoração dos vivos

Recordai-vos, ó Senhor, dos vossos servos e das vossas servas N. e N. e de todos os presentes, dos quais vós conheceis a fé e a devoção. Por eles vos oferecemos e também eles vos oferecem este sacrifício de louvor por si e por todos seus entes queridos: a fim de obter a redenção das suas almas, a segurança e a saúde em que esperam; e eles dirigem suas orações a vós, Deus eterno, vivente e verdadeiro.

Retomada do cânon

Unidos em uma mesma comunhão veneramos sobretudo a memória da gloriosa sempre Virgem Maria, Mãe de nosso Deus e Senhor Jesus Cristo, e veneramos também a memória de São José, esposo da Virgem, e dos vossos bem-aventurados apóstolos e

Ioánnis, Thomae, Iacóbi, Philíppi, Bartholomaei, Matthaei, Simónis et Thaddaei: Lini, Cleti, Cleméntis, Xysti, Cornélii, Cypriáni, Lauréntii, Chrisógoni, Ioánnis et Pauli, Cosmae et Damiáni: et ómnium Sanctórum tuórum; quorum méritis precibúsque concédas, ut in ómnibus protectiónis tuae muniámur auxílio. Per eúndem Christum Dóminum nostrum. Amen.

Hanc ígitur oblatiónem servitútis nostrae, sed et cunctae famíliae tuae, quaésumus, Dómine, ut placátus accípias: diésque nostros in tua pace dispónas, atque ab aeterna damnatióne nos éripi, et in electórum tuórum iúbeas grege numerári. Per Christum Dóminum nostrum. Amen.

Quam oblatiónem tu, Deus, in ómnibus, quaésumus, bene ✠ díctam, adscrí ✠ ptam, ra ✠ tam, rationábilem, acceptabilémque fácere dignéris: ut nobis Cor ✠ pus et San ✠ guis fiat dilectíssimi Fílii tui, Dómini nostri Iesu Christi.

Consagração
Qui prídie quam paterétur, accépit panem in sanctas ac venerábiles manus suas, et elevátis óculis in caelum ad te Deum, Patrem suum omnipoténtem, tibi grátias agens, bene ✠ díxit, fregit, dedítque discípulis suis, dicens: Accípite, et manducáte ex hoc omnes. Hoc est enim Corpus meum. Símili modo póstquam cenátum est, accípiens et hunc praeclárum cálicem in sanctas ac venerábiles manus suas: item tibi grátias agens, bene ✠ díxit, dedítque discípulis suis, dicens: Accípite, et bíbite ex eo omnes. Hic est enim calix sánguinis mei, novi et aetérni testaménti: mystérium fídei: qui pro vobis et pro multis effundétur in remissiónem peccatórum. Haec quotiescúmque fecéritis, in mei memóriam faciétis.

Memorial
Unde et mémores, Dómine, nos servi tui, sed et plebs tua sancta, eiúsdem Christi Fílii tui Dómini nostri tam beátae passiónis, nec non et ab ínferis resurrectiónis, sed et in caelos gloriósae ascensiónis: offérimus praeclárae maiestáti tuae de tuis donis ac datis hóstiam ✠ puram, hóstiam ✠ sanctam, hóstiam ✠ immaculátam, Panem ✠ sanctum vitae aetérnae, et Calicem ✠ salútis perpétuae.

Supra quae propítio ac seréno vultu respícere dignéris: et accépta habére, sícuti accépta habére dignátus es múnera púeri tui iusti Abel, et sacrifícium Patriárchae nostri Abrahae: et quod tibi óbtulit summus sacérdos tuus Melchísedech, sanctum sacrifícium, immaculátam hóstiam.

Súpplices te rogámus, omnípotens Deus, iube haec perférri per manus sancti Angeli tui in sublíme altáre tuum, in conspéctu mártires, Pedro e Paulo, André, Tiago, João, Tomé, Tiago, Filipe, Bartolomeu, Mateus, Simão e Tadeu; Lino, Cleto, Clemente, Sisto, Cornélio, Cipriano, Lourenço, Crisógono, João e Paulo, Cosme e Damião, e de todos os vossos santos. Pelos méritos deles e pelas suas orações, concedei-nos em todo momento o socorro de vossa proteção. Pelo mesmo Cristo nosso Senhor. Amém.

Eis, pois, a oferta que nós, vossos ministros, e conosco toda a vossa família, vos apresentamos; aceitai-a, ó Senhor, com benevolência; disponde em vossa paz os dias de nossa vida, salvai-nos da danação eterna e admiti-nos no rebanho dos vossos eleitos. Por Cristo nosso Senhor. Amém.

Esta oferta, dignai-vos, ó Deus, aben ✠ çoá-la, apro ✠ vá-la, e ratifi ✠ cá-la plenamente, para torná-la perfeita e digna de vos agradar; a fim de que ela se torne para nós o cor ✠ po e o san ✠ gue de vosso diletíssimo Filho, o Senhor nosso Jesus Cristo.

Consagração

Ele, na véspera de sua paixão, tomou o pão em suas santas e veneráveis mãos, e elevando os olhos ao céu para vós, ó Deus, seu Pai onipotente, dando-vos graças, ben ✠ zeu-o, partiu-o e deu-o a seus discípulos, dizendo: Tomai e comei dele, todos. Isto é meu corpo.

Do mesmo modo, depois de ter ceado, tomando também este precioso cálice em suas santas e veneráveis mãos, e novamente dando-vos graças, ben ✠ zeu-o e deu-o a seus discípulos, dizendo: Tomai e bebei dele todos. Este é o cálice do meu sangue, o sangue da nova e eterna aliança: mistério da fé; o qual será derramado por vós e por muitos, para a remissão dos pecados. Todas as vezes que isto fizerdes, fazei-o em memória de mim.

Memorial

Por esta razão, em memória, ó Senhor, da santa paixão do Cristo vosso Filho, nosso Senhor, da sua ressurreição saindo vitorioso do sepulcro, e de sua gloriosa ascensão aos céus, nós vossos ministros, e conosco todo o vosso povo santo, oferecemos à vossa gloriosa Majestade, escolhida de vossos dons e dádivas, a vítima ✠ pura, a vítima ✠ santa, a vítima ✠ imaculada, o pão ✠ santo da vida eterna, e o cálice da salvação ✠ perpétua.

Sobre estas ofertas, dignai-vos lançar um olhar favorável e benigno; aceitai-as assim como quisestes receber os dons de vosso servo Abel, o justo, o sacrifício de Abraão, nosso patriarca, e o de Melquisedeque, vosso sumo sacerdote, oferta santa, sacrifício imaculado.

Suplicantes vos rogamos, ó Deus onipotente, que, pelas mãos de vosso santo anjo, mandeis levar estas ofertas ao vosso altar divínae maiestátis tuae: ut quotquot ex hac altáris participatióne sacrosánctum Fílii tui Cor ✠ pus, et Sán ✠ guinem sumpsérimus, omni benedictióne caelésti et grátia repleámur. Per eúndem Christum Dóminum nostrum. Amen.

Comemoração dos defuntos
Meménto étiam, Dómine, famulórum famularúmque tuárum N. et N., qui nos praecessérunt cum signo fídei, et dórmiunt in somno pacis. Ipsis, Dómine, et ómnibus in Christo quiescéntibus, locum refrigérii, lucis et pacis, ut indúlgeas, deprecámur. Per eúndem Christum Dóminum nostrum. Amen.

Nobis quoque peccatóribus fámulis tuis, de multitúdine miseratiónum tuárum sperántibus, partem áliquam et societátem donáre dignéris, cum tuis sanctis Apóstolis et Martýribus: cum Ioánne, Stéphano, Matthía, Bárnaba, Ignátio, Alexándro, Marcellíno, Petro, Felicitáte, Perpétua, Agatha, Lúcia, Agnéte, Caecília, Anastásia, et ómnibus Sanctis tuis: intra quorum nos consórtium, non aestimátor mériti, sed véniae, quaésumus, largítor admítte. Per Christum Dóminum nostrum.

Doxologia
Per quem haec ómnia, Dómine, semper bona creas, sancti ✠ ficas, viví ✠ ficas, bene ✠ dícis et praestas nobis. Per ip ✠ sum, et cum ip ✠ so, et in ip ✠ so est tibi Deo Patri ✠ omnipoténti, in unitáte Spíritus ✠ Sancti, omnis honor et glória. Per ómnia saecula saeculórum. – R. Amen.

Anáfora de São João Crisóstomo[9]

V. A graça de nosso Senhor Jesus Cristo, o amor de Deus Pai e a comunhão do Espírito Santo estejam com todos vós! – R. E com o teu espírito.

V. Elevemos nossos corações ao alto! – R. Já os temos no Senhor.

V. Demos graças ao Senhor, nosso Deus! – R. É verdadeiramente digno e justo.

É digno e justo celebrar a ti, dar-te graças, adorar-te em todo lugar da tua soberania. Com efeito, tu és o Deus inefável,

---

9. A presente versão em português segue o texto apresentado no original italiano. (N. do T.)

sublime, à presença de vossa divina Majestade. E quando nós receberemos, participando deste altar, o cor ✠ po, e san ✠ gue infinitamente santos de vosso Filho, sejamos repletos de toda as bênçãos e graças celestes. Pelo mesmo Jesus Cristo, nosso Senhor. Amém.

Comemoração dos defuntos

Lembrai-vos, também, ó Senhor, de vossos servos e servas N. e N., que nos precederam, marcados com o sacramento da fé, e dormem no sono da paz. A estes, ó Senhor, e a todos os que repousam em Cristo, concedei, nós vos pedimos, o lugar da felicidade, da luz e da paz. Pelo mesmo Jesus Cristo, nosso Senhor. Amém

Também a nós, pecadores, vossos servos, que colocamos nossa confiança em vossa infinita misericórdia, dignai-vos conceder um lugar na comunidade de vossos santos apóstolos e mártires: João, Estevão, Matias, Barnabé, Inácio, Alexandre, Marcelino, Pedro, Felicidade, Perpétua, Águeda, Luzia, Inês, Cecília, Anastácia, e com todos os vossos santos. Pedimos-vos que digneis receber-nos, não conforme o valor de nossos méritos, mas segundo a vastidão de vossa misericórdia. Por Cristo Nosso Senhor. Amém.

Doxologia

Por meio dele, ó Senhor, nunca cessais de criar, ✠ santificar, ✠ vivificar, ✠ abençoar, e nos conceder todos estes bens. Por ✠ ele, com ✠ ele e ✠ nele, a vós, Deus Pai ✠ onipotente, na unidade do Espírito ✠ Santo, toda a honra e toda a glória. Por todos os séculos dos séculos. – R. Amém.

---

inconcebível, invisível, incompreensível, que existes desde sempre, que é sempre o mesmo, tu, teu Filho unigênito e teu Espírito Santo.

Tu, do nada, nos conduziste à existência e, tendo caído, [nos] levantaste novamente, e nada deixastes de fazer para nos conduzir ao céu e nos agraciar com o Reino futuro. Por todas essas coisas damos graças a ti, e ao teu Filho unigênito e ao teu Espírito Santo, por todos os teus benefícios conhecidos e desconhecidos, aqueles manifestos e aqueles ocultos, que foram feitos em nosso favor. Damos-te graças também por esta liturgia que dignaste receber de nossas mãos, embora estejam diante de ti milhares de arcanjos e miríades de anjos, os querubins e os serafins de seis asas [e] de múltiplos olhos, sublimes, alados, que cantam o hino triunfal:

[Santo, santo, santo é o Senhor dos exércitos; cheios estão o céu e a terra da tua glória. Hosana nos lugares excelsos! Bendito aquele que vem em nome do Senhor. Hosana nos lugares excelsos!] Com esses poderes também nós, Soberano filantropo, clamamos e dizemos: tu és Santo e santíssimo, [tu e o] teu Filho unigênito e o teu Espírito Santo. Tu és santo e santíssimo, e magnífica é a tua glória. [Tu] amaste teu mundo a tal ponto que enviaste teu Filho unigênito, para que todo aquele que nele crer não pereça, mas tenha a vida eterna.

Ele, vindo e cumprindo toda a economia [estabelecida] para nós, na noite em que entregava a si mesmo, tomando o pão em suas santas, inocentes e imaculadas mãos, tendo pronunciado a ação de graças e a bênção, [o] partiu e deu a seus santos discípulos e apóstolos, dizendo: "Tomai e comei, isto é o meu corpo, que por vós [está para ser partido em remissão dos pecados]". Do mesmo modo [tomou] também o cálice, ao fim da ceia, dizendo: "Bebei dele todos, isto é o meu sangue, o da nova aliança, que por vós e pelas multidões está para ser derramado em remissão dos pecados. [Fazei isto em meu memorial. Toda vez que comeis deste pão e bebeis deste cálice, anunciais a minha morte e confessais a minha ressurreição, até que eu venha!]".

Recordando, pois, este mandamento salutar, e todas as coisas que foram feitas por nós: a cruz, o sepulcro, a ressurreição ao terceiro dia, a ascensão aos céus, o sentar-se à direita, a segunda e gloriosa nova vinda, te oferecemos, a partir de teus dons, o que é teu em todos os aspectos.

Ainda te oferecemos este culto espiritual e incruento, e invocamos, pedimos e suplicamos: envia teu Espírito Santo sobre nós e sobre estes dons apresentados, e faze deste pão o precioso corpo de teu Cristo, transformando[-o] por meio do teu Espírito Santo, e do que contém este cálice, o sangue precioso do teu Cristo, transformando[-o] por meio do teu Espírito Santo, a fim de que sejam, para aqueles que [os] recebem, a sobriedade da alma, a remissão dos pecados, a comunhão do teu Espírito Santo, a realização do Reino, a liberdade em relação a ti, não causa de juízo ou de condenação.

Oferecemos-te ainda este culto espiritual por aqueles que na fé encontraram repouso: pelos pais, patriarcas, profetas, apóstolos, pregadores, evangelistas, mártires, confessores, ascetas e por cada justo que na fé chegou à perfeição. Em especial, [recorda-te] da santíssima, puríssima, gloriosíssima, bendita, Nossa Senhora, mãe de Deus e sempre Virgem Maria, de São João, precursor e batista, e de todos os teus santos e ilustres apóstolos, de São [Santa] N., cuja memória celebramos, e de todos os teus santos, pelas orações dos quais digna-te visitar-nos, ó Deus. E recorda-te de todos aqueles que se adormeceram na esperança da ressurreição [e] da vida eterna, e faze-os repousar onde resplandece a luz de teu rosto.

Nós ainda te invocamos: lembra-te, Senhor, de todo o ortodoxo episcopado que retamente anuncia a palavra da verdade, de todo o presbitério, dos diáconos em Cristo e de toda a ordem sacerdotal. Nós ainda te oferecemos este culto espiritual por toda a terra habitada, pela santa, católica e apostólica Igreja; por todos que vivem em castidade com uma existência honrosa; por aqueles que vivem nas montanhas, nas grutas e nas cavernas da terra; pelos reis fiéis e pela rainha amada por Cristo, por todos os que vivem no palácio deles e por todos os membros de seu exército: concede-lhes, ó Senhor, um reino pacífico, de modo que também nós, partilhando de sua paz, possamos viver uma vida tranquila e serena, em toda piedade e santidade. Lembra-te, Senhor, da cidade em que habitamos, e de toda cidade e região e de todos aqueles que na fé aí habitam. Lembra-te, ó Senhor, em primeiro lugar de nosso arcebispo N. Lembra-te, ó Senhor, dos navegantes, dos viajantes, dos doentes, dos que sofrem, dos prisioneiros e de sua salvação. Lembra-te, ó Senhor, daqueles que dão fruto e daqueles que fazem o bem nas tuas santas igrejas, e se lembram dos pobres, e sobre todos nós envia as tuas misericórdias.

Concede-nos, que com uma só boca e um só coração, glorifiquemos e celebremos o teu venerável e magnífico Nome, Pai e Filho e Espírito Santo, agora [e sempre e pelos séculos dos séculos]. Amém!

---

3. *Dois modelos de anáfora: o Cânon Romano e a Anáfora de São João Crisóstomo*

A história da anáfora sai da pré-história com a consolidação de dois textos fundamentais tanto no oriente como no ocidente e que aqui queremos apresentar brevemente. Consideramos como algo útil oferecer nestas páginas o texto do *Canon Missae* e da *Anáfora de São João Crisóstomo*, ambos em sua forma integral, haja vista que foram, por mais de mil e quinhentos anos, os pontos de referência obrigatórios para a maior parte da experiência cristã ao redor do Mediterrâneo.

Sobre o Cânon Romano, particularmente, proporemos a versão anterior à reforma litúrgica do Concílio Vaticano II. Ela pode ser considerada, essencialmente, como a retomada da versão original, que é atestada já por Ambrósio, embora com variações, e que posteriormente será retomada por São Gregório Magno. Nestas páginas escolhemos trazer o original em latim, com a tradução literal e sem as variantes textuais que foram introduzidas pela reforma litúrgica posterior ao Vaticano II. Essas variantes serão tratadas depois, na terceira parte do manual.

O desenvolvimento desses dois textos, um no Ocidente e o outro no Oriente, contribuiu para o distanciamento da práxis e da teologia entre os dois mundos eclesiais, não sem uma recepção muito diferenciada no âmbito das formas celebrativas e dos estilos de reflexão.

Os dois exemplos de reflexão dos séculos IV-V, aos quais agora nos dedicaremos, indicam os primeiros passos decisivos no desenvolvimento daquela que será chamada de "tradição latina", que em seguida marcará profundamente toda a tradição ocidental com desenvolvimentos conceituais e sistemáticos inaugurados particularmente a partir do século IX.

III. Dois modelos de reflexão latina: Ambrósio e Agostinho

A teologia medieval e moderna, quando falou da eucaristia, retomou de maneira realmente ampla e generosa os textos de Ambrósio e de Agostinho. Sabemos que os dois Padres tiveram entre si uma relação forte e importante, como testemunha Agostinho em suas *Confissões*. Entretanto, a tradição quis identificar no pensamento deles a raiz de duas tendências que poderíamos chamar, com uma parte da doutrina teológica, de "metabolismo" e "simbolismo". Buscaremos mostrar aqui, por meio de uma série de referências diretas aos dois grandes autores, a exageração dessa contraposição e, assim, tentaremos redimensionar a leitura "forçada" – ou seja, que conduz a um *forçamento* no sentido antitético do pensamento dos dois autores – para, em vez disso, encontrar certa coerência entre os argumentos eucarísticos deles e que tanto influenciaram a tradição latina posterior.

1. Ambrósio e a versão mais antiga do Cânon Romano

Ambrósio, bispo de Milão, escreveu duas obras decisivas para a tradição eucarística: o *De sacramentis* [*Sobre os sacramentos*] e o *De mysteriis* [*Sobre os mistérios*]. A crítica considera que a primeira obra seja uma coletânea de catequeses orais que o bispo manteve durante a semana de Páscoa, entre os anos 380 e 390, e que teriam sido reelaboradas posteriormente no *De mysteriis*. Essas catequeses mistagógicas, pronunciadas e escritas para acompanhar os neófitos em seu caminho de reflexão sobre tudo o que já tinham vivenciado, mostram uma maneira de falar da eucaristia que utiliza, essencialmente, um duplo registro: o da tipologia e o da causalidade ontológica.

Em primeiro lugar, em Ambrósio é evidente o registro *tipológico*, em continuidade com o estilo bíblico e com o dos primeiros séculos da experiência eclesial. Sob esse aspecto, é muito importante que o bispo de Milão traga uma versão "arcaica" do Cânon Romano, em que testemunha um *Quam oblationem* que se apresenta com este teor:

> Faze que para nós esta oferta seja ratificada, espiritual, agradável, pois *é a figura do corpo e do sangue* do Senhor nosso Jesus Cristo (*Fac nobis hanc oblationem scriptam, rationabilem, acceptabilem, quod est* figura corporis et sanguinis *Domini nostri Iesu Christi*) (*De sacramentis*, IV, 21).

Na versão da anáfora da *Vetus hispanica*, a arcaica liturgia usada na península ibérica, no lugar de *figura* há *imago et similitudo*: contudo, permanece no âmbito de uma compreensão rigorosamente tipológica da relação entre pão-vinho e corpo-sangue.

Em outra passagem, Ambrósio permanece nesse âmbito tipológico, perguntando-se:

> Contudo, talvez digas: "Não vejo o aspecto visível do sangue" (*speciem sanguinis*). Mas há dele a similitude (*sed habet similitudinem*). De fato, assim como assumiste a similitude da morte, do mesmo modo bebes também a similitude do precioso sangue (*similitudinem pretiosi sanguinis bibis*), para que se evite o horror provocado pelo sangue e, todavia, o preço da redenção seja válido (*De sacramentis*, IV, 20).

Aqui, a terminologia da *similitudo* retoma evidentemente o texto paulino sobre o batismo, transferindo sua lógica para o âmbito eucarístico, com um "paralelismo de similitudes" explícito. Portanto, Ambrósio conserva plenamente esse registro que, não obstante, não é para ele o único. Ele desenvolve também outro modo de "explicar" a celebração eucarística, que, sob certos aspectos, inaugura uma linha que se tornará a da explicação ontológica da eucaristia, mediante a identificação do pão e do vinho com o corpo e sangue, segundo um método não mais tipológico, mas *causal*. De fato, se observarmos bem, veremos aparecer esse modo diferente de argumentar em uma passagem, um pouco anterior em relação àquelas que citamos até o momento:

> Tu talvez digas: "É o meu pão costumeiro". Mas esse pão é pão antes das palavras sacramentais; quando intervém a consagração, de pão se torna

carne de Cristo (*ubi accesserit consecratio, de pane fit caro Christi*) (*De sacramentis*, IV, 14).

É óbvio que aqui o raciocínio de Ambrósio não procede mais tipologicamente. Na verdade, ele identifica imediatamente o nível da aparência (*species*, isto é, o pão visível) com a realidade salvífica (*caro Christi*, a carne de Cristo). Nessas passagens de Ambrósio pode-se encontrar muito facilmente uma assonância com textos posteriores e pode-se quase ver até mesmo antecipada *in nuce* uma teoria da "transubstanciação". Contudo, é preciso frear uma conclusão que seria precipitada, pois as palavras de Ambrósio, provenientes do século IV, não usam ainda de modo "técnico" a terminologia que se consolidará apenas seis ou sete séculos depois. Particularmente, é necessário estabelecer, com a máxima precisão, o que ele entende por *consecratio* e em que sentido entende *panis fit caro*. Aqui somos auxiliados por uma reflexão cuidadosa, desenvolvida justamente sobre este tema por E. Mazza[10], em que ele procura compreender de que modo Ambrósio fala de "consagração", chegando a conclusões, no mínimo, surpreendentes. De fato, assim como ocorre na criação, também na "consagração" é a Palavra que determina o milagre da transformação. Entretanto, examinando com atenção não apenas o *De sacramentis*, mas também o *De fide* e o *De mysteriis*, Mazza pôde concluir que o termo *consecratio* não indica necessariamente as palavras do "relato da instituição": no *De mysteriis* indica muito mais o "rito da comunhão", no qual, diante das palavras "Corpo de Cristo" o fiel responde "Amém!".

Portanto, há dentro dos textos de Ambrósio uma oscilação significativa entre um estilo tipológico que fala de *similitudo* e um estilo metabólico (que fala da transformação), que, entretanto, é correlacionado não apenas àquilo que nós chamamos de "consagração", mas também ao rito da "comunhão". De fato, como nota o próprio Mazza, Jesus não pronuncia o seu τοῦτό ἐστιν, o *hoc est*, durante a oração de agradecimento, mas no momento da distribuição do pão e do cálice. Uma *dupla redução* do pensamento de Ambrósio, portanto, ocorreu ao longo da história e por dois motivos diferentes:

– de um lado, certo esquecimento recaiu sobre seu registro tipológico, que estruturou profundamente seu pensamento e sem o qual não é possível compreendê-lo totalmente. Toda releitura simplesmente

---

10. Mazza, E., *Continuità e discontinuità*, 11-24.

"ontológica" de Ambrósio aparece como fruto de uma datação anterior de conceitos e expectativas que pertencem a um tempo situação, pelo menos, seis séculos depois;
– de outro, é evidente certo exagero no ato de interpretar *consecratio* como sinônimo de "consagração", isto é, como "relato da instituição". Também nesse segundo caso, o vocabulário de Ambrósio não era ainda um léxico "técnico" e suas palavras assumirão um sentido unívoco somente a partir da reelaboração que as controvérsias do século IX farão destas, assim como as controvérsias do século XI, para chegar à sua realização principalmente mediante a especulação escolástica dos séculos XII-XIII. Portanto, em Ambrósio, *consecratio* não é ainda um termo técnico e não pode ser identificada em sentido estrito com o termo, cronologicamente posterior e tipicamente nosso, de "consagração".

2. *Agostinho entre pregação pastoral e reflexão especulativa*

Os textos agostinianos sobre a eucaristia apresentam um teor e recorte diferentes. Há neles referências muito mais dispersas em numerosos textos – cartas, homilias, comentários e obras apologéticas – e com formas de consideração do sacramento sob perspectivas ainda mais surpreendentes na medida em que foram removidas ou marginalizadas pela história.

Consideraremos de maneira exemplar um dos sermões mais importantes de Agostinho: reproduzido integralmente abaixo, para que seja possível perceber toda a sua riqueza e beleza.

> **Agostinho, *Sermão* 272 – Pentecostes – Aos neófitos, sobre o sacramento**
>
> O que vedes sobre o altar de Deus, o vistes também na noite passada. Mas não ouvistes ainda sobre o que é, o que significa, que grande realidade esconde o mistério. O que vedes é o pão e o cálice: asseguram-no vossos próprios olhos. Em vez disso, segundo a fé que deverá se formar em vós, o pão é o corpo de Cristo, o cálice o sangue de Cristo. Tudo o que eu disse de maneira muito sucinta talvez seja suficiente para a fé: mas a fé requer a instrução. Com efeito, diz o profeta: "Se não credes, não compreendereis" (Is 7,9 LXX). Poderíeis dizer-me a este ponto: "Disseste-nos para crer, dá-nos explicações para que possamos compreender".

No ânimo de alguém poderia, de fato, se formar um raciocínio parecido a isso: do Senhor nosso Jesus Cristo sabemos de onde recebeu o corpo, da Virgem Maria. Criança, foi amamentado, se alimentou, cresceu, chegou e viveu a idade da juventude. Sofreu perseguições por parte dos judeus, foi colocado na cruz, foi morto na cruz, foi deposto da cruz, foi sepultado, no terceiro dia ressuscitou, no dia que quis, subiu ao céu; lá para o alto levou seu corpo; de lá do alto virá para julgar vivos e mortos. Agora está lá no alto e senta à direita do Pai: este pão, como pode ser seu corpo? E este cálice, ou melhor, o que nele está contido, como pode ser o seu sangue? Estas coisas, irmãos, chamam-se sacramentos justamente porque nelas se vê uma realidade e se entende outra (*aliud videtur, aliud intellegitur*). O que se vê possui um aspecto material (*speciem corporalem*), o que se entende produz um efeito espiritual (*fructum spiritalem*).

Se queres compreender [o mistério] do corpo de Cristo, escuta o apóstolo que diz aos fiéis: "Vós sois o corpo de Cristo e seus membros" [1Cor 12,27]. Se, portanto, vós sois o corpo e os membros de Cristo, sobre a mesa do Senhor está deposto o vosso mistério (*mysterium vestrum in mensa Dominica positum est*): recebei o vosso mistério (*misterium vestrum accepitis*). Àquilo que sois, respondais: "Amém!" e, respondendo, o subscreveis. De fato, vos é dito: "o corpo de Cristo", e respondeis: "Amém!". Sê membro do corpo de Cristo, para que seja verdadeiro o vosso "Amém". Por que então [o corpo de Cristo] no pão? Não queremos aqui trazer nada nosso; escutemos sempre o Apóstolo, que, falando desse sacramento diz: "Embora sendo muitos, formamos um só pão, um só corpo" [1Cor 10,17]. Buscai compreender e exultai. Unidade, verdade, piedade e caridade. "Um só pão": quem é esse único pão? "Embora sejamos muitos, formamos um só corpo". Lembrai-vos de que o pão não é composto por um único grão de trigo, mas por muitos. Quando se faziam os exorcismos sobre vós, éreis, por assim dizer, moídos; quando fostes batizados, fostes, por assim dizer, amassados na massa; quando recebestes o fogo do Espírito Santo fostes, por assim dizer, assados. Sede aquilo que vedes, recebei aquilo que sois (*Estote quod videtis, accipite quod estis*). Isso disse o Apóstolo em relação ao pão.

E o que devemos entender do cálice, ainda que não tenha sido dito, nos fez compreender suficientemente. De fato, assim como para que haja a forma visível do pão muitos grãos de trigo são amassados na massa até formar uma única coisa – como se realizasse aquilo que a Sagrada Escritura diz dos fiéis: "Tinham uma só alma e um só coração dirigidos a Deus" [At 4,32] – do mesmo modo é também para o vinho. Irmãos, considerai como o vinho é produzido. Ao cacho estão ligados muitos bagos de uva, mas o suco de cada bago se funde em uma unidade. Cristo Senhor simbolizou-nos desse modo e quis que nós fizéssemos parte dele (*nos ad se pertinere voluit*), consagrou sobre sua mesa o sacramento da nossa paz e unidade (*misterium pacis et unitatis nostrae*). Quem recebe o sacramento da unidade e não conserva o vínculo da paz recebe não um sacramento para sua salvação, mas uma prova para sua condenação.

Voltados para o Senhor, Pai onipotente, com coração puro, demos-lhe infinitos e sinceros agradecimentos, por quanto nos permita a nossa pequenez.

Supliquemos com coração sincero a sua extraordinária bondade, para que, conforme o seu beneplácito, se digne atender as nossas orações; afaste com seu poder o inimigo de nossas ações e pensamentos; faça-nos crescer na fé, guie nossa mente, nos conceda desejos espirituais e nos conduza à sua bem-aventurança. Por Jesus Cristo seu Filho. Amém.

Como é evidente, nesse texto é possível encontrar uma síntese admirável de dois elementos decisivos da compreensão agostiniana, que deixará uma marca indelével ao longo de todo o desenvolvimento da teologia latina. A força do pensamento, mas também o poder da retórica de Agostinho, deixam um sinal ao longo dos séculos seguintes, tanto na concepção da tensão entre "visão-compreensão", como na cuidadosa ilustração da dimensão eclesial da eucaristia. Vejamos detalhadamente cada um desses aspectos:

a) Para Agostinho, de um lado, tendo por base a experiência tipológica que vive ainda de modo pleno e convicto, a "similitude" entre visível e invisível permite afirmar com segurança a identidade entre pão e corpo, entre vinho e sangue. A fórmula "vê-se uma realidade e se entende outra (*aliud videtur, aliud intellegitur*)" permite orientar a tradição rumo a uma necessária distinção entre *species* (o aspecto) e *fructus* (o efeito), entre aparência e verdade. Em outro contexto, mas com intenções similares, Agostinho colocará as premissas para as afirmações – retomadas por Berengário, Hugo de São Vítor, Abelardo e Pedro Lombardo – que assumirão a fórmula: "forma visível de uma graça invisível (*visibilis forma invisibilis gratiae*)", ausente nessa formulação do pensamento agostiniano como definição do sacramento, mas não ausente como "dinâmica tipológica"[11].

---

11. O texto agostiniano que origina a expressão medieval *visibilis forma invisibilis gratiae* encontra-se na *Carta* 105,3.12: "Considerai quão perversa e ímpia é a afirmação que tendes sempre em vossa boca, que, a saber, se a pessoa é boa, santifica aquele ao qual

b) Depois, o tema da unidade da Igreja aparece como o coração do sacramento, no qual é evidente que o efeito é o de realizar sacramentalmente a unidade do conjunto eclesial, expressa mediante o uso virtuosista de metáforas e de inversões entre sujeito e objeto da ação ritual. É extremamente significativo que o "mistério" que é colocado sobre o altar só apareça claramente como "paz e unidade" *da Igreja*. E que o ponto central da ação sacramental seja sempre a Igreja: a qual "é aquilo que vê" e "recebe aquilo que é". O movimento para a eucaristia corresponde sempre a um movimento análogo rumo à Igreja. Nessa remissão se realiza aquilo que foi chamado de "simbolismo" agostiniano: este, bem fundamentado em uma abordagem tipológica, não corre nunca o risco de andar em círculo ou de se perder em uma autorreferencialidade de tipo subjetivo. O que, entretanto, ficará claro alguns séculos depois é que justamente *a grande liberdade de pensamento e de palavra de Agostinho, alimentada por uma cultura retórica excepcional, sustentou ao longo dos séculos sucessivos muitas posições, teológicas e magisteriais, que tiraram do pensamento agostiniano uma rica terminologia e uma lucidez excepcionais na percepção de relações e correlações da experiência eucarística.*

Em todo caso, é preciso evidenciar um dado que é possível fazer emergir desse grande texto: Agostinho não parece estar interessado em "argumentar" diretamente sobre a "substância corpórea" do pão; ele se concentra muito mais na destinação desse corpo à paz e à unidade; corpo que, por sua vez, não é nunca compreendido apenas "objetivamente", mas sempre em relação à dinâmica eclesial. Assim, Agostinho permite confirmar, mais uma vez, a ausência, nos primeiros séculos, da "pergunta" que aparecerá apenas quatrocentos anos mais tarde. Mas, o que é óbvio, como dizia E. Jüngel, não é de modo algum óbvio a ponto de ser também compreendido: será

---

administra o batismo; se, em vez disso, é má, sem que aquele que é batizado o saiba, então seria Deus que santifica. Se isso fosse verdade, se deveria desejar ser batizados mais por indivíduos maus, mas ignorados enquanto tais, do que por pessoas de bem conhecidas enquanto tais para se poder santificar antes por Deus que pelos homens. Deus nos guarde de uma loucura como essa! É verdade, pois, o que nós afirmamos e justo o que nós consideramos, isto é, que a graça do batismo provém sempre de Deus, que o sacramento é de Deus e que o homem é apenas seu ministro; se ele é bom, está intimamente unido a Deus e age com o próprio Deus; se, pelo contrário, é mau, então é Deus quem age por meio dele no rito visível do sacramento, ao passo que é ele mesmo quem dá a graça invisível (*semper Dei est illa gratia et Dei sacramentum, hominis autem solum ministerium; qui si bonus est, adhaeret Deo, et operatur cum Deo; si autem malus est, operatur per illum Deus visibilem sacramenti formam, ipse autem donat invisibilem gratiam*). Busquemos todos ter a mesma convicção e de eliminar os cismas entre nós!".

essa "obviedade" dos primeiros séculos que a Idade Média, tendo perdido sua evidência, tentará restaurar com muita dificuldade. Ela, entretanto, o fará com categorias e referências profundamente modificadas.

Assim, com a chancela desses dois grandes Padres da Igreja ocidental, que serão citados durante todo o milênio seguinte como *auctoritates* fundamentais para a tradição latina, nos damos conta de um fato particularmente importante: a teologia tende a ver nos textos deles respostas a questões que nasceram muitos séculos depois deles, ao passo que encontra dificuldade em reconhecer os questionamentos deles, e, por isso, com muita facilidade deixa de escutar realmente as suas palavras, às vezes redimensionando-as de maneira simplista em categorias que não são as deles. A redescoberta dos Padres, ocorrida entre os séculos XIX e XX, é o fenômeno cultural e eclesial que nos permitiu descobrir neles não simplesmente alguns textos – que em parte já eram conhecidos –, mas alguns "contextos" e algumas "perspectivas" sobre a fé que a tradição já tinha conhecido, mas depois esquecera. Também para a eucaristia isso parecia ser um ganho fundamental, pois permitiu à Igreja e à teologia verem com novo olhar e com diferentes prioridades a longa história do "sacramento do altar", descobrindo, em relação a este, verdades esquecidas e problematizando evidências suspeitas.

IV. A raiz de duas possibilidades de desenvolvimento futuro: metabolismo e simbolismo

Contudo, isso não impediu que, em relação aos dois autores considerados há pouco – Agostinho e Ambrósio – tenham sido reconhecidos, séculos depois, duas "correntes" de reflexão sobre a celebração eucarística que, a partir das controvérsias do final do primeiro e do início do segundo milênio, identificarão duas "explicações" da presença real do corpo e do sangue de Cristo no sacramento, ou seja, a explicação realista-metabólica e a signo-simbólica. Será evidente que, na medida em que os autores sucessivos poderão repetir mais ou menos livremente o pensamento dos dois grandes precursores, estes correrão o risco de cair em "erros" de um rude realismo ou de um simbolismo vazio – variantes medievais ou do Renascimento de um "fundamentalismo" e de um "relativismo" *ante litteram* – que dependerão, em grande medida, da transformação das "perguntas" e da urgência de "novas respostas".

Assim se torna possível, e talvez mesmo forçoso, identificar três níveis em que essa evolução sucessiva aparecerá particularmente viva.

a) *A tipologia e a "imitação da ação"* – O pensamento dos Padres é um pensamento eucarístico *indireto*: não tem em vista uma definição dogmática da eucaristia, mas uma hermenêutica cristológica e eclesiológica da ação ritual. Foi chamado de "método tipológico" ou "teologia da imagem" justamente em razão dessa sua característica dupla: elabora um saber eucarístico que mira o mistério – como evento e como rito – e que então se move dinamicamente entre a história da salvação e atuação ritual (nesse sentido é imitação da ação de Cristo), sem se tornar nunca um saber estático sobre o ente. Essa "carência" é justamente a força do pensamento patrístico. Essa força, que vem desde os primeiros séculos, retornou à Igreja há pouco mais de cem anos, mediante a redescoberta dos Padres ocorrida entre os séculos XIX e XX.

b) *A unidade da Igreja como "dom" do sacramento* – Justamente a dupla característica que consideramos permitiu a elaboração de um *conteúdo eclesial* da eucaristia, que marcou toda a tradição posterior, mesmo por meio de transcrições e reformulações que por vezes comprometeram significativamente sua relevância. Mas mesmo essa referência eclesial central pôde ser compreendida e atestada precisamente em virtude da natureza "indireta" e "ritual" da atenção dos Padres. No momento em que a eucaristia se torna objeto imediato de observação por parte da teologia de escola, ao mesmo tempo que a ação ritual passa a ser um "fundo cerimonial" de conteúdo dogmático, começa-se a ter dificuldades pelo menos para reservar à *res* (a unidade da Igreja) um papel efetivo na compreensão da eucaristia. A presença do Senhor "sob as espécies", ou seja, aquilo que os medievais chamarão de efeito intermediário – e que continuará a se chamar assim –, facilmente cobrirá todo o campo visual da teologia e da pastoral, da espiritualidade e da catequese.

c) *O desenvolvimento histórico e o risco da distorção* – Também nesse caso é preciso reafirmar que os Padres cronologicamente se colocam sem dúvida *antes* da síntese medieval, mas teologicamente estão certamente *depois dela*. De fato, foram redescobertos apenas há pouco mais de um século e retornaram "epistemologicamente" ao jogo apenas quando recuperaram plenamente a sua qualidade de "fontes". Ou seja, desde quando começaram a ser considerados não apenas como "acervo linguístico" do qual tirar a terminologia sucessiva (e daqui deriva certo risco de distorção), mas como "perspectivas sistemáticas" *ante litteram*, capazes de oferecer não apenas uma expressão diferente, mas também uma experiência diversa da tradição eucarística e eclesial.

V. A subsequente afirmação da alegoria

A última fase do pensamento e da prática eucarística dos Padres constitui a "ponte" rumo ao estilo que – ao que parece de forma inesperada – teria mudado profundamente os termos das questões. A passagem ocorre justamente no âmbito de uma transformação da "tipologia" em "alegoria". Como podemos compreender esse fenômeno?

A hipótese que poderíamos levantar, não sem excluir certa hesitação, pode ser descrita assim: *uma interpretação fundamentada sobre a "semelhança da ação" é substituída por uma compreensão fundamentada na "analogia do conteúdo"*. O que muda propriamente é a importância da "forma ritual", que é substituída pela relevância da "analogia substancial". O autor que talvez mais tenha contribuído para esse desenvolvimento é Amalário de Metz. Mas esse desenvolvimento pertence a um modelo diverso, que será estudado no início do próximo capítulo.

Temas de estudo

1. Mesmo o modelo dos Padres oferece um desenvolvimento do dado bíblico, assumido porém em uma práxis ritual que dá forma a um pensamento marcado pelo menos por três características: cultura clássica platônica, modelo bíblicos de referência e ligação com a ação ritual. Em que medida esse último elemento exige uma mais clara valorização?
2. Se a ligação entre práxis ritual e reflexão teológica é colocada sob análise, é claro que um ponto de referência serão os "lugares" em que ocorre essa correlação. Não há ainda "escolas", mas os gêneros são "catequeses", "sermões", "cartas". A falta de um sistema depende também das "formas" do discurso. Apenas nos séculos sucessivos serão organizados os textos: com intenções didáticas e formativas, presentes então de maneiras muito diferentes.
3. Os três temas-chave da tradição teológica latina, isto é, "presença real", "sacrifício" e "comunhão" estão presentes nos textos dos Padres de modo indireto: mas o que atesta, em relação ao conteúdo, essa "irreflexão" dos Padres?

Para aprofundar

Para recuperar uma visão abrangente das questões subentendidas no modelo patrístico de teologia e de prática eucarística, são preciosos instrumentos de pesquisa:

- Mazza, E., *Continuità e discontinuità. Concezioni medievali dell'eucaristia a confronto con la tradizione dei Padri e della liturgia* (Bibliotheca Ephemerides Liturgicae. Subsidia, 113), Roma, C.L.V./Ed. Liturgiche, 2001.
- Id., *Dall'ultima cena all'eucaristia della Chiesa*, Bologna, EDB, 2014.
- Bradshaw, P., *Alle origini del culto Cristiano. Fonti e metodi per lo studio della liturgia dei primi secoli*, Città del Vaticano, LEV, 2007.

CAPÍTULO 7
A síntese medieval: um equilíbrio eivado de unilateralidades

A elaboração medieval de um saber eucarístico segue caminhos paralelos e entre si muito diferenciados. *A posteriori*, devemos reconhecer a forma que a síntese escolástica, e em particular a tomista, impôs com vigor e autoridade à tradição posterior. Contudo, devemos também reconhecer que o período que se estende dos séculos VII ao XIV apresenta uma variedade de propostas realmente impressionante, das quais devemos brevemente dar conta, antes de nos determos com maior atenção sobre a "escola" – a escolástica – que recebeu mais relevância com o reconhecimento posterior, tanto moderno como contemporâneo.

Uma divisão sumária da Idade Média eucarística contempla primeiramente a alta Idade Média (entre 636 e o século X), o século da pré-escolástica (o século XI), que assistiu à controvérsia em torno de Berengário, seguido pelos dois séculos da grande escolástica (os séculos XII e XIII), para finalmente chegar à baixa Idade Média (séculos XIV e XV) e às tendências nominalistas que o marcaram. Esse longo período, que cobre cerca de oito séculos, elabora um saber eucarístico partindo do "material" bíblico e patrístico, mas utilizando-o gradualmente, segundo um modelo de saber profundamente diferente. Descobriremos que, por causa de profundas *mudança culturais*, e sob a pressão de *novas perguntas*, o saber eucarístico progressivamente se distanciará da "ação ritual" e da "assembleia eclesial", *para se tornar saber ao redor do ente*, um saber que tende cada vez mais a se referir exclusivamente à ação de sujeitos qualificados e separados, em que os efeitos da santificação e do culto tendem a se desvincular cada vez mais de toda relação com a própria ação. Mediante um percurso gradual e constante, a mudança do saber eucarístico rumo a esses registros – que poderíamos definir como "ontológicos" e "hierárquicos" – mudou profundamente também o sentido dos textos dos Padres e das próprias fontes bíblicas, por meio da afirmação de *uma releitura prevalentemente, senão exclusivamente, objetivante e hierarquizante*, que se impôs também como critério de leitura "ordinária" e "óbvia" das próprias fontes antigas.

Isso corresponde igualmente a uma evolução não apenas das hermenêuticas, mas também das práticas rituais, das quais possuímos testemunhos nos novos *ordines* que começam a ser formulados e coletados para o uso litúrgico. Esse duplo movimento – teórico e prático – gerará ao longo dos séculos uma separação cada vez maior – correlacionada apenas no plano formal – entre "lógicas doutrinais" e "cerimônias rituais", preparando a recepção dessas categorias por parte da Idade Moderna, sob a pressão crescente dos movimentos de Reforma, a partir do século XV.

Por essas razões, examinaremos em primeiro lugar o desenvolvimento inicial das teorias e das práxis na primeira fase histórica, que chega até a controvérsia sobre Berengário. A isso seguirá uma reflexão mais ampla sobre a mudança de modelo que essa primeira passagem realiza, para posteriormente descobrir sua realização na síntese oferecida pela grande Escolástica, até os desdobramentos propostos pela baixa Idade Média, quer no âmbito teórico, quer na prática ritual.

I. O contexto da teologia e da práxis eucarística medieval

A partir do século VII, a práxis e a reflexão eucarística latina sofrem uma transformação, que se manifestou certamente de modo gradual, mas com uma tendência determinada e determinante de assumir a perspectiva, anteriormente muito marginal, da "ontologia" e da "hierarquia". Podemos observar, em geral, dois fenômenos, paralelos e coerentes:

– de um lado, com a progressiva cisão entre símbolo e realidade, entre verdade e figura, entre evidência e mistério, se percebe uma oposição interna à experiência ritual do celebrar, que levanta novas questões e, por isso, induz também a novas respostas. Pode-se afirmar com certa fundamentação que as "novas demandas", que começam a ser formuladas por volta do século IX, pressupõem uma mudança de percepção da realidade ritual e, por consequência, suscitam repostas novas, anteriormente inauditas, no âmbito

teológico e no prático. O que muda, antes de tudo, é o modo de "estar" e de "se reconhecer" dentro da ação ritual;
- de outro, justamente por causa dessa primeira viragem, a reflexão sobre a eucaristia cada vez mais se despede da lógica da ação ritual e tende a criar, paralelamente à cisão entre verdade e símbolo, uma competência doutrinal sobre a realidade e uma competência cerimonial sobre a realização prática. Esse segundo aspecto parece tanto uma consequência do primeiro, como uma causa da nova "incapacidade simbólica". Poderíamos dizer que uma nova percepção da ação ritual, que se torna incapaz de garantir uma síntese eclesial e espiritual, impõe um desenvolvimento paralelo de "argumentos doutrinais" e de "vínculos cerimoniais", que, com o tempo, transformam a própria experiência ritual, quase provocando dentro de seu interior uma divisão irreparável.

Tentemos descrever essas passagens examinando as figuras das teorias mais relevantes da última parte do primeiro milênio na tradição latina.

1. A virada "alegórica" (Amalário de Metz) e a evolução da práxis

Como se viu, se o desenvolvimento da cultura da alta Idade Média produz ao mesmo tempo uma concentração da atenção sobre um único momento-elemento da eucaristia, junto com um enfraquecer-se da atenção em relação à ação ritual e sua sequência processual, com o paralelo recrudescimento da contraposição entre a realidade e a imagem, entre a verdade e a figura, isto é acompanhado por um "magistério teórico" novo e por práticas rituais diferentes.

a) Com Amalário de Metz (nas primeiras décadas do século IX) se inicia uma longa fileira de comentadores que usam a alegoria para suas *expositiones missae*. A *passagem da tipologia para a alegoria* marca profundamente a tradição latina: a lógica da ação ritual é substituída, de um lado, pela "força jurídica" da representação do ministro, e, de outro, pela sobreposição de uma ação redentora da obra de salvação a todo gesto ritual realizado pelo ministro. Essa dramatização de todo gesto ritual, que remete direta e autorizadamente a um evento salvífico, descontextualizando-se da sequência ritual, introduz uma profunda mudança na experiência do rito.

Uma consequência exemplar desse método de hermenêutica eucarística é a doutrina do assim chamado *triforme corpus Christi*. Amalário a apresenta descrevendo a fração do pão que precede a imisição [*immixtio*] e a comunhão: com a fração do pão – diz Amalário – são produzidas três "partículas", das quais, a primeira está destinada ao cálice (e daqui o termo *immixtio*), a segunda permanece sobre a patena e será usada para a comunhão, ao passo que a terceira é deixada sobre o altar, para o viático. Até aqui a detalhada descrição da ação ritual. A qual, entretanto, é submetida a uma imediata correspondência com a paixão de Cristo. Se escutamos o que deduz Amalário, vemos bem a diferença desse procedimento alegórico em relação à tipologia anterior:

> Para a partícula de hóstia colocada dentro do cálice se mostra *o corpo de Cristo já ressuscitado dos mortos*; para aquela consumida pelo sacerdote, ou pelo povo, se mostra *o corpo que ainda caminha sobre a terra*; para aquela deixada sobre o altar se mostra *o corpo que jaz no sepulcro* (*Liber officialis*).

Diante desse modo de interpretar, é evidente que a *ratio* da compreensão parece introduzir uma consideração diversa da relação entre rito e sentido. A ação ritual da *fractio panis* desaparece como sequência e processo unitário – com que se realiza a comunhão com o Senhor – e sofre um processo de "descomposição", em que cada fragmento-partícula se torna objeto de interpretação. Se a intenção, como sublinha também De Lubac[1], poderia ser lida em continuidade com a síntese agostiniana entre corpo de Cristo no céu, na terra e sob a terra, é igualmente verdade que a modalidade com que Amalário elabora o sentido aparece *totalmente privada de relação com a ação ritual*. O problema não é apenas, como diz Mazza, que "Amalário não esteja em posse do contexto cultural e filosófico de Agostinho"[2], mas consiste também no fato de que o modo de se fazer a experiência da ação ritual se tornou *estático em vez de dinâmico, pontual em vez de processual, imediato em vez de mediato*. Essa abordagem terá um grande sucesso nos séculos vindouros, dando vida a um "gênero literário" – justamente o das *expositiones missae* – que fará sentir todo o seu influxo também na práxis ritual, e de modo muito relevante também na teoria teológica, e resistirá por muitos séculos, até o nosso tempo[3].

---

1. Cf. DE LUBAC, H., *Corpus mysticum. L'Eucarestia e la Chiesa nel Medioevo*, Milano, Jaca Book, 1996, 78 s.
2. MAZZA, E., *La celebrazione eucaristica*, 161.
3. Remetemos à *expositio missae* de Tomás de Aquino que aparece na primeira parte do volume (cf. acima, 133-136).

b) Entretanto, também a *prática eucarística* estava sofrendo transformações muito significativas. Os *ordines missae* para a celebração do bispo remontam ao ambiente romano do século VII, lugar em que a tradição eucarística e o ritual de corte começam a se fundir profundamente. No mesmo período, começa-se também a se afirmar o fenômeno das *missae votivae*, tais como missas celebradas para circunstâncias ou motivos particulares. O mesmo deve ser dito da *missa privata*, que conhecerá uma rápida afirmação nos séculos VIII e IX, seja como exercício cotidiano de santificação dos sacerdotes, seja como sufrágio para os defuntos, ou ainda, como "satisfação" ligada à práxis penitencial. Esse desenvolvimento, que gradualmente determinaria a redução e o drástico redimensionamento de todas as articulações ministeriais da celebração eucarística, chegou a inverter as prioridades do sacramento e a considerar "normal" a missa privada e "extraordinária" a missa com o povo. No século VIII nasce o *Missal plenário*: nele é reunido tudo o que serve para celebrar a missa *ad usum sacerdotis*, sem qualquer presença adicional. Esse instrumento se difundirá a partir do século X e trará consigo toda uma série de "sinais" de uma viragem no modo de entender a ação litúrgica: o cânon recitado *submissa voce*, as "apologias sacerdotais", introduzidas como purificação do sacerdote, o padre que celebra sempre "de costas" em relação à assembleia, a arquitetura que isola o presbitério da nave, o latim que se transforma em uma "língua sagrada"[4]. Em síntese, a missa se torna um "negócio de padres" e perde-se sua dimensão de comunidade: a clericalização eucarística aparece não apenas como a consequência de um desenvolvimento eclesial e social, mas também como a causa de uma concentração da atenção teológica e da elaboração espiritual. Desse desenvolvimento também faz parte, da parte dos fiéis, uma participação cada vez menor do povo no rito da comunhão. Sobre esse desenvolvimento, cujos inícios são muito precoces, remontando já aos séculos IV e V, incidem fatores muito diferentes entre si: a disciplina penitencial em suas várias figuras (canônica, auricular ou tarifada), a disciplina do jejum e da pureza ritual, a difusão das missas em sufrágio sem a comunhão do povo (para obter uma maior eficácia no sufrágio)[5], juntamente com o surgir

---

4. Cf. CASEAU, B., L'eucaristia al centro della vita religiosa delle comunità cristiane. Dalla fine del IV secolo a tutto il X secolo, in: BROUARD, M. (ed.), *Eucharistia. Enciclopedia dell'eucaristia*, 135-156.

5. Cf. CHAUVET, L.-M., La messa come sacrificio nel Medioevo e nel Concilio di Trento: pratiche e teorie, in: UBBIALI, S. (ed.), *Sacrificio: evento e rito* (Caro salutis cardo. Contributi, 15), Padova, EMP/Abbazia di S. Giustina, 1998, 19-51.

de várias formas, ascéticas ou religiosas, de espiritualização da comunhão. Isso introduz, progressivamente, *uma "interrupção" na sequência ritual da missa*, que começa a ser percebida de maneira "seletiva". O que encontra na viragem "alegórica" tanto o seu suporte teórico como um dos sucessos culturais e teológicos mais notáveis e prenhes de consequências.

2. *Os primeiros tratados* De corpore et sanguine Domini: *Pascásio Radberto e Ratramno*

Pela primeira vez, entre os anos 831 e 833, um teólogo beneditino de Corbie, Pascásio Radberto, escreve um tratado com o título *De corpore et sanguine Domini*. Nessa obra se encontra, em uma formulação ainda não totalmente desenvolvida, algumas das premissas do modo de pensar a presença de Cristo na eucaristia, que será chamado, quatro séculos depois, de "transubstanciação". Contudo, deve ser dito que no texto de Radberto a eucaristia aparece essencialmente como *figura* e como *veritas*, embora a insistência nova sobre a "realidade" assinale já de forma determinada uma profunda mudança no modo de pensar o papel da "figura", da "imagem" e do "símbolo".

Pascásio Radberto, *De corpore et sanguine Domini* IV, 1-5.14-17.78-85

Se esse místico sacramento do cálice se realiza em figura ou em verdade. Ninguém que acredita nas palavras de Deus duvida que por causa da consagração do mistério tenhamos verdadeiramente o corpo e o sangue de Cristo. Por isso, aquele que é a verdade diz: "A minha carne é verdadeira comida e o meu sangue verdadeira bebida" (Jo 6,55). [...]

Mas, como não é lícito que Cristo seja devorado com os dentes, quis no mistério que este pão e vinho, por meio da consagração do Espírito Santo, fossem potencialmente (*potentialiter*) criados como sua verdadeira carne e sangue, e assim, na verdade, fosse imolado misticamente para a vida do mundo, de modo que, como da Virgem, pelo Espírito, sem coito, a verdadeira carne foi criada, assim também, pelo mesmo Espírito, da substância do pão e do vinho é consagrado misticamente o mesmo corpo e sangue de Cristo. [...]

O que se percebe externamente é figura ou impressão (*character*), mas o que se recebe interiormente é, em todos os aspectos, a verdade e nenhuma aparência. Por isso, aqui não descobrimos nada além da verdade e do sacramento da carne. É, portanto,

> verdadeira carne de Cristo que é crucificada e sepultada, o verdadeiro sacramento da carne dele, que pelo sacerdote é consagrado no altar na palavra de Cristo por meio do Espírito Santo. Por isso, o próprio Senhor declara: "Isto é o meu corpo".

Como fica claro após a leitura de algumas passagens desta importante obra, e desde o título do texto que aparece no início, nesse tratado *De corpore et sanguine Domini* está implícita uma nova pergunta, isto é, uma tensão antes inexistente entre "figura" e "verdade". Este é o horizonte em que Radberto – o primeiro a fazê-lo – toma a palavra para salvaguardar uma unidade, na qual, porém, é forçado, precisamente pela nova pergunta, a acentuar a verdade em detrimento da figura e *a iniciar esse movimento de desprendimento gradual da ação ritual em seu conjunto, que encontrará uma total implementação, mais de três séculos depois, na teoria da transubstanciação*. O modelo de pensamento é a encarnação e a ação do Espírito: assim como o Espírito torna a Palavra carne, igualmente torna o pão carne e o vinho sangue, graças ao *verbum Domini*.

Alguns anos depois, outro monge do mesmo mosteiro de Corbie, Ratramno, para responder às perguntas que lhe haviam sido feitas pelo imperador Carlos, o Calvo, provavelmente decorrentes da leitura do texto anterior de Radberto, escreve um segundo tratado, sobre o mesmo tema e com o mesmo título, do qual emerge uma leitura parcialmente diferente da mesma tradição. A principal preocupação de Ratramno parece ser a de distinguir o nível corporal e o nível espiritual da experiência eucarística. Leia-se pelo menos algumas passagens de seu texto, que está subdividido em 102 capítulos curtos, dos quais o primeiro (ver quadro na próxima página) apresenta as duas questões colocadas pelo imperador, às quais o opúsculo pretende responder.

É claro que Ratramno, em comparação com Radberto, usa o pensamento de Agostinho e Ambrósio não só de forma mais explícita, mas também de uma forma técnica, que poderíamos definir como "dialética". De fato, ele indiretamente recorre à definição agostiniana de "sinal" do primeiro livro do *De doctrina christiana* para discutir a noção de "figura" e dessa forma pode distanciar-se significativamente da experiência global e processual da ação litúrgica. Essa passagem introduz abertamente no debate eucarístico em língua latina uma acepção *meramente exterior* de "figura", à qual corresponde uma acepção *puramente interior* de "verdade". Da mesma forma, recorrendo à distinção de Ambrósio entre "verdade" e "sacramento", Ratramno tende a oferecer uma leitura somente espiritual da verdade do sacramento, perdendo qualquer papel efetivo de mediação sensível atuada pela "ação ritual".

Ratramno, *De corpore et sanguine Domini* I, 5-7.10.49.57

Vossa Alteza Ilustríssima [Carlos, o Calvo] pergunta se o que é recebido na Igreja pela boca dos fiéis, isto é, o corpo e o sangue de Cristo, acontece em mistério ou então na verdade (in mysterio fiat an in veritate), isto é, se contém algo de misterioso que se manifesta apenas aos olhos da fé ou se, ao contrário, sem esconder mistério algum, o olhar externo do corpo contempla a mesma coisa que a visão da mente observa interiormente, de modo que tudo o que é feito se torna claro na luz, e se é o mesmo corpo nascido de Maria, que sofreu, morreu e foi sepultado, e que depois de sua ressurreição e ascensão está sentado à direita do Pai. Dessas duas perguntas, examinemos a primeira. E para que não seja impedido pela ambiguidade da dúvida, definimos o que é figura e o que é verdade. A figura é certa metáfora (obumbratio) que sob um certo número de alusões veladas (velaminibus) manifesta aquilo que quer dizer; então, a propósito de palavras, digamos "pão" querendo significar "Palavra"; como no pai-nosso pedimos que nos seja dado o pão de cada dia ou quando Cristo, no Evangelho, fala dizendo: "Eu sou o pão da vida que desceu do céu", ou quando chama a si próprio de "videira" e seus discípulos de "ramos". Todos esses textos dizem uma coisa e significam outra. [...]

É claro, portanto, que aquele pão e aquele vinho são o corpo e o sangue de Cristo em figura (figurate). De fato, de acordo com o que se vê, não se reconhece naquele pão aparência alguma de carne, nem naquele vinho se manifesta algum fluxo de sangue; no entanto, após a consagração mística já não se lhes chama de pão e vinho, mas de corpo e sangue de Cristo. [...]

De tudo o que foi dito até agora, ficou demonstrado que o corpo e o sangue de Cristo, que na Igreja são recebidos na boca dos fiéis, são figuras de acordo com as aparências visíveis; mas segundo a substância invisível, isto é, o poder da Palavra divina, existem como corpo e sangue de Cristo. Portanto, de acordo com a criatura visível, alimentam o corpo, mas de acordo com a força da substância mais poderosa, nutrem e santificam a mente dos fiéis. [...]

Com que cuidado e circunspecção essa distinção é feita! Da carne de Cristo, crucificada e sepultada, isto é, segundo a qual Cristo foi crucificado e sepultado, [Ambrósio] diz: "Essa é a verdadeira carne de Cristo". Mas daquela que se recebe no sacramento, diz: "Trata-se do sacramento daquela carne", distinguindo o sacramento da carne, da verdade da carne (sacramentum carnis

> a veritate carnis). Desta forma, ele instrui os fiéis de modo claro, que aquela carne, com a qual Cristo foi crucificado e sepultado, não é mistério, mas verdade da natureza (veritas naturae); em vez disso, esta carne, que agora, no sacramento, contém uma semelhança daquela, não é realmente carne, mas sacramento.

Assim, podemos concluir este breve exame de uma passagem decisiva para a história da tradição latina no que diz respeito à reflexão sobre a eucaristia: na comparação indireta entre os textos de Radberto e Ratramno vemos aparecem dois elementos anteriormente inexistentes:

- de um lado, há um novo contraste entre "figura" e "verdade"; mas também,
- de outro, uma acepção agora adquirida de cada um desses termos e especificada fora de qualquer relação com a ação ritual.

Essa será uma hipoteca que pesará no desenvolvimento da doutrina eucarística nos séculos seguintes.

3. A primeira formalização da "substância": Berengário, Lanfranco e Gregório VII

Foi preciso esperar cerca de duzentos anos para se ver as consequências dessa nova abordagem da reflexão teológica sobre a compreensão oficial e magisterial da eucaristia. Podemos inferir esse desenvolvimento considerando a sequência de uma série de textos que pertencem, por um lado, às fórmulas de "confissão de fé", por meio dos quais se pedia a Berengário de Tours – em dois momentos distintos, separados por vinte anos um do outro (primeiro em 1059, depois em 1079) – para abjurar de suas próprias afirmações, nas quais, partindo do pensamento de Agostinho, ele fazia eco às posições expressas por Ratramno dois séculos antes. Nesse meio tempo, entre as duas confissões, vamos considerar o texto de um "adversário" de Berengário, Lanfranco de Pavia, que oferece uma proposta de mediação, sobre a qual será construída a posição oficial dos séculos seguintes.

Eis os três textos na ordem, que merecem ser conhecidos na íntegra:

> **Berengário, *Primeira confessio fidei* (1059)**
>
> Eu, Berengário, conhecendo a fé verdadeira e apostólica, condeno toda heresia [...] – aquela que se empenha em sustentar que o pão e o vinho que se colocam no altar, após a consagração,

são apenas o sacramento, e não o verdadeiro corpo e sangue de nosso Senhor Jesus Cristo, e que ele não pode, exceto no sacramento, por meio dos sentidos ser tocado e partido pelas mãos dos sacerdotes ou mastigado pelos dentes dos fiéis. [...] Com a boca e o coração confesso ater-me [...] àquela fé (transmitida e confirmada): isto é, que o pão e o vinho colocados sobre o altar, depois da consagração, não são apenas o sacramento, mas também o verdadeiro corpo e sangue de nosso Senhor Jesus Cristo, e por meio dos sentidos – não só no sacramento, mas em verdade – é tocado e partido nas mãos dos sacerdotes e mastigado pelos dentes dos fiéis [...].

A posição de Lanfranco de Pavia (1063-1068)

Cremos que as substâncias terrenas, que sobre a mesa do Senhor, por meio do mistério (ou ministério) sacerdotal, são divinamente santificadas, são transformadas (converti) na essência do corpo do Senhor de forma inefável, incompreensível e admirável, por obra de um poder superior, enquanto o aspecto e algumas qualidades das coisas permanecem [...]. No entanto, o mesmo corpo do Senhor existe no céu à direita do Pai, imortal, inviolável, inteiro, imaculado, intacto. Por isso, pode-se dizer com verdade que nós, na eucaristia, tomamos o mesmo corpo que foi gerado na Virgem, e ainda assim não o mesmo. O mesmo por quanto diz respeito à essência, propriedade e força de sua verdadeira natureza; mas não o mesmo se se considera a aparência do pão e do vinho e as outras coisas apresentadas acima.

Berengário, *Segunda confessio fidei* (1079)

Eu, Berengário, creio com o coração e confesso com a boca que o pão e o vinho que se colocam sobre o altar, em virtude do mistério da santa oração e das palavras de nosso Redentor, são transformados substancialmente (substantialiter converti) na verdadeira e própria e vivificante carne e sangue de nosso Senhor Jesus Cristo e que depois da consagração são o verdadeiro corpo de Cristo, que nasceu da Virgem e foi pendurado na cruz para a salvação do mundo, e que está sentado à direita do Pai, e o verdadeiro sangue de Cristo que foi derramado do seu lado, não só mediante o sinal e a força do sacramento, mas também na propriedade da natureza e na verdade da substância.

De grande interesse é a transição entre as duas formulações da *Confessio* de Berengário, que se vê tendo que negar sua própria abordagem da eucaristia – alimentada pelas ferramentas da dialética agostiniana, graças aos quais pode ser interpretada como *tropica locutio* –, passando de uma expressão de realismo bruto para uma declaração mais equilibrada da "verdade substancial", sobre a qual o século seguinte trabalhará por muito tempo. Deve-se notar que, ao distanciar-se da ação ritual, que une as frentes de embate, o caminho obrigatório para a teologia será o da "diferença de identidade". Podemos assim afirmar que, *no momento em que a "diferença ritual" se perde, por razões de ordem cultural e institucional, era preciso resgatar uma "diferença ontológica"*. Esta passagem aparece muito claramente na sequência com que, em seu texto, Lanfranco – tendo ele também Agostinho como inspirador – pôde propor duas expressões sobre a natureza do corpo de Cristo eucarístico em relação ao corpo histórico: "é o mesmo corpo", "mas não é o mesmo corpo". Ser da substância e ser do acidente-espécie, na elaboração do pensamento metafísico, se tornarão, no século seguinte, a resposta mais correta possível para salvaguardar a tradição, mas no horizonte cultural agora definido pelo esquecimento do ritual. *A identidade na diferença – é corpo, mas é diferentemente corpo – não será mais garantida pela relevância da figura para a realidade, do mistério para a verdade, como o foi para a teologia antiga, mas apenas da irrelevância da figura para a realidade e do mistério para a verdade*. Aqui, o novo modelo de entendimento teórico da "presença eucarística" é propriamente realizado, e, influenciará com força justamente na prática ritual[6].

Ao introduzir o dualismo entre "substância" e "espécie", a teologia resistirá fortemente a afirmar a *realidade do mistério no plano do ente*, mas confirmará – e, de fato, acentuará ainda mais – a *crise do mistério no âmbito da ação ritual*. Sem ter essa intenção ou consciência, o método refinado com o qual se configurava a via para salvar o "conteúdo eucarístico" de seus excessos ora realistas, ora simbólicos, teria comprometido radicalmente por séculos a "forma ritual" com que a eucaristia garantia e ainda garante – justamente pelo equilíbrio entre figura e realidade – a

---

6. Portanto é possível identificar a questão em um percurso circular, quase de recíproca implicação: um defeito da experiência ritual determinou uma mudança no sentido das noções conceituais, as quais, em seguida, instalando-se em uma nova compreensão, por sua vez incidiram profundamente no modo de celebrar: cf. MAZZA, E., *Continuità e discontinuità*, 197-214.

comunhão com o verdadeiro e místico corpo de Cristo, isto é, eclesial e sacramental[7].

II. A questão central e a continuidade/ descontinuidade em relação ao modelo patrístico

O que observamos, em passagens que vão de Pascásio Radberto a Lanfranco, ao longo de dois séculos e meio de história, apresenta-se claramente como o estabelecer-se de um *novo modelo de hermenêutica eucarística*, em que o papel da ação ritual deixa de se impor e se vai, sempre mais, afirmando a relevância de uma *conversão da substância ao ente*. Esse desenvolvimento determina uma profunda transformação da teologia e da experiência eclesial. Foi Enrico Mazza quem estudou essa passagem com uma pergunta realmente nova: ele não se limitou a investigar, como geralmente acontece, a mudança da terminologia. O que, por mais importante que seja, não consegue restituir todo o trabalho cultural e categorial que a Igreja teve então que enfrentar. Por isso, em seu livro *Continuità e discontinuità*, Mazza estudou a mudança de compreensão teológica da eucaristia dos Padres a Tomás de Aquino, interpretando-a como uma "perda da tipologia", cujo resultado foi uma mudança, que marcou a própria definição da dinâmica do sacramento e a identificação dos seus efeitos. Em particular, isso empurrou para um segundo plano – e às vezes removeu totalmente – o *sentido eclesiológico da eucaristia*. A mudança do modelo de compreensão marginalizou o "corpo de Cristo eclesial" – como dom último da graça da eucaristia – em benefício do "corpo de Cristo sacramental", que adquiriu uma centralidade nova e cada vez mais exclusiva. Os desenvolvimentos do século XIII se orientaram precisamente nessa direção: também a elaboração sempre mais precisa da noção de *transubstantiatio* desempenhou um papel decisivo para acentuar ainda mais essa tendência, a ponto de impô-la de maneira universal como *a* solução.

1. De Hugo de São Vítor à aparição oficial de "transubstantiari" (Inocêncio III)

Num percurso bastante articulado, e marcado pela contribuição de vários autores – Hugo de São Vítor, a *Summa sententiarum*, Pedro Lombardo –

---

7. Henri-Marie de Lubac estudou cuidadosamente a inversão de sentido entre *corpus mysticum* e *corpus verum*: cf. DE LUBAC, H., *Corpus mysticum*, 255-310.

se chegará, nos primeiros anos do século XIII, à introdução do termo "técnico" de *transubstantiatio*, cuja definição precisa será então a tarefa de Tomás de Aquino e da teologia que o sucede. Vamos seguir brevemente esse caminho, valendo-nos de alguns textos, para chegar ao primeiro assumir da nova terminologia pelo magistério.

a) Hugo de São Vítor (de 1127 a 1141 professor em Paris) é quem deu a famosa definição de sacramento como "um elemento corpóreo ou material, proposto de forma externa e sensível, que em virtude da semelhança representa, em virtude da instituição significa, em virtude da santificação contém alguma graça invisível e espiritual". Pois bem, é Hugo quem chega a uma elaboração mais complexa, em comparação com o passado, também da teologia da eucaristia:

> [O que está sob a percepção dos sentidos] é a aparência externa do pão e do vinho; o que acreditamos [presente] sob esse aspecto exterior é o verdadeiro corpo de Cristo, que foi pendurado na cruz, e o verdadeiro sangue de Cristo, que jorrou do seu lado. Também não acreditamos que por meio do pão e do vinho o corpo e o sangue sejam apenas significados; mas acreditamos que sob a aparência exterior do pão e do vinho são consagrados em verdadeiro corpo e sangue, e que *o aspecto externo e visível é o sacramento do verdadeiro corpo e verdadeiro sangue*; em vez disso, *o corpo e o sangue são o sacramento da graça espiritual* (*De sacramentis cristianae fidei* I, 9, 2).

Aqui fica evidente como Hugo, com sutileza profética, identifica uma progressão entre *sacramentum* e *res* que se tornará, em teólogos posteriores, o esclarecimento das relações entre "sinal" e "significado", entre figura e realidade, entre mistério e verdade. *Está a ganhar forma um modelo de pensamento "ternário"* que ajudará a sair do constrangimento causado pela alternativa drástica entre visível e invisível. Gerada pela crise do modelo tipológico – que se baseava no *tertium* da ação ritual, a qual mediava processualmente aquilo que era imediatamente contraditório – essa solução tentará recuperar uma "terceira" dimensão, que, com intervenção teórica muito valiosa, garantirá por séculos um respiro mais vasto e profundo – ainda que dentro de um entendimento bastante estreito e com uma perspectiva limitada. *Pão e vinho referem-se a corpo e sangue, mas corpo e sangue referem-se, por sua vez, à "graça espiritual"*. Essa dupla referência evita cingir o sentido apenas à conversão da substância do ente, que, ao contrário, permanece "aberta" para um outro sentido não contido no âmbito da "conversão da substância".

b) Também a *Summa sententiarum* (c. 1140) continua ao longo desse caminho e elabora ainda melhor esse esquema tripartido, falando de *sacramentum et non res, sacramentum et res* e de *res sacramenti* para a eucaristia. E enquanto o discurso é claro o suficiente para os dois primeiros níveis, uma espécie de incerteza ainda permanece para o terceiro. Por um lado, este argumento identifica a *res* da eucaristia com o corpo eclesial, isto é, com a unidade da Igreja; por outro, descobre uma "graça espiritual", que consiste na mais íntima correlação entre o fiel e Cristo. Não é errado considerar que a graça espiritual tenda a suplantar o corpo eclesial, com uma série de consequências muito pesadas ao longo no resto do século e também nas épocas seguintes, até ao século XIX[8].

c) Por fim, Pedro Lombardo (que ensinou desde 1140 em Paris, cidade da qual se tornará bispo), enquanto *magister sententiarum* fez com que a questão desse mais um passo à frente sob vários pontos de vista. Em primeiro lugar, ele introduz o conceito de "forma", que, do indicar a maneira de se realizar o rito como um todo, passa a designar apenas as "palavras da consagração" atribuídas diretamente a Jesus, enquanto as outras palavras são apenas "para a glória de Deus": *Reliqua ad Dei laudem dicuntur*. Pedro Lombardo, em segundo lugar, elabora ainda mais a leitura "tripartida" do sacramento eucarístico, identificando o *sacramentum tantum*, a *res et sacramentum* e a *res et non sacramentum*. Mas aqui ele introduz uma distinção adicional, que é terminologicamente nova: isto é, entre uma *res* significada e contida, de um lado, e, de outro, uma *res* significada, mas não contida. A primeira é o "corpo histórico" e sacramental de Cristo, a segunda é o "corpo eclesial" de Cristo e a unidade da Igreja. Lombardo chama o primeiro nível de *caro propria*, ao passo que a segunda é definida como *mystica caro*.

Este desenvolvimento é muito importante por duas razões: por um lado, atesta com grande importância o declínio do modelo patrístico, que fazia da unidade da Igreja o sentido fundamental da eucaristia; por outro confirma a retirada do papel da ação ritual, que perde peso uma vez que é reduzida a uma *"moldura" em benefício de uma argumentação sobre a "substância do ente"*; esta última orientará a reflexão sobre o sentido da eucaristia não como um processo ritual, mas como uma intelecção da (e como uma fé na) substância.

---

8. Sobre este particular encontram-se muitas páginas esclarecedoras em MAZZA, E., *Continuità e discontinuità*, 95-143.

d) Antes de ser assumido pela primeira vez pelo magistério de Inocêncio III, o termo "transubstanciação (*transubstantiatio*)" é usado por alguns autores menores, em cujo pensamento vemos como o termo, com sua novidade, foi usado para expressar o dado da fé a partir de como se desenvolvera nos debates dos últimos dois séculos. Isso é evidente tanto nas *Sentenças do mestre Ricardo* (c. 1140) como em Balduíno de Ford (1120-1190), que, por sua vez, em *O sacramento do altar* (§ 62), escreve esta concisa proposição:

> Digo que é uma verdadeira transformação; não de acordo com a espécie, porém, mas de acordo com a substância. De fato, o pão não muda de figura, mas *muda de substância*. De uma forma nova e fora do comum, a espécie permanece e muda a substância (*Vera est, inquam, mutatio, non secundum figuram, sed secundum substantiam. Non enim transfiguratur panis, sed transubstantiatur. Novo et inusitato modo species manet et substantia mutatur*).

Como é evidente, não se trata aqui de uma teologia dialética, mas muito mais de uma teologia monástica, que já incorporou essa abordagem e usa o termo *figura* de forma invertida em relação a Ambrósio – que, por sua vez, falava de *figura corporis et sanguinis* para o pão e o vinho (cf. acima) – e assim prepara o terreno para uma posição magisterial que, no Concílio do Latrão IV, assim se expressa:

> Uma [...] é a Igreja universal dos fiéis, fora da qual absolutamente ninguém se salva, e na qual o próprio Jesus Cristo é sacerdote e vítima; pois seu corpo e sangue estão verdadeiramente contidos no sacramento do altar, sob as espécies do pão e do vinho, pois o pão é transubstanciado no corpo e o vinho no sangue (*transubstantiatis pane in corpus et vino in sanguinem*) pelo poder divino; de modo que, para cumprir o mistério da unidade *nós recebemos dele o que ele recebeu de nós* (DH 802, grifos meus).

Nessa declaração do Concílio de Latrão IV, é evidente a presença de uma síntese entre as duas dimensões do corpo de Cristo: a sacramental e a eclesial. "O mistério da unidade" não é esquecido, mas mesmo neste caso é enfraquecido em relação à grande tradição patrística, embora se expresse em um registo virtuoso de "troca" entre Cristo e a Igreja. A recuperação da dimensão eclesiológica padece de uma grande limitação, sendo delineada exclusivamente através de categorias cristológicas e antropológicas. De fato, a unidade da Igreja, tão presente na teologia eucarística agostiniana e patrística, parece ser reduzida e estruturalmente redimensionada.

No mesmo Concílio se estabelece a obrigatoriedade da comunhão anual (Páscoa), antecedida pela confissão, para todo fiel que "chegou à idade da discrição". Essa disposição afetou profundamente as práticas eucarísticas dos séculos seguintes, organizando-as em um ritmo anual, sem impedir, contudo, a comunhão em uma idade anterior à da discrição, nem uma frequência à missa superior à anual.

Alguns anos antes, mas já sob o pontificado de Inocêncio III, encontramos uma carta de 1202, dirigida ao arcebispo Giovanni de Lyon, em que o papa teólogo propõe uma síntese de fino acabamento da compreensão do sentido teológico da eucaristia, que pode ser considerada um texto-chave sobre a qual trabalhará com sutileza também a reflexão teológica posterior, e que permanecerá uma referência significativa ao "destino eclesial" da eucaristia:

> É preciso distinguir sutilmente três níveis diferentes neste sacramento: isto é, a forma visível, a verdade corporal e a virtude espiritual. *A forma é a do pão e do vinho, a verdade é a do corpo e do sangue, a virtude é a da unidade e da caridade.* O primeiro é *sacramentum et non res*, o segundo *sacramentum et res* e o terceiro é *res et non sacramentum* (*Distinguendum est tamen subtiliter inter tria, quae sunt in hoc sacramento discreta, videlicet formam visibilem, veritatem corporis et virtutem spiritualem. Forma est panis et vini, veritas carnis et sanguinis, virtus unitatis et caritatis. Primum est "sacramentum et non res". Secundum est "sacramentum et res". Tertium est "res et non sacramentum"*) (DH 783, grifos meus).

Como se vê, a terminologia ainda é fluida: a *forma* é compreendida como "espécie" ou "figura", *veritas* é "substância" e *virtus* é "dom da graça". Mas a correlação não ocorre mais entre dois níveis, e sim entre três níveis diferentes de experiência e sem qualquer desqualificação de um em detrimento dos demais. A distinção entre figura, verdade e virtude será uma das evidências teológicas de maior influência não só no desenvolvimento doutrinário, mas também na gestão prática da pastoral e no aprofundamento da vivência espiritual dos fiéis.

2. A eucaristia na Summa theologiae de Santo Tomás de Aquino

Ainda que muito rapidamente, devemos agora considerar o valor exemplar da concepção tomista da eucaristia, pelo menos tal como aparece resumido nas questões 73-83 da *Summa theologiae*. Sem entrar em detalhes sobre cada passagem, devem ser relevados apenas alguns aspectos fundamentais dessa admirável síntese, à qual teriam bebido ao longo de séculos e séculos estudiosos, homens e mulheres de fé.

a) As onze perguntas que compõem o "tratado eucarístico" da *Summa theologiae* não podem ser totalmente compreendidas se não vierem inseridas no quadro da sacramentária geral de Tomás, onde ele especifica que a eucaristia é, ao mesmo tempo, excluída da lógica da necessidade e definida como o "sacramento mais importante"[9]. Não é errado dizer que *o sacramento de maior relevância é tal, justamente porque não é necessário!* Para esclarecer esta passagem, Tomás prossegue em duas etapas: primeiro, ele apresenta os sacramentos necessários, listando três sacramentos *absolutamente* necessários (batismo, penitência e ordem sagrada) e três sacramentos *relativamente* necessários (crisma, extrema-unção e matrimônio). É muito impressionante que nessa lista apareçam apenas seis sacramentos, com a exclusão da eucaristia. Tomás explica porquê: a eucaristia não é necessária, nem absolutamente e nem relativamente, porque participa do fim para o qual são necessários os outros sacramentos. Ou seja, em relação à eucaristia, que é *a* finalidade e *o* fim, todas os demais são meios e mediações. A eucaristia é ao mesmo tempo mais que necessária e menos que necessária, e por isso é o sacramento mais importante.

b) A discussão sobre a "matéria do sacramento" ocupa as questões 74-77 e é nessa seção que Tomás aborda o tema relativo à "conversão" do pão e do vinho em corpo e sangue. Algumas anotações úteis podem ser as seguintes: Tomás normalmente não usa a terminologia de *praesentia* – talvez partindo do fato de que, para muitos autores medievais, o termo "presença" implicava não apenas que uma coisa "fosse", mas também que "fosse percebida" – e prefere expressões como *esse sub, esse in, contineri sub*; ainda assim, a visão com que Tomás trata a eucaristia é a de "delimitação em relação à entidade pão-vinho" da qual é cuidadosamente estudada – mas de forma limitada e parcial – a identidade. *Infelizmente, a esta centralidade do ente corresponde a marginalidade da ação.* No entanto, a relação entre "substância" e "espécie-acidentes" envolve um equilíbrio muito delicado do

---

9. Para maiores esclarecimentos deste ponto, cf. GRILLO, A., L'eucaristia al centro del settenario sacramentale. Declino e ripresa di un assioma sistematico, in: GRILLO, A.; PERRONI, M.; TRAGAN, P.-R. (ed.), *Corso di teologia sacramentaria*, v., II, 65-92. É decisivo lembrar que em dois artigos da *Summa* (III, q. 64, aa. 3 e 4) o sacramento "mais importante" foge da lógica da necessidade: são os demais seis sacramentos a serem necessários para se ter acesso à eucaristia, que é "a finalidade e o fim de todos os deveres".

sistema. Implica, por exemplo, uma distinção precisa entre a presença do corpo e do sangue e a da alma e da divindade, a distinção entre substância e quantidade, entre presença substancial e determinação espaçotemporal. Como é evidente, a requintada capacidade de gerir a "diferença substancial" em relação a qualquer captura empírica é diretamente proporcional à abstração dessa discussão a respeito do processo ritual concreto com o qual a missa é celebrada. E quanto mais a sutileza da análise é admirável, mais ela é forçada a recorrer a "formas conceituais" distantes em relação à "forma ritual"[10].

c) Se na solução que a transubstanciação propõe se encontra um equilíbrio admirável em comparação com as discussões dos séculos anteriores, que haviam dilacerado profundamente o corpo eclesial, no entanto, pelo simples fato de permanecer nessa lógica puramente "ôntica", a argumentação inevitavelmente gera uma série de graves desequilíbrios. De um lado, como vimos, a "substância" é obviamente desprovida de determinações acidentais, isto é, subtraída da sensibilidade; e por isso é irrepresentável. Por outro lado, se as espécies *manent sine subiecto*, ficam privadas da substância a que deveriam pertencer (q. 77). Tomás sabe muito bem que isso é completamente impossível para a metafísica aristotélica; portanto, ele considera-as um "milagre" que apenas o poder de Deus pode realizar. Mas aqui é possível detectar uma espécie de "círculo vicioso" que a noção de transubstanciação introduz na teologia eucarística. Se a fé crê que o pão e o vinho são figura do corpo e sangue de Cristo, a explicação teológica em termos de transubstanciação avança bons argumentos, que, no entanto, se conduzidos à sua razão última, não têm outra base senão o poder de Deus. De fato, a explicação teológica contribui significativamente para deslocar o "milagre" de seu lugar próprio: *não é mais o mistério do corpo e do sangue no pão e no vinho com que a Igreja entra em comunhão, mas a possibilidade metafísica de que exista aí uma substância à qual são inerentes os acidentes de outra*. Esse resultado, quando visto com calma, constitui um desfecho bastante tênue em comparação com a máquina argumentativa que ele põe em jogo.

d) Depois de falar da forma (q. 78), Tomás relata a mesma abordagem já considerada sobre a eficácia (q. 79), sobre o uso (qq. 80-81), sobre o

---

10. Cf. Gy, P.-M., Les paroles de la consécration et l'unité de la prière eucharistique selon les théologiens de Pierre Lombard à S. Thomas d'Aquin, in: Békés, G.; Farnedi, G. (ed.), *Lex orandi lex credendi. Miscellanea in onore di p. Cipriano Vagaggini*, Roma, Studia Anselmiana, 1980, 221-233.

ministro (q. 82) e sobre o rito (q. 83)[11]. Em cada um desses aspectos pesa a perspectiva estreita e reduzida com que as questões foram formuladas pela tradição anterior e em relação às quais também o gênio de Tomás permanece, por assim dizer, seriamente condicionado e limitado. Por exemplo, mesmo sabendo que o efeito último da eucaristia é a "unidade da Igreja", ele pensa essa unidade não como uma unidade *da Igreja*, mas como unidade *de cada indivíduo* com Cristo[12]. Falta apenas considerar como no tratamento de Tomás, exemplar para os séculos vindouros, a consideração do rito intervém apenas no final, quase que como último recurso, sem qualquer sentido no âmbito substancial. Enquanto a comunhão é vista como "uso do sacramento" e não como rito, sob o título "rito" ele propõe, no curto espaço da q. 83, uma pequena *expositio missae* em que, como já vimos (cf. acima, cap. 4, item I.5), é evidente a influência convergente de uma teologia ôntica da eucaristia e de uma tradição alegórica de interpretação da missa. É precisamente a redução do "sentido" à mudança da substância e a limitação de tudo o que não é "consagração-conversão" a um elemento secundário – seja este a "oração eucarística" ou o "rito da comunhão" – que assinalam abertamente o desconforto com que uma grande tradição, logo no momento de seu brilho máximo, soube iluminar de forma transversal as glórias e os pontos cegos de uma compreensão mista da teologia eucarística. A dedicação ao anúncio da presença do Senhor em meio aos seus paga, como sempre, um preço muito caro às condições culturais e eclesial da experiência e da expressão.

III. As diferenças em relação ao modelo patrístico e o papel da "ação ritual"

A teologia da "transubstanciação" reelaborou as categorias que haviam se desenvolvido a partir das controvérsias dos últimos dois séculos do primeiro milênio, articulando-as de forma cada vez mais refinada e abstrata através de uma reflexão original sobre a *diferença ontológica entre substância e acidentes-espécies*, enquanto paralelamente se ia afirmando *a distinção entre essência e uso*, por meio da qual, na consideração da sequência ritual, o olhar se concentrava cada vez mais em um conceito restrito

---

11. Dessa q. 83, na primeira parte do manual, citamos o *corpus* do a. 4 como exemplo autorizado de *expositio missae*, inserido no coração da *Summa*. Cf. acima, 133-136.

12. Este ponto foi cuidadosamente estudado por MAZZA, E., *Continuità e discontinuità*, 167-195.

de "consagração", que teve inevitavelmente por fim selecionar os aspectos relevantes da celebração eucarística, determinando assim a *progressiva irrelevância da oração eucarística* em seu conjunto e *dos ritos da comunhão* em relação à assembleia. Essas elaborações teóricas, desenvolvidas principalmente para defender de erros a tradição, sob muitos aspectos foram capazes de coroar o período de ouro da escolástica medieval, mas também devem ser consideradas em seu valor de *respostas de alto nível e cuidadosamente elaboradas para uma questão que fora formulada de modo muito restrito e limitado.*

O desenvolvimento – que de meados do século IX chega até o final do século XIII – atesta, portanto, uma espécie de "dissídio teológico" da tradição eucarística, uma vez que essa, *enquanto reelabora com precisão seus próprios dados para defender-se de leituras limitadas e unilaterais, introduz elementos teóricos que, mesmo garantindo a verdade de algumas proposições fundamentais, alteram profundamente a experiência (ritual) que permite o acesso a essas verdades.* A lente é colocada no que parece ser, no momento, o "ponto geométrico" da tradição: e isso permitiu dissecar sua lógica com uma análise muito precisa. Mas a síntese não é completa: deixa grandes lacunas e, acima de tudo, não consegue criar uma continuidade real. Ao contrário, arrisca quebrar a experiência eclesial e restringir a tradição. Tendo deixado para trás não apenas a tipologia e a cultura platônicas – como Enrico Mazza denunciou vigorosamente em seus valiosos escritos –, mas sobretudo tendo contribuído para quebrar a correlação entre o sentido teológico e a ação ritual em sua integralidade e plenitude – alterando sua experiência precisamente mediante pares de noções polarizadas: substância/espécie e essência/uso[13] –, a teologia escolástica, com suas sutis distinções, produziu uma série de oposições que derivam inevitavelmente das ferramentas conceituais de que era capaz, que queria e que teve de empregar. *Se se investiga a "figura" do pão e do vinho, desenraizando-a do contexto narrativo e ritual da sequência eucarística, e correlacionando-a, ao contrário, a uma verdade assegurada apenas pela "mutação da substância" garantida em sua plena e total invisibilidade, a engenhosa solução da "transubstanciação" certamente permite o trânsito da*

---

13. Deve-se sublinhar que esse "efeito de distorção" não põe em questão a legitimidade doutrinal da operação de esclarecimento da "realidade", mas introduz uma *mens* que dificilmente consegue dar valor à ação, a não ser de forma "jurídica" ou "cerimonial". Por isso, não é uma ousadia considerar a "lógica da transubstanciação" uma das causas do desgaste progressivo da ação ritual, como mediação originária da presença do corpo e do sangue de Cristo.

verdade da substância, que, no entanto, não é toda a verdade, porque carece de todas as conotações "acidentais", "contingentes", "fenomênicas" e assim não consegue garantir plena e perfeitamente a passagem da tradição. Se a ação ritual for reduzida à essência da "consagração da substância" e todo o resto for reduzido ao "uso do sacramento", restará muito pouco da celebração eucarística com relação à "coisa sagrada", que, por isso, se pretende encontrada – enquanto tal – muito mais na "contemplação" do que na "ação".

Esses desenvolvimentos terão como consequência a progressiva "autonomia" do sacramento em relação à celebração ritual, que cada vez mais se tornará mera *moldura cerimonial do sacramento*, entendida como um "suporte institucional" para a produção da presença real, diante da qual se deve colocar em atitude de adoração, ou então destinada a ser recebida com maior ou menor frequência, de acordo com o "uso" previsto. Mas nem a *fruição espiritual* nem a *fruição sacramental* da comunhão terão mais uma relação estrutural com a ação ritual[14].

Mesmo os dois últimos séculos desse período, o XIV e o XV, com suas novidades igualmente relevantes, não abandonarão dessa tendência, embora tenham manifestado alguns sinais de uma fase promissora, com novas aberturas e novos perigos, que começarão a se manifestar completamente e a realmente afetar a tradição apenas com o protesto de Lutero e a resposta com que a Igreja católica fará sua objeção a esse mesmo protesto.

IV. O quadro teórico e a prática litúrgica no limiar da Modernidade

O final do século XIII e a primeira metade do século XIV conhecem um desenvolvimento da teologia que geralmente é indicado, enquanto julgado sob a perspectiva teórica, como o surgimento do "nominalismo". Dentro da perspectiva de uma teologia eucarística, esse desenvolvimento determina algumas consequências de caráter geral que convém recordar brevemente de forma sintética:

– por um lado, o sublinhar da "contingência da criação", enquanto amplia muito o espaço da gratuidade de Deus, diminui a elaboração de um "sistema" de correlação entre verdades de fé e verdades racionais;

---

14. Consultar a terceira parte do manual, na parte em que se tratará da comunhão espiritual. Cf. abaixo, cap. 12, item VII.

– a partir daí, por outro lado, deriva uma abordagem que tende a separar com maior força a lógica da fé da lógica da razão, com uma gama muito ampla de consequências sobre a formulação do discurso teológico e sobre a sua natureza de "sistema".

Isto tocará o cerne da reflexão teológica sobre a eucaristia, ou seja, a própria definição de "transubstanciação", que gozava de crédito tão alto *apenas enquanto a fé e a razão foram capazes de reconhecer entre si uma estreita relação de colaboração*. Então podemos, em primeiro lugar, observar como o tema se transforma no pensamento de João Duns Escoto (c. 1265-1308) e Guilherme de Ockham (c. 1288-1349), para em seguida, dedicar uma breve atenção aos desenvolvimentos litúrgicos, aos movimentos reformadores e às reações magisteriais desse período que concluem a era medieval.

1. A teologia eucarística do nominalismo: Escoto e Ockham

Um dado que une as posições de Escoto e Ockham sobre a eucaristia é a crítica feita à teoria tomista da transubstanciação. Para ambos, na explicação dada pelo Doutor *Angelicus* há um excesso, visto que os dados da tradição da última ceia não são suficientes para poder demonstrar a "conversão substancial". Ambos, no entanto, ainda que criticando a solução tomista (de forma diferenciada), acolhem a transubstanciação não como demonstrada pela teologia, mas como *ensinada pela autoridade da Igreja*. Como é típico deste desenvolvimento medieval tardio, havendo em princípio uma distinção mais profunda entre lógicas de evidência e lógicas de autoridade, não é difícil mostrar os limites racionais de uma explicação teológica e ao mesmo tempo a ela aderir por obediência à autoridade da fé.

É útil ter em mente que a crítica dirigida a Tomás parece diferente nos dois autores: para Escoto a *conversio* é substituída por uma *successio substantiarum*, que seria a consequência da transladação (*adductio*) do corpo de Cristo. Segundo Ockham, ao contrário, a explicação da presença substancial do corpo de Cristo não requer em absoluto a anulação ou a conversão da substância do pão: de fato, ele acredita que seria mais razoável e mais adequado para a compreensão pensar que a substância do pão permaneça. A sua teoria, em certo sentido, seria uma teoria de "consubstanciação": mas o franciscano inglês sabe que isso entraria em conflito com o que fora estabelecido pelo Concílio de Latrão IV em 1215, que, tendo usado a expressão *transubstantiatis*, parece excluir a permanência da substância do pão e do vinho.

Ockham, no entanto, novamente procede de maneira original e nova, em comparação com a tradição escolástica e tomista. De um lado, ele mostra toda a inadequação da "lógica substancial" com que se pretende explicar a eucaristia. A eucaristia, em sua opinião, não pode ser realmente compreendida se substância, acidentes e quantidade forem separados: somente na união concreta desses diferentes níveis de ser é que se pode acessar seu verdadeiro sentido. De outro lado, o próprio Deus, com sua onipotência absoluta, impôs o que devemos aceitar como um "dado de fé", diante do qual a razão deve se render. *A eucaristia é para ser acreditada, não pensada*. Sobretudo nestas disputas do final da Idade Média, ainda que com uma variação não secundária, permanece fixa a ideia de uma "presença", pensada como "objetividade espacial" que não consegue valorizar plenamente o simbolismo sacramental. O ser do corpo de Cristo tem, com o pão e o vinho, uma relação meramente ocasional: "A realidade terrena da mesa eucarística e do alimento eucarístico não é o veículo do encontro com Cristo, mas apenas a ocasião"[15].

O que começou no mundo carolíngio como uma distinção entre "mistério" e "verdade" mostra, quinhentos anos depois, todos os seus limites. Este resultado abre o espaço no qual o mundo moderno desenvolverá novas formas de acesso à verdade eucarística, com novos conflitos, novas definições, muitas vezes na confirmação de um divórcio radical entre conhecimento teológico e ação ritual, que permanecerá uma perspectiva altamente problemática por muitos séculos ainda.

2. Práxis eucarística, tentativas de reforma e magistério no século XV

O horizonte em que se desenvolve o pensamento teológico tomista e depois nominalista é caracterizado por uma práxis ritual em que já se consolidaram hábitos, orientações e práticas, segundo as quais *a relação entre "cerimônia", "teologia" e "espiritualidade" não consegue formar uma unidade*. A missa é expressamente reservada ao clero e o ponto de contato com o povo é a consagração-elevação. Deve-se reconhecer aqui uma forte correlação entre desenvolvimento teológico e formas de culto. Essa condição, no entanto, não só compromete o relacionamento dentro da própria celebração eucarística – entre as suas diversas partes, que deveriam ser

---

15. GERKEN, A., *Teologia dell'eucaristia*, 134.

coerentes entre si – como também muda o caráter próprio dos ritos em si: o caso mais exemplar é o da comunhão que, de "rito do sacramento", transforma-se progressivamente em "uso do sacramento". Este é talvez o caso mais típico desse esquecimento da ação ritual que afeta profundamente a práxis e a teoria eclesial da eucaristia, deixando espaço para uma primazia da contemplação sobre a ação que se tornará, ainda nos séculos seguintes, uma qualificação muito acentuada do estilo eucarístico cristão, especialmente o católico.

Entre as dimensões que sofrem essa evolução também está aquela do "sacrifício", sobre o qual a tradição escolástica não elaborou uma reflexão tão precisa quanto a que ela destinou para a justificação da "presença real". Isso pode dever-se a dois fatores convergentes: de certa forma o tema não parecia problemático (só se tornará a partir de do século XVI, após a controvérsia luterana); por outro lado, foi precisamente a oferta do sacrifício que constituiu o "fim" de todo o conhecimento sobre a "presença real", e, por isso, teve a seu favor o fato de poder contar com uma obviedade e um imediatismo acentuados. Isso talvez explique porque não houve para esse tema uma elaboração teórica compartilhada nem pronunciamentos oficiais, exceto depois do protesto de Lutero. Em vez disso, prevalecerá uma espécie de *communis opinio* que permitirá considerar a missa como uma "alegoria do sacrifício de Cristo com valor sacrifical". Permanece, como pano de fundo, a simples definição de Tomás de Aquino, que separa, na eucaristia, duas dimensões: "A eucaristia é sacramento enquanto recebido, e sacrifício enquanto oferecido" (cf. *Summa theologiae*, III, q. 79, a. 5). Esse entendimento explica uma série de práticas e uma série de teorias que, com o mundo moderno, serão submetidas a uma intensa revisão, na qual ainda hoje estamos profundamente imersos.

Movem-se nesse âmbito também as reflexões tardias atestadas por alguns autores ou por algumas províncias eclesiásticas, diante das quais o magistério reagirá com intervenções importantes. É o caso de John Wycliffe (c. 1325-1384), professor de filosofia e de teologia na Universidade de Oxford, e por Jan Hus (c. 1371-1415), professor de teologia e reitor da Universidade de Praga.

Começamos considerando um texto de Wycliffe que atesta, de forma diferente à daqueles autores que consideramos anteriormente, uma oposição aberta à "transubstanciação", que aqui aparece direta e sem mediação:

> Como Cristo tem duas substâncias, uma terrena e outra divina, assim este sacramento é, a sua maneira, não unívoco (equívoco): é corpo do pão sen-

sível crescido a partir da terra e é o corpo de Cristo recebido como Palavra no ventre de Maria; e como a Palavra, por meio da encarnação, não perdeu sua substância eterna, mas permaneceu aquela natureza divina extraordinariamente combinada com algo que não existia antes, então de alguma forma o corpo do pão, preservando a substância do pão, está milagrosamente unido ao corpo de Cristo, Não ouso dizer identicamente (*ydentice*) de acordo com a substância ou natureza, mas metaforicamente (*tropice*), de acordo com sinal e figura. Apesar disso, não é errado ou impróprio, mas, pelo contrário, é certo e adequado dizer que é o corpo de Cristo, como Cristo usa termos verdadeiros e apropriados quando diz que o pão é o seu corpo. Conclui-se que não se deve dizer que a substância do sacramento são dois corpos, mas o único corpo de Cristo (*Tratado sobre a apostasia*, 106).

É claro que essa abordagem, devido a um aristotelismo ortodoxo e, portanto, contrário à possibilidade de que os acidentes-espécies possam subsistir sem sua substância, levam Wycliffe a uma posição que lembra alguns elementos de Ratramno e Berengário. Isso levará ao pronunciamento do Concílio de Constança (1414-1418) contra sua teologia: seus livros serão condenados e queimados. O teólogo havia morrido em 1384, mas, apesar da oposição do bispo de Lincoln, em 1428 seus ossos serão exumados, queimados e suas cinzas espalhadas no rio Swift.

O mesmo vale para Jan Hus, mas por razões diferentes. No caso do reformador boêmio a condenação à fogueira, em 1415, é apenas o começo do movimento Hussita que assume uma posição "utraquista", ou seja, considera necessária para a eucaristia a comunhão *sub utraque*, "sob ambas (as espécies)", a do pão e a do vinho. Na realidade, como veremos, nas trinta proposições de Hus condenadas pelo Concílio de Constança, nenhuma diz respeito à eucaristia. O Concílio, indiretamente, trata da "comunhão sob uma única espécie" e não apenas a define como legítima, mas também a qualifica como lei da Igreja. E os sacerdotes que distribuem aos leigos a comunhão sob ambas as espécies são excomungados.

Um século antes de Lutero já havia sinais de um mundo em mudança. Procuram dar respostas a esse mundo dois Concílios – o de Constança e o de Florença (1439-1443) – dos quais iremos agora brevemente tratar, em virtude do impacto que terão na teologia e na práxis eucarística até o Concílio de Trento.

O Concílio de Constança condenou quarenta e cinco proposições de Wycliffe e trinta proposições de Hus. Já vimos que nenhuma das proposições de Hus diziam respeito à eucaristia. Em vez disso, as três primeiras proposições condenadas do teólogo de Oxford são as seguintes:

1. A substância material do pão, bem como a substância material do vinho, permanecem no sacramento do altar.
2. Os acidentes do pão não permanecem no mesmo sacramento sem o sujeito deles.
3. Cristo não está presente no mesmo sacramento em idêntico modo e realmente (*identice et realiter*) com a própria presença corporal.

É justo reconhecer, sobre as sentenças de Wycliffe e Hus estabelecidas por esse Concílio em 1418, que

> se não nos deixarmos envolver pelo típico espírito partidário da época, encontramos na heresia deles pouco mais que uma elaboração criativa de temas já amplamente difundidos no mundo católico. O episódio que os envolveu talvez pudesse ter sido tratado com mais tato se naquele momento os líderes da Igreja não estivessem nos últimos estertores do Grande Cisma[16].

Deve-se recordar também, como encerramento deste período histórico, o Concílio de Florença, que trata das relações entre Ocidente e Oriente e que intervém, no que diz respeito à eucaristia, quer sobre o tema da "matéria" (o pão ázimo), quer no âmbito da "forma" (com o problema da pertinência da epiclese). Na realidade, a afirmação da tradição latina não exclui completamente a possibilidade de reconhecer, tanto disciplinar quanto doutrinalmente, certa diferença entre Oriente e Ocidente. Assim, é possível que aquilo que os orientais interpretam como "epiclese", seja pensado no Ocidente como uma "mediação" de Cristo por um ministro agindo *in persona Christi*.

Nestas últimas questões do final da Idade Média, enquanto época marcada por uma nova sensibilidade, surgem, evidentemente, os limites de uma tradição que, em contato com a diferenciação de práticas em um mundo diferente, começa a experimentar a fragilidade das categorias demasiadamente rígidas e unilaterais, como as da "matéria" e da "forma", sobre as quais será preciso providenciar gradualmente um atento repensar. *É precisamente o magistério, que pela primeira vez aplica sistematicamente a todos os sacramentos as categorias escolásticas de matéria, forma e ministro, que sinaliza também sua crise incipiente.* Isso acontecerá, dentro de um

---

16. Bossy, J., *L'occidente Cristiano. 1400-1700*, Torino, Einaudi, 1990, 97.

século, com a descobertas humanísticas, científicas e geográficas que darão início à Era Moderna. Será o contexto amplo e articulado de uma mudança que começou já há algum tempo e que poderíamos definir, nas palavras do historiador J. Bossy, como a "transição da comunidade para o indivíduo". Isso será muito relevante para a compreensão da teologia eucarística. Pois só a partir dessa época as intuições teóricas e as escolhas práticas de um mundo que havia sido ainda profundamente "comunitário" – como o mundo dos Padres da Igreja, até o século XIII – se tornarão o suporte indireto de um fenômeno de "individualização da fé", que recebeu não só da Reforma Protestante, mas também da reação tridentina, um apoio até então ainda amplamente subestimado e incompreendido. Apenas à luz de uma compreensão adequada desse desenvolvimento é que poderemos entender a reação que, a partir do século XIX, orientará a teologia e a prática eucaristia à redescoberta da dimensão comunitária constitutiva do sacramento, não mais garantido pelo uso agora transformado e extenuado das categorias escolástica e tridentina.

Temas de estudo

1. Em que medida o modelo medieval de compreensão, elaborado a partir do século IX, continua a usar as "categorias patrísticas" (*imago, signum, sacramentum, figura, veritas*) e em que medida, por outro lado, introduz noções novas?
2. A mudança da questão de base, que aparece com Carlos, o Calvo, introduz um problema antes inexistente. E faz isso elaborando uma "diferença" entre o mistério e a verdade, o que desloca definitivamente o papel do processo ritual no que diz respeito à experiência da verdade. Como essa "lacuna" foi preenchida pelos autores medievais?
3. Paralelamente a esse desenvolvimento teórico, a prática também foi mudando. É possível identificar uma relação – se não necessária, ao menos possível – entre as novas categorias polarizadas de interpretação da eucaristia (substância/espécie; existência/uso) e as práticas comemorativas que se impõem?
4. A fratura entre fé e razão, que se verifica a partir do século XIV, coloca em crise o "sistema eucarístico": doutrina e disciplina divergem e cresce uma diferenciação tanto doutrinal quanto prática: é possível identificar nesses desenvolvimentos as premissas da virada reformadora moderna?

Para aprofundar

Uma reflexão aprofundada sobre o impacto do conhecimento medieval na tradição eucarística poderá fazer uso dos seguintes textos, de caráter teológico, antropológico e histórico:
- Gerken, A., *Teologia dell'eucaristia*, Cinisello Balsamo, Paoline, 1978.
- Falsini, R., La trasformazione del corpo e sangue di Cristo, *Studi francescani*, 52 (1955) 5-57.
- Chauvet, L.-M., La messa come sacrificio nel Medioevo e nel Concilio di Trento: pratiche e teorie, in: Ubbiali, S. (ed.), *Il sacrificio. Evento e rito* (Caro salutis cardo. Contributi, 15), Padova, EMP/Abbazia di S. Giustina, 1998, 19-51.
- Bossy, J., *L'occidente cristiano. 1400-1700*, Torino, Einaudi, 1990.
- Id., *Dalla comunità all'individuo. Per una storia sociale dei sacramenti nell'Europa moderna*, Torino, Einaudi, 1998.

CAPÍTULO 8
Crise e síntese moderna: a Reforma e o Concílio de Trento

Com a passagem gradual da baixa Idade Média para a Idade Moderna, ocorrem macrofenômenos nos quais devemos situar também nova breve incursão na história da teologia e da prática eucarística. Ademais, não se deve esquecer que o que acontece com a história do sacramento é inevitavelmente afetado pela passagem da época, em que se passa de um "cristianismo tradicional" para um "cristianismo traduzido"[1], cujas características salientes podem ser resumidas com o título de outra célebre e já citada obra de John A. Bossy, *Dalla comunità all'individuo* [*Da comunidade ao indivíduo*], que capta bem o fenômeno que envolveu, indiferentemente, ainda que por caminhos alternativos, tanto a tradição católica quanto a protestante.

A tradição eucarística elaborada pelo pensamento medieval, tendo por base um repensar profundo e por vezes unilateral da linha de reflexão patrística, chegara ao século XV com uma rica bagagem de teorias teológicas, que, no entanto, correspondiam a uma prática ritual completamente desequilibrada em termos de uma estilização devota e individual, paralela a uma compreensão institucional marcadamente clerical. O contraste, então, entre as formas teóricas e as experiências práticas muitas vezes aparecia como algo muito surpreendente.

---

1. Cfr. BOSSY, J., *L'occidente cristiano*, 10-25.

Nesse horizonte, vai se delineando um desenvolvimento do qual devemos simultaneamente captar o *traço comum* das diversas confissões, mas acima, e para além, das *diversas posições* que se manifestam e se entrechocam nesse campo. No arco temporal do século XVI ocorre uma "transformação" que podemos considerar como decisiva para o desenvolvimento do pensamento eucarístico e para o estabelecimento da prática ritual. As grandes provocações decorrentes do protesto luterano criarão múltiplas frentes de batalha: de um lado, com os "papistas" (ou seja, com os católicos) e, de outro, com os "suíços" (ou seja, com os outros reformadores). Mas em todas essas oposições, às quais também nos referiremos detalhadamente, poderemos observar a mudança na experiência eclesial, que une de alguma forma as duas frentes, católica e protestante, com tendência a substituir o indivíduo pela comunidade, uma tendência que amadureceu com estilos diferentes e até mesmo com linguagens antitéticas, mas com um desfecho que facilmente une as partes opostas. Tentaremos, portanto, apreender a trama desse duplo nível de desenvolvimento: por um lado, o nível mais evidente de *novas e importantes oposições e fraturas*; do outro, o de uma *evolução comum*, que unifica as frentes opostas em um mesmo caminho de transformação.

I. Os termos da "crise": protesto, reforma e eucaristia

A mudança provocada pelo protesto de Lutero, com o desejo de reforma que dará nome ao movimento luterano e evangélico, não só terá um efeito "negativo" sobre o catolicismo, como determinará uma série de fenômenos de resposta e reação que também modificarão profundamente a prática e o pensamento católicos. O papel que a eucaristia tinha no mundo medieval vai gradualmente assumindo um novo estatuto: todos os envolvidos desejarão "defender a tradição", mas todos, justamente para defendê-la, serão obrigados a fazê-la evoluir de modo consistente. As acusações de traição, que todos os oponentes trocarão sem reservas entre si e com dureza impressionante, escondem dos olhos a lógica da *traditio* mais autêntica. O papel que a eucaristia (a missa ou a santa ceia) desempenhará neste evento parece ser tudo, menos secundário. De fato, pode-se dizer que em torno da missa – com seu alto grau de intensidade mística interior e de representação institucional exterior – jogou-se um "jogo" em que, para além dos mais duros contrastes, um novo imaginário eclesial foi construído, no qual muda o papel do sacramento, dos sujeitos implicados e das práticas a ele ligadas[2].

1. Lutero e o primado da Palavra

Os dezessete escritos de Martinho Lutero (1483-1546) dedicados especificamente à eucaristia vão de 1519 a 1544 e a eles se acrescentam as referências eucarísticas presentes em outras obras importantes[3]. Uma síntese das afirmações-chave de Lutero exige, antes de tudo, que ela não seja compreendida submetendo essas proposições à luz da resposta que o Concílio de Trento quis apresentar a elas; de fato, pode ser útil ter em mente que outros reformadores reagiram às posições luteranas, bem antes de Trento, em particular Karlstadt, Bucer, Zuínglio e Calvino. Tendo em vista esse complexo perfil, passemos em revista as principais pretensões do entendimento luterano da santa ceia:

a) Uma primeira afirmação importante é a confirmação da fé na "presença corporal" do Senhor na santa ceia, que, no entanto, é acompanhada pela clara rejeição das explicações que os "metafísicos" e os "sofistas" propõem oficialmente sobre essa presença. A recusa da transubstanciação será um ponto fixo da posição luterana, sem que isso jamais faça com que o teólogo de Wittenberg perca uma referência forte e decisiva à corporeidade eucarística. Em Lutero, ao contrário do que normalmente se diz, a afirmação sobre a "consubstanciação" nunca é encontrada. Ele afirma que na ceia há o pão e o corpo, e rejeita todas as teorias que tentam excluir um ou outro, por meio de raciocínios "substanciais" ou "retóricos".

b) Uma segunda afirmação diz respeito à centralidade das "palavras do Senhor" na ceia. O centro da eucaristia é a Palavra, não a hóstia. Mas isso não impede que se possa "adorar o Sacramento". Sobre esse ponto,

---

2. Como confirmação dessa tendência "comum" a uma evolução, considere-se por exemplo, a obra reformadora de Gian Matteo Giberti, bispo de Verona entre 1531 e 1543. A ele se devem duas reformas "pré-tridentinas" que deixarão sua marca até hoje: ou seja, o primeiro confessionário e um dos primeiros tabernáculos colocados sobre o altar-mor. Cf. AGOSTINI, M.; BALDISSIN MOLLI, G. (ed.), *Gian Matteo Giberti (1495-1543). Atti del Convegno di Studi*, Biblos/Diocesi di Verona, Cittadella, 2012.

3. Cf. RICCA, P., *L'ultima Cena, anzi la Prima. La volontà tradita di Gesù*, Torino, Claudiana, 2013. Para compreender a leitura "litúrgica" da eucaristia em Lutero é útil a obra de CASSESE, M., *Martin Lutero e la sua riforma liturgica. Il percorso storico-teologico di un culto rinnovato* (Quaderni di Studi ecumenici, 35), Venezia, ISE, 2017. Para a compreensão litúrgica de Lutero, cf. também MEYER-BLANCK, M., *Gottesdienstlehre*, Tübingen, Mohr Siebeck, 2011, 154-160.

Lutero deixa à liberdade de cada um. Quem adora não peca. Quem não adora não peca.

> Sendo livre a adoração, devem ser desaprovados tanto os que a querem proibir, como se Cristo não estivesse presente no sacramento, quanto os que a querem impor, como se a condição de Cristo no sacramento fosse tão gloriosa quanto a de Cristo no céu[4].

c) Uma terceira proposição, sobre a qual Lutero obtém o pleno consentimento de toda a frente protestante, é a negação da missa como sacrifício. O sublinhar de que a eucaristia deve ser entendida não como *officium*, mas como *beneficium*, estrutura, por um lado, o distanciamento radical da compreensão "católica" e a valorização da comunhão em detrimento da oferta. Na realidade, parece que nesta sua posição Lutero esteja simplesmente elaborando uma compreensão escolástica da eucaristia que, por sua vez, a considera um "sacrifício" enquanto é oferecida e um "sacramento" enquanto é recebida. Em certo sentido, Lutero mantém-se firme em uma leitura medieval, que se torna explosiva quanto às consequências que dela ele tira, no sentido da superação do valor "de propiciação" da oferta do sacrifício. Esse campo de forças, estruturado em torno dessas três proposições fundamentais, constituirá uma das bases sobre as quais o Concílio de Trento formulará sua apologética doutrinária e disciplinar.

2. Os "suíços" Zuínglio e Calvino

Outro âmbito de reflexão sobre a santa ceia, predominantemente suíço, difere significativamente da abordagem luterana e avança para uma leitura explicitamente "metafórica" da relação entre pão e corpo. Uma amostra dessa posição é certamente Ulrico Zuínglio (Huldrych Zwingli, 1484-1531), de Zurique, juntamente com João Ecolampádio (Johannes Heussgen [ou Johannes Oekolampad], 1482-1531) e, depois, com João Calvino (Jehan Cauvin, 1509-1564), de Genebra.

A posição de Zuínglio, o reformador de Zurique, coincide com a de Lutero na exclusão da natureza sacrifical da missa. Por isso, diante do sacrifício único de Cristo, a missa é apenas um ato de comemoração, até mesmo uma simples lembrança do acontecimento histórico da cruz e demonstração pública de fé. Obviamente, dado este entendimento da ceia, a presença do Senhor também é entendida em sentido exclusivamente espiritual. A

---

4. RICCA, P., *L'ultima Cena, anzi la Prima*, 154.

argumentação a favor desta solução procede segundo provas de natureza filológica: seja na leitura do verbo "ser" da fórmula ("Isto *é* o meu corpo... Este *é* o meu sangue...") como se significasse "representar"; seja considerando a colocação do "corpo" de Cristo sentado à direita do Pai como um impedimento estrutural para poder conceber uma presença somática sacramental, que se mostraria como contraditória. Diante do pensamento do pastor de Zurique, Lutero acentua alguns traços de sua concepção, justamente para melhor contrastar com a posição de Zuínglio: desse modo, à negação da presença se contrapõe uma visão ainda mais determinada da realidade do corpo e do sangue de Cristo, da qual Lutero fornece uma teoria teológica que resolve as questões por meio do "princípio da ubiquidade" do corpo do Ressuscitado, que pode estar ao mesmo tempo no céu e na terra. Também a teologia eucarística de Calvino não deixou de despertar considerável atenção, dada a sutileza de seu *Pequeno Tratado da Santa Ceia*, no qual, referindo-se à tradição agostiniana, ele se coloca em uma espécie de *medietas* entre a posição luterana e as de Zuínglio e Ecolampádio. Por um lado, de fato, ele compartilha com estes a crítica a toda teoria da "presença local" do corpo de Cristo. Mas, por outro, com igual força, não renuncia a uma leitura da eficácia sacramental do pão e do vinho eucarísticos, em que o fiel "pela ação do Espírito Santo" recebe verdadeiramente o corpo e o sangue de Cristo, e não um "mero sinal". Deve-se, portanto, assinalar que a posição de Calvino permite uma recuperação significativa daquela dimensão pneumatológica que, nas discussões entre os reformadores, e depois também entre reformadores e católicos, custará ser valorizada.

II. Resposta e proposta tridentina

Uma chave muito útil para compreender o Concílio de Trento (1545-1563) *sub specie eucharistica* consiste em distinguir entre dois níveis de intervenção:
- o Concílio, antes de tudo, preocupa-se em formular a "negação das negações" levantadas pelos autores protestantes no âmbito doutrinário e dogmático;
- em segundo lugar, o Concílio providencia a defesa da prática disciplinar católica (as "afirmações das práticas"), com uma relação por vezes muito extrínseca com o "pensamento doutrinal"[5].

---

5. Para uma distinção precisa entre esses dois níveis de intervenção e preocupação do Concílio de Trento, remetemos a MARSILI, S., *Eucaristia. Teologia della celebrazione eucaristica* (Anamnesis, 3/2), Casale Monferrato, Marietti, 1983, 108 ss.

As posições que emergem do Concílio na esfera eucarística são profundamente afetadas por esta abordagem. E determinarão um "efeito de distorção" devido justamente à convergência da negação das negações (teóricas), juntamente com a afirmação das afirmações (práticas)! Isso se dará de tal forma que a experiência eucarística do catolicismo será desenhada no perfil das escolhas conciliares, muito além das intenções dos próprios padres conciliares. Assim, o *Decretum de SS. Eucharistia* da XIII sessão do Concílio (outubro de 1551) encontrará uma continuação apenas onze anos depois: primeiro na *Doctrina de communione sub utraque specie et parvulorum*, na XXI sessão (junho de 1562), e logo depois na *Doctrina de SS. Missae sacrificio*, na sessão XXII (setembro de 1562). O tratamento diferenciado nestes vários documentos contribuiu consideravelmente para estruturar a experiência eclesial: a "presença real" foi confirmada como diferente da "comunhão" e a "comunhão" como diferente da "missa". Defendendo fortemente as práticas presentes e difundidas, mas dando-lhes a chancela de oficialidade, os decretos tridentinos levaram a experiência dos católicos a uma difícil síntese entre sacramento, comunhão e sacrifício, favorecendo uma experiência "separada" de cada uma dessas formas de relação com a eucaristia[6]. Desde então, tornou-se muito mais fácil "ser católico" precisamente confirmando essas divisões. Assim, no domingo, como dia do Senhor de preceito, tornou-se comum organizar o dia monástico da seguinte forma: de manhã bem cedo, receber a comunhão; no final da manhã, assistir ao sacrifício, sem comungar; imediatamente após o almoço, parar por algum tempo em adoração ao Santíssimo Sacramento, sem missa e sem comunhão. Um estilo católico, eclesial, pastoral e espiritual, pôde se desenvolver nessa "eficácia fragmentada e fragmentadora" da tradição, mediada pela autoridade dos decretos tridentinos. Vejamos agora seu conteúdo com mais detalhes[7].

---

6. O juízo sobre a "recepção" do Concílio, nos séculos seguintes, não significa de forma alguma negar a qualidade da elaboração com que os padres conciliares e os teólogos sistematizaram o material de que dispunham. Para uma avaliação acurada dessa elaboração, remetemos a MAFFEIS, A., Il dibattito sull'eucaristia al Concilio di Trento tra riflessione teologica, controversia confessionale e definizione dogmatica, *Teologia*, 37 (2012) 67-108. Mas a distinção entre a elaboração das categorias tridentinas e o seu efeito não impede uma avaliação crítica das soluções então adotadas, distinguindo bem entre a continuidade da substância da fé eclesial e a adequação da formulação do seu revestimento categorial.

7. A estrutura dos decretos prevê sempre uma parte doutrinal e depois uma série de "cânones de condenação". O ponto decisivo da posição doutrinal está contido nos cânones, que, no entanto, se limitam a indicar a proposição condenada, não as razões da condenação. A regra é simplesmente a condenação, não as suas razões. Para uma exposição mais

1. *O decreto sobre a eucaristia (1551 – sessão XIII)*

Na sessão XIII, o decreto sobre a eucaristia é desenvolvido em oito capítulos, com os seguintes títulos:

1. *De reali praesentia D. N. I. Christi in ss. Eucharistiae sacramento*
2. *De ratione institutionis ss. huius sacramenti*
3. *De excellentia ss. Eucharistiae super reliqua sacramenta*
4. *De transubstantiatione*
5. *De cultu et veneratione huic ss. sacramento exhibenda*
6. *De asservando ss. Eucharistiae sacramento et ad infirmos deferendo*
7. *De praeparatione, quae adhibenda est, ut digne quis ss. Eucharistiam percipiat*
8. *De usu admirabilis huius sacramenti*

Note-se como a sequência dos temas reflete bem a sistemática construída na época medieval: presença real, instituição, primazia eucarística, transubstanciação, culto e conservação do sacramento, preparação de quem recebe o sacramento e uso do sacramento.

O decreto é seguido por onze cânones de condenação, dos quais algumas declarações-chave podem ser inferidas.

a) A posição católica identifica a "modalidade" da presença do corpo e do sangue de Cristo com três advérbios: "verdadeiramente, realmente e substancialmente (*vere, realiter et substantialiter*)", que negam as afirmações "concorrentes", ou seja, de uma presença *in signo, vel figura, aut virtute*. É evidente como esta posição reforça uma leitura "não figurativa", "não sinalética" e "não simbólica" da celebração eucarística, colocando as premissas para uma leitura fortemente intelectualista. Por outro lado, deve-se reconhecer também que "a Igreja Católica [...] torna seu o termo 'transubstanciação' porque o considera 'muito apropriado', mas não exclui a possibilidade de usar outros termos capazes de exprimir o que este significa"[8]. Há, portanto, uma margem de variabilidade, preservada pela tradição, para expressar a verdade e a realidade do corpo que difere de uma afirmação "substancial".

b) É também relevante a determinação da presença real, sob cada espécie e sob cada um de seus fragmentos, de todo o corpo, sangue, alma e divindade de Cristo. Soma-se a isso a permanência dessa presença *antes* e

---

completa, porém, preferimos nos referir à estrutura dos decretos, com seus títulos, que são mais claros, ainda que com menos autoridade.

8. Caspani, P., *Pane spezzato*, 260.

depois do uso que a Igreja faz das espécies. O que é evidentemente o fundamento do culto eucarístico, mas também uma releitura da celebração que concentra seu olhar na consagração e tende a redimensionar a forma ritual da oração eucarística e do rito da comunhão ao "uso".

c) A correlação entre a eucaristia e o perdão dos pecados também é central nos cânones desta sessão conciliar. Embora se rejeite que a eucaristia tenha por finalidade exclusiva o perdão dos pecados, reafirma-se a sua eficácia sobre os pecados veniais e o seu poder de preservar do pecado mortal. No entanto, estes cânones terão de ser correlacionados tanto com os cânones relativos ao sacrifício da missa, com o valor de perdão do pecado, como com os específicos sobre a penitência.

Como é evidente, a linguagem tridentina, ao defender a prática católica da época dos ataques do protestantismo, tende a absolutizar as categorias do entendimento escolástico, que se tornarão princípios operativos nem sempre lineares, mas marcados por uma cisão interna, que ao longo dos séculos emergirá com força cada vez maior e até com certa liberdade em relação aos próprios decretos tridentinos.

2. A doutrina da comunhão sob as duas espécies e a comunhão das crianças (1562 – sessão XXI)

Na sessão XXI é retomado o tema eucarístico em relação às questões que dizem respeito à comunhão sob as duas espécies e a comunhão das crianças. O texto apresenta quatro capítulos e quatro cânones de condenação. Eis os capítulos:

1. *Laicos et clericos non conficientes non adstringi iure divino ad communionem sub utraque specie*
2. *Ecclesiae potestas circa dispensationem sacramenti Eucharistiae*
3. *Totum et integrum Christum ac verum sacramentum sub qualibet specie sumi*
4. *Parvulos non obligari ad communionem sacramentalem*

Sob a aparência de questões meramente disciplinares, esta sessão do Concílio de Trento pronuncia-se sobre as questões eucarísticas onze anos depois da sessão anterior, retomando os temas que ficaram pendentes com a interrupção dos trabalhos durante uma década, entre 1552 e 1562. A questão da comunhão sob ambas as espécies é, na verdade, uma resposta aos chamados "utraquistas", que acreditavam ser um direito divino acessar a comunhão sempre e somente recebendo a comunhão com o pão partido e o cálice compartilhado. A formulação jurídica do cânon, como era inevitável, orientou a solução católica para uma "não necessidade" da comunhão sob ambas as espécies, de maneira que o Concílio expressa um princípio geral sobre a *potestas ecclesiae* (capítulo 2) em matéria de administração dos sacramentos, que merece ser recordada integralmente:

> A Igreja sempre teve o poder (*potestas*) de estabelecer e modificar na administração dos sacramentos, sem prejuízo de sua substância (*salva illorum substantia*), aqueles elementos que ela considera mais úteis para aqueles que os recebem ou para a veneração dos mesmos sacramentos, segundo a diversidade das circunstâncias, dos tempos e dos lugares (DH 1728).

Este texto constitui o traço de uma abordagem criativa da tradição, que encontra o seu limite na "substância" do sacramento e que, no entanto, se abre a uma reflexão diversificada sobre o papel que as "circunstâncias", os "tempos" e os "lugares" podem assumir para a tradição eclesial[9].

Por fim, acrescenta-se ao decreto uma anotação relativa à comunhão das crianças, que é resolvida negando sua obrigação – mas não excluindo sua possibilidade – antes da idade da discrição, estabelecida, de forma não rígida, entre os dez e os catorze anos.

Em todo caso, é muito significativo que, em ambos os problemas aparentemente menores, a tradição católica do último século tenha se distanciado do Concílio de Trento mais pelo método do que pelo conteúdo: de fato, uma abordagem "jurídica", que inevitavelmente visa salvaguardar o "mínimo necessário" da tradição, perde a possibilidade de elaborar o "sinal eucarístico", tanto do ponto de vista da iniciação das crianças como do ponto de vista da plenitude do sinal da comunhão[10]. A abordagem tridentina, com suas raízes jurídico-institucionais, formalizou a relação com ambas as questões, que em vez disso o Concílio Vaticano II teve que repensar, ainda que "na esteira do Concílio de Trento".

---

9. No caso concreto, este princípio é aplicado a uma passagem em que as palavras do Senhor, nos Sinópticos e em João 6, levam a considerar obrigatório um duplo acesso ao pão e ao vinho, em relação ao qual a Igreja pode assumir uma posição diferente, sem trair a intenção do Senhor. O que poderia acontecer quando a questão se refira a uma tradição em que não há uma palavra explícita do Senhor, mas apenas uma "ação", isso permanece, mesmo para além da prática eucarística, uma questão em aberto.

10. Por outro lado, a própria retomada pós-tridentina recupera elementos do debate não ausente em Trento, por exemplo, sobre a relevância da "dupla espécie" como *plenior significatio sacramenti*: cf. MAFFEIS, A., *Il dibattito sull'eucaristia*, 73 ss.

3. A doutrina sobre o santíssimo sacrifício da missa (1562 – sessão XXII)

Na sessão seguinte, a XXII, ocorrida no mesmo ano, foi aprovada no Concílio a doutrina sobre o santíssimo sacrifício da missa. Aqui está a estrutura de nove capítulos (com títulos não originais), aos quais seguem nove cânones de condenação:

1. *De institutione sacrosancti Missae sacrificii*
2. *Sacrificium visibile esse propitiatorium pro vivis et defunctis*
3. *De Missis in honorem Sanctorum*
4. *De Canone Missae*
5. *De solemnibus Missae sacrificii caeremoniis*
6. *De Missa, in qua solus sacerdos communicat*
7. *De aqua in calice offerendo vino miscenda*
8. *De Missa vulgari lingua passim non celebranda, et mysteriis eius populo explicandis*
9. *Prolegomenon canonum sequentium*

Nessa sessão, a discussão do tema "sacrifício", que já durante a sessão de onze anos antes havia sido abordado, mas não discutido, abrange uma série de temas extremamente importantes, quer no âmbito doutrinal, quer no disciplinar.

São de grande importância doutrinal os quatro primeiros cânones e os dois primeiros capítulos. Eis uma visão esquemática do conteúdo fundamental:

a) Em primeiro lugar, o caráter sacrifical da eucaristia, contra a negação luterana: esse caráter, porém, afirma-se não em concorrência com o único sacrifício da cruz, mas por meio de participação nele. Há uma relação de "reapresentação" entre o sacrifício único da cruz e toda celebração eucarística, que não duplica o único sacrifício, mas o reapresenta. O termo latino *repraesentatio* se presta a várias interpretações. Mas certamente aquela recuperada por meio do Movimento Litúrgico, graças a Odo Casel, permite compreender o sentido de "reapresentação" como *Vergegenwärtigung*.

b) A este primeiro e fundamental aspecto da questão está ligado um segundo, que parece não estar de imediato relacionados: a saber, a afirmação de que, com as palavras "Fazei isto em minha memória", Cristo constituiu os apóstolos sacerdotes, para que eles e os demais sacerdotes oferecessem seu corpo e sangue. Parece que a questão deveria ser abordada no contexto da reflexão sobre o ministério ordenado, mas a presença do tema neste contexto traz à tona um pressuposto implícito, embora incontestável:

a oferta do sacrifício é uma função especificamente sacerdotal e, portanto, quase impõe uma "precedência" do sacerdócio sobre a eucaristia.

c) Há, portanto, como terceiro ponto, a relação entre a última ceia, a missa e a cruz. A solução proposta pelo Concílio relaciona a missa diretamente com a cruz, dado o seu caráter sacrifical. Mas relaciona dois verbos – "receber (*sumere*)" e "oferecer (*offerre*)" – que mantém unidas as dimensões do banquete-comunhão e a do sacrifício-doação. Por isso, o texto conciliar sente a necessidade de unificar, em um único ponto, a instituição da eucaristia e a instituição do sacerdócio: esta solução, porém, constitui uma leitura da tradição anterior em que a concentração da identidade eclesial – como oferta e como comunhão – está totalmente voltada para os clérigos. Aqui o papel do povo, tanto no nível do sacrifício como no nível da comunhão, aparece substancialmente passivo e puramente receptivo. Será o Concílio Vaticano II que superará essa interpretação da assembleia como "espectadores mudos".

4. Um balanço

Se tentarmos fazer um balanço, devemos reconhecer que o choque se deu sobre os três pontos fundamentais que o Concílio de Trento considerou necessário defender "apologeticamente" como incontestáveis a respeito da eucaristia:

- a presença substancial do corpo e do sangue de Cristo sob as espécies do pão e do vinho;
- a qualidade da missa como sacrifício;
- o papel não decisivo, mas nem mesmo negligenciável, da comunhão sacramental.

Sobre cada um desses três pontos, a posição assumida por Lutero é vista como em contradição – mais ou menos grave – com "ortodoxia católica". Mas é interessante como algumas intuições fecundas de Lutero, embora introduzidas de forma indireta, não são de modo algum ignoradas por Trento, mesmo que às vezes essa recepção ocorra apenas marginalmente e, por assim dizer, em segundo plano. Com efeito, podemos notar que:

a) A doutrina tridentina, ao defender a fórmula da "presença substancial", parece não compreender de modo algum a provocação luterana, que poderia ter aberto o campo católico a uma serena reconsideração da natureza complexa da presença do Senhor; a ação ritual muitas vezes aparecia apenas como um "meio" para alcançar um "milagre metafísico".

b) Analogamente, a doutrina tridentina sobre o sacrifício assume de Lutero uma compreensão da "cruz como sacrifício" – ao mesmo tempo que dela se distingue, porque sai da oposição entre o único sacrifício e o sacrifício do altar. Não para negar a unicidade – que é reafirmada –, mas para negar a contradição: a missa é "participação no único sacrifício". Por essa razão, também ela pode ser chamada corretamente de verdadeiro sacrifício. Mesmo neste caso, porém, a correlação que Trento define como *repraesentatio* carece de uma teoria adequada, que assuma o papel desempenhado pela ação ritual de forma não extrínseca. Isso permanecerá nos séculos seguintes como um nervo exposto, que será plenamente assumido em suas implicações litúrgicas, eclesiológicas e pastorais apenas pelo Movimento Litúrgico, no início do século XX.

c) Finalmente, no que diz respeito à comunhão, a noção de Lutero é tanto mais decisiva quanto nega a natureza sacrifical da missa; por outro lado, a afirmação do sacrifício leva Trento a considerar a comunhão simplesmente como um "uso" do sacramento, ainda que procure realçar o seu sentido. Em todo caso, a comunhão não é um "rito da celebração litúrgica", mas sobretudo um "uso do sacramento". Se o sentido das palavras consiste no seu uso, temos aqui a indicação muito clara desta deficiência estrutural do pensamento tridentino acerca da função do rito e da processualidade dinâmica das suas sequências para adquirir o sentido do sacramento de forma mais rica e completa que a garantida por uma abordagem jurídica, dogmática e institucional.

Nestes breves esboços, procuramos mostrar como – na polêmica que contrapôs o protestantismo ao catolicismo e que muitas vezes repetimos, abstraindo quase que inteiramente do horizonte da ação ritual – as categorias do primeiro e do segundo colaboraram para manter – e depois para remover – a dimensão ritual da experiência eclesial. Estávamos então, no século XVI, no início de uma transformação que, cerca de três séculos depois, começaria a orientar os olhares para a tradição segundo uma nova lógica: ou seja, com a (re)descoberta de uma experiência ritual de Cristo e da Igreja que não parece redutível nem ao *sola gratia, sola fide, sola Scriptura*, nem ao entendimento da mediação sacramental garantida simplesmente pela verdade dogmática ou pela norma disciplinar e jurídica.

Tanto para Lutero como para Trento, o ritual *não é uma questão* e pode ser tacitamente pressuposto, isto é, reduzido a uma evidência diferente de si mesmo: do lado luterano-protestante é mera função da fé ou da Escritura ou da graça; do lado tridentino-católico, mera função de autoridade. A consciência do papel peculiar e irredutível da mediação desempenhada pela ação ritual está completamente ausente. Observa-se este fenômeno de afastamento da ação ritual em um aprofundamento da intensa relação entre "comunhão" e "oração eucarística", que falta – curiosa mas consistentemente – em ambas as tradições e que só muito mais tarde redescobrimos, por meio de uma nova valorização da ação ritual que ocorreu apenas com o Movimento Litúrgico e com o Concílio Vaticano II.

III. A lógica ritual negada (ou alterada)

É útil examinar agora de que modo, nas visões que Lutero e o Concílio de Trento assumem para responder ao desafio eclesial do seu tempo, a dimensão ritual – do modo como hoje estamos acostumados a considerá-la – fica completamente esvaziada de sentido fundamental. Obviamente, isso só pode chamar a atenção graças à nova elaboração teórica e prática que os últimos dois séculos souberam construir com dificuldade para reintegrar a ação ritual no fundamento da fé[11]. Essa atenção falta tanto na perspectiva luterana quanto na perspectiva tridentina: e isso por razões em parte semelhantes e em parte antitéticas. Por conseguinte, a constatação desta deficiência não quer ser entendida como um caso de "anacronismo": não desloca para o passado as nossas carências, mas procura trazer à luz uma razão que só se torna relevante a partir do século XX. Examinemos a questão mais detalhadamente:

– Lutero salvaguarda na ceia as palavras de Jesus e a comunhão dos fiéis, mas deixa a oração eucarística e o sacrifício da Igreja, que ele reduz à memória das palavras do Senhor na medida em que autorizam a comunhão como lugar de presença;
– o Concílio de Trento, por outro lado, salvaguarda a consagração, que engloba toda a "presença" (como palavra de Deus e autoridade da Igreja), mas deixa a oração eucarística e o rito da comunhão, que certamente não desaparecem totalmente, mas escapam do centro teológico e espiritual da fé e da devoção.

Uma breve análise dos textos tridentinos permite-nos examinar como eles consideram não tanto a presença real ou o sacrifício, mas a comunhão.

---

11. Cf. GRILLO, A., Partire dall'uomo o dalla rivelazione?, in: GRILLO, A.; PERRONI, M.; TRAGAN, P.-R. (ed.), *Corso di teologia sacramentaria*, v. I. *Metodi e prospettive*, Brescia, Queriniana, 2000, 143-170.

1. A comunhão: da ação ritual ao uso do sacramento

No que diz respeito à comunhão, uma coisa importante deve ser notada: Lutero, com sua provocação unilateral, havia recuperado com força e verdade um elemento ritual fundamental, a saber, o rito da comunhão sob as duas espécies. Deve-se observar como esta provocação de Lutero obrigou o Concílio de Trento a sair das categorias mais usuais, que já haviam reduzido a comunhão a "uso do sacramento", segundo a terminologia introduzida pela escolástica. Com efeito, se se examina o discurso tridentino sobre a comunhão, nota-se nele uma profunda cisão interna. Não é por acaso que o discurso sobre a comunhão tenha sido colocado em duas sessões conciliares distintas: na XIII sessão de 1551, ou seja, no decreto dedicado à santíssima eucaristia, o capítulo 8 intitula-se *De usu admirabilis huius sacramenti*; ao passo que na XXI sessão de 1562 é redigida uma *Doctrina de communione sub utraque specie et parvulorum*. Deve-se notar que, depois de onze anos, não havia, pelo menos no teor literal dos textos, uma diferença radical na consideração da comunhão.

Entretanto – e aqui está a cisão, na raiz –, por um lado, a comunhão é reduzida, segundo o esquema escolástico, ao "uso do sacramento"; por outro, sob a pressão da prática ritual protestante, a posição tridentina também se esforça para ler a comunhão como um rito próprio de celebração, e não como um "ato de culto separado" da celebração.

De fato, esses indícios delineiam uma cisão radical entre competência cerimonial e verdade sacramental: a ação ritual aparece reduzida a mera "função do ser substancial", com certa indiferença em relação ao ser acidental. Se a ação é apenas funcional ao ser da substância, então é evidente que, uma vez determinada a substância do corpo e do sangue de Cristo, e sendo a presença do corpo e do sangue uma realidade objetiva, *trata-se de garantir não apenas a "preservação" e o culto a essa presença substancial, mas a própria "comunhão" não pode mais assumir o papel de uma ação ritual de atuação da oração eucarística, mas apenas o de "uso do sacramento"*. Uma vez "confeccionado" – como ocorre no momento da consagração – o sacramento pode ser "usado" por meio de três diferentes formas de "comunhão", pensadas como *fruição subjetiva do sacramento*: ou apenas sacramental, ou apenas espiritual, ou ao mesmo tempo espiritual e sacramental.

É evidente que a dinâmica ritual se concentra exclusivamente em um único ato, nomeadamente na consagração, que surge como "o rito do sacramento", em que o processo ritual é radicalmente funcionalizado para a "conversão da substância". A teologia lida com o ente, não com ação. Assim, o rito não tem outra função simbólica senão a de persuadir a falácia dos sentidos e de afirmar a verdade do intelecto, auxiliado pela fé.

O modelo cerimonial-ontológico combina a mera exterioridade de um gesto funcional e a pura interioridade de uma substância que escapa a todo sentido. A correlação entre Palavra, oração e rito, que tradicionalmente reconhecia e assumia o pão como uma *figura corporis*, é superada pela função cerimonial que está a serviço da presença ontológica. *O rito como processo e sequência de ações é substituído pelo uso de uma coisa sagrada*. O pão e o vinho já não são mais uma imagem, uma figura, uma similitude, antítipo, mas mera referência sígnica – ou mesmo mero suporte cerimonial – à presença da substância. Isso, como é evidente, impede o Concílio de Trento de atribuir um valor à *utraque species*, que, sob esse ângulo, não pode ter real relevância. Só pode ser "tolerada". A redução do rito a um mero cerimonial suprime a relevância da "ação complexa" que o rito da comunhão implica. Degradada de "rito" para "uso", a comunhão é transcrita no registo do culto privado.

2. *A alteração da sequência ritual*

Este desenvolvimento, que – como já visto – a tradição latina conhece desde o século IX, e que se acentua a partir do século XII, vai escavando gradualmente um sulco quase intransponível na vivência da ação ritual, criando várias fissuras, que facilmente poderíamos reconhecer, agora em ambas as tradições: ou seja, tanto na tradição luterana-protestante quanto na tradição tridentino-católica. Tentaremos considerar três delas.

a) *A fissura entre a oração eucarística e a consagração* – Em ambas as tradições, ainda que de forma quase invertida, o primado da Palavra – ou da instituição cerimonial – leva a valorizar apenas as palavras *originais* de Jesus e a descurar todas as demais. Do lado luterano, isso significa renunciar totalmente à estrutura da oração eucarística em favor das palavras do Senhor sobre o pão e o vinho; do lado católico, por sua vez, significa deixar que essas palavras transcorram sob um fundo cerimonial, ao qual não se renuncia, mas que parece desprovido de relevância teológica. Desse modo, esvazia-se a mediação eclesial e o ato de oração comunitária, que constitui a *figura corporis* (Ambrósio) em relação à memória do Senhor, torna-se evanescente e quase inconsistente.

b) *A fissura entre a consagração e o rito da comunhão* – O mesmo deve ser dito da polarização entre consagração e comunhão. Na desvalorização comum da oração eucarística, as duas diferentes tradições extraem diferentes inspirações: enquanto o protestantismo valoriza a comunhão e nega a consagração, o catolicismo afirma a consagração e degrada a comunhão a mero *usus*. Apesar da concentração comum nas próprias palavras do Senhor, o resultado da fratura da sequência ritual aparece como completo e total.

c) *A fissura entre a comunhão e o rito da comunhão* – Por fim, com igual polarização, a relação entre a sequência ritual da celebração eucarística e o ato ritual da comunhão perde sua evidência: do lado luterano, mantém-se uma atenção à "forma da ceia" e ao ato ritual da comunidade, mas sem relação com a oração eucarística, que desaparece; ao passo que do lado católico, a clericalização do rito da comunhão e a privatização da comunhão como culto de cada batizado constituem um desvio profundo e enraizado, ainda hoje difícil de conter – e emblematicamente visível no uso "normal" do recurso ao sacrário para o rito da comunhão. Na interrupção da relação entre altar e comunhão encontramos o traço muito significativo de uma pesada herança: ou seja, de uma fratura na sequência ritual e de uma leitura extrínseca e intelectualista das ações rituais como "cerimônias".

Como fica evidente a partir destes poucos acenos, o desenvolvimento das duas tradições compartilha um esquecimento do rito que traz sérios danos ao equilíbrio da experiência envolvida na "missa" e na "santa ceia". Lutero e o Concílio de Trento, embora em frentes diferentes, são protagonistas (e vítimas) da mesma história.

IV. O futuro de uma ilusão: a identidade "por diferença"

A contraposição entre essas linhas de frente, determinada não só pela resposta tridentina à Reforma Protestante, mas também pelas profundas divisões internas no *front* da experiência evangélica, introduz uma diferença significativa entre as diversas tradições cristãs na Europa. Este desenvolvimento, que marcará profundamente a história posterior, não deve, contudo, obscurecer o fato de que todas as tradições envolvidas, sob a capa do "confronto com o inimigo", introduzem mudanças substanciais na visão da vida cristã, da instituição eclesial e, no seu centro, do valor da celebração eucarística.

Na tradição latina – ao contrário do catolicismo não latino – a relevância da ação ritual para fazer experiência da "presença do Senhor" deve ser considerada uma afirmação que não é totalmente clara: à primeira vista, de fato, ela aparece como uma convicção "normal" pela consciência da tradição católica, que nisso parece distanciar-se da tradição protestante, inaugurada por Martinho Lutero. Ou seja, parece que enquanto os católicos confiam nos ritos para ver garantida a presença confiável do Senhor, os protestantes, a partir de Lutero, movem-se mais de forma "a-ritual", confiando-se preferencialmente ao imediatismo da fé e da Palavra, mas também ao imediatismo da graça nas relações, nos sentimentos e na razão. A questão parece reduzir-se a uma avaliação diferente dos *media salutis*, os "meios de salvação", nas duas tradições. Em parte, esta é a versão que era dada como certa já no início do Movimento Litúrgico, como por exemplo no pensamento de M. Festugière, de O. Casel e de R. Guardini[12].

Na realidade, não é errado notar que, no que diz respeito à redescoberta da ação ritual realizada pelo Movimento Litúrgico e depois assumida pelo magistério conciliar da *Sacrosanctum concilium*, esta reconstrução se mostre profundamente distorcida. Olhando mais de perto, o que o século XX católico soube elaborar, em vários níveis de reflexão e prática – histórica, filológica, antropológica, espiritual e teológica – é, de fato, uma novidade nada desprezível, que parece distanciar-se não só da tradição protestante, mas *também da própria tradição católica*. Em certo sentido, portanto, devemos reconhecer que *Sacrosanctum concilium* realmente soa como um texto profundamente distante tanto da abordagem de Lutero (ainda que receba algumas pressões dessa abordagem), quanto da resposta que a época tridentina havia dado ao reformador (embora salvaguardando algumas intenções).

Tentemos esclarecer melhor esse ponto central. O que em primeira instância devemos reconhecer é que a constituição conciliar *Sacrosanctum concilium* de alguma forma embaralha as cartas e cria certa confusão naquelas que eram, até então, as categorias clássicas da teologia. De um lado, de fato, assume elementos típicos da tradição "redescoberta" por Lutero (a Palavra, a pregação, a comunhão), mas o faz em uma direção diferente em relação aos desenvolvimentos típicos dessa tradição. De outro, para poder usufruir dessa liberdade, vê-se obrigada a superar vários gargalos típicos do catolicismo tridentino, recuperando aspectos doutrinais e práticos mais antigos da síntese tridentina (oração eucarística, ministerialidade, repensar o espaço-tempo). A *Sacrosanctum concilium*, como se verá no próximo capítulo, ao propor uma releitura de toda a experiência ritual cristã de forma

---

12. A obra decisiva para essa configuração em torno da "mediação impossível para o protestantismo" permanece a de Festugière, M., *La liturgia cattolica*. É preciso reconhecer, porém, que Festugière também assimila parte do catolicismo nessa "redução" protestante.

não apologética, torna-se o princípio de uma "revolução", pois obriga as duas frentes de uma batalha ocorrida há quatrocentos anos a se recolocarem e se converterem em uma abordagem que não segue em nada os modelos de então: sendo um magistério *positivo*, e não *negativo*, é, por esse motivo, incompreensível para quem, em ambas as frentes, permanece entrincheirado na prioridade do "defender-se do outro".

V. Em seguida: o quadro eucarístico "pós-tridentino"

No final deste capítulo podemos considerar a herança que Trento fará sentir nos séculos seguintes, à luz do que foi a eucaristia desde a Baixa Idade Média. Se olharmos para esses séculos, podemos considerar a Reforma Protestante e a Reforma Católica como dois fenômenos de profunda modernização da prática e da experiência eucarística. Para conservar a tradição, as diferentes confissões envolvidas introduzem inovações surpreendentes, mesmo que muitas vezes com uma *mens* de restauração. Considere-se, por exemplo, no âmbito católico, a nova organização do "espaço sagrado": já antes do Concílio de Trento, durante o século XVI, havia indícios de uma concentração do culto eucarístico na "presença real" na nova localização do sacrário em posição central, sobre o altar-mor[13]. O Concílio de Trento não emitiu explicitamente diretrizes sobre a construção de igrejas, mas São Carlos Borromeu, em Milão, e depois o *Ritual* de 1614 tiveram um efeito profundo na forma arquitetônica das igrejas da "contrarreforma" e na espiritualidade e devoção subsequentes.

Aqui provavelmente encontramos a chave para compreender melhor a transição do modelo patrístico para o modelo medieval. De fato, à luz da transformação "moderna", podemos reconhecer como algumas leituras da passagem histórica anterior se revelaram muito genéricas e talvez até injustas.

Para uma síntese esclarecedora, que nos mostra a mudança de modelo na inteligência da eucaristia, ouçamos o que escreve um dos historiadores sociais que mais trabalhou nesta questão nas últimas décadas. Ele nos ilustra isso indicando as mudanças de sentido da palavra "comunhão" entre 1400 e 1700:

---

13. Muito significativa é a importância que o citado bispo de Verona, Giberti, reservou à custódia eucarística. Seu biógrafo dirá que, segundo Giberti, o tabernáculo deveria ser "como o coração no peito (*tamquam cor in pectore*)".

Em 1400, "comunhão" significava coparticipação, comunidade. Particularmente, dentro da Igreja; particularmente, mediante o tomar a eucaristia; o próprio ato de receber a eucaristia. Em 1700, os dois primeiros sentidos ainda existiam, mas estavam prestes a ser suplantados por "grupos de pessoas unidas por uma fé e ritos religiosos em comum". O terceiro e o quarto haviam se transformado na "união sacramental da alma com Cristo", na expectativa de se tornar uma "união contemplativa e mística com a natureza"[14].

É evidente que o olhar de J. Bossy não é italiano e nem mediterrâneo, mas capta uma dinâmica de universalização e privatização que constitui o legado dessa "transição". Na perspectiva que olha para a realidade "a partir do Norte" – mais precisamente do Norte inglês – a mudança de modelo observa um fenômeno geral, para além (ou aquém) da diferença de confissão. *Católicos e protestantes, ainda que em linguagens e estilos muito diferentes, se veem lidando com os mesmos fenômenos e desenvolvem percursos de resposta com muitos traços completamente semelhantes.* A passagem da comunidade ao indivíduo elabora uma "privatização" do lugar da celebração, traduzindo a ação penitencial em "saber disciplinar", com passagem da ética da solidariedade à das boas maneiras. Inserir a história da eucaristia neste desenvolvimento "burguês", ainda que vinculado a um ponto de observação diferente de Roma ou Milão, é útil para relativizar perspectivas demasiado estreitas que olham apenas para pontos de continuidade e só percebem descontinuidades "internas" a um modelo essencialmente imutável. Por essa abordagem clássica, *a história corre o risco de não ser o lugar dos "sinais dos tempos", da qual se deve aprender, mas apenas uma exposição de "exemplos" com os quais ensinar.* Para a história da celebração e da hermenêutica teológica da eucaristia, essa proposta de método e esse espaço de inteligência nunca podem ser completamente abandonados.

Temas de estudo

1. A história da teologia eucarística descobre na Reforma Protestante uma emergência que vai além das questões apologéticas e evidencia a busca de novos equilíbrios, mas também uma tendência análoga a retirar a ação ritual de seu

---

14. Bossy, J., *L'occidente cristiano*, 197 s.

papel de "fonte" e "cume". O que podemos observar de interessante neste paradoxo?
2. Os pontos decisivos da "resposta tridentina" às posições protestantes sobre a teologia eucarística moldam a experiência católica dos séculos seguintes: quais são as "oportunidades perdidas" desta resposta, tanto no âmbito doutrinal como no disciplinar?
3. É possível ler de forma unificada os desenvolvimentos eucarísticos amadurecidos no século XVI para além das diferenças confessionais? É legítimo interpretar a Reforma Protestante e a Reforma Católica como a afirmação de um modelo "individual" de compreensão da eucaristia, face a um modelo comunitário anterior?

Para aprofundar

A leitura da tradição protestante da santa ceia e sua correlação com a tradição católica, como nascimento de um "novo modelo" de práxis e de teoria teológica podem encontrar elementos de elaboração em:

- RICCA, P., *L'ultima Cena, anzi la Prima. La volontà tradita di Gesù*, Torino, Claudiana, 2013.
- CASSESE, M., *Martin Lutero e la sua riforma liturgica. Il percorso storico-teologico di un culto rinnovato* (Quaderni di Studi ecumenici, 35), Venezia, ISE, 2017.
- MAFFEIS, A., Il dibattito sull'eucaristia al Concilio di Trento tra riflessione teologica, controversia confessionale e definizione dogmatica, *Teologia*, 52 (2012) 67-108.
- MARSILI, S., Teologia della celebrazione eucaristica, in: *Eucaristia. Teologia e storia della celebrazione* (Anamnesis, 3/2), Casale Monferrato, Marietti, 1983, 9-186.
- BOSSY, J., *Dalla comunità all'individuo. Per una storia sociale dei sacramenti nell'Europa moderna*, Einaudi, Torino, 1998.

CAPÍTULO 9
Fim da sociedade fechada e nova teologia eucarística

No limiar de uma nova consciência, que brota do novo mundo moderno tardio, há uma complexa relação entre o que é pressuposto pela consciência eclesial e o que é imediatamente vivenciado. Karl Rahner define bem, no início do verbete *Gebet* do *Lexikon für Theologie und Kirche*, em que ele começa assim, sob o título "Doutrina eclesial":

> A Igreja faz uso da oração e nesta celebração, que pertence essencialmente à sua existência, está também implicitamente contida uma doutrina completa sobre a oração. Mas, precisamente por isso, as proposições explícitas do magistério sobre a oração são pouco completas e não sistemáticas[1].

Estas breves observações, que introduzem a parte doutrinal do verbete "Oração", são o sinal de uma constatação preciosa. Para Rahner, a falta de uma elaboração sistemática do tema "oração" – como pano de fundo de todo o "culto cristão" – é fruto de um pressuposto de extrema importância também para a tradição eucarística. Como vimos, e aprofundaremos na terceira parte do nosso manual, a separação histórica entre "conteúdo descendente" (santificação-sacramento) e "forma ascendente" (culto-liturgia) na experiência dos sacramentos, e particularmente na eucaristia, encontra aqui um ponto de singular evidência[2].

---

1. Rahner, K., Gebet. IV. Dogmatisch, in: Höfer, J.; Rahner, K. (ed.), *Lexikon für Theologie und Kirche*, Freiburg i. Br., Herder, 1960, IV, coll. 542-545, aqui 542.

2. Para uma justa valorização da importância desta distinção tomista, cf. Chauvet, L.-M., *Simbolo e sacramento. Una rilettura sacramentale dell'esistenza cristiana*, Leumann,

A prática da oração, que atravessou os séculos, recebeu pouquíssima atenção da teologia, que não a elaborou sistematicamente. Pelo contrário, no "sistema sacramental" torna-se um pressuposto destinado, se permanecer inconsciente, a ser eliminado. Porque aquilo que é pressuposto, quando entra em crise, é estruturalmente eliminado. Este "déficit de oração" na teologia da eucaristia – que por séculos procuramos remediar com rosários, escrúpulos de rubricas e novenas paralelas – torna-se, a partir do século XIX, uma "questão litúrgica" e leva a uma reformulação da teologia eucarística, que visa alcançar um novo equilíbrio entre conteúdo e forma, entre interior e exterior, entre teologia e antropologia, entre dogmática e liturgia.

No entanto, a condição para esta "nova experiência" deriva também, para não dizer sobretudo, do impacto da tradição cristã e católica com um mundo novo: com uma "sociedade aberta" (K. Popper), com uma sociedade "altamente diferenciada" (N. Luhmann), com uma "sociedade secular" (C. Taylor). Em outras palavras, não é antes de tudo fruto de um desenvolvimento "interno" da experiência eucarística, mas brota dos desafios que surgem a partir de novas relações sociais, novas autocompreensões dos sujeitos, novas linguagens culturais. Seria uma forma de cegueira teológica se não reconhecêssemos que *uma nova teologia eucarística pôde nascer, a partir do século XIX, somente quando o mundo eclesial da tradição entrou em crise, pedindo à própria tradição a força de uma nova tradução*, que a fizesse sair da "menoridade" de uma expressão doutrinária e disciplinar baseada em uma "objetividade sem sujeito". A irrupção da consciência do sujeito no pensamento e na experiência dos homens, a partir de meados do século XVIII, que se traduziu em formas institucionais e culturais entre o final do século XVIII e o início do século XIX, obrigou-nos a "personalizar a tradição", introduzindo gradativamente a *dignitas humana* em um sistema baseado na honra e na ordem[3]. Isto mudou profundamente a forma de entender todos os sacramentos, nomeadamente a iniciação, a cura e a vocação cristã. Obviamente também a eucaristia, com a sua centralidade estrutural e simbólica no septenário sacramental, foi profundamente tocada sobretudo pelas novas formas de vida, de identidade, educação e formação: o próprio coração do catolicismo sentiu sobre si a responsabilidade

---

ElleDiCi, 1990 [ed. bras.: *Símbolo e sacramento. Uma releitura sacramental da existência cristã*, São Paulo, Loyola, 2023].

3. Sobre a elaboração de uma estrutura diversa da sociedade baseada na honra em relação à estrutura baseada na dignidade, cf. TAYLOR, C., *Il disagio della modernità*. Recentemente, cf. a grande retomada in: Id., *L'età secolare*, Milano, Feltrinelli, 2009.

por uma crise, na qual ele representou – e ainda representa –, de um lado, a "rocha estável" na tempestade moderna, na qual resiste o *ancien régime* eclesial e espiritual, e, de outro, pelo contrário, o "laboratório de experimentação" de novos estilos e novos horizontes eclesiais. Procuremos entrar neste laboratório de experiência e expressão eucarística.

I. O alvorecer do Movimento Litúrgico: Guéranger e Rosmini

A história da teologia eucarística deve registrar, a partir do século XIX, uma profunda mudança de perspectivas. Isso se deve, como já assinalamos na primeira parte deste volume, à mudança da sociedade europeia e à afirmação de uma cultura do indivíduo e do imediatismo, favorecida pelo Estado liberal e pela privatização da religião. Isso levou a uma profunda crise da dimensão ritual, que começou a assumir a forma de uma "questão" não apenas para a Igreja, mas para toda a cultura. Assim nasceram o Movimento Eucarístico e o Movimento Litúrgico, com o objetivo de redescobrir profundamente o papel da eucaristia e da liturgia na experiência eclesial. Os casos mais singulares de "profecia litúrgica" são os de Prosper Guéranger (1805-1875) na França e Antonio Rosmini (1797-1855) na Itália, que já se situam profeticamente na primeira metade do século XIX.

No que diz respeito ao abade Guéranger, é útil recordar como a redescoberta da dimensão litúrgica da eucaristia nasceu no presbítero de Le Havre a partir da necessidade de "refundar a vida cristã depois de Napoleão". A redescoberta da liturgia deu-se sobretudo por meio de uma sensibilidade marcadamente sociológica e institucional[4].

Merece mais algumas palavras A. Rosmini, cujo pensamento eucarístico se arriscou a entrar nos manuais devido à condenação formal que sofreram algumas proposições de sua teoria da transubstanciação (*DH* 3229-3232). Na realidade, muito mais relevantes são as afirmações que encontramos na "chaga da mão esquerda", que abre a série das *Cinco chagas da Santa*

---

4. Para a relação entre Guéranger e a sociologia se seu tempo, como condição de uma releitura litúrgica da eucaristia, remetemos a GRILLO, A., *Introduzione alla teologia liturgica*, 279-282. É possível ler algumas anotações úteis na obra de BROVELLI, F., *Per uno studio de L'année liturgique di p. Guéranger. Contributo alla storia del Movimento Liturgico* (Bibliotheca Ephemerides Liturgicae. Subsidia, 22), Roma, C.L.V./Ed. Litugiche, 1981; JOHNSON, C., *Dom Guéranger et le rénouveau liturgique. Une introduction à son oeuvre*, Paris, Tequi, 1988.

Mãe Igreja[5]. Mesmo neste caso, entretanto, a valorização plena do texto de Rosmini tem lutado para se estabelecer. De fato, acreditou-se – mais pelas limitações da geração posterior que por algum defeito na formulação do texto – que Rosmini havia teorizado, pelo menos inicialmente, a exigência de traduzir a liturgia para o vernáculo, superando a incompreensibilidade da língua latina. Na verdade, no famoso texto de Rosmini, *a questão central é a "unidade da Igreja no ato do culto", que Rosmini vê ameaçada justamente pela distinção estrutural entre clérigos e leigos*. Nesse âmbito, embora os tempos fossem ainda muito incipientes, Rosmini foi muito lúcido em identificar o cerne da *actuosa participatio* como decisivo para a identidade cristã e eclesial. Isso está no seu coração de filósofo e teólogo: ou seja, a possibilidade de o povo ter uma compreensão não apenas das palavras, mas das ações litúrgicas do culto. Deste ponto de vista, Rosmini, muito mais do que seus intérpretes antigos e modernos, estava ciente da "questão litúrgica" e se propôs claramente o objetivo de torná-la relevante e sensível à cultura católica de seu tempo. Em certo sentido, Rosmini antecipa a necessidade de um repensar teológico e espiritual da eucaristia, em que o *papel da "ação"* deve ser investido de uma nova função e de um novo estatuto.

II. Os decretos eucarísticos de Pio X e a mudança da práxis

Um dos fatores que mais influenciou o desenvolvimento da teologia da eucaristia foi a solicitude pastoral de um papa como Pio X, que nos primeiros anos do século XX quis reformar, com dois decretos (*Tridentina synodus* em 1905 e *Quam singulari* em 1910), os "tempos" da eucaristia, introduzindo duas "acelerações", nomeadamente a comunhão frequente e a antecipação da primeira comunhão para as crianças entre os sete ou oito anos de idade (face à prática anterior dos onze ou doze anos de idade). São duas intervenções de muita autoridade, que suscitaram mais de uma perplexidade no corpo eclesial e que não foram acolhidas de imediato. No entanto, elas desbloquearam a relação entre sacrifício e comunhão e, de fato, contribuíram substancialmente para a difusão da ideia de *actuosa participatio*. Antes, na opinião de alguns teólogos, foram precisamente os dois

---

5. Cf. Rosmini, A., *Delle cinque piaghe della Santa Chiesa*, a cura di N. Galantino, Cinisello Balsamo, San Paolo, 1997.

decretos eucarísticos os primeiros proponentes de uma ideia de "participação na missa" que inicialmente assumiu a forma simples, mas decisiva, de participação no rito da comunhão. Em comparação a uma prática muito antiga, que remontava ao IV Concílio de Latrão (1215) e que considerava justo e normal prever que a grande maioria dos cristãos comungasse apenas "uma vez por ano", na Páscoa, e o fizessem pela primeira vez por volta dos onze ou doze anos, a novidade dos dois decretos mudou o clima eclesial e também dispôs os católicos a superar a distinção radical entre "assistir ao sacrifício" e "receber a comunhão": eram dois atos que haviam se transformado em experiências institucional e pessoalmente distintas, e que não era mais possível unificar não só no âmbito teológico, mas também no âmbito da experiência pastoral, pessoal e espiritual.

III. A influência de outros movimentos e o Concílio Vaticano II

Essa abordagem doutrinal e disciplinar só encontrará um ponto de viragem oficial com o Concílio Vaticano II: mas o Concílio virá depois de um longo processo de repensar espiritual, pastoral, histórico e teológico que atravessará, com consciência progressiva, todo o arco dos séculos XIX e XX, até 1962. Para esse caminho contribuiu não só uma nova consciência eclesial, que entrementes havia amadurecido, mas também uma grande viragem na cultura europeia daqueles séculos, que inaugurava uma nova abordagem antropológica, sociológica e psicológica da cultura. Por todos esses fenômenos, uma redescoberta da "ação ritual" teve que prosseguir lenta e laboriosamente ao longo de quatro caminhos, que se abriram entre o final do século XIX e o início do século XX no interior do saber eclesial.

a) *A redescoberta do texto bíblico e dos Padres, com sua exegese da Escritura* – Uma primeira vertente que mudou profundamente a experiência eucarística e sacramental foi o progressivo conhecimento científico e espiritual do texto bíblico e da hermenêutica que os padres dele haviam proposto. Este campo de estudo adentrou cultura católica somente a partir do final do século XIX e gradualmente mudou a maneira de ler a Escritura e de usar seus textos. Não se deve esquecer que nas primeiras décadas do século XX, mesmo nos mosteiros beneditinos, ainda havia a *proibição* da leitura direta dos textos dos Padres da Igreja. A pluralidade das fontes do Novo Testamento sobre o conhecimento eucarístico e a liberdade e originalidade com que os primeiros séculos ofereceram sua interpretação e testemunho – apesar de algumas inevitáveis resistências iniciais, que em parte permanecem ainda hoje – introduziram uma "hermenêutica dinâmica" da liturgia, tanto no nível teórico quanto no prático, permitindo uma progressiva reconsideração das dimensões da fé, da relevância comunitária e da profundidade simbólico-ritual da experiência celebrativa, com a liberdade e profundidade "assistemática" com que dela falam a Escritura e os Padres da Igreja. Isso alimentou uma profunda releitura da tradição, sobretudo em proveito de *uma dimensão eclesial e escatológica* da eucaristia, que o pensamento medieval e moderno havia amplamente subestimado.

b) *A construção de um conhecimento litúrgico de caráter teológico por parte do Movimento Litúrgico* – Paralelamente a esse *ressourcement* bíblico e patrístico, e em estreita correlação com estas novas sensibilidades exegéticas e patrológicas, foi se desenvolvendo uma compreensão da liturgia que redescobria sua profundidade teológica, espiritual e pastoral. Essa evolução, que com uma breve fórmula pode ser chamada de "saída do rubricismo", envolveu uma passagem dupla, que podemos definir com uma fórmula cunhada por P. De Clerck[6]: "do vermelho ao preto", ou seja, da atenção prestada apenas aos textos escritos em vermelho a uma redescoberta eclesial de textos escritos em preto. No entanto, essa passagem comportava um movimento de "ida e volta": primeiro, houve, de fato, a emancipação de um saber limitado apenas à observância escrupulosa de todas as rubricas (cujos *textos estão escritos em vermelho*), passando-se, em seguida, a um analisar do conteúdo dogmático, espiritual, eclesial e pastoral dos *textos escritos em preto*, ou seja, os "textos eucológicos" do rito eucarístico. Essa primeira passagem, no entanto, foi seguida por outra, ou seja, "do preto ao vermelho". Assim, voltou-se à consideração da rubrica e de sua relevância ritual, mas em uma releitura realizada com outras lentes, ou seja, como atenção à presença, no rito, de "outras linguagens", de linguagens não verbais, tão importantes quanto a palavra[7]. Assim, passou-se, primeiro, da rubrica ao texto, e, depois, do texto ao con-texto e ao meta-texto. A teologia da liturgia, que nasceu a partir da década de 1930, vai além das rubricas

---

6. Cf. DE CLERCK, P., *Intelligenza della liturgia*, Città del Vaticano, LEV, 1999, 27.

7. Uma recepção plena dessas duas "fases" encontra-se na Exortação apostólica *Sacramentum caritatis* de Bento XVI, que em seus números 38 e 40 prevê uma dupla definição de *ars celebrandi* exatamente segundo essa dúplice fase: de um lado, a arte do celebrar consiste na obediência escrupulosa de todas as rubricas, de outro, esta diz respeito à ativação de todas as linguagens da liturgia. Cf. GRILLO, A., *L'ars celebrandi e la partecipazione attiva dell'assemblea*, in: CENTRO DI AZIONE LITURGICA (ed.), *Celebrare per avere parte al mistero di Cristo. La partecipazione alla liturgia* (Bibliotheca Ephemerides Liturgicae. Sectio pastoralis, 29), Roma, C.L.V./Ed. Liturgiche, 2009, 103-113.

da palavra, mas depois contextualiza a palavra em um complexo sistema de linguagens não verbais. Ocorre assim um desenvolvimento da atenção que poderíamos resumir com esta organização: da "fórmula-rubrica" à "forma verbal" e depois da "forma verbal" à "forma ritual" da eucaristia.

c) *Comparação com outras tradições cristãs, com o Ocidente não católico e com o Oriente cristão* – Junto a essa tríplice renovação – que vimos enraizada no Movimento Bíblico, no Movimento Patrístico e no Movimento Litúrgico – devemos recordar uma terceira área de nova experiência da eucaristia, que parece estar ligada ao novo interesse pelas tradições celebrativas "não católicas", que na mesma época surge como fruto do movimento ecumênico e suscita progressivamente novas leituras das tradições litúrgicas evangélicas e ortodoxas, mediante as quais, em um espírito que não é mais somente apologético, é favorecida uma profunda releitura da tradição católica à luz dos desenvolvimentos dessas diferentes culturas confessionais. Os temas clássicos da presença real, do sacrifício e da comunhão – sobre os quais se desfez a unidade no Ocidente – são reconsiderados em relação não só aos desdobramentos dogmáticos de outras abordagens teológicas, mas também em relação às práticas rituais e formas eclesiais dessas diferentes tradições. Desta forma, será possível descobrir, em estreita comparação com os vários desenvolvimentos da única tradição cristã, não tanto os casos de "negação da comunhão", mas muito mais os exemplos de "diferença na comunhão". E dessa comparação derivará, de forma consistente, uma nova perspectiva de consideração do "próprio" no confronto estreito e aberto com o "outro".

Este imenso trabalho de estudo acadêmico e de experimentação pastoral, de releitura de alguns dados retirados do passado e de confronto com realidades eclesiais distantes e diferenciadas, trouxe à tona algumas "verdades esquecidas" da celebração, que hoje podem ser entendidas como uma redescoberta do *sentido teológico da tradição mediado pela forma ritual do sacramento*. Este desenvolvimento teve consequências muito significativas no modo de pensar e realizar a eucaristia precisamente enquanto ação ritual.

d) *A nova pesquisa "leiga" sobre a ação ritual* – Como vimos no início da primeira parte[8], ao lado dos fatores de desenvolvimento da compreensão católica da tradição eclesial e litúrgica, surgida do próprio interior da vida da Igreja, e que amadureceram com um grande retorno às fontes

---

8. Cf. acima, primeira parte, cap. 1, item II.

da Escritura e com profundo diálogo com as demais tradições cristãs do Ocidente e do Oriente, deve-se lembrar – como o quarto ponto que suscita uma nova compreensão sistemática – que a atenção pela "ação ritual", considerada como campo autônomo do saber científico – principalmente por meio das elaborações da antropologia e da sociologia, mas também da psicologia e da ciência da religião – é uma das "criações" mais originais e surpreendentes da cultura moderna tardia. Nada de semelhante é possível encontrar nos séculos anteriores, porque novos são os problemas colocados pelo desenvolvimento civil, econômico, social e político que se inaugura a partir de finais do século XVIII. Nesse contexto de profundo repensar da tradição – e da sua própria legitimidade –, o tema do "rito" não só se tornou um objeto de conhecimento autônomo, como adquiriu um estatuto "laico" face ao entendimento religioso que tradicionalmente o havia distinto: a "ação ritual" tornou-se um novo objeto de estudo[9] e pôde ser identificada como tal somente quando a sociedade tradicional – fechada e hierárquica – entrou em crise e exigiu uma nova reação tanto no plano teórico quanto no prático[10]. Vários autores católicos que trabalharam neste campo desde o final do século XIX confrontaram-se abertamente com esta nova cultura, elaborada pelas novas ciências então nascentes e que, em meados do século XX, foram denominadas "ciências humanas". Nessa comparação, os clássicos argumentos "apologéticos" e defensivos se entrelaçam com novas formas de abordagem e leitura, capazes de aprender algo decisivo dessas novas ciências.

O que hoje dizemos sobre a tradição sacramental e eucarística em termos de "ação ritual" deriva, portanto, não só de uma reflexão "interna" do conhecimento teológico, mas também dessas novas perspectivas de observação e gestão da realidade social e pessoal, que foram inauguradas pela crise de sentido da tradição que caracterizou a modernidade tardia. Dessa forma, essas perspectivas contribuíram de forma preciosa para a viragem

---

9. Cf., além do já citado RIVIÈRE, C., *I riti profani*, também TERRIN, A. N., *Il rito. Antropologia e fenomenologia della ritualità*, Brescia, Morcelliana, 1999; RAPPAPORT, R. A., *Ritual and Religion in the Making of Humanity*, Cambridge, Cambridge University Press, 1999 (trad. it.: *Rito e religione nella costruzione dell'umanità* [Caro salutis cardo. Studi, 16], Padova, EMP/Abbazia di S. Giustina, 2002).

10. Um registro desse novo interesse cultural é atestado pela preciosa leitura sintética oferecida por BONACCORSO, G., *Rito*, Padova, EMP, 2015 [ed. bras.: *Rito*, São Paulo, Loyola, no prelo]; cf. também a conjugação mais teológica dessa recepção em GRILLO, A., Rito, in: BARBAGLIO, G.; BOF, G.; DIANICH, S. (ed.), *Teologia* (I Dizionari San Paolo), Cinisello Balsamo, San Paolo, 2002, 1311-1336.

conciliar e influenciaram todos os autores que, já no início do século XX, se preocuparam em reformular a teologia eucarística, como se verá no parágrafo seguinte.

IV. A reflexão sistemática e a provocação ritual

Como reiteramos anteriormente, o critério sistemático que utilizamos ao longo do caminho da reconstrução histórica nasce precisamente da redescoberta da dimensão ritual da experiência eucarística. Essa "ação ritual" não é a execução de uma evidência teórica, segundo a reconstrução que o intelectualismo tende a validar ainda hoje, mas é a experiência do mistério que necessariamente assume a forma de Palavra e sacramento. Desta forma, a provocação decorrente dessa função não acessória da "prática literal"[11] permite um reescrever da teologia sistemática e um novo calibrar de todas as noções fundamentais do saber eucarístico. Os principais componentes desse repensar dependem de alguns autores-chave. Podemos apresentar aqui brevemente o pensamento de R. Guardini, O. Casel e C. Vagaggini. Cada um deles cunhou "palavras novas" para exprimir precisamente essa "diferença ritual" da celebração eucarística.

De fato, houve, no campo aberto de uma reflexão monástica e eclesial sobre a eucaristia – que escapou dos cânones clássicos de um "saber canonizado" e de um uso rígido das fontes como *auctoritates* e por isso gozou de maior liberdade em relação à teologia oficial – uma reelaboração do saber sobre os ritos cristãos que investigou com nova lucidez o trabalho de "mediação" (M. Festugière) que a ação ritual acarreta para a vida de fé. Nessa complexa operação de *recompreensão e tradução da tradição*, vários autores lançaram um novo olhar – e que por isso se tornaram "autoridades" – sobre a relação *não intelectualista* com o fenômeno eucarístico.

a) *Guardini: a "forma de vida", o "jogo" e o "conhecimento simbólico"* – O primeiro autor que aqui consideramos, Romano Guardini (1885-1968), introduz desde suas primeiras obras (*O espírito da liturgia* e *Formação litúrgica*) alguns conceitos novos, úteis para uma nova e vital releitura da ação simbólico-ritual. Em primeiro lugar, ele recorda a natureza da liturgia como "forma de vida" – antes de qualquer compreensão em termos

---

11. Cf. BLONDEL, M., *L'azione. Saggio di una critica della vita e di una scienza della prassi*, Cinisello Balsamo, San Paolo, 2014; para a relevância do papel da prática literal, cf. ANTONELLI, M., *L'eucaristia nell'Action (1893) di M. Blondel. La chiave di volta di un'apologetica filosofica*, Milano, Glossa, 1993.

de dever ou saber. Ele então usa – e esta é talvez a ideia mais famosa – o conceito de "jogo" para apreender do ato ritual a dinâmica "inútil" e "não produtiva"; finalmente, recupera o conceito de "conhecimento simbólico" como característica da relação cognitiva do sujeito em relação à ação ritual. Por meio dessa tríade conceitual, Guardini deu um estatuto teórico à pesquisa que o Movimento Litúrgico vinha desenvolvendo no corpo eclesial desde a segunda metade do século XIX.

b) *Casel: imagem-mistério-culto vs sinal e "pensamento total"* – À semelhança de Guardini, embora com outras fontes e outros procedimentos, Odo Casel (1886-1948), monge beneditino de Maria Laach, filólogo e filósofo estudioso da Antiguidade (a sua tese de licenciatura em Bonn intitula-se *De philosophorum graecorum silentio mystico* [*O silêncio místico dos filósofos gregos*]), propõe uma releitura da tradição ritual dos sacramentos – sobretudo do batismo e da eucaristia – criticando a racionalização com que o conceito de "sinal" eliminou a "representação" que a antiga tradição mistérica depositava na ação de culto: para essa finalidade, ou seja, para retornar à centralidade de *Kýrios* e do *Pnêuma*, ele sugere passar da noção de "sinal" para a de "imagem", para descobrir o mistério do culto como lógica do sacramento e recuperar um "pensamento total" como estilo teológico, entendendo com isso uma abordagem que não seja marcada pela oposição racionalista entre sujeito e objeto. Também neste caso, a discussão do conceito de sinal, a interpretação da "presença" em correlação com a "ação" e a elaboração do conceito de pensamento total mostram uma grande fecundidade para repensar a celebração eucarística, com implicações sistemáticas de primeiro plano.

c) *Vagaggini: a estética de Santo Tomás e o saber "per connaturalitatem"* – O terceiro autor a ser brevemente considerado aqui é Cipriano Vagaggini (1909-1999), da geração seguinte às duas anteriores, e em cujo pensamento sistemático e "clássico" – de abordagem tomista – surge o conceito de "conhecimento *per connaturalitatem*", que, embora não seja original, permite a esse autor "corrigir a tendência racionalista da teologia do seu tempo"[12]. Poderíamos dizer que por meio dessa percepção gnosiológica Vagaggini busca o mesmo objetivo de Guardini e Casel, ou seja, uma recuperação da experiência litúrgica; ele, porém, faz isso passando por um conceito completamente "clássico", ainda que utilizado de forma

---

12. Cf. MASSIMI, E., *Teologia classica e modernità in Cipriano Vagaggini. Percorso tra scritti editi e inediti* (Bibliotheca Ephemerides Liturgicae. Subsidia, 167), Roma, C.L.V./Ed. Liturgiche, 2013.

substancialmente nova e diferente. Com esse conceito honra-se a forma específica com que a liturgia e a eucaristia "produzem significado", de maneira diferente do processo intelectualista, mas "como que no paladar" ou "por contato". A perspectiva introduzida por essa conaturalidade contribuiu não pouco para superar os preconceitos antirrituais que se escondiam nos meandros do conhecimento clássico.

V. Reforma litúrgica, nova práxis da assembleia celebrante e nova leitura sistemática

Com base neste desenvolvimento articulado, ocorrido nas décadas anteriores ao Concílio Vaticano II, a nova pretensão, avançada com boas razões pela constituição conciliar *Sacrosanctum concilium*, foi a de ligar à "forma ritual eucarística" uma modalidade do "tomar parte comunitário" que impôs uma adequação institucional, uma re-forma[13]. No entanto, essa unificação exige uma transformação profunda da própria noção (e experiência) de forma, na qual convergem não só as atenções rituais, mas também a forma da Igreja. Em outras palavras, a reforma dos ritos deve ser entendida como colocada a serviço de uma *experiência comunitária da forma ritual* que estrutura a Igreja em relação ao dom do Espírito, por Cristo Senhor.

1. Uma nova noção de liturgia eucarística e de participação

A mediação ritual, assim repensada, garante um *intellectus per ritus et preces* do mistério de Deus no contexto de uma presença de Cristo que é experiência eclesial no dom do Espírito. A reforma dos ritos tem por finalidade eliminar os obstáculos que a tradição conheceu no que dizia respeito ao acesso de todos os batizados a este "cume e fonte" da ação eclesial. No texto da SC 48 é expressa de forma programática essa correlação que impõe o ato reformador para tornar acessível a todos uma experiência diferente do rito litúrgico da eucaristia:

---

13. A leitura mais convincente que vai na direção do documento conciliar encontra-se em Dossetti, G., *Per una "chiesa eucaristica". Rilettura della portata dottrinale della Costituzione liturgica del Vaticano II. Lezioni del 1965*, a cura di G. Alberigo e G. Ruggieri, Bologna, il Mulino, 2002.

> Portanto, a Igreja se preocupa vivamente que os fiéis cristãos não assistam como estranhos ou espectadores mudos este mistério de fé, mas que, compreendendo bem o mistério mediante os ritos e orações, participem da ação sagrada consciente, piedosa e ativamente, sejam instruídos na palavra de Deus, alimentem-se à mesa do corpo do Senhor, deem graças a Deus oferecendo a vítima imaculada, não só pelas mãos do sacerdote, mas, juntamente com ele, aprendam a oferecer a si mesmos, e dia após dia, pois por meio de Cristo mediador, sejam aperfeiçoados na unidade com Deus e entre si, para que Deus seja finalmente tudo em todos (SC 48).

O texto contém, em poucas linhas, o sentido pastoral desta redescoberta da ação litúrgica da eucaristia, e para favorecê-la é necessário superar não só os limites de uma "assistência como espectadores", mas favorecer o "tomar parte na ação ritual", que a reforma litúrgica será chamada a promover por meio de uma intervenção capilar em todos os ritos cristãos. São os números sucessivos ao n. 48 que estabelecerão, primeiro para a eucaristia e depois para todo o resto da ação ritual da Igreja – sacramentos, sacramentais, ofício divino, ano litúrgico, música, arte e alfaias –, os critérios para esta profunda e necessária revisão.

A partir destes esclarecimentos fica claro que o caminho da reforma se configura na *Sacrosanctum concilium* – a partir do segundo capítulo em diante – como resposta a uma tríplice constatação, tanto em termos de uma *nova noção teológica de liturgia* como em termos de um *novo paradigma participativo*. E há aí uma concatenação decisiva e recíproca entre esses diferentes níveis de experiência eclesial, trazidos à luz pela constituição conciliar sobre a liturgia:

a) *a nova noção de "ação litúrgica"*, esclarecida em seus fundamentos trinitários, cristológicos, pneumatológicos e eclesiológicos, determina a urgência de um modelo de participação adequada, em vista da qual se anuncia e se prepara uma reforma global dos ritos cristãos: para que a ação ritual se torne linguagem comum de todo o conjunto eclesial e assim estruture a Igreja por meio de uma correlação original;

b) *o novo paradigma de participação ativa*, recuperado em seu fundamento teológico e antropológico, esclarece a noção de liturgia e se reflete em uma série de *ordines* voltados à sua plenitude de experiência bíblica, ministerial e eucológica;

c) *a reforma dos ritos*, que, por um lado, é autorizada pelas aquisições teóricas amadurecidas no âmbito da noção de liturgia e do paradigma da participação, mas que, por outro, não é apenas uma *consequência*, é também logo reconhecida como *condição* para que a experiência litúrgica corresponda à sua noção teologicamente conotada e a participação possa ser exercida na plenitude da autoridade eclesial.

O texto da *Sacrosanctum concilium*, ao reconectar esses três níveis de releitura da tradição, assumiu para a continuidade eclesial um papel autorizado de mediação, sem esconder que a "sã tradição (*sana traditio*)" necessitava, em cada um desses três pontos, de um "legítimo progresso (*legitima progressio*)", cheio de promessas e esperanças, mas não sem ameaças e desafios (SC 23). Para melhor compreender o alcance desses desafios, inaugurados pelo texto conciliar, é útil considerar o quanto esse texto introduziu elementos decisivos de descontinuidade em relação ao texto magisterial imediatamente anterior sobre os temas litúrgicos, ou seja, a *Mediator Dei*.

2. A diferença em relação a Mediator Dei sobre o tema da "participação"

É necessário, portanto, aprofundar o sentido da diferença entre a encíclica *Mediator Dei* do papa Pio XII (1947) e a constituição conciliar *Sacrosanctum concilium* do Vaticano II (1963) precisamente no seio da compreensão da noção de "participação" na eucaristia. Mesmo com todas as oscilações de sentido, a passagem decisiva consiste em *assumir o rito como a linguagem comum de toda a Igreja*, que não deixa nenhum membro fora de si e que não pode tolerar nenhum espectador. Aqui – implicitamente – tanto a nova noção de ritual quanto o novo conceito de participação vêm à tona.

O coração da virada está na delicada relação entre uma visão clássica da "participação" na eucaristia – percebida agora como inadequada e distorcida – e uma nova visão que intui a profundidade do rito litúrgico para a vida de fé. De fato, durante muitos séculos a consciência teológica eclesial acerca da liturgia – e especialmente sobre a eucaristia – permaneceu, por assim dizer, paralisada pela preocupação apologética de uma contraposição confessional: o antiprotestantismo típico do católico e o anticatolicismo típico dos protestantes se equiparavam em seu compreender-se praticamente apenas como valorosas oposições a um perigoso "inimigo". O eco dessa posição polêmica ainda está fortemente presente na própria *Mediator Dei* (nos nn. 53-115, sobre o "culto eucarístico"), constituindo um limite objetivo seu, embora os frutos do Movimento Litúrgico já estivessem então quase completamente maduros e se impusessem amplamente no clima redutivo da apologética.

Em particular, a participação dos fiéis é entendida pelo texto da *Mediator Dei* como um "contato íntimo" da alma com o sentido da celebração, ao passo que se cuida de excluir de imediato uma simples equiparação entre leigos e clero, como também uma menor validade das "missas que se celebram privadamente", recomendando mesmo, como conclusão, uma espécie de paralelismo devocional (para os *rudes*, poderíamos dizer, isto é, para as "pessoas simples") com respeito ao rito eucarístico. O conceito de participação dos fiéis na *Mediator Dei* parece estar essencialmente ligado não ao rito, mas ao estado de espírito (MD 67)[14].

A mudança de perspectiva, introduzida pelo texto da *Sacrosanctum concilium*, consiste essencialmente em ter mudado decisivamente as prioridades do discurso sobre a eucaristia. O elemento mais qualificador desta novidade reside na redescoberta e reavaliação de uma estreita correlação entre diferentes níveis do discurso e da experiência, que no regime anterior foram – e, infelizmente, também em parte no regime subsequente e atual se mantiveram – separados e justapostos. Especificamente, a constituição conciliar do Vaticano II sobre a liturgia propõe, por um lado, *uma leitura não marginal* da participação ativa em uma ação ritual redefinida e, por outro, a *forma específica* dessa participação.

Precisamente sobre esse último ponto notamos as maiores diferenças em relação ao passado e, talvez, também em relação aos dias de hoje. Com efeito, o texto conciliar da SC 48 assim se exprime: *per ritus et preces id [eucharisticum mysterium] bene intelligentes*, ou seja, formula oficialmente a insuficiência de uma participação apenas da alma, com que antes (e depois) se buscou a "defesa" contra o Movimento Litúrgico e o sentido da reforma por ele promovida.

Parece bastante evidente que a nova compreensão proposta pela *Sacrosanctum concilium* consiste na possibilidade de *intelligere* o mistério eucarístico precisamente *per ritus et preces*, isto é, na participação consciente,

---

14. Deste modo, aqueles que possuem alguma dificuldade em entrar na lógica litúrgica e não querem renunciar à participação no sacrifício eucarístico "podem certamente fazê-lo de outra maneira [...], como, por exemplo, meditando piedosamente os mistérios de Jesus Cristo, ou praticando exercícios de piedade e fazendo outras orações que, embora diferentes na forma dos ritos sagrados, a eles correspondem por sua natureza" (MD 90). Esta sugestão explícita de paralelismo participativo aparece muito distante da novidade que a *Sacrosanctum concilium* introduzirá, tornando inseparáveis forma ritual e participação ativa. Esta é a condição da qual se parte para a noção de "participação" e na qual irrompe a nova perspectiva da constituição conciliar, por quanto já preparada pela própria evolução do pensamento do papa Pio XII durante a década de 1950.

piedosa e ativa na ação litúrgica. A ação é, portanto, o modo primário da inteligência litúrgica. Com essa consciência, não é o "significado na alma" (*actus animae*) que é o centro da ação ritual, mas muito mais "o significante e o ato corpóreo" (*usus rerum exteriorum*) que é colocado em primeiro plano. A reforma do rito eucarístico, que teria brotado do texto conciliar, é assim essencialmente motivada pela exigência de recuperar plenamente e para todos este nível ritual e orante da inteligência eucarística[15].

Neste caso, não se trata de uma reforma dos ritos concebidos para servir a compreensão intelectual habitual: pelo contrário, encontramos uma *mudança de perspectiva* e uma *recuperação experiencial* em vista de uma nova e original forma de acesso à verdade da eucaristia, em profundo equilíbrio entre a sensibilidade e o intelecto. Assim, é a "forma ritual (*rituum forma*)" (SC 49) que garante a plena eficácia pastoral do sacrifício eucarístico.

Essa perspectiva hermenêutica, que implica uma transformação da experiência litúrgica, muda inevitavelmente também – note-se – o tom geral com que se fala das várias questões: a abordagem em termos de *actio sacra*, na qual toma parte toda a assembleia, preocupa-se antes de tudo em *recuperar a plenitude do gesto ritual, mais do que a integralidade de seu sentido*. A consideração da plenitude da participação concentra a atenção no ato, mais do que no sentido e tal perspectiva também modifica profundamente o método da teologia litúrgica. Isso, como já dissemos, transforma ao mesmo tempo a teologia e a prática litúrgica, pois vai além da lógica do "mínimo necessário" ritual, que para o primado da alma podia/devia ser suficiente, mas que na nova perspectiva não só não é mais suficiente, mas torna-se continuamente enganoso e princípio de graves incompreensões.

Para essa perspectiva, *o abuso litúrgico mais grave é dado pela redução da liturgia ao seu mínimo, à sua essência, ao seu esqueleto conceitual*. Daqui nasce também a necessidade urgente de uma plena articulação espaçotemporal da ação litúrgica, que recupere – sobretudo na eucaristia – toda a riqueza da referência bíblica, da homilia, da oração dos fiéis, de uma língua compreensível, da comunhão com pão e cálice, da unidade da celebração e da possibilidade de concelebração. Note-se que nenhum destes elementos é – tradicionalmente – *ad necessitatem*, mas todos são *ad solemnitatem*:

---

15. Por esse motivo, toda controvérsia sobre a reforma litúrgica dissimula, mais ou menos abertamente, uma nostalgia irreprimível desse velho modelo de participação, que é ao mesmo tempo parcial e clerical. Todos os inimigos do *novus ordo*, mais cedo ou mais tarde, citam a *Mediator Dei* como uma autoridade insuperável e, por isso demonstram de não terem recebido de forma alguma a constituição conciliar sobre a liturgia.

na antiga perspectiva, que havia se tornado clássica, e que, enquanto tal, corre o risco de passar despercebida ainda hoje, estes são todos aspectos dispensáveis e de certo modo contingentes, acessórios, acidentais, no que diz respeito à determinação do sentido teológico da eucaristia. Agora, ao contrário, visto que é a ação litúrgica – e não simplesmente o seu sentido – que está no centro da relação eucarística, cada "parte" dela assume o papel de *ato simbólico-ritual que qualifica teologicamente a eucaristia*. A modificação que este novo sentido de prioridades implica quer no âmbito da experiência pastoral-existencial, quer no âmbito da reflexão teológico-conceitual, não entrou totalmente ainda na consciência eclesial[16].

3. Os sete pedidos da Sacrosanctum concilium sobre a eucaristia

A questão que o Concílio Vaticano II dirigiu à tradição eucarística está voltada à recolha de novas evidências. Com efeito, os números que se seguem imediatamente à SC 48 configuram a reforma do *ordo missae* e centram-se em sete evidências a serem recuperadas[17]. Deve-se reconhecer que a ativação dessas sete novidades, previstas pela SC 51-56 – a saber: maior riqueza bíblica, homilia, oração dos fiéis, uso do vernáculo, comunhão sob as duas espécies, unidade da missa e concelebração –, definem o âmbito de uma redescoberta.

A Igreja reforma o *ordo missae* para que, por meio de uma renovada participação ativa, torne-se patente uma experiência eclesial formada pela escuta da Palavra, pela mediação homilética, pela oração pelos ausentes, pelo uso da língua falada, pela redescoberta da plenitude do sinal da comunhão, da recuperação da unidade da Palavra e sacramento e da possibilidade de concelebrar por parte de vários ministros (bispos, presbíteros) a mesma eucaristia. Estas novas práticas *não só parecem justificadas pela teologia elaborada antes do concílio, como determinam uma nova experiência eclesial que acende novas interrogações* a partir de novas experiências de escuta, oração, comunhão e celebração.

---

16. Este manual justifica-se, a rigor, exatamente na direção de tal recompreensão, capaz de recuperar a força originária da ação ritual em vista da determinação do sentido teológico e sistemático da celebração eucarística.

17. A objeção de que esta seção da *Sacrosanctum concilium* deveria se referir exclusivamente às "missas com o povo" e não à "missa de sempre" introduz, sub-repticiamente, noções ultrapassadas ou falsas, para reduzir o alcance da reforma litúrgica. Estas são expressões pseudoteológicas de desespero e/ou da presunção clerical.

Podemos dizer, portanto, que estes pedidos de mudança são o *efeito de uma reflexão histórica e de uma reflexão teológica*, as quais, entretanto, com a sua atuação concreta na experiência eclesial posterior, se tornaram a *causa de uma nova produção teológica e de uma reflexão alimentada pelas novas práticas e novas experiências pastorais e espirituais que delas decorriam*. Até o ponto em que, como se verá no parágrafo seguinte, essa reforma litúrgica, que transformou a forma e a qualidade celebrativas das ações rituais, induziu a teologia a pensar a tradição segundo uma lógica mais articulada e segundo uma nova ordem sistemática.

4. *Uma comparação entre* Indices systematici

Para compreender o impacto que esta nova síntese conciliar foi capaz de exercer na tradição teológica acerca da eucaristia, é útil, neste ponto, considerar a evolução de um dos "lugares simbólicos" da sistemática católica: o *Index systematicus* do *Denzinger*.

O impacto desta irrupção da ação ritual na tradição litúrgica – e em particular na tradição eucarística – não é isento de consequências: foi capaz de suscitar um profundo e exigente repensar da tradição doutrinal, que já não é capaz de garantir, enquanto tal, aquela experiência que agora se considera necessária. Para compreender o impacto "revolucionário" da nova consciência ritual é preciso considerar um efeito que pode parecer marginal, mas que na realidade foi capaz de reestruturar o saber eclesial. Portanto, vamos examinar brevemente como mudou o índice sistemático do *Denzinger*, ou *Enchiridion symbolorum, definitionum et declarationum de rebus fidei et morum*.

De fato, se buscarmos comparar o texto de três edições diferentes do *Denzinger* e estudarmos as mudanças no *Index systematicus* ao longo de aproximadamente um século e meio, perceberemos como mudou o *ordo idearum* com o qual organizamos o saber eucarístico. Coloquemos em sequência os verbetes dos três índices:

- ed. 1854 (*Denzinger*[18]): a primeira edição do famoso "manual" ainda não possui um índice sistemático verdadeiro e próprio, articulado em seções, mas limita-se, sob o título *De Eucharistia, ut Sacramentum est*, a indicar uma série de proposições, ordenadas de acordo

---

18. Cf. DENZINGER, H., *Enchiridion symbolorum, definitionum de rebus fidei et morum*, Würzburg, Stahel, 1854.

com o saber escolástico e em referência a documentos individuais; é interessante que o tema *De sacrificio Novae Legis* seja colocado no final de todos os sacramentos, separando-o do tema eucarístico em sentido estrito;

- ed. 1960 (*Denzinger-Rahner*[19]): este, surgido mais de um século depois, a edição publicada pela Herder divide a matéria da *Eucharistia* em três grandes capítulos: *Realis praesentia: sacramentum*, é a primeira; em seguida está a *Communio*; e, por fim, encontramos *Sacrificium missae*;
- ed. 1991 (*Denzinger-Hünermann*[20]): neste caso, quase trinta anos depois do Concílio Vaticano II e depois da reforma litúrgica dele decorrente, a doutrina eucarística estrutura-se segundo uma ordem completamente diferente, assumida por uma lógica que é ao mesmo tempo mais nova e mais antiga; o título geral é *O sacramento da Eucaristia* e a articulação se dá da seguinte forma:

a. A última ceia de Jesus Cristo;

b. Ceia eclesial do Senhor;

c. A Igreja oferece a ceia do Senhor;

d. Os elementos da celebração e os destinatários da Ceia do Senhor (e aqui estão: liturgia da Palavra e homilia; ritos e cânon; o sacrifício eucarístico; a comunhão; destinatários e disposição);

e. A eucaristia, fundamento e ápice da vida da Igreja.

Como é evidente, *a tradição é profundamente repensada a partir de uma "forma ritual" que reestrutura também o conhecimento doutrinal*. O impacto na tradição causado primeiro pelo Concílio Vaticano II, e depois pela reforma litúrgica, mudou a *mens* com que é tratado, considerado e articulado o tema eucarístico. A história da prática e da teoria eucarística gerou um novo índice. Portanto, esse desenvolvimento diz respeito não apenas à história da teologia eucarística, mas também ao seu estatuto sistemático e pastoral: tudo isso será explorado na terceira parte do manual.

---

19. Cf. DENZINGER, H., *Enchiridion symbolorum, definitionum de rebus fidei et morum*, a cura di K. Rahner, Freiburg i. Br., Herder, 1960.

20. Cf. DENZINGER, H., *Enchiridion symbolorum, definitionum de rebus fidei et morum*, a cura di P. Hünermann, Freiburg i. Br., Herder, 1991. [ed. bras.: *Compêndio dos símbolos, definições e declarações de fé e moral*, São Paulo, Paulinas/Loyola, 2017].

Temas de estudo

1. O desenvolvimento de um novo saber eucarístico é condicionado por diversos fenômenos intra e extraeclesiais. O que podemos dizer sobre a influência que as ciências humanas exerceram no surgimento de uma nova teologia eucarística?
2. A redescoberta da ação ritual como "fonte" e "cume" de toda a ação da Igreja, implica uma nova compreensão da participação na liturgia: em qual medida é decisiva uma comparação, neste ponto em específico, entre a encíclica *Mediator Dei* (1947) e a constituição *Sacrosanctum concilium* (1963)?
3. A mudança ritual e a mudança sistemática e doutrinal estão muito mais ligadas do que parece. Por um lado, a reforma litúrgica pode ser entendida como uma simples medida "disciplinar"; por outro, pode-se supor que as novas formas celebrativas podem afetar a compreensão e a experiência da essência eucarística: como elas fariam isso?

Para aprofundar

Para compreender a virada do modelo conciliar de teologia eucarística, pode ser muito vantajosa a leitura destes volumes, que abordam a novidade dos séculos XIX-XX:
- Bonaccorso, G., *Rito*, Padova, EMP, 2018 [ed. bras.: *Rito*, São Paulo, Loyola (no prelo)].
- Grillo, A., *La nascita della liturgia nel XX secolo. Saggio sul rapporto tra Movimento Liturgico e (post-)Modernità*, Assisi, Cittadella, 2003.
- Carra, Z., *Hoc Facite. Studio teologico-fondamentale sulla presenza eucaristica di Cristo*, Assisi, Cittadella, 2018.
- Dossetti, G., *Per una "Chiesa eucaristica". Rilettura della portata dottrinale della Costituzione liturgica del Vaticano II. Lezioni del 1965*, a cura di G. Alberigo e G. Ruggieri, Bologna, il Mulino, 2002.

CAPÍTULO 10
Os esforços da reforma litúrgica da missa e o desafio do "paralelismo ritual"

Se a esta altura tentarmos recapitular as etapas fundamentais da elaboração da teoria-prática eucarística ao longo do século XX, identificaríamos três fases marcantes neste desenvolvimento:

a) Uma *primeira fase* se estende de 1909, ano da célebre conferência que L. Beauduin mais tarde chamou de "evento de Malines", até 1947, ano da publicação da encíclica *Mediator Dei* do papa Pio XII, ou seja, o primeiro documento que, em toda a história da Igreja, abordou *toto corde* a dimensão litúrgica da fé como objeto de ensinamento magisterial. Esses primeiros quarenta anos do Movimento Litúrgico foram marcados por uma pesquisa em torno da "questão litúrgica" totalmente voltada para dar-lhe uma solução que levasse em conta, antes de tudo, o valor de *iniciação dos ritos*, para o que se descobria – progressivamente – a exigência de uma *reforma dos ritos*. Esta primeira fase do Movimento Litúrgico identificou, portanto, uma questão e propôs uma dupla solução, subordinando decisivamente a reforma à iniciação. Esta, por sua vez, individuava progressivamente na reforma litúrgica o instrumento para permitir o grande trabalho de nova acessibilidade iniciática à lógica ritual da fé cristã, que encontrava seu centro no sacramento da eucaristia.

b) Uma *segunda fase* se estende de 1947, ou seja, da própria encíclica *Mediator Dei*, até 1988, ano do vigésimo quinto aniversário da *Sacrosanctum concilium* e, mais simbolicamente, da primeira geração pós-concílio. Esses quarenta anos caracterizam-se pela dinâmica da reforma litúrgica, que concentrou em si mesma as maiores atenções da doutrina teológica e dos projetos pastorais. Essa segunda fase teve um duplo resultado: realizando um árduo e rico trabalho em grandes sinais proféticos, preparou, por um lado, uma série de *novos textos rituais*, que pudessem garantir a base celebrativa para um novo estágio eclesial. Ao concentrar-se nesse aspecto da solução da questão litúrgica – enriquecendo a tradição no âmbito bíblico, sistemático, pastoral e espiritual –, ela, por outro lado, *diminuiu* e *aliviou* indiretamente a urgência de um forte compromisso eclesial que tivesse como objetivo a *iniciação à fé* por meio da liturgia. Ao contrário, um dos resultados desta segunda fase – para além das próprias intenções dos reformadores – foi ter mudado as relevâncias e as prioridades: não mais a reforma como instrumento de iniciação, mas a iniciação como instrumento (muitas vezes até percebida como "eventual") para a reforma. E é significativo que precisamente em 1988, com o vigésimo quinto aniversário da *Sacrosanctum concilium*, celebrada pela Carta apostólica *Vigesimus quintus annus* de João Paulo II, ocorram dois eventos altamente simbólicos: o cisma lefebvriano, que rejeita, entre outras coisas, o Missal reformado pelo Vaticano II, e a aprovação do primeiro rito eucarístico inculturado para as dioceses do Congo-Zaire.

c) Uma *terceira fase* começa aproximadamente em 1988, uma geração depois da *Sacrosanctum concilium*, mas também coincidindo com a primeira grave crise pós-conciliar sinalizada pela ruptura lefebvriana da comunhão eclesial, e estende-se até o presente e vai além dele. Esta fase ainda está envolta em certa névoa: ela mostra uma retomada da atenção pela dimensão da iniciação na fé mediante a liturgia, com tudo aquilo que isso implica, e, no entanto, pode aparecer sobretudo em contradição com a reforma, quase como um seu desmentir, um seu desacreditar, um retrocesso, até o projeto de uma problemática "reforma da reforma". Nesta mesma fórmula um tanto ambígua, que já entrou em uso por alguns setores eclesiais, nota-se antes de tudo o evidente estreitamento da perspectiva de leitura da "questão litúrgica" e da possível resposta em termos de renovação litúrgica: se tudo o que não é reforma se torna negação da reforma, então corre-se o risco de cair na oposição fictícia – ou reformar, ou voltar ao passado. O outro problema da reforma litúrgica – apontado proféticamente por Guardini com o concílio ainda em funcionamento – indica, ao contrário, que *ao lado* da reforma, e *de modo não contraditório* à reforma dos ritos e dos textos, existe a questão, mais originária e estrutural, da "forma litúrgica", da liturgia como *fons*, que implica para a Igreja uma necessidade originária de educação, formação e iniciação à fé mediante o ato de culto[1].

---

1. Cf. GUARDINI, R., Lettera sull'atto di culto e il compito attuale della formazione liturgica, *Humanitas*, 20 (1965) 85-90.

No período que se segue a 1988, verificam-se claros sinais de retrocesso no campo eucarístico. No tocante aos textos oficiais, testemunham-no a quinta instrução sobre a reforma litúrgica, *Liturgiam authenticam* (2001), a última encíclica de João Paulo II, *Ecclesia de eucharistia* (2003), e sobretudo a instrução *Redemptionis sacramentum* (2004). Este último texto, por exemplo, dando cumprimento a uma disposição da encíclica do ano anterior, identifica uma série de abusos aos quais procura remediar, a ponto de sugerir o uso "só com cautela de locuções como 'comunidade celebrante' ou 'assembleia celebrante'" (n. 42)[2]. Mas o ato que completa esta abordagem regressiva em relação à reforma da liturgia eucarística é, sem dúvida, o *motu proprio* de Bento XVI *Summorum pontificum* (2007). Este desenvolvimento contraditório demonstra a persistência de uma "reserva mental" estabelecida segundo a lógica do modelo tomista-tridentino. Basicamente, ela se manifesta na possibilidade de usar a ação ritual contra si mesma. Com efeito, se sistematicamente se justifica um "paralelismo ritual" entre as formas pós-conciliares e pré-conciliares de celebração eucarística, ou seja, entre *novus ordo* e *vetus ordo*[3], obtém-se facilmente, pelo menos no âmbito das práticas, uma espécie de "paralisia litúrgica" garantida pelo contraste entre formas rituais incompatíveis. Aquilo que após 1988 se conseguiu por indulto, ou seja, por concessão, da parte de um único bispo diocesano, do uso do *vetus ordo*, desde 2007 pôde ser assegurado pelo *motu proprio* que restabeleceu – com um golpe de varinha de condão da autoridade papal, atropelando qualquer competência episcopal necessária – todo o conjunto de formas rituais pré-conciliares, sem poder colocar em vigor, paralelamente, o *Código de Direito Canônico* de 1917: portanto, o "sistema ritual" foi paralisado, como era inevitável. *E, no entanto, a paralisia, que parecia ser o efeito não desejado, era na verdade o pressuposto impensado:*

---

2. Sobre essa terceira fase, cf. GRILLO, A., *Introduzione alla teologia liturgica*, 455-472.

3. Esta solução, que na realidade não resolve os problemas, mas sim complica e altera tudo, é adotada como "manual de estudos" pelo já referido Helmut Hoping, em sua obra *Il mio corpo dato per voi*, em que a exposição do *ordo missae* (ibid., 297-331) propõe, paralelamente, o *ordo* de 1969 e o de 1962, afirmando em palavras a "unidade do rito romano" e tentando assim validar "cientifica" mas irresponsavelmente este tipo de esquizofrenia formativa e institucional. Quando os teólogos desistem da crítica, eles também perdem a modéstia. Para corrigir este gravíssimo erro sistemático, é sempre bom ler o precioso texto de REGAN, P., *Advent to Pentecost. Comparing the Seasons in the Ordinary and Extraordinary Forms of the Roman Rite*, Collegeville/MN, Liturgical Press, 2012, traduzido para o italiano com um título que esconde a estrutura "comparativa" entre *vetus ordo* e *novus ordo*: Dall'Avvento alla Pentecoste. La riforma liturgica nel Messale di Paolo VI, Bologna, EDB, 2013).

de fato, uma ficção sistemática e legal, quando chega a se confrontar com a realidade, gera inevitavelmente imobilidade e perplexidade. Por isso, pretendo apresentar esta passagem recente com certa amplitude, pelo valor emblemático que ela tem para a compreensão do papel que a ação ritual assumiu na teologia eucarística do século XX, e que *Summorum pontificum* tenta obstinadamente negar. Portanto, vale a pena abordar analiticamente o texto do *motu proprio*, bem como a carta aos bispos sobre o uso da liturgia romana antes da reforma litúrgica de 1970 que acompanhava esse documento[4].

A essa tendência dos textos oficiais dos últimos vinte anos, reage com grande lucidez o magistério litúrgico do papa Francisco, que com o *motu proprio Traditionis custodes* (2021) suplanta e substitui *Summorum pontificum* e com a carta apostólica *Desiderio desideravi* (2022) retoma o projeto de "formação" que o Concílio Vaticano II havia concebido com a *Sacrosanctum concilium*. Trata-se de uma negação explícita e autorizada do teorema do "paralelismo das formas rituais": para a unidade da Igreja é necessário restabelecer o princípio tradicional de uma única *lex orandi*, deixando para trás a perspectiva de duas "formas paralelas", uma ordinária e outra extraordinária.

I. As disposições contidas na *Summorum pontificum* e na carta aos bispos que a acompanha

Analisando agora o conteúdo de *Summorum pontificum* e da carta aos bispos que acompanhava o *motu proprio*, veremos como a estratégia do papa Bento XVI consistia em uma releitura da história do século passado, que, embora mantendo um estilo profundamente clássico, produzia uma reflexão caracterizada por uma abordagem de novidade surpreendente, para não dizer desconcertante. Por esse viés, tinha-se quase a sensação de estar diante da configuração autorizada de uma "realidade virtual", decididamente orientada para a superação das contraposições eclesiais, mas dotada de um impacto complexo e não pouco problemático sobre a "realidade real", em sua concretude cotidiana e em sua opacidade mundana.

---

4. O resultado é uma reação de perplexidade, cuja razão se encontra na particular coragem – ousaria dizer na audácia – com que o papa Bento XVI quis abordar a espinhosa questão da comunhão e da unidade da Igreja no contexto litúrgico. Como veremos, precisamente neste ponto o papa Francisco, com *Traditionis custodes*, julga como superada a solução oferecida pelo seu predecessor.

Ao tentar uma interpretação global do documento e dos seus efeitos, gostaria de apresentar, antes de mais nada, o seu conteúdo e suas intenções, para avaliar em uma segunda fase – com respeito crítico e em diálogo sincero de comunhão – o impacto na "realidade real" que tal reconstrução normativa (como "realidade virtual") teve nos anos de sua aplicação.

1. O motu proprio: *dois usos do mesmo rito*

O texto do *motu proprio* de 2007 começa com uma longa introdução de caráter histórico que, partindo de Gregório Magno e chegando até João Paulo II, ilustra o percurso do rito romano, encontrando nele uma passagem decisiva na obra de Pio V, promotor daquele Missal Romano que, "com o passar dos séculos, pouco a pouco foi tomando formas que guardam grande semelhança com a vigente nos tempos mais recentes". Chega-se assim à reforma desejada pelo Concílio Vaticano II e ao Missal reformado de Paulo VI, que, traduzido em todas as línguas do mundo, foi acolhido por bispos, presbíteros e fiéis. E, no entanto, recorda-se que já em 1984 e, depois, em 1988 foi necessário que João Paulo II concedesse o indulto a "não poucos fiéis" para poderem utilizar as "anteriores formas litúrgicas, que tão profundamente impregnaram sua cultura e seu espírito". A partir dessa consideração histórica, *Summorum pontificum* decide proceder a um novo tipo de regulação da questão. Ao reiterar que o Missal de Paulo VI continua a ser a "expressão ordinária da *lex orandi* da Igreja Católica de rito latino", afirma-se que o Missal Tridentino, na edição de 1962 de João XXIII, deve ser "considerado expressão extraordinária da mesma *lex orandi*" (art. 1º). Há, portanto, dois usos (ou formas) de uma única *lex orandi*, comuns ao Missal de Pio V e ao de Paulo VI. Donde se segue que é lícito celebrar o sacrifício da missa segundo o Missal tridentino de 1962, que se considera como "nunca ab-rogado". As condições dessa celebração são definidas pelos onze artigos seguintes: nas "missas celebradas sem o povo" há pleno paralelismo dos dois "usos", exceto durante o Tríduo Pascal (art. 2º); essa possibilidade estende-se também às missas conventuais, sem prejuízo das competências dos superiores maiores (art. 3º); tendo especificado que às missas sem o povo qualquer fiel que o deseje pode ser admitido (art. 4º), passa-se a determinar a disciplina para as missas com o povo, em que "um grupo de fiéis aderentes à tradição litúrgica anterior" pode ver celebrada segundo a forma extraordinária a missa ferial, uma única missa dominical ou festiva, bem como outras celebrações particulares no caso de casamentos, exéquias ou romarias (art. 5º): as leituras, nestes casos, também podem ser feitas em língua vernácula (art. 6º). Se o pároco não atender a essas necessidades, o bispo poderá prover ou recorrer à Comissão *Ecclesia Dei* para relatar e receber conselhos e ajuda (arts. 7º s.). Em alguns casos, é também atribuída ao pároco a faculdade de celebrar conforme o uso mais antigo o batismo, o casamento, a penitência e a unção dos enfermos, bem como aos ordinários celebrar a confirmação com o *Pontifical Romano* anterior e aos clérigos usar o *Breviário Romano* de 1962 (art. 9º). Finalmente, lança-se a hipótese do caso da ereção de paróquias pessoais para garantir a celebração de acordo com o uso mais antigo (art. 10º), e são definidas as novas competências da Comissão *Ecclesia Dei*, que supervisiona a aplicação de todas essas disposições (arts. 11º s.).

2. *A carta aos bispos*: a reforma litúrgica não é afetada

A carta que Bento XVI enviou aos bispos em 7 de julho de 2007 por ocasião da publicação do *motu proprio* apresentava três núcleos temáticos importantes. Os dois primeiros eram "temores" manifestados no corpo eclesial e que o bispo de Roma pretendia esclarecer sobretudo aos coirmãos bispos; o terceiro consistia na exposição de uma "razão positiva" na base do *motu proprio*.

a) A carta aos bispos exclui antes de tudo que "a autoridade do Concílio Vaticano II tenha sido afetada" pela *Summorum pontificum*, visto que reitera que a forma ordinária e normal do Missal Romano permanece a promulgada por Paulo VI. E em seguida se reconstrói a história da presença – junto ao *novus ordo* – do *ordo* anterior, até a normativa atual, que corrige o que em 1988 "não era previsto", para concluir dizendo: "Essas normas pretendem também libertar os bispos do dever de avaliar sempre de novo como devam responder às diferentes situações".

b) O segundo receio é o de quem levanta a hipótese de que este paralelismo de formas rituais possa levar "a desordens ou mesmo a cisões nas comunidades paroquiais". Exclui-se isso porque a utilização do Missal antigo "pressupõe certa formação litúrgica e um acesso à língua latina; tanto um como o outro não são encontrados com tanta frequência". Em vez disso, o foco está no "enriquecimento mútuo" das duas formas rituais.

c) Finalmente, como terceiro ponto, a carta aos bispos expõe a "razão positiva" que motivou Bento XVI nesse seu novo regulamento: isto é, a de "alcançar uma reconciliação interna no seio da Igreja" fazendo prontamente todos os esforços possíveis para garantir a unidade. E então formula-se a tese que *Summorum pontificum* traduziu em legislação:

Não há contradição entre uma e outra edição do *Missale Romanum*. Na história da liturgia há crescimento e progresso, mas nenhuma ruptura. O que era sagrado para as gerações anteriores, permanece sagrado e grande também para nós, e não pode ser de improviso totalmente proibido ou até mesmo considerado prejudicial.

Isto implica também uma reciprocidade necessária: "Mesmo os sacerdotes das comunidades que aderiram ao uso antigo não podem, segundo o mesmo princípio, excluir a celebração segundo os novos livros".

II. Reflexões críticas: a diferença entre intenções e efeitos, entre virtual e real

Tendo considerado o conteúdo do *motu proprio* e da carta aos bispos que o acompanhava, cabe agora avaliar cabalmente suas intenções e efeitos. Quatro grandes questões podem ser identificadas, que merecem um exame crítico sereno.

1. *A questão jurídica: qual é o rito vigente?*

Sustenta-se – duas vezes no texto – que "o rito de Pio V nunca foi revogado": a afirmação soa apodítica, sem outra justificativa senão o fato – certamente muito significativo – de ser pronunciada pelo próprio Papa. No entanto, isso não impede de notar que uma série de outras afirmações, que permanecem incontestadas e totalmente válidas, atestam algo essencialmente diferente: o cân. 20 do *Código de Direito Canônico* e uma famosa resposta da Congregação para o Culto Divino de 1999[5] – mas também a sabedoria tradicional de G. Siri[6] – nos lembram como a aprovação de

---

5. O cân. 20 do *Código de Direito Canônico* diz: "A lei posterior ab-roga ou derroga a anterior, se expressamente o declara, se lhe é diretamente contrária, ou se reordena inteiramente toda a matéria da lei anterior". Coerente com este princípio, a resposta da Congregação para o Culto Divino de 3 de julho de 1999 (prot. 1411/99) afirma explicitamente: "O Missal Romano aprovado e promulgado por autoridade do papa Paulo VI [...] é a única forma em vigor da celebração do Santo Sacrifício segundo o Rito Romano, em virtude do único direito litúrgico geral".

6. Já há quarenta anos, quando um monge inglês escreveu ao cardeal Siri, perguntando-lhe sobre como se comportar no campo litúrgico quando em dúvida entre o antigo e o novo rito, o arcebispo de Gênova respondeu: "O poder com que Pio V estabeleceu sua reforma litúrgica é o mesmo poder de Paulo VI. Ter reformado o *ordo* implica sua substituição pelo novo" (carta de 6 de setembro de 1982).

um novo rito romano (tanto da eucaristia como de qualquer outra liturgia) leva inevitavelmente o anterior a ser substituído pelo novo. Assim, como há uma necessidade elementar de "certeza do direito", há uma necessidade primária de "certeza do rito": com base em tudo isso, ninguém pode ser solicitado a provar que o Missal de Paulo VI tenha ab-rogado o Missal vigente entre 1962 e 1969, porque isso é evidente de acordo com o direito litúrgico comum. Ao contrário, cabe àqueles que defendem a não revogação o ônus da prova: até que não sejam apresentados argumentos ou elementos racionais do ponto de vista jurídico e litúrgico, até que a "dupla forma contemporânea" seja apenas afirmada, mas não fundamentada e comprovada, presume-se o princípio geral, ou seja, que o rito romano mais recente substitui o rito romano menos recente. Nesse caso – *e apenas nesse caso* – o conflito não ocorre porque vigora um único rito, uma única forma e um único uso, de acordo com o princípio do direito comum (assim como do bom senso).

2. *A questão teológica: qual é o papel da* lex orandi?

"A liturgia estabeleça a fé da Igreja (*Lex orandi statuat legem credendi*)": esta famosa expressão de Próspero de Aquitânia é o pano de fundo do artigo mais importante da *Summorum pontificum* (art. 1º) e é uma das bandeiras do Movimento Litúrgico, na medida em que estabelece a "originariedade" da ação litúrgica para o ato de fé. No entanto, o texto do *motu proprio* de 2007 propõe uma releitura que introduz uma distinção original e cheia de consequências: a relação entre *lex orandi* e *lex credendi* é precedida pela relação entre dois diferentes usos (ou expressões, ou formas) rituais e uma única *lex orandi*. Isso significa que aqui a expressão *lex orandi* não se identifica com o rito, mas com o sentido do próprio rito. Ao introduzir esta distinção, *Summorum pontificum* cumpre duas tarefas diferentes ao mesmo tempo:
- abre espaço para aproximar dois usos diferentes, reconciliando-os em uma única *lex orandi* e evitando que duas *leges orandi* diferentes possam dar origem a duas profissões de fé diferentes;
- entretanto, ao mesmo tempo, distancia a *lex orandi* da concretude ritual que a distingue.

Ora, se *lex orandi* não significa mais o rito concretamente celebrado, ou seja, um *ordo* específico, mas uma dimensão essencial deste, invisível e/ou conceitual, então a função originária do rito para a fé tende a passar irremediavelmente para o segundo plano. Alguém poderia até mesmo ler esta distinção como a subordinação substancial da celebração a evidências puramente dogmáticas, das quais os dois "usos" constituiriam traduções práticas meramente consequentes e em nada originais. Em outras palavras, a articulação da única *lex orandi* em duas "formas" alternativas restauraria a primazia da teologia sobre a liturgia, perdendo assim um dos ganhos mais notáveis do Movimento Litúrgico. Para responder a esta hipótese devemos meditar sobre a relação que o *motu proprio* do papa Bento XVI pode ter com algumas afirmações da Exortação apostólica pós-sinodal *Sacramentum caritatis*: que teologia dos sacramentos se poderá desenvolver a partir da celebração – segundo a "primazia da ação litúrgica" a que se refere o n. 34 da Exortação pós-sinodal de 2007 – se diferentes ações não mudam nem a *lex orandi* nem a *lex credendi*?[7]

Em segundo lugar, é legítimo perguntar se a própria distinção entre uso ordinário e uso extraordinário é uma distinção de fato ou de direito. No primeiro caso, careceria de força normativa autêntica, ao passo que, no segundo, encontraria confirmada toda a sua autoridade. Mas, a partir do teor do texto, pode-se frequentemente inferir que o que é de fato ordinário deveria se tornar extraordinário, enquanto o que de fato é extraordinário deveria *de iure* ser entendido como ordinário. Não parece haver aí uma verdadeira pedagogia do ordinário em relação ao extraordinário. A ausência de controle episcopal *in loco* sobre a relação entre os dois diferentes usos leva ainda a crer que a distinção não está suficientemente esclarecida em sua natureza de direito, arriscando colocar em crise a pastoral ordinária, não mais controlável em relação à liturgia, quando carece de uma primazia *de iure* que seja claramente vinculante para todos.

Em terceiro lugar, permanece pouco clara a possibilidade efetiva de tratar igualmente duas "formas", das quais a mais recente nada mais é do que o resultado da reforma meditada da mais antiga. É muito difícil que uma liberalização do rito mais antigo não suscite uma tensão grave naqueles que seguem o rito mais recente, que inevitavelmente percebem o rito mais antigo como "ultrapassado", "reformado", "corrigido" pelo rito

---

7. Para dar apenas um exemplo: se começar a missa "sem o povo" ou "com o povo reunido" é indiferente para a teologia eucarística, isso significa essencialmente que a ação litúrgica nada tem a dizer à teologia do sacramento e que a teologia é substancialmente autônoma em relação à liturgia. Para uma retomada dessa interpretação pouco convincente, pode-se ler Scola, A., Il rito: tra rinnovamento e tradizione, in: Terrin, A. N. (ed.), *La natura del rito. Tradizione e rinnovamento* (Caro salutis cardo. Contributi, 26), Padova, EMP/Abbazia di S. Giustina, 2010, 17-30.

posterior, do qual fazem uso. Os dois "usos" não são autônomos: *um é a resposta à crise do outro* e, por isso, não pode deixar de sentir como um grave desconforto o reaparecimento do antigo ao lado dele, como se nada tivesse acontecido.

Além disso, a justaposição de dois "usos" paralelos, que se apresenta como um "acrescentar sem nada tirar", introduz, na verdade, um elemento de disparidade entre um uso *estruturalmente plural*, como o de Paulo VI – que se apresenta na variedade das línguas e adaptações que lhe são constitutivas – e a univocidade monolítica do rito tridentino, apenas em latim e sem adaptações de qualquer tipo.

3. *A questão pastoral: garantia de comunhão eclesial e/ou liberdade de rito?*

Em 2001, em uma conferência realizada na abadia de Fontgombault, Joseph Ratzinger, então cardeal prefeito da Congregação para a Doutrina da Fé, sustentava que a desejável extensão do rito tridentino no uso eclesial devia ser temperada pela garantia episcopal da unidade litúrgica na diocese[8]. *Summorum pontificum* abole as lógicas dos indultos de 1984 e 1988 – que atribuíam à autoridade episcopal local a possibilidade de conceder as autorizações necessárias para abrir exceções a uma regra clara. Esta lógica se assentava precisamente na admissão de que apenas um rito é vigente, enquanto o outro tem uma praticabilidade limitada, problemática e condicionada, o que constitui uma exceção à sua condição normal de "rito não mais em vigor". Tendo mudado a lógica, substituindo-a pelo paralelismo entre dois "usos" (ou formas) do mesmo rito, levanta-se novamente a questão: como podem os bispos assegurar a comunhão eclesial no âmbito litúrgico discernindo entre uso ordinário e uso extraordinário? Como podem impedir que se crie *um birritualismo conflituoso* e, portanto, que se introduzam divisões, divergências e incompreensões no corpo eclesial, não só no âmbito litúrgico, mas também na catequese, na formação, no testemunho, na caridade? A redação do documento permaneceu muito vaga – para não dizer insensível – sobre o assunto, atribuindo, aliás, uma competência dirimente, que extrapolava as competências ordinárias da Congregação para o Culto Divino, à Comissão *Ecclesia Dei*, que em seus

---

8. Cf. *Autour de la question liturgique: avec le cardinal Ratzinger. Actes des Journées liturgiques de Fontgombault, 22-24 juillet 2001*, Association Petrus a Stella, Fontgombault, 2001.

últimos anos de atividade não foi de forma alguma creditada como um organismo suficientemente *super partes*[9].

4. A questão litúrgica: da reforma necessária à reforma acessória

Tanto as declarações de apresentação do *motu proprio*, como o teor da mesma carta aos bispos que o acompanhava, reiteravam insistentemente a ausência de qualquer intenção crítica em relação à reforma litúrgica realizada segundo as diretrizes do Vaticano II. E disso não se pode duvidar. Quanto aos efeitos objetivos, porém, ninguém poderá negar que a reforma litúrgica, após a publicação de *Summorum pontificum*, correu o risco de ver fortemente relativizado o próprio sentido e o próprio alcance histórico. Esta não seria mais capaz de indicar a estrada principal da celebração, da formação, da espiritualidade, da edificação, ela representaria apenas um acréscimo – ainda que notável – a uma tradição anterior, que se pretende restabelecer intacta, não só na celebração eucarística, mas com todos os seus ritos e seus calendários, seus gestos e suas rubricas, como se nada tivesse acontecido, acertando os relógios eclesiais para 1962. A Igreja poderia viver, simultaneamente, em 2007 e em 1962, subordinando a escolha não à discrição do bispo, mas à decisão dos fiéis e/ou à "livre" escolha de cada presbítero. A reforma litúrgica, que tinha a necessidade de reformar o rito romano tridentino para garantir a participação ativa, ficou assim reduzida a uma *simples possibilidade eventual e adicional*, incapaz de afetar a "antiga" e "alta" tradição da missa, que seria assim, por princípio, *irreformável*.

Uma leitura como essa do impacto efetivo do *motu proprio* sustenta, sob todos os pontos de vista, uma versão redutora e caricatural em relação às verdadeiras intenções das profecias conciliares. Essa leitura corria o risco de esquecer que os nn. 47-57 da *Sacrosanctum concilium* – como já visto – pedem para redescobrir na eucaristia a riqueza bíblica, a homilia, a oração dos fiéis, a língua vernácula, a unidade das duas mesas, a comunhão sob as duas espécies e a concelebração. Em vez disso, deve-se lembrar que nenhum desses sete elementos é encontrado no rito tridentino e que, para torná-lo novamente presente, foi necessário proceder à sua reforma, para apenas assim permitir que o rito romano reencontrasse uma riqueza que,

---

9. A supressão da Comissão, no início de 2019, marcou o início de uma virada na questão que estamos estudando e abriu as portas aos importantes e necessários desenvolvimentos dos últimos dois anos, que abordaremos a seguir no item V deste capítulo.

de outro modo, estaria perdida. A liberdade que se queria garantir era a liberdade de voltar a ser pobres de palavra bíblica, pobres de homilia, pobres das orações dos fiéis, pobres do vernáculo, pobres da comunhão sob as duas espécies e pobres da concelebração?

III. Um balanço preocupante

Foi possível ler, como comentário à *Summorum pontificum*, que "a unidade leva ao conflito, o pluralismo leva à paz"[10]. O papa Bento XVI teria dito que isso é uma expressão de relativismo. Mas no fundo, se lermos o *motu proprio*, não encontraremos em seu cerne um argumento muito semelhante? Não será verdade, ao contrário, que a unidade possa garantir uma certeza de comunhão, ao passo que a pluralidade poderá miná-la, insinuando em todos a tentação de ser a única Igreja verdadeira? E não poderia ser, talvez, que precisamente esta virada tradicional da liturgia eclesial se deixe compreender como uma lógica insolitamente liberal e secularizada em virtude de sua linguagem e de seu pensamento? Na liturgia, a livre escolha não poderia ser lida por alguns como "indiferença" em relação à liturgia e como afirmação de uma espécie de "gnose cristã"?

Certamente não no âmbito das intenções, mas no patamar deste objetivo e indiscutível potencial dissonante de *Summorum pontificum* em relação às perspectivas da reforma litúrgica, a teologia e a pastoral não podem deixar de suscitar o seu legítimo e leal ponto crítico: para que a comunhão da Igreja não continue a sofrer um grave *vulnus* litúrgico e para que a liturgia continue a ser *culmen et fons* e não uma mera explicação variável e negociável da *lex credendi*.

Por todos esses motivos, parece que a nobre intenção de restabelecer a paz e a harmonia na liturgia eucarística católica empregou instrumentos tão "modernos" e "ousados" que se prestaram a leituras que ameaçavam comprometer seriamente a história destas últimas décadas do Movimento Litúrgico. De fato, se concordarmos que o Movimento Litúrgico

---

10. A leitura paradoxal que René Girard propôs da disposição papal atingiu seu clímax quando ele resumiu seu pensamento da seguinte forma: "Se forem feitas regras absolutas, pode-se ter certeza de que haverá um conflito. Se, por outro lado, não for imposta uma legislação rígida, não haverá confrontos porque não haverá discussões: simplesmente ninguém falará sobre isso. A missa é uma daquelas matérias que não deviam ser objeto de regulamentos administrativos"! (cf. o artigo *Sarebbe ridicolo proibirne l'uso* publicado no jornal *La Repubblica* de 3 de julho de 2007). É evidente que Bento XVI, em todo caso, tenha se colocado a certa distância dessas conclusões.

não terminou com o Concílio Vaticano II e com a reforma, mas que continua mesmo depois desses eventos, isso se justifica precisamente em nome de uma "tradição" que necessita não apenas da defesa a todo custo de um passado adquirido, mas também da riqueza insubstituível de um presente complexo e de um futuro aberto:

> Persistir em uma forma de liturgia da qual se quer a imutabilidade pode certamente satisfazer o forte desejo psicorreligioso de continuidade, mas não pode satisfazer a exigência de alcançar a "hora da graça"[11].

A tradição litúrgica passa por inegáveis reviravoltas que, para garantir a continuidade, requerem necessariamente descontinuidades decisivas.

Se se quisesse negar esse afastamento providencial, então a *Summorum pontificum*, que, no entanto, nunca manifesta essa intenção, se prestaria com demasiada facilidade a ser lida – justamente nesse salto entre a realidade virtual e a realidade real – como o aval para uma leitura não dinâmica da tradição, mas estática, não vital, mas monumental e arqueológica: em que nada se perde, tudo se acumula, mas nada mais está vivo. Com razão, para evitar leituras deste tipo ainda hoje, seria necessário recorrer ao que dizia M. Blondel, há mais de um século, em defesa do dinamismo constitutivo da tradição: "Em vez de pensar que a ideia de desenvolvimento – que preocupa muitos fiéis – é heterodoxa, é o fixismo [...] que é uma heresia virtual"[12]. Ao distinguir entre a *lex orandi* e os "usos" desta, o *motu proprio* abriu a possibilidade de sofrer ele próprio o mesmo tratamento: uma coisa é o que ele diz e outro foi o uso que dele se fez. Devemos reconhecer, também para a *Summorum pontificum*, um "uso extraordinário" do seu ditado, que ocorreu e foi gerido em termos marcadamente tradicionalistas.

Não há dúvida de que uma ousada reconstrução de uma "realidade virtual", como a desenhada pela *Summorum pontificum*, tenha dado um apoio objetivo e implícito – e quase um excesso de autoridade – não a uma verdadeira pacificação, mas a "heresias virtuais" e conflitos abertos, aos quais era necessário remediar.

---

11. ANGENENDT, A., *Liturgia e storia. Lo sviluppo organico in questione*, Assisi, Cittadella, 2005, 239.

12. BLONDEL, M., *Storia e dogma. Le lacune filosofiche dell'esegesi moderna*, Brescia, Queriniana, 1992, 119.

IV. As tensões abertas e a intenção esquecida

Finalmente, anotaremos sinteticamente uma série de tensões objetivas que o texto da *Summorum pontificum* suscitou no corpo eclesial e na discussão teológica em torno da eucaristia. Tentaremos indicar quatro, às quais se acrescenta uma intenção esquecida.

a) *A mediação impossível* – Parece surgir claramente uma primeira tensão entre a intenção eminentemente pastoral – como mostram as declarações explícitas do documento – e o efeito de distorção da pastoral que inevitavelmente acontecia ali onde a disposição era aplicada sem o devido discernimento. *Uma pastoral da reforma litúrgica não pode aguentar nem por um momento a presença, ao lado da nova forma ritual, da forma anterior*, que precisamente por causa de seus limites eclesiológicos, teológicos, espirituais e estruturais teve que ser profundamente revisada, emendada, melhorada. Só o indulto de 1988 salvaguardava – ainda que à sua maneira – o primado de uma certa clarividência pastoral. A nova solução, pelo seu carácter de disposição geral, que pretendia sobrepor-se à competência episcopal em matéria de celebração eucarística, corria o risco de desorientar *todas* as pastorais possíveis, dissolvendo a Igreja em uma ação ritual de caráter não pastoral, mas monumental e museológico, colocando-a essencialmente fora da história, ou melhor, sem qualquer história possível que não fosse a repetição do passado.

b) *Realidades virtuais e ficções jurídicas* – Uma segunda tensão é aquela que surge quando se exagera em uma reconstrução hipotética ou conjectural da realidade eclesial, para forçá-la, mais uma vez, a abrigar oficialmente dentro de si o que está objetiva e subjetivamente ultrapassado há décadas. Não é por acaso, com efeito, que precisamente no âmbito das considerações "de direito", bem como das "de fato", o *motu proprio* se viu obrigado a recorrer a "ficções" que não foram pequenas nem indolores. De fato, o documento papal configurava uma vigência jurídica do *vetus ordo* que era, no mínimo, questionável e nada óbvia: ela era afirmada de modo lapidar, mas isso não bastava para estabelecer sua realidade e eficácia jurídica. Não era possível presumir nenhuma "palavra criadora" aqui! E a pretensão de uma equivalência entre "não abolido" e "vigente" foi e continua sendo um salto mortal argumentativo que juridicamente não tinha fundamento algum para o caso específico.

c) *Um entrelaçar de lógicas provincianas* – E é preciso considerar também a aliança singular que se veio a constituir entre algumas regiões particulares do universo eclesial católico e práticas nunca abandonadas nos costumes não escritos da cúria romana. Com efeito, se fôssemos recensear os lugares de prática resistente do *vetus ordo* – excluindo obviamente os círculos aristocráticos e declaradamente monárquicos, que sobrevivem em si próprios sem qualquer relação efetiva quer com a Igreja quer com o mundo – teríamos de reunir algumas periferias da Igreja com seu núcleo institucional mais central. Ou seja, lugares em que – de fato – é possível reduzir ainda mais a pastoral apenas à prática ritual, ou prescindir da relação pastoral, traduzindo-a integralmente em... práticas de ofício. Nesses lugares – tão diferenciados – a vida de homens e mulheres podia prescindir estruturalmente da reforma litúrgica: em alguns escritórios romanos assim como em algumas aldeias da China, da França ou dos Estados Unidos, era possível nutrir a ilusão de que o rito de Pio V ainda podia constituir o presente e futuro da Igreja.

d) *Resistência a todo custo ao Vaticano II* – Não era difícil prever, mesmo antes de sua aprovação, que esse texto se tornaria o estandarte – desproporcional tanto no que diz respeito às intenções quanto às inteligências – de todas as formas de resistência à Igreja desejada pelo Concílio Vaticano II. Talvez não tenha sido suficientemente avaliado o valor simbólico de uma "revitalização" da prática litúrgica pré-conciliar, como suporte simbólico a toda nostalgia do *ancien régime*, de caráter eclesial, político, ético, catequético, disciplinar ou estético, que teria se sentido avalizada pela mais alta autoridade. Em suma, uma espécie de reconquista secreta em relação ao mundo moderno, da liberdade de consciência e da saída do estado minoritário. Mas em tudo isso outro fato não foi adequadamente considerado: que o Missal de Pio V entraria no "novo uso" como um texto totalmente *moderno*, que pressupõe como sujeito o indivíduo e que propõe uma leitura tradicionalista da tradição, como facilmente fazem os homens modernos e pós-modernos. Comparado a ele, o projeto do Missal de Paulo VI parece autenticamente *antigo*, pois deseja recuperar uma experiência vital e não museológica da tradição, com o fato de remeter ao presente e ao futuro um papel não apenas de reduplicação do passado na redefinição da tradição cristã. A referência ao Missal Tridentino como uma forma de "utopismo tipicamente moderno" não é de forma alguma uma hipótese a ser descartada *a priori* ao avaliar as expectativas desproporcionais e o impacto decepcionante do documento papal.

e) *Uma intenção esquecida: a "reforma" de João XXIII em 1962* – Ao que foi dito até agora, devemos acrescentar, para completar, outra consideração: de fato, não apenas não é possível depreender do texto conciliar da *Sacrosanctum concilium* qualquer "vigência paralela" de duas formas rituais do único rito romano, como se mostra evidente o contrário, ou seja, a clara intenção de estabelecer um caminho de "adaptação" e "substituição" do arranjo ritual pré-conciliar[13].

Acrescente-se ainda que muitas medidas de implementação da reforma, emanadas pelo papa Paulo VI, revelam uma intenção inequívoca de substituir o regime ritual antigo pelo novo (como aliás sempre aconteceu na história da Igreja). E, no entanto – paradoxalmente – deve-se reconhecer também que essa intenção pode ser deduzida inclusive das declarações explícitas feitas pelo predecessor de Paulo VI, ou seja, a partir das palavras de João XXIII, que, no documento que introduz e torna possível a nova *editio typica* do Missal Tridentino, a de 1962, sublinha não só que ele quis continuar (e completar) o projeto de Pio XII de uma revisão completa das rubricas do *Breviarium Romanum* e do *Missale Romanum*, mas que ele fez isso para o espaço de tempo – ainda não facilmente calculável em 1960 – entre a convocação do Concílio Vaticano II, sua celebração e a obra de reforma litúrgica que, conforme já se previa, teria sido realizada após o concílio[14]. Segue-se, portanto, com alguma surpresa, que o Missal

---

13. Como exemplo, considere-se atentamente a afirmação da *Sacrosanctum concilium*: "Os livros litúrgicos sejam revistos o quanto antes, utilizando o serviço de pessoas competentes e consultando os bispos de vários países do mundo" (SC 25); "Revejam-se o mais rápido possível, juntamente com os livros litúrgicos, de acordo com o artigo 25, os cânones e as disposições eclesiásticas sobre o conjunto de coisas externas pertencentes ao culto sagrado, especialmente para a construção digna e apropriada de edifícios sagrados, a forma e a construção de altares […]. *As normas que se mostrassem menos correspondentes à reforma da liturgia devem ser corrigidas ou abolidas; as que, ao contrário, a favorecem, sejam mantidas ou introduzidas*" (SC 128, grifo nosso). Deve-se notar como a *mens* do concílio não faz referência alguma a tradições paralelas, mas fala explicitamente de "correção", "abolição", bem como de "novas introduções". Por outro lado, a fragilidade da teoria do duplo uso paralelo é clara quando se considera hoje a necessidade de adaptação do espaço litúrgico, explicitamente desejada pelo concílio e fortemente promovida desde o pós-concílio, e que, em vez disso, uma teoria do "paralelismo de formas rituais" poderia tornar não apenas difícil *de fato*, mas mesmo impossível *por princípio*.

14. O documento em questão é o *motu proprio* de 25 de julho de 1960, *Rubricarum instructum*, de João XXIII, com o qual se dá seguimento ao projeto de Pio XII. Enquanto o projeto e os estudos preparatórios de uma reforma litúrgica geral estavam amadurecendo, ele decidiu primeiramente revisar as rubricas do *Breviarium Romanum*; mas em seguida, após ter consultado os bispos, voltou-se ao projeto de revisão geral das rubricas do *Breviarium* e do *Missale Romanum*, confiando seu estudo à Comissão encarregada da reforma geral da liturgia. A isto acrescenta João XXIII: *"Nos autem, postquam, adspirante Deo, Concilium Oecumenicum coadunandum esse decrevimus, quid circa huiusmodi Predecessoris Nostri inceptum agendum foret, haud semel recogitavimus. Re itaque diu ac mature examinata, in sententiam devenimus, altiora principia, generalem liturgicam instaurationem respicientia,*

de 1962 – do qual a retórica eclesial a partir de 2007 teve a pretensão de tornar, paralelamente ao de Paulo VI, sua vigência *sine die* – havia sido aprovado por João XXIII não como uma "grande reforma", mas como um simples "texto provisório" aguardando nessa matéria as decisões do Concílio iminente!

O desenvolvimento orgânico da tradição eucarística, como já sublinhamos, comporta inevitáveis reviravoltas, com uma continuidade que necessita de algumas descontinuidades vitais. Como acontece com as gerações – onde o filho só é plenamente filho quando o pai não está mais perto dele – um rito de Paulo VI, que sempre tivesse ao seu lado o rito de Pio V, permaneceria perenemente infantil e frágil, nunca cresceria até a maturidade; ao passo que um rito de Pio V que não se resignasse a dissolver-se e a se encontrar no filho, cairia em um paternalismo invasivo e em um moralismo sem verdadeira confiança.

Talvez o que mais faltou, nesta perspectiva de paralelismo ritual, tenha sido precisamente a consciência desta dimensão geracional e pedagógica do Concílio Vaticano II, que ainda tinha consciência de ter a necessidade de filhos e netos para que a antiga tradição pudesse ter uma sequência e que, portanto, poderia considerar seu próprio *munus* como o "início de um começo" e não simplesmente como uma "continuação de um *traditum*", sem a pretensão de "começar *ex novo*", é claro, mas também sem a presunção de poder "continuar sem novidade".

O conflito de interpretações que continua atravessando perigosamente a consciência eclesial *in re eucharistica* depende, em grande parte, da falta desta autêntica preocupação tradicional pelos filhos e netos, que podemos recuperar hoje redescobrindo cuidadosamente as evidências que guiaram o Movimento Litúrgico originário e a reforma litúrgica para dar uma resposta séria à "questão litúrgica": que a liturgia eucarística cristã ainda possa

---

in proximo Concilio Oecumenico patribus esse proponenda; memoratam vero rubricarum Breviarii ac Messalis emendationem diutius non esse protrahendam". É evidente aqui como o projeto do iminente concílio cria uma tensão entre o desenho limitado de uma revisão das rubricas e o repensar dos *altiora principia* que teriam conduzido à reforma mais geral do rito romano. Essa edição do Missal Romano, que sairia dois anos depois, é, portanto, pensada como destinada ao "interregno" entre o rito de Pio V e o rito que, seguindo a reforma litúrgica, seria promulgado posteriormente (por Paulo VI). Em suma, tratou-se de uma revisão provisória, mas já não adiável, do anterior sistema de rubricas, tendo em vista um repensar mais abrangente, do qual, já em 1962, se sentia uma necessidade urgente, e que, no entanto, não poderia ser antecipado pelo *motu proprio*, precisamente para respeitar a iminente celebração solene do concílio.

gerar fé, ainda possa ser *fons* de ação eclesial e de espiritualidade pessoal, esta é a única esperança que a reforma litúrgica tinha como objetivo e que não podemos ignorar e nem subestimar.

Essa instância não deixou de questionar e provocar o corpo eclesial, desde que não se tenha tomado a decisão – ao mesmo tempo desesperada e presunçosa – de ser os últimos cristãos ainda fiéis a uma grande tradição eucarística (somente) antiga, reduzida à figura de um passado precioso a ser encerrado em um museu, com ar condicionado e sistemas de segurança, mas sem vida e sem filhos. A "opcionalidade" da reforma litúrgica punha em dúvida esta nova abertura desejada com autoridade pelo Concílio Vaticano II, que nos últimos anos alguns tentaram marginalizar e remover. Ter dedicado tanto espaço a este documento do magistério pontifício também dentro de um manual como este justifica-se precisamente pelo que está em jogo na lógica sistemática distorcida com que se pretende justificá-lo, e que mina na raiz todas as aquisições mais fundamentais da reforma litúrgica e da melhor teologia eucarística do século XX. No entanto, registou-se nos últimos anos uma profunda recuperação destas aquisições fundamentais, com um desenvolvimento disciplinar e doutrinário que devemos agora examinar.

V. A superação do paralelismo ritual: *Traditionis custodes* (2021) e *Desiderio desideravi* (2022)

O magistério litúrgico do papa Francisco se manifestou gradualmente, a partir da eleição de 2013, com clareza progressiva. As primeiras intervenções diziam respeito a questões importantes como as traduções litúrgicas (o *motu proprio* de 2017, *Magnum principium*) ou a extensão dos ministérios instituídos de leitor e acólito também às mulheres (o *motu proprio* de 2021, *Spiritus Domini*). Mas os dois textos fundamentais, também em termos de sistemática litúrgica e eucarística, são o *motu proprio* de julho de 2021 *Traditionis custodes*, acompanhado de uma carta aos bispos, e a carta apostólica de junho de 2022 *Desiderio desideravi*, sobre os quais é bom que nos detenhamos.

1. Traditionis custodes e o fim do princípio geral do paralelismo litúrgico

A publicação de *Traditionis custodes* e da carta contextual aos bispos do papa Francisco, com a qual se supera, após quatorze anos, o *motu proprio* de Bento XVI *Summorum pontificum*, recoloca a condição do uso do rito tridentino em sua posição original: isto é, de ser aquela forma do rito romano que o Concílio Vaticano II decidiu reformar. Essa condição manteve-se inalterada até 1984 e depois até 1988, quando foi dada aos bispos a faculdade de conceder um indulto que permitisse, em condições particulares, fazer uso da forma anterior do rito, apenas em casos específicos. Isso implica que, após *Traditionis custodes*, as condições de acesso ao rito tridentino voltaram essencialmente ao que fora concedido por João Paulo II em 1988.

Pode ser útil construir uma breve "sinopse" para ver o que havia mudado com *Summorum pontificum* e o que acontece hoje com o *motu proprio* de Francisco. Desta forma, aparece com clareza que uma teoria arriscada e contraditória – a ideia de que a mesma *lex credendi* poderia ser expressa pacificamente em duas "formas rituais paralelas" – causou uma incerteza de direito e um vácuo de poder episcopal, o que gerou confusão, divisão e conflito na única Igreja.

Eis então a comparação:

a) No artigo 1º da *Summorum pontificum* se afirmou que as duas formas do rito romano – ou seja, o *novus ordo* e o *vetus ordo* – estavam em vigor e eram lícitas. *Traditionis custodes* no artigo 1º, em vez disso, diz que há apenas uma *lex orandi*, e é aquela da qual é expressão o *novus ordo*. A posição clássica e tradicional é a defendida por *Traditionis custodes*, enquanto *Summorum pontificum* havia introduzido uma leitura inédita e contraditória da tradição por quase três lustros. A afirmação de *Summorum pontificum*, segundo a qual as duas formas "de modo algum conduzirão a uma divisão na *lex credendi* da Igreja" não tem fundamento real, soa apodítica e, sobretudo, foi contrariada pela experiência. O que Bento XVI afirmou como justificado *a priori*, Francisco verificou e substituiu como infundado *a posteriori*.

b) No artigo 2º da *Summorum pontificum* se estabelece a liberdade de todo presbítero poder celebrar "sem o povo" indiferentemente com o *novus ordo* ou o *vetus ordo*, sem ter que responder nem ao bispo e nem à Sé Apostólica. Para *Traditionis custodes* essa possibilidade não pode de forma alguma sequer ser cogitada, pois apenas a forma do *novus ordo* é vigente e lícita, como mandam a razão e a tradição. Por isso o *motu proprio* de 2021 nos artigos 4º e seguintes prevê para todos os presbíteros que pretendem celebrar segundo o *vetus ordo* a necessária autorização do bispo. No artigo 4º da *Summorum pontificum* se acrescentava a possibilidade, para cada membro do povo de Deus, de "ser admitido" às missas "sem o povo" celebradas segundo o *vetus ordo*, em clara contradição com o princípio geral de participação ativa, estabelecido pelo Vaticano II e agora restabelecido por *Traditionis custodes*.

c) No artigo 5º da *Summorum pontificum* se regrava a presença de grupos estáveis nas paróquias, convidando o pároco e o bispo ao acolhimento evitando toda discórdia. *Traditionis custodes* no artigo 3º, § 2, exclui a possibilidade de celebrar com o *vetus ordo* nas igrejas paroquiais: isso é a consequência racional do fato de que apenas o *novus ordo* está em vigor e é universalmente lícito, não o *vetus ordo*.

d) No artigo 3º da *Traditionis custodes* se prevê atribuir ao Bispo diocesano o cuidado das possibilidades de celebração no *vetus ordo*, valendo-se de um padre responsável que se encarregue da celebração e do cuidado pastoral (§ 4), estabelecendo dias e lugares específicos, verificando a necessidade de paróquias pessoais já estabelecidas para esse fim (§ 5) e não autorizando novos grupos (§ 6).

e) De acordo com *Summorum pontificum* (art. 5º, § 3), poderia ser solicitado ao pároco a celebração da missa com o *vetus ordo*, mesmo por ocasião de casamentos, funerais ou peregrinações. Excluída a competência do pároco na *Traditionis custodes*, cessa também a possibilidade destes pedidos.

f) No artigo 9º da *Summorum pontificum* se previa também que o pároco, se assim considerasse oportuno, pudesse usar o *vetus ordo* para batismos, casamentos, confissões ou unções de enfermos (§ 1); que o bispo poderia usar o *vetus ordo* para confirmação (§ 2); que os clérigos poderiam usar o breviário do *vetus ordo* para a oração das horas (§ 3). Nada disso é possível agora sem uma autorização específica e pessoal.

Obviamente, as questões que podem surgir sobre a aplicação de *Traditionis custodes* não terão mais a interpretação "especial" que a Comissão *Ecclesia Dei* (extinta em 2019) havia assegurado de acordo com a *Summorum pontificum*. A competência da Congregação para o Culto Divino (hoje Dicastério para o Culto Divino) unifica a única *lex orandi* existente sob a mesma autoridade e assim evita cair em disciplinas caricaturais e fictícias[15].

A tradição caminha com o único rito comum, "única expressão da *lex orandi* do rito romano" (*Traditionis custodes*, art. 1º), que merece ser

---

15. Em novembro de 2021, a Congregação para o Culto Divino publicou alguns *Responsa ad dubia* para esclarecer as dúvidas levantadas em torno da interpretação do texto da *Traditionis custodes*. Disponível em: <https://press.vatican.va/content/salastampa/it/bollettino/pubblico/2021/12/18/0860/01814.html#spa>.

plenamente valorizado. A razoabilidade prevaleceu sobre a abstração irrealista e a incauta convivência contraditória entre diferentes e irreversíveis fases do rito romano. Como se viu, o *motu proprio* de 2007, com uma legislação contraditória, havia levado o conflito ao auge por sua confusão. O *motu proprio* do papa Francisco volta ao horizonte que pode promover a paz, graças à sua clareza linear[16]. *Summorum pontificum* havia tornado o Concílio Vaticano II marginal e acessório, enquanto a *Traditionis custodes* o restabelece evidenciando sua irreversibilidade[17].

Escusado será dizer que a legislação da *Traditionis custodes* tem impacto nas ilusões que foram alimentadas durante catorze anos, mesmo desde a cúpula romano, e que agora se inclinam a inverter os papéis, fazendo do *motu proprio* de 2021 um documento de "ruptura da tradição", sem saber reconhecer, com o ânimo sereno, que a grave ruptura ocorreu justamente com a "anarquia que vem de cima" (G. Zizola) promovida pela *Summorum pontificum*.

---

16. Esta preocupação é manifestada pelo papa Francisco na carta aos bispos que acompanha a *Traditionis custodes*, com estas palavras: "Treze anos depois [desde 2007] encarreguei a Congregação para a Doutrina da Fé de vos enviar um questionário sobre a aplicação do *motu proprio Summorum pontificum*. As respostas recebidas revelaram uma situação que me dói e preocupa, confirmando-me a necessidade de intervenção. Infelizmente, a intenção pastoral dos meus predecessores, que pretendiam 'envidar todos os esforços para que todos aqueles que realmente desejam a unidade pudessem permanecer nesta unidade ou reencontrá-la novamente', tem sido seriamente ignorada. Uma possibilidade oferecida por São João Paulo II e com magnanimidade ainda maior por Bento XVI para recompor a unidade do corpo eclesial no respeito das várias sensibilidades litúrgicas tem sido utilizada para aumentar distâncias, endurecer diferenças, construir oposições que ferem a Igreja e freiam seu caminho, expondo-a ao risco de divisões" (FRANCISCO, *Carta aos bispos do mundo inteiro para apresentar o motu proprio Traditionis custodes sobre o uso da liturgia romana antes da reforma de 1970*, 16 jul. 2021, disponível em: <https://www.vatican.va/content/francesco/es/letters/2021/documents/20210716-lettera-vescovi-liturgia.html>).

17. Ainda na mesma carta aos bispos, lemos um pouco mais adiante: "Entristece-me um uso instrumental do *Missale Romanum* de 1962, cada vez mais caracterizado por uma crescente rejeição não só da reforma litúrgica, mas do Concílio Vaticano II, com a afirmação infundada e insustentável de ter traído a tradição e a 'verdadeira Igreja'. Se é verdade que o caminho da Igreja deve ser compreendido no dinamismo da tradição, 'que tem sua origem nos apóstolos e progride na Igreja sob a assistência do Espírito Santo' (DV 8), desse dinamismo o Concílio Vaticano II é a etapa mais recente, em que o episcopado católico se colocou em atitude de escuta para discernir o caminho que o Espírito indicava à Igreja. Duvidar do concílio significa duvidar das próprias intenções dos padres, que exerceram solenemente o seu poder colegial *cum Petro et sub Petro* no concílio ecumênico e, em última análise, duvidar do próprio Espírito Santo que guia a Igreja" (ibid.).

2. Uma nova clareza a partir da Desiderio desideravi

Cerca de um ano depois, o texto da *Traditionis custodes* foi seguido pela carta apostólica *Desiderio desideravi*, que em 29 de junho de 2022 o papa Francisco dedicou à "formação litúrgica do povo de Deus".

Esse texto nos oferece um primeiro nível de intenção, que transparece tanto de suas primeiras linhas quanto de uma poderosa retomada, nos últimos parágrafos do documento (que é composto por 65 breves números).

É evidente que *Desiderio desideravi* declara que deriva, como extensão, da carta aos bispos que havia acompanhado, no ano anterior, o *motu proprio Traditionis custodes*. Devido à reforma litúrgica, foi superado o regime de "paralelismo" entre duas formas do mesmo rito romano. Com *Desiderio desideravi*, Francisco esclarece sua intenção de forma mais explícita:

> Somos continuamente chamados a redescobrir a riqueza dos princípios gerais expostos nos primeiros números da *Sacrosanctum concilium*, compreendendo a íntima ligação entre a primeira das Constituições conciliares e todas as demais. Por este motivo, não podemos voltar àquela forma ritual que os Padres conciliares, *cum Petro et sub Petro*, sentiram a necessidade de reformar, aprovando, sob a guia do Espírito e segundo a sua consciência de pastores, os princípios dos quais nasceu a reforma. Os santos Pontífices Paulo VI e João Paulo II, aprovando os livros litúrgicos reformados *ex decreto Sacrosancti Oecumenici Concilii Vaticani II* garantiram a fidelidade da reforma ao Concílio. Por este motivo escrevi *Traditionis custodes*, para que a Igreja possa elevar, na variedade das línguas "uma só e idêntica oração" capaz de exprimir a sua unidade. Pretendo que esta unidade, como já escrevi, seja restabelecida em toda a Igreja de rito romano (DD 61).

Essa frase indica como o texto se situa explicitamente na retomada do desígnio conciliar e como supera claramente a longa fase de hesitação que havia marcado a Igreja Católica na parte final do pontificado de João Paulo II e mais claramente durante o pontificado de Bento XVI. O que precisa ser trazido de volta ao centro das atenções? A carta apostólica o diz com uma expressão "clássica": a formação litúrgica.

Com esta expressão deseja-se voltar ao caráter "comum" do ato litúrgico, e sobretudo eucarístico, do qual os sujeitos são Cristo e a Igreja. Se se afirma a qualidade de celebrantes de todos os batizados, como *Desiderio desideravi* o faz de maneira muito clara, então é evidente que a dupla formação – à liturgia e pela liturgia – só pode ocorrer graças aos ritos resultantes da reforma, que restabeleceram com clareza esta antiga verdade:

"Recordemo-nos sempre de que é a Igreja, o corpo de Cristo, o sujeito celebrante, não só o sacerdote" (DD 36).

Este princípio deriva do valor teológico da liturgia e permite assumir a celebração "comum" como fonte e cume de toda a ação da Igreja. Portanto, não faz sentido fundar uma ciência litúrgica como temor pelos abusos a serem evitados, mas sim como desejo de usos a serem aprendidos. Essa "virada para aprender o uso" é realmente um grande evento de graça. Depois de *Redemptionis sacramentum* (2004), tornou-se habitual e até mesmo um fato consumado ouvir intervenções magisteriais sobre a liturgia cheias apenas de preocupações, limitações, hesitações, medos, advertências, agora um texto orientado para retomar o caminho da reforma litúrgica, que assume um único espaço de discussão comum e que elimina, estruturalmente, o verme de um "segundo espaço" no qual se poderia ter a "verdadeira experiência litúrgica", assume a qualidade de um grande evento. O horizonte é o Concílio Vaticano II e seu precioso legado, que no DD 31 é assim resumido:

> Se a liturgia é o "cume para o qual tende a ação da Igreja e, ao mesmo tempo, a fonte de onde promana toda a sua energia" (SC 10), compreendemos bem o que é que está em jogo na questão litúrgica. Seria banal ler as tensões acerca da celebração, infelizmente presentes, como se de uma simples divergência se tratasse entre sensibilidades diversas em relação a uma forma ritual. A problemática é antes de tudo eclesiológica. Não vejo como se possa dizer que se reconhece a validade do Concílio – se bem que me surpreenda que um católico possa ter a pretensão de não o fazer – e não aceitar a reforma litúrgica nascida da *Sacrosanctum concilium*, que exprime a realidade da liturgia em íntima conexão com a visão de Igreja admiravelmente descrita pela *Lumen gentium*.

Aqui a questão eucarística e litúrgica é novamente compreendida no terreno teológico e eclesiológico que lhe compete. Um paralelismo ritual aparentemente irênico esconde uma séria concorrência entre diferentes visões da Igreja e de Deus.

3. *Uma abertura à retomada da sã tradição*

A liturgia, e em particular a eucaristia, graças ao Movimento Litúrgico e ao Concílio Vaticano II, pôde voltar a ser a linguagem elementar de uma comunidade sacerdotal. Com *Traditionis custodes* e *Desiderio desideravi*, o papa Francisco mostra que não é possível sair desta linha conciliar de redescoberta do valor teológico da liturgia, o que implica a aceitação comum e compartilhada dos ritos resultantes da reforma como linguagem de toda a Igreja, que assim, em todos os seus componentes, *pode ser formada pelos ritos que celebra*. Todo desvio em alegados novos movimentos litúrgicos e reformas da reforma é expressão de rejeição ao Vaticano II e às suas irrenunciáveis evidências teológicas e eclesiais.

As implicações sistemáticas desses dois documentos exigem um repensar radical e a superação daquele "paralelismo ritual" que não produziu a paz, mas a guerra, não a imitação recíproca, mas a indiferença rancorosa e a identidade autorreferencial ciumenta. Acima de tudo, uma nova temporada de discussão litúrgica parece se tornar urgente. De fato, a irrupção inédita da referência ao Movimento Litúrgico dentro de uma carta apostólica, no ano de 2022, sinaliza um fenômeno que poderíamos identificar como um *aprofundamento das motivações da reforma litúrgica*. Isso se deve à repentina falta de justificativa para a reforma, como apareceu clamorosamente em *Summorum pontificum*. De fato, como se viu nesse *motu proprio*, a reforma litúrgica foi tão mal compreendida que poderia ser considerada acessória para a comunhão eclesial. Quando o magistério, ou seja, a teologia da autoridade, não tem mais os argumentos à altura de sua função tão delicada, deve tomá-los de onde estão: ou seja, naquilo que é contexto dos textos oficiais. Este novo caminho de argumentação, que já existia no corpo da Igreja há pelo menos trinta anos, mas que só agora apareceu no magistério, propõe algumas viragens importantes no modo de pensar a tradição, com consequências sistematicamente muito relevantes. Aqui estão algumas delas:

a) *muda-se a atenção*, que chegou a ser obsessiva, *do ato reformador para o ato de formação*. Os novos ritos, cuja identidade não é questionada diretamente, devem entrar em um "percurso formativo" do qual eles próprios são os primeiros protagonistas. Deixar que os novos ritos falem, sobretudo da eucaristia, segundo suas linguagens específicas, é o primeiro objetivo também da teologia;

b) *recupera-se um conceito mais autêntico de "Movimento Litúrgico"* que não precisa encontrar novas figuras reacionárias. Não há "novos movimentos litúrgicos", mas apenas novas formas de oposição ao Movimento Litúrgico. Que percorreu todo o século XX, primeiro como profecia, depois como acompanhamento da reforma e agora, por algumas décadas, como alerta à formação. Desde que esta "formação" seja bem compreendida: não uma informação didática a propósito dos ritos, mas, antes de tudo, o reconhecimento de que os atos rituais, em sua natureza simbólica, mais do que "informar" sobre a Igreja, "dão forma" à Igreja;

c) *a reforma não precisa mais ser contrariada* por uma "reforma da reforma", mas pede para ser *recebida, assumida, inculturada, encarnada*. Para isso, é necessário sair da burocracia litúrgica. E este é provavelmente o maior desafio: sair da autossuficiência do gesto formal, garantido em sua eficácia, mas desprovido de estupor teológico e profundidade antropológica;

d) nesta transformação se torna evidente que *até mesmo o latim*, com toda a experiência que é capaz de transmitir, *pertence para o bem ou para o mal à Babel das línguas*. E que a experiência originária da fé hoje não é "aprendida" em latim, mas já há tempos é apenas "traduzida" para o latim. Assim amadurece o reconhecimento de que o verdadeiro problema não é sobretudo traduzir fielmente do latim, mas reconhecer as línguas faladas como lugares de experiência original, litúrgica e eucarística, que podem e devem ser traduzidas fielmente para o latim, mas como língua "segunda" e "técnica", já que não é mais língua materna de ninguém há pelo menos setecentos anos.

Estas são algumas das novas perspectivas que *Traditionis custodes* e *Desiderio desideravi* adquirem e relançam na vida da Igreja: não se pode duvidar de modo algum do valor não só pastoral, mas também sistemático destes documentos recentes.

Temas de estudo

1. No texto da *Summorum pontificum* encontramos uma teoria da relação entre *lex orandi* e *lex credendi* na qual a forma ritual concreta não exerce nenhuma autoridade: tente encontrar as raízes dessa teoria e deduzir suas consequências no âmbito da pastoral prática e do perfil de espiritualidade dos sujeitos.
2. Se o princípio da *actuosa participatio* justificou a reforma litúrgica, que aparece como um instrumento com respeito a esse fim, como é possível acreditar que esse princípio seja universalmente dispensável, se forem considerados em vigor aqueles ritos que o texto conciliar da *Sacrosanctum concilium* exige que fossem reformados?
3. A "convivência" não excepcional, mas universal, entre duas formas rituais, das quais uma é a correção da outra, pode gerar harmonia e concórdia, ou é mais provável que ela se destine a alimentar oposições e lutas? Que argumentos podem ser apresentados em apoio cada uma dessas posições?
4. Em que medida o magistério litúrgico do papa Francisco retorna às evidências conciliares e supera o paralelismo

ritual? Com que argumentos repropõe a unicidade da *lex orandi* e com que visão da necessária "paz litúrgica" em relação à unidade da Igreja?

Para aprofundar

Para compreender plenamente o leque de questões que decorrem do paralelismo ritual introduzido por *Summorum pontificum*, em 2007, e superado por *Traditionis custodes*, de 2021, propõem-se estas leituras, que abordam a discussão do texto com diferentes orientações, a problemática adoção de uma perspectiva de "realidades paralelas", a comparação entre dois "anos litúrgicos" diferentes e as fecundas inovações que reapareceram com o magistério do papa Francisco:
- REGAN, P., *Advent to Pentecost. Comparing the Seasons in the Ordinary and Extraordinary Forms of the Roman Rite*, Collegeville/MN, Liturgical Press, 2012, cuja edição italiana tem o seguinte título: *Dall'Avvento alla Pentecoste. La riforma liturgica nel Messale di Paolo VI*, Bologna, EDB, 2013.
- GRILLO, A.; DE MARCO, P., *Ecclesia universa o introversa? Dibattito sul motu proprio Summorum Pontificum*, Cinisello Balsamo, San Paolo, 2013.
- HOPING, H., *Il mio corpo dato per voi. Storia e teologia dell'eucaristia*, Brescia, Queriniana, 2015.
- GRILLO, A.; CARRA, Z. (ed.), *Oltre Summorum Pontificum. Per una riconciliazione liturgica possibile*, Bologna, EDB, 2020 (eBook).
- GRILLO, A., *Oltre Pio V. La riforma liturgica, dopo Summorum pontificum e Traditionis custodes*, Prefácio de Crispino Valenziano, Brescia, Queriniana, ^{2}2022.
- O número especial da *Rivista di pastorale litúrgica*, 7 (2022), dedicado ao tema *La freschezza di "Desiderio desideravi"* [O frescor de *Desiderio desideravi*], disponível gratuitamente em: <www.queriniana.it/files/MagazinesExtra/3/RPL_SPECIALE_2-2022.pdf>.

CAPÍTULO 11
Releitura "às avessas" da história da eucaristia: da atualidade às origens

No final do nosso percurso histórico, e tendo em vista a síntese sistemática que propomos na última parte do volume, procuramos esboçar aqui, de forma muito concisa e conclusiva, uma recapitulação das etapas históricas (ou modelos hermenêuticos) da teologia e da prática eucarística, fazendo, porém, um caminho invertido e inverso, isto é, *partindo do agora da história, para voltar às origens*, que se entendem desta forma apenas "no final", pela mediação da própria história[1]. Esse itinerário deveria servir não só para uma compreensão arejada e serena do desenvolvimento histórico da prática celebrativa e da teoria do sacramento – sempre estreitamente entrelaçados –, mas também para um vigoroso redimensionamento daqueles "sonhos visionários", que consideram, por vezes até mesmo com pretensões científicas, o paralelismo entre as formas atuais e as formas tridentinas como fundamentadas teologicamente e praticáveis pastoralmente[2]. Na base

---

1. A perspectiva sintética, ainda que invertida, inspira-se nas duas sínteses presentes em BROUARD, M. (ed.), *Eucharistia. Enciclopedia dell'eucaristia*, em especial: MAZZA, E., *Rilettura della storia dal 30 al 1250*, 363-368, e GOMBY, J., *Rilettura della storia dal 1250 al 2000*, 369-375.

2. Como já mencionado, consideramos particularmente séria a própria ideia de formar os alunos em uma prática ritual paralela. Se até mesmo um manual propõe para si essa grave distorção como faz Helmut Hoping (*Il mio corpo dato per voi*, 321 ss.), se legitima, sem responsabilidade acadêmica e pastoral, uma incompreensão das razões pelas quais o Vaticano II, com *Sacrosanctum concilium*, pediu com veemência que o *ordo missae* fosse reformado. A pretensão de tornar opcional a *actuosa participatio*, com todas as reformas

desses sonhos há uma indiferença em relação à história e às suas elaborações, que se pretende afastar e apagar, em nome de uma suposta atemporalidade daquilo que é sagrado, que permaneceria sagrado para todas as gerações. Essa afirmação, de natureza teórica, sem qualquer fundamento histórico, é apenas uma invenção nossa, uma projeção no passado de um defeito de esperança.

Nosso *excursus* invertido, que se move "na contramão" em relação ao curso da história, voltando do presente ao passado, deveria servir como um reconhecimento concreto de que o imediato nunca está no começo, mas sempre e apenas no final. E que o exercício da memória é um ato sistemático por excelência, sobretudo no campo da experiência eucarística cristã.

I. O modelo conciliar

Pois bem, se partirmos do fim, ou seja, do nosso tempo, devemos observar que as novas formas celebrativas inauguradas pela reforma litúrgica após o Concílio Vaticano II – reabrindo no plano eclesiológico e cristológico *uma experiência comum do agir ritual* – suscitaram gradualmente uma retomada da questão sobre o sentido teológico de toda a celebração eucarística. O que havia sido antecipado pelos estudos históricos e filológicos do início do século XX, por meio de diferentes usos litúrgicos, que foram se firmando um pouco por toda parte, tornou-se progressivamente uma prática comum, uma ação institucionalmente posta e sancionada, com profunda repercussão na "exigência de sentido" por parte do povo de Deus: *toda a nova experiência da liturgia da Palavra, da oração eucarística em voz alta, das pluralidades textuais, do canto comum, das procissões do ofertório e da comunhão – na medida em que isso foi possibilitado a partir da reforma litúrgica – tornou-se ao mesmo tempo o efeito prático e espiritual da reforma e a causa de uma impressionante releitura teórica da tradição.* Este modelo conciliar de celebração eucarística e de teologia eucarística assume uma nova noção de liturgia, uma forma de "participação ativa" que pode reler, na ação ritual, o realizar-se do mistério de Cristo e da Igreja.

---

estruturais que ela exige, parece-nos um problema que não diz respeito à disciplina, mas à doutrina eucarística, que é, portanto, incompreendida e distorcida, com graves efeitos na prática litúrgica e na experiência eclesial. Igualar a grande força de um concílio ecumênico com as confusas disposições de um *motu proprio* é um caso claro de "apaideusía teológica", isto é, de crueza teórica e confusão prática.

É preciso dizer que, paralelamente à sua novidade, deve-se considerar também a sua *brevidade*: esse modelo tem apenas cinquenta anos de funcionamento efetivo, o que caracteriza essa lacuna temporal em termos de improvisação, precariedade e até mesmo de incerteza. Como todos os novos modelos, ele precisa de tempo para se estabelecer e consolidar. Daí nascem as inevitáveis hesitações, nostalgias e fugas, de teólogos e pastores.

II. O modelo tridentino

O que é assim superado do modelo anterior por este novo modelo são pelo menos cinco aspectos, também ligados a uma "forma" da prática e da teoria de uma experiência eucarística difusa, que podemos identificar como um "modelo tridentino".

a) A *concentração em uma "teoria do ente"* que costumava distinguir o "ente sagrado" em substância, de um lado, e acidente-aparência-espécie, de outro. Por meio dessa distinção, havia-se garantido um acesso ao sentido que não tinha vínculo constitutivo com o fenômeno ritual em toda a sua articulação visível. Deixando-se de lado um ato formal de obediência, a relação com o Senhor – isto é, com a presença do seu sacrifício e comunhão com ele – era pensada como a "consagração das espécies", por meio de uma palavra "recebida e sagrada" e por um ministro "consagrado". Tudo o mais recaía na órbita da disciplina clerical e no estilo cerimonial, ou do conteúdo dogmático ou espiritual.

b) A consequente *fragmentação da experiência eucarística* em três experiências (ou conceitos) que foram adquirindo uma autonomia progressiva entre si, a ponto de identificar regiões independentes de devoção ou de ofício: o *sacramento* da presença e sua adoração; o *sacrifício* do altar a ser celebrado e ao qual assistir; a *comunhão* como prática de devoção, separada da missa e como "uso" do sacramento. Essa subdivisão da experiência foi, ao mesmo tempo, fruto de um enquadramento institucional e teórico, mas também causa de um desenvolvimento prático e teórico cada vez mais restrito e limitado.

c) A rigorosa *separação entre as competências dos clérigos e as dos leigos* fundava e aperfeiçoava o modelo de experiência eucarística, que não só se baseava em uma compreensão separada das identidades dentro da Igreja, mas que, por sua vez, a gerava e repropunha como verdade para todo o corpo da Igreja. De certa forma, na eucaristia, assim subdividida em três práticas-teorias, confirmava-se uma eclesiologia da presença, da celebração e da comunhão, rigorosamente diferenciada quanto às "competências reconhecidas", quanto à "iniciação requerida" e quanto à "experiência espiritual". A distância entre clérigo e leigo não estava, de fato, apenas no "poder", mas também na distância de "formação" e "experiência".

d) Esse modelo foi construído, também disciplinarmente, para negar as negações protestantes e, portanto, *foi afetado por uma lógica apologética* que polarizava e opunha o que poderia e deveria ter sido integrado e aproximado. Nesse sentido, ele permanecia vítima das oposições que queria combater e, por isso, em cada um dos pontos-chave da experiência, construía e instituía um ponto de identidade apologética, de modo que sobre a presença, o sacrifício e a comunhão, a identidade católica *era, em primeiro lugar, obrigada a negar* a identidade protestante – e vice-versa. Mas, na clareza da oposição e nos argumentos indestrutíveis que a sustentavam, desarticulava-se a unidade da experiência eclesial.

e) Por fim, mas com uma força simbólica que não deve ser ignorada, deve-se recordar a *decisão de colocar o tabernáculo no centro do espaço eucarístico*, com uma ênfase "devocional" da relação com a presença real – mas inevitavelmente também com o sacrifício e com a comunhão – que marcou profundamente também a teologia e a disciplina eclesial dos últimos quatro séculos. De modo que, assim reorientada em torno do "lugar da presença", toda articulação de comunhão ritual com o Senhor havia perdido sua dinâmica ou sofrido uma erosão progressiva, tanto prática quanto teórica. Assim, pela primeira vez na história da Igreja, *a presença estável da substância* ganhou primazia sobre a *dinâmica ritual que gira em torno do altar*. É claro que a influência experiencial das categorias opositivas de substância/espécie e de essência/uso tiveram em todo esse desenvolvimento o poder de reconfigurar o "espaço sagrado" bem como as ações que nele ocorreriam.

III. O modelo medieval-tomista

O modelo tridentino, por sua vez, repousa sobre um modelo anterior, o medieval-tomista, que o havia preparado com grande precisão, embora em outro mundo e com acentuações em parte muito diferentes. De fato, ele havia dado passos para sair do modelo patrístico – chamado de modelo da "imagem" ou "tipológico" – introduzindo uma série de novos entendimentos, que se imporiam, pelo menos na Igreja latina, por cerca de um milênio. As principais novidades do modelo medieval-tomista podem ser identificadas em alguns pontos.

a) *A mudança* da presença de Cristo *da ação ao ente*. É o fenômeno que foi aparecendo gradativamente a partir do século IX e que culminou, pelo menos em sua fase fundadora, no século XIII, para depois continuar, quase imperturbável, até o século XX; este introduzia uma nova atenção teórica, mas também uma diferente orientação prática e devota, que transformava os lugares de culto e as formas de oração. Esta primeira evolução, cujas origens podemos documentar por volta do século IX, modificou o vocabulário e o imaginário eucarístico.

b) A partir daí, de forma tão implícita quanto efetiva, apareceu não só *a distinção entre ação e ente*, mas também a diferenciação, no ente, entre *substância e espécie* e, na sequência ritual, *entre essência e uso*. Todas essas grandes distinções escolásticas, elaboradas em categorias patrísticas e muitas vezes retendo as mesmas palavras usadas antes pelos Padres da Igreja, produziram indiretamente uma competência clerical sobre o rito e uma distração do rito pelas assembleias; uma experiência da presença referida a um "ato de consagração", muito mais do que a uma "imitação da ação"; uma seleção interna do rito entre o que é "essencial" e ao que é dado um "uso" diferenciado, de modo que recaíram consequentemente no âmbito do "dispensável" (pelo menos para o povo) a liturgia da Palavra, a oração eucarística e o rito da comunhão.

c) A mesma *tensão entre o sentido sacramental e o sentido eclesial* da eucaristia não desapareceu de fato da tematização medieval, mas foi efetivamente reduzida em seu impacto, sobretudo pela brilhante síntese escolástica, que separou o sentido "contido" (o garantido pela transubstanciação) do sentido "não contido" (o da comunhão eclesial, não coberta por uma dimensão invisível igualmente poderosa). Aqui também, o efeito que dizia respeito ao ente – presença sob as espécies – prevalecia sobre o efeito que dizia respeito à ação – o corpo de Cristo como unidade da Igreja. A elegante solução teórica acerca do efeito "intermediário" do sacramento eucarístico corria o risco de amplificar a supressão da dimensão eclesial da celebração eucarística, que, no entanto, continuava a ser o efeito principal, ou seja, *res sacramenti*.

d) Também neste caso, a necessidade de salvaguardar a "verdade" da presença sobretudo dos excessos de realismo e simbolismo, que então a experiência eclesial começava a conhecer, tinha conduzido a uma "apologética da verdade" que, *isolando a objetividade ontológica da prática intersubjetiva e ritual* foi comprometendo gradativamente a experiência ritual da verdade e a relação dessa verdade com a experiência eclesial, que sabe reconhecê-la não imediatamente, mas processualmente. No entanto, a oposição entre "mistério" e "verdade", que solenemente inaugurou este modelo medieval com a ousada questão levantada pelo rei Carlos, o Calvo, marcou inequivocamente esta modalidade particular e unilateral de relação com o sentido teológico da eucaristia. Ela usava palavras antigas com um novo sentido e sob a pressão de novas questões.

IV. O modelo antigo dos Padres

Foi justamente esta evolução medieval que acabamos de apresentar, com toda a sua complexidade e grandeza, e com a seleção de textos patrísticos que suscitou, que gradualmente obscureceu e apagou quase que por completo, pelo menos no âmbito latino, aquela forma de experiência eucarística que a elaboração dos primeiros séculos havia construído com base nos textos bíblicos e no testemunho apostólico. Aqui, alcançamos fundamentalmente um "filão" que só se revelou com a redescoberta do patrimônio patrístico durante os séculos XIX e XX, e através do qual nos foi permitido alcançar novamente uma fonte que, sem nunca se esgotar, tinha se tornado um rio profundo, perdendo quase toda a sua visibilidade e eficácia.

Esse modelo bíblico-patrístico não pensava e praticava a eucaristia segundo a *ontologia da substância*, mas segundo a *ontologia da participação*, da imagem, da tipologia. Poderíamos dizer que, para esta tradição mais antiga – e, portanto, mais difícil de compreender precisamente porque fala uma linguagem diferente da do último milênio – a "continuidade" e a "permanência" na presença do sacrifício redentor do Senhor em sua Igreja *eram garantidas não por uma substância transubstanciada, mas por uma circunstância celebrada*.

Os pontos-chave desta leitura dos primeiros séculos tomam forma segundo uma organização que pode ser assim resumida:

a) *A tipologia bíblica recupera a continuidade entre os Testamentos* na experiência do pão como "maná-corpo" e do vinho como "cálice-sangue da aliança". Bebe de uma experiência narrada e figurativa do Senhor que se manifesta como presente e eficaz, como condição de reconhecimento e de identidade para aqueles que nele creem; agindo principalmente narrativa e ritualmente, essa hermenêutica institui uma relação "reversível" entre pão-corpo e vinho-sangue. Exige, ao mesmo tempo, uma *conversão* e uma *reconversão*: que o pão se torne figura do corpo e que o corpo se faça pão; que o vinho se torne sangue e que o sangue se faça vinho.

b) Dentro deste modelo emprestado da linguagem bíblica do Novo Testamento, a articulação entre tradição testamentária (de discursos e ações) e tradição cultual (do rito da ceia) permite consultar um *pluralismo original de fontes*, que mostra a correlação entre "palavra" e "rito" da eucaristia. Não é possível, a partir dos textos do Novo Testamento, deduzir um primado da palavra, mas apenas uma integração recíproca entre palavra e gesto, entre discurso e ação; esse conhecimento não se deve apenas "ao próprio texto", mas à sua releitura que foi possível graças à nova cultura patrística e antropológica do século XX.

c) *O horizonte significativo é constituído pelas refeições com Jesus*, como premissa existencial tanto da última ceia como dos banquetes com o Ressuscitado. Nessas refeições, a recuperação da "forma fundamental" – em uma síntese entre refeição e oração – permite a religação do presente com a origem e a fecundidade da origem no presente. Também neste caso, só podemos "ver" essas dinâmicas de refeição e palavras na prática de Jesus graças à nova "cultura da vida cotidiana" que o século XX elaborou como mediação da tradição civil e eclesial. Em última análise, para recuperar a riqueza da *origem*, mediada pelos *Padres*, pelos *escolásticos*, pelos *modernos* e pelos *contemporâneos*, devemos permitir a maior riqueza de textos e gestos dos novos *ordines*, que se tornam a condição histórica para se voltar a beber das origens. De certo modo, foi justamente graças aos novos textos e gestos da liturgia reformada que pudemos ter acesso à tradição com uma reflexão mais rica e mais profunda, graças à qual podemos oferecer respostas mais adequadas no âmbito de uma convicta teologia da eucaristia.

V. Por fim, uma origem sempre por descobrir

Ao final desta última etapa, feita inversamente, podemos reconhecer, talvez até com certa surpresa, como a recuperação plena e convincente da origem da celebração eucarística parece coincidir com as passagens mais audaciosas com as quais a paciência eclesial redescobriu as fontes do seu próprio conhecimento eucarístico, reagindo aos desafios que a história e a experiência souberam apresentar, em sua ambiguidade e fecundidade. Para resumir, poderíamos dizer o seguinte: *a releitura, que a origem sugere e autoriza, permite uma compreensão parcialmente diferente da eucaristia e uma prática mais diferenciada; mas uma prática diferente de celebração, por sua vez, abre um olhar mais rico sobre a origem.*

O discernimento do futuro – que muitas vezes foi necessário – permitiu ler melhor o passado, enquanto a visão de sua finalidade (e do fim) permitiu reconhecer melhor o princípio. Assim, por meio desta viagem às avessas, descobrimos como a leitura histórica, tão rica e articulada, exige sempre um esclarecimento adicional, de carácter sistemático, que nos permite chegar a uma espécie de "solução perfeita": o princípio que reconhecemos como "palavra primeira" da tradição eucarística deve refletir-se no centro da "inteligência ritual" do mistério da comunhão com a morte-vida do Senhor. A essa relação de reconhecimento entre pensamento, ser e ação – entre princípio dogmático e princípio histórico, atravessados longitudinalmente pela mediação ritual – será dedicada a última parte do nosso volume, de natureza mais propriamente sistemática.

Temas de estudo

1. O desenvolvimento da doutrina eucarística, não separada da práxis, teve dificuldade em dar lugar à ação ritual como chave de uma teologia eucarística integral. Quais são as razões históricas e teóricas para esta dificuldade, frente ao caminho que foi percorrido?
2. Os quatro diferentes modelos, aos quais obviamente se acrescenta o neotestamentário, diferem segundo variáveis não secundárias. Em que sentido é possível reconhecer neles um desenvolvimento orgânico e, por outro lado, em que sentido devem ser abertamente reconhecidas as descontinuidades e saltos?
3. A coerência entre doutrina e ação ritual, como vimos, encontrou grandes dificuldades especialmente no segundo milênio. A redescoberta da relação entre forma ritual e conteúdo teológico pode ajudar a representar as origens bíblicas da prática eucarística de forma mais rica e articulada?

Para aprofundar

Alguns textos, de caráter histórico, podem ajudar a elaborar com maior profundidade os diferentes modelos de saber eucarístico e de experiência eucarística que apresentamos:
– NOCENT, A., Storia della celebrazione eucaristica, in: *Eucaristia. Teologia e storia della celebrazione* (Anamnesis, 3/2), Genova, Marietti, 1983, 187-270 [ed. bras.: *Eucaristia. Teologia e história da celebração*. São Paulo, Paulinas, 1987].
– NEUNHEUSER, B., *Storia della liturgia attraverso le epoche culturali* (Bibliotheca Ephemerides Liturgicae. Subsidia, 11), Roma, C.L.V./Ed. Liturgiche, ³1999 [ed. bras.:

História da liturgia através das épocas culturais, São Paulo, Loyola, 2007].
- BROUARD, M. (ed.), *Eucharistia. Enciclopedia dell'eucaristia*, Bologna, EDB, 2004, especialmente a segunda parte, dedicada à "Eucaristia na história", 67-368 [ed. bras.: *Eucharistia. Enciclopédia da eucaristia*, São Paulo, Paulus, 2006].

TERCEIRA PARTE

Síntese teológica: a eucaristia e a forma

> Chegou a hora, parece-nos, em que a verdade acerca da Igreja de Cristo deve ser explorada, ordenada e expressa, talvez não com aqueles solenes enunciados que se chamam definições dogmáticas, mas com aquelas declarações com as quais a Igreja, com mais explícito e autorizado magistério, declara aquilo que ela pensa de si própria.
>
> (Papa Paulo VI)[1]

A terceira parte deste volume propõe uma síntese sistemática da teologia eucarística, com a intenção de oferecer uma compreensão ritual da eucaristia, baseando-a na composição e integração das diferentes fontes do nosso "sentir-agir-querer-saber eucarístico". Com efeito, a tradição – nunca o devemos esquecer – não deve ser entendida, acima de tudo, na ordem do "substantivo", mas sim na ordem do "verbal": *traditio* não indica uma coisa, um ente, um objeto ou um conceito, mas é uma ação, um movimento – o ato de transmitir[2]. A tradição eucarística não é um conhecimento conceitual sobre o sacramento, o sacrifício ou a comunhão, que depois deve ser atuado ou "administrado" ou "usado". É muito mais uma série de ações

---

1. PAULO VI, *Discurso para a abertura da segunda sessão do Concílio Vaticano II*, 29 set. 1963 (EV I, 152*).

2. Cf. CONGAR, Y. M., *La tradizione e le tradizioni*. v. I. *Saggio storico*, Cinisello Balsamo, Paoline, ²1964.

pensadas e de pensamentos em ação, com todo o âmbito de percepções, sensações, emoções e quereres que isso comporta.

Hoje a tradição eucarística, para ser salvaguardada e promovida, pede à Igreja – a todos os batizados e batizadas, aos teólogos e teólogas, aos pastores – uma "inteligência ritual" similar a ela, para a qual não podemos utilizar apenas conceitos. De fato, essa inteligência requer a recuperação do pressuposto ritual como condição do conceito teológico[3]. Isso foi assegurado, neste manual, pelo desenvolvimento da *primeira parte*, que tentou trazer à luz e à consciência aquela dimensão de "ação ritual" que a teologia assumiu por tantos séculos sem tematizá-la explicitamente. A primeira parte do manual, portanto, *já realizou uma parte da tarefa sistemática*, recuperando um modo de saber, agir e sentir que gira em torno da "forma ritual" do comportamento cristão.

Em seguida, em um *segundo momento*, pudemos considerar a relevância da relação histórica entre "teoria eucarística" e "prática eucarística", descobrindo como a inteligência teológica e a prática da fé se entrelaçaram estruturalmente ao longo da história de maneiras muito diversas, segundo modelos diversos de correlação, em que a continuidade da tradição soube levar muito a sério a diferença de costumes e usos, de culturas e de palavras, que a história vinha, entretanto, elaborando. A fidelidade ao depósito da fé, o *depositum fidei*, assumiu com grande consciência a diversidade das culturas, as diferentes "formulações do revestimento" e mediou o conteúdo com as formas que ia encontrando nas culturas e linguagens dos homens e mulheres de diferentes épocas. Desta segunda parte do manual extraímos uma dinâmica de "formas históricas" que nos mostraram de muitas maneiras as tensões entre continuidade e descontinuidade das formas celebrativas e das noções teóricas, entre identidade e diferença das estruturas institucionais e das dinâmicas espirituais, entre autonomia e heteronomia das formas de conhecimento teológico com relação às culturas e sensibilidades seculares.

Este itinerário, que agora chega à sua *última etapa*, deu-nos, da eucaristia, um "pressuposto ritual" e uma "história das teorias e das práticas": à luz destas aquisições devemos agora tentar delinear uma "teologia sistemática" da eucaristia que saiba valorizar os primeiros dois passos e possa

---

3. Essa "recuperação do pressuposto" é a tarefa de toda a teologia sacramentária, que encontra precisamente na eucaristia seu lugar primário: cf. GRILLO, A., *Introduzione alla teologia liturgica*, 153-175.

elaborar, em um contexto dialógico, uma "doutrina eucarística" que não substitui ou remove suas condições de possibilidade[4].

Ainda hoje necessitamos de um esclarecimento sistemático como esse, pois sem uma síntese sistemática não há, em sentido estrito, nenhum conhecimento teológico sobre a eucaristia. E não podemos mais aceitar a solução – compreensível, mas frágil – que pretendia substituir a teologia sistemática ou por uma competência histórica ou por uma competência litúrgica. Ao contrário, uma síntese sistemática implica e exige, inevitavelmente, uma releitura da tradição eucarística no gênero do rito, *in genere ritus*. Se a teologia deve "definir" o sacramento eucarístico, não pode fazê-lo apenas com o conceito clássico de sinal. Esta mudança – do gênero do sinal e da causa para o gênero do símbolo e do rito – força uma "tradução da tradição" que ocupa a teologia há muito tempo, pelo menos há mais de um século.

Em suma, também para a eucaristia, a tradição "deve ser explorada, ordenada e expressa" – conforme a feliz linguagem com que Paulo VI abriu a segunda sessão do Concílio Vaticano II em setembro de 1963 – também com palavras novas, que aspiram (e traduzem) uma experiência da presença do Senhor – ao mesmo tempo mais elementar e mais complexa – com suas chagas e com sua vida nova, que não guarda para si, mas que dá a quem nele crê.

Pretendemos, portanto, organizar o percurso desta última parte do manual em uma série de etapas progressivas, para destacar o perfil dessa compreensão sistemática. Em primeiro lugar, voltaremos a fixar nossa atenção, e de forma mais articulada do que antes, no conceito de "forma fundamental", que renovou de modo bastante radical a abordagem do sentido teológico da eucaristia, integrando tanto a ação sagrada (*actio sacra*), quanto a história da salvação (*historia salutis*) na compreensão do sentido da eucaristia (capítulo 12). Ainda neste capítulo examinaremos, a partir deste novo ponto de vista, os temas clássicos da doutrina eucarística – presença

---

4. Esta nos parece ser uma preocupação decisiva: é preciso garantir que a mediação doutrinária, que tem suas insuperáveis razões, não se torne um substituto da experiência ritual. Eis o que a tradição nos deu não só como possibilidade, mas como realidade. Isso não significa de forma alguma que a abordagem sistemática seja acrescentada em terceiro lugar: ela está presente, de fato, como princípio de síntese, desde os primeiros passos do percurso histórico e antropológico. No entanto, torna-se mais claro e melhor distinguido precisamente com o passar dos séculos e das noções abstratas. E é certo que nunca poderá ser substituída nem por uma consciência antropológica e nem por uma memória histórica. Da qual não pode prescindir, mas pela qual não pode ser de forma alguma substituída.

real, sacrifício e comunhão –, descobrindo até que ponto podemos usar as palavras antigas, quando devemos introduzir novas e quanto é possível ou necessário seguir com a "tradução da tradição". Passaremos então à articulação ministerial e eclesial da celebração eucarística (capítulo 13), que é uma das premissas/consequências de uma nova leitura sistemática, para chegar a uma nova compreensão da participação ativa (*actuosa participatio*) e da arte de celebrar (*ars celebrandi*), como dimensões formais que requerem urgentemente uma adequada elaboração sistemática (capítulo 14). No final desta última parte, exploraremos um interessante paralelo entre a celebração eucarística e o Tríduo Pascal (capítulo 15), que nos poderá oferecer excelentes chaves de interpretação da nova teologia eucarística e, por fim, após ter formulado doze argumentos conclusivos, apontaremos algumas questões em aberto e examinaremos o tema da comunhão eucarística, que, uma vez plenamente compreendido dentro do horizonte católico, poderá ser capaz de afirmar-se praticamente também em um novo e promissor horizonte ecumênico (capítulo 16).

CAPÍTULO 12
"Forma fundamental" e reconsideração dos temas clássicos: presença, sacrifício, comunhão

Já nos detemos repetidas vezes no valor de viragem da elaboração da noção de "forma fundamental", ocorrido na primeira metade do século XX. Para que nos déssemos conta da mudança, comparamos brevemente três versões diferentes de um mesmo texto, de valor exemplar: a saber, o índice sistemático do *Denzinger*[1]. Como vimos, no verbete "eucaristia", os dois índices de 1854 e de 1960 dividem o assunto em três parágrafos, que identificam perfeitamente a lógica da abordagem sistemática clássica: este são o tema da "presença real/sacramento", da "comunhão" e do "sacrifício da missa". Do mesmo *Enchiridion symbolorum*, escrito na época por Heinrich Denzinger (1819-1883), a edição de 1991 – agora atualizada por Peter Hünermann – subdivide o assunto segundo uma lógica sistemática muito diferente: aqui é evidente como, em pouco mais de trinta anos, a evolução teórica e prática da teologia – apoiada por uma nova forma de pensar e praticar a missa – desenvolveu progressivamente *uma nova compreensão* e até mesmo *um novo modelo* de teologia eucarística, que não pode ser totalmente interpretado com base nas categorias e práticas do catolicismo clássico[2].

---

1. Cf. acima, segunda parte, cap. 9, item V.4.
2. Esse "legítimo progresso" (SC 23) permite uma leitura do passado e uma continuidade com este, mas rompendo com as categorias restritas que ele elaborou e pelas quais nossa experiência do mistério pode ser obstaculizada.

O que aconteceu de tão relevante? Poderíamos dizê-lo inicialmente com estas palavras, que aqui ressoam, no início desta parte conclusiva, quase como uma tese: *à necessidade surgida pelo delinear-se de uma "forma fundamental"* – que, enquanto tal, indica o profundo mal-estar diante das categorias clássicas da teologia eucarística latina – *a resposta que se deu no nível da reforma litúrgica introduziu com força considerações de natureza histórica e litúrgica que mudaram profundamente, com o seu agir, também o sentir e o compreender eucarísticos.*

Podemos agora deter-nos mais detalhadamente na origem desta noção de "forma fundamental" (*Grundgestalt*) e nas implicações sistemáticas que este modelo de pensamento – que é também modelo de ação e de percepção – introduziu na teologia e na experiência eucarística a partir da segunda metade do século XX (itens I e II deste capítulo). Depois de um parágrafo de transição, dedicado à definição da eucaristia e à distinção das suas várias "partes" (item III), vamos nos dedicar ao que são classicamente consideradas noções-chave da doutrina eucarística: a presença real e sua explicação em termos de transubstanciação (itens IV e V), o tema do sacrifício (item VI) e, finalmente, o da comunhão sacramental (item VII deste capítulo).

I. A noção de "forma fundamental"

Como já notamos no início da primeira parte[3], com o conceito de "forma" a tradição indicou, a partir do século XII, a assim chamada "fórmula de consagração". A forma do sacramento identificava-se assim com a *causa* que lhe dava a sua especificidade, ainda que na anterior tradição agostiniana e berengariana se utilizasse o termo *forma* entendida como "exterioridade significativa"[4].

---

3. Cf. acima, capítulos 0 e 1.
4. Parece que *visibilis forma invisibilis gratiae* seja a tradução que Berengário havia dado de *signum rei sacrae* de Agostinho. No bispo de Hipona, entretanto, encontra-se também a raiz textual dessa expressão, que trouxemos anteriormente, às páginas 229-230. De per si devemos supor que *forma* foi usada como sinônimo de *species*. Por outro lado, também Tomás se expressa com esse mesmo conceito, como se percebe do testemunho autorizado de Von Balthasar: "O belo está objetivamente na confluência de dois momentos que Tomás chama de *species* e *lumen*, 'forma' e 'esplendor'" (VON BALTHASAR, H. U., *Gloria*. v. I. *La percezione della forma*, Milano, Jaca Book, 1975, 4). Isso torna evidente como o próprio termo *forma* pôde indicar, ao mesmo tempo, o núcleo interior da invisibilidade e a luz exterior do visível. Essa complexidade e simbolicidade do termo latino *forma* incidiu profundamente na grandeza e nos limites da categoria.

Isso, como se viu no plano histórico, havia se tornado um dos pontos de viragem, sempre mais claro ao longo dos séculos do segundo milênio, durante a Idade Média e a Idade Moderna, diferenciando a linguagem e impondo assim outra compreensão da eucaristia, que ao longo dos primeiros séculos tinha entendido a "forma" – mas sem nunca usar este termo de forma técnica – como "celebração da eucaristia". Ao mesmo tempo, no Oriente, desenvolvia-se uma noção de "forma" que se identificava com a "epiclese", ou seja, com a invocação do Espírito sobre os dons eucarísticos e sobre a assembleia. Mas esses entendimentos, antigos e orientais respectivamente, não tiveram grande influência na tradição ocidental pós-tridentina[5].

Somente a partir do século XX, também graças ao Movimento Litúrgico e ao Movimento Eucarístico, que haviam se desenvolvido ao longo do século XIX, surgiria uma noção adicional, que receberá, a partir de Romano Guardini, o nome de "forma fundamental". Pois bem, o termo alemão *Grundgestalt* – eis a nossa hipótese – constitui uma mediação não só entre diferentes "épocas", mas também entre diferentes "tradições"[6]. Com este termo se deseja abrir à experiência pastoral e ao pensamento teológico um *fenômeno mais amplo* de celebração eucarística e de reflexão sobre ela. A noção indica, ao mesmo tempo, uma maneira diferente de "olhar" e uma maneira diferente de "agir": de fato, para ser ainda mais preciso, esse termo *tenta tornar a ação uma maneira diferente de olhar*[7]. Para Romano Guardini, de fato, a forma fundamental é a "refeição", o "banquete", a "ceia", ao passo que para Josef A. Jungmann, alguns anos depois, a forma

---

5. A fixação do sentido de "forma" de maneira diferenciada entre Oriente e Ocidente é capaz de explicar muitas das diferenças entre as duas tradições: se para alguns a "forma" é a epiclese, enquanto para outros é a "consagração", é evidente que o papel da pneumatologia e da cristologia, do visível e do invisível, assume, de tempos em tempos, um sentido muito diferente. Acrescente-se aí, é claro, a vocação jurídica do Ocidente e a vocação mística do Oriente.

6. Com esse termo, de fato, se deseja identificar um "fundo comum e prático" que reunifica não apenas diferentes épocas da tradição latina, mas também diferentes desenvolvimentos tanto dentro da tradição ocidental quanto no que diz respeito ao estilo oriental de reflexão e celebração eucarística. Uma grande mediação teórica, que recupera um terreno mais original, sobre a qual se apoiam tanto as diferentes tradições ocidentais como também os elementos decisivos da tradição oriental. Para um resumo muito incisivo do desenvolvimento da tradição oriental, sobre o qual não podemos nos deter aqui, nos referimos a CONGOURDEAU, M.-H., *L'eucaristia a Bisanzio dall'XI al XV secolo*, in: BROUARD, M. (ed.), *Eucharistia. Enciclopedia dell'eucaristia*, 157-183, e PARENTI, S., *L'eucaristia in Oriente dal 1453 a oggi*, 185-193.

7. Cf. GUARDINI, R., *Il testamento di Gesù*, 150-155.

fundamental deve ser reconhecida na "oração eucarística"[8]. Por meio dessa ampliação do olhar, a teologia católica da primeira metade do século XX começou a conceber e a tornar possível uma experiência mais articulada e participativa do sacramento da eucaristia, pelo menos em dois sentidos:

a) Se a "ceia" se torna relevante – afastando-se da lógica redutora da oposição à noção de ceia por parte do catolicismo antiluterano –, isto significa duas coisas: não só o fato de a ceia do Senhor constituir um aspecto insuperável da eucaristia, mas também o de que a ceia com o Senhor assume um novo valor sacramental. Como veremos, a reinterpretação da comunhão como "parte substancial do sacramento" e a redescoberta da ceia de Emaús como *exemplum* bíblico da dinâmica celebrativa identifica o sacramento, entre outras coisas, como uma continuidade não apenas com a última ceia, mas também com as refeições do e com o Jesus histórico, como também com as refeições do e com o Ressuscitado.

b) Se toda a oração eucarística se torna qualificadora, as chamadas "palavras da consagração" são relidas como palavras explicativas e inseridas em um contexto de oração – de Cristo e da Igreja. Também este segundo perfil de recompreensão da forma, recontextualizando a "fórmula" em uma forma verbal muito mais ampla e significativa, permite uma nova consideração de toda a forma ritual, incluindo a liturgia da Palavra e de todas as linguagens não verbais de que é entremeada toda a celebração.

Se o "testamento de Jesus" não é simplesmente a repetição de uma fórmula sobre uma matéria por parte de um ministro, mas a memória e a profecia do comer e do rezar de Cristo com os seus, com vista a abrir o caminho da identidade e da missão de sua Igreja, isso constitui, para a tradição católica pós-conciliar, um grande enriquecimento, sobretudo litúrgico, mas que também deve assumir toda a sua dignidade sistemática. Com efeito, parece claro que existe uma reciprocidade original que merece ser recuperada: *o enriquecimento litúrgico depende de forma não acessória do amadurecimento de uma nova consciência sistemática, enquanto essa consciência refletida deve poder alimentar-se de (e trabalhar em) novas formas e práticas rituais.*

---

8. Cf. JUNGMANN, J. A., *Missarum sollemnia*, 115 ss.

II. A função sistemática da "forma fundamental"

O que deve ser sublinhado, do ponto de vista de uma síntese sistemática, é o fato que a introdução da "forma fundamental", a partir do final dos anos 1930, assinala a insuficiência de uma solução sistemática adotada na explicação teológica da eucaristia mediante as controvérsias medievais do século IX: essa explicação se revela, quando posta à prova na época moderna tardia, redutiva e insuficiente.

1. Em busca das raízes da "forma fundamental": Guardini

Se voltarmos a ouvir o texto mais antigo que introduz o tema da "forma fundamental", vemos que esta intervém como *resposta* a uma necessidade que Guardini expressa em três afirmações, que aqui relatamos como "justificativa" para a introdução do novo termo.

a) Em primeiro lugar, o autor indica os limites da compreensão ordinária da eucaristia:

> Para muitos, a missa adquiriu o caráter de uma *representação sagrada* à qual o fiel *assiste*, ou de um *evento misterioso que convida à oração*. No entanto, isso esconde seu real sentido e esconde seu valor inalienável[9].

Nessa primeira proposição, Guardini constata que a evolução da linguagem teológica produziu uma percepção distorcida da eucaristia, na qual a experiência do assistir a uma representação e a autonomia da oração a respeito dela se impõem *perigosamente* como "obviedade" da vida espiritual cristã. Aqui, é evidente como o titular da cátedra berlinense de *Weltanschauung* católica põe em movimento o pensamento sistemático partindo – como todos os "liturgistas" de seu tempo – de uma questão espiritual e existencial primária. O primado da "representação" e do "paralelismo orante" constituem um obstáculo intransponível para a compreensão teológica da eucaristia. A grandeza deste pensamento guardiniano consiste, essencialmente, em articular entre si níveis da questão eucarística que normalmente se acreditava ser possível enfrentar e resolver autonomamente. A questão espiritual, diz Guardini, exige uma resposta de caráter sistemático.

b) Em seguida, Guardini mostra o caminho para sair desse constrangimento:

---

9. GUARDINI, R., *Il testamento di Gesù*, 25.

É tempo de a missa voltar a ser, na consciência dos fiéis, o que é por sua própria instituição, ou seja, a ação sagrada da comunidade de Cristo que se realiza pelo ofício sacerdotal, mas que *deve verdadeiramente viver e agir como comunidade*[10].

Essa primeira resposta se centra em uma nova perspectiva: a valorização da *actio sacra*, de um agir ritual, por parte da "comunidade de Cristo", que deve cumprir o ofício sacerdotal vivendo e agindo "como comunidade". Essa passagem aparece como algo completamente central. Ao mesmo tempo, ela recupera dois perfis negligenciados: a *ação* como forma primária de *repraesentatio* (mais reapresentação que representação); a *comunidade* como horizonte comum, que impede a autonomia orante dos indivíduos "diante" do mistério, ao mesmo tempo em que favorece sua percepção de estarem "dentro" do mistério.

c) Para alcançar este duplo resultado, o próprio Guardini identifica o "caminho da ação" como uma solução para a compreensão inadequada e a experiência limitada: "A ação é o modo pelo qual os fiéis devem participar na memória, não apenas observando e rezando, mas agindo juntamente com o sacerdote"[11]. Com extrema clareza, o teólogo de origem italiana exige uma nova compreensão sistemática, que coloque no centro da eucaristia uma "comunidade-comunhão de ação". Não basta observar e rezar, mas é necessário recuperar o terreno originário de um agir comum, que unifica em uma comunidade sacerdotal a Igreja e o seu Senhor. O resultado disso é claramente uma noção de "forma fundamental" que visa restabelecer, do ponto de vista sistemático, as condições de participação ativa (*actuosa participatio*). A noção sistemática, por um lado, requer uma ação fundamental, mas, por outro, a prática eucarística oficialmente renovada após o Concílio Vaticano II, para ser verdadeiramente autorizada, deve assumir sistematicamente este horizonte de uma ação ritual comum, capaz de superar todas as reduções individualistas da "representação do mistério" e da "autonomia orante"[12].

---

10. Ibid., 26.
11. Ibid., 144.
12. É precisamente este nível de esclarecimento sistemático que parece estar de todo ausente nas tentativas de justificar um "paralelismo orante" não apenas na experiência eclesial comum (entre clero e leigos), mas também entre diferentes "formas" do próprio rito romano (entre forma ordinária e forma extraordinária). Poderíamos dizer que quem justifica a presença simultânea de diferentes formas do mesmo rito romano não compreendeu absolutamente nada da instância com a qual, há várias décadas, Guardini introduziu a

2. A "forma fundamental" enfraquecida
em alguns autores mais recentes

Este assunto não é nada claro para a recepção da expressão "forma fundamental", mesmo para os teólogos mais sensíveis às razões deste "neologismo". Não o é inteiramente nem para Joseph Ratzinger[13], que o utilizou na década de 1980, nem para Pierpaolo Caspani[14], que o utiliza extensivamente em seu valioso (e recente) manual. Eles estão, sem dúvida, entre os teólogos que mais utilizaram essa noção nos últimos cinquenta anos, mas captando apenas uma parte de suas potencialidades.

De fato, tanto o primeiro como o segundo, que igualmente interpretam o alcance do conceito de maneira muito profunda e o reconhecem abertamente como um "dado novo" em relação à elaboração teológica clássica, não tiram dele as consequências necessárias em termos de "categorias fundamentais" do discurso sobre a eucaristia. Em certo sentido, correm o risco de retirar seu alcance inovador, limitando sua eficácia a um "quadro geral", dentro do qual parece que as categorias mais típicas do modelo tomista-tridentino continuam funcionando imperturbáveis.

Detenhamo-nos brevemente neste uso – útil, mas parcial – da noção de "forma fundamental" pelos dois autores.

a) Ratzinger, em seu estudo que continua a ser um dos pontos de referência e de fundamental viragem, mantém-se ligado a um "primado da Palavra" que se torna uma forma moderna de reafirmar o "primado do sacrifício sobre a ceia". De fato, ele substitui o contraste clássico e apologético entre ceia e sacrifício pelo novo contraste entre ceia e oração eucarística. Apesar de alguns escritos da juventude, mais interessados na interação entre lógicas verbais e simbólicas, no Papa emérito a abordagem da tradição eucarística e litúrgica permanecerá profundamente marcada por um intelectualismo eivado de misticismo. A própria concepção de participação ativa permanece, em Ratzinger, puramente negativa: o ser humano "participa" apenas na medida em que deixa toda a iniciativa a Deus. Isso só

---

noção de "forma fundamental". O declínio deste "teorema do paralelismo" foi sancionado pelos recentes documentos do papa Francisco (cf., acima, cap. 10, item V) que, não por acaso, usam explicitamente a referência a Guardini, a quem *Desiderio desideravi* dedica – algo sem precedentes – quatro citações importantes, extraídas de dois textos fundamentais, que estão no início e no fim da carreira do grande teólogo e liturgista: *Formazione liturgica* [Formação Litúrgica], de 1923, e a famosa *Lettera al vescovo di Magonza* [Carta ao bispo de Mainz], de 1964.

13. Ratzinger, J., *Forma e contenuto della celebrazione eucaristica*, 33-48.
14. Caspani, P., *Pane vivo spezzato per il mondo*, 11, 336-365.

pode ser garantido se a primazia permanecer atribuída a uma *oratio* (oração eucarística) entendida como "sacrifício". De fato, não há uma valorização da "forma fundamental" como acesso à forma ritual. Pelo contrário, o resultado paradoxal da forma fundamental[15] parece ser, mais uma vez, uma essencialização e uma internalização da experiência.

b) Caspani, por sua vez, valoriza a "forma fundamental" como a constatação da proeminência da "ação ritual" no que diz respeito à teologia do manual, e sobre isso ele parece ser muito lúcido e coerente ao usar a noção pelo que há de mais original. Então, porém, tanto na parte histórica quanto na sistemática de seu volume, ele parece deixar completamente de lado a nova noção e a nova instância para raciocinar sobre a "presença real" e o "sacrifício" de acordo com os movimentos e categorias predominantemente clássicos. A sua síntese, que em muitos aspectos certamente figura entre as melhores e mais atuais contribuições sobre a teologia da eucaristia, não se deixa interpelar plenamente pelas categorias que, no entanto, sente que deve utilizar. No final, o resultado é uma leitura lúcida e inteligente, mas com uma orientação substancialmente apologética[16], embora realizada com riqueza de argumentos e uma articulação das questões verdadeiramente rara.

---

15. O que para Ratzinger realmente parece central no conceito de *Grundgestalt* não é a *Gestalt* (forma), mas o *Grund* (fundamento). Uma vez adquirido o ponto "fundamental" da ação de Deus, todo o resto se torna "aparato", "acidental", mera aparência. Parece claro aqui que a categoria, que nasceu em Guardini a fim de reequilibrar visível e invisível, exterior e interior, é reinterpretada em Ratzinger visando privilegiar mais uma vez, de forma muito clássica, o invisível e o interior, em detrimento do visível e externo: cf. RATZINGER, J., *Introduzione allo spirito della liturgia*, Cinisello Balsamo, San Paolo, 2001, 24-38 [ed. bras.: *Introdução ao espírito da liturgia*, São Paulo, Loyola, 2013].

16. Destacamos, em particular, toda a discussão sobre a relação entre presença real e transubstanciação (CASPANI, P., *Pane vivo spezzato per il mondo*, 382-397), em que a relevância da "forma fundamental" é de fato removida: a pretensão de tornar a transubstanciação uma "implicação lógica necessária da presença real" (ibid., 388) elimina na raiz toda a relevância da forma fundamental. Sobre este aspecto da questão remetemos ao que diremos adiante (cf. abaixo, no capítulo 13). Acrescentamos apenas que uma nova edição atualizada do mesmo volume (²2019) valoriza o papel da "forma fundamental" de forma mais ampla e profunda.

3. Quando a "forma fundamental" é assumida de acordo com um perfil completo

Ambos os autores que acabamos de mencionar, que também estão entre os poucos que recepcionaram a noção com grande lucidez sistemática, tentando mesmo integrá-la – como particularmente faz Caspani – em uma exposição manualística, não tiram dela a consequência específica para a qual a própria noção foi "inventada" por Guardini e Jungmann, ou seja, a de *integrar o rito no fundamento da revelação e da fé*[17]. Isso implica consequências muito amplas, das quais podemos antecipar apenas algumas dimensões aqui, esperando que as desenvolvamos nos próximos parágrafos e capítulos:

a) A redução essencialista, tão típica da tradição ocidental sobre a eucaristia, entra em conflito irremediável com a "forma fundamental". Com efeito, a mediação ritual – na sua forma fundamental de "ceia" e/ou de "oração eucarística" – torna-se uma condição para se aceder à verdade do sacramento e não mais uma mera cerimônia externa de um núcleo diretamente acessível independentemente desta. Graças ao conceito de "forma fundamental" já *não é mais possível uma relação imediata com o sentido da eucaristia, sem a mediação da "ceia" e/ou da "anáfora"*. Um elemento "contingente" torna-se necessário.

b) A primeira tomada de consciência modifica o procedimento de compreensão da teologia eucarística, porque substitui o "caminho curto" da intelecção do conceito, que salta com um pulo toda mediação que não seja a dimensão essencial, o "caminho longo" da inteligência *per ritus et preces*, por meio de todas as condições espaçotemporais, verbais e não verbais pelas quais se dá ritualmente o evento do mistério. Uma reabilitação da contingência da abordagem, reinterpretada como "forma ritual", transforma desse modo os conteúdos.

c) Isso implica *uma nova e mais rica experiência da Palavra e do sacramento*, que por si só exige não mais ser contraída ou contraível nas categorias causais de "forma e matéria" – isto é, da relação entre fórmula verbal e elemento material pensados respectivamente como "causa formal" e "causa material" do sacramento –, mas exige ser redescoberta na rica e

---

17. Ao contrário, é muito mais sensível a esta instância DELLA PIETRA, L., *Rituum forma*, 35 ss., o qual recupera a noção como centro de uma redefinição do papel da "forma ritual" na teologia da liturgia e dos sacramentos. Neste caso, no entanto, trata-se de uma esmerada dissertação de doutorado, não de um manual.

dupla sequência ritual da liturgia da Palavra e da liturgia eucarística. Assim, no lugar da lógica ôntica da "causa formal" e da "causa material" – inevitavelmente pontual e instantânea – desdobra-se a lógica ritual e cultual dos processos e das sequências, articuladas e plurais, com múltiplas formas experienciais e expressivas de identidade em relação.

d) Finalmente, a atenção exclusiva da teologia às palavras da fórmula, pronunciada sobre a matéria válida pelo ministro ordenado, é substituída por *uma atenção a todo o regime verbal*, ao qual se acrescenta *uma nova percepção do regime não verbal*, cujos sujeitos são Cristo e a Igreja, o Senhor e a assembleia reunida, em relação a "comer juntos" e "rezar juntos", e a cujo serviço está uma estrutura ministerial articulada. Essa fenomenologia ritual da eucaristia substitui os elementos pontuais elaborados pelo pensamento escolástico e neoescolástico, e muitas vezes incorporados à doutrina oficial, mesmo após o Concílio Vaticano II.

Esses quatro pontos, que podemos considerar o fruto mais maduro produzido pela nova *mens* inaugurada por Guardini e Jungmann, serão também os pontos de partida de nossa teoria central, em toda a sua necessária articulação.

III. A definição da eucaristia e suas "partes"

As definições da eucaristia que encontramos no caminho histórico-litúrgico agora nos servem de horizonte.

Classicamente, a eucaristia é definida como "o sacrifício de Cristo que se reapresenta no sacramento como sacrifício da Igreja". Esta definição tridentina torna-se, na elaboração do século XX: "A morte do Senhor (sacrifício) torna-se presente (presença real) no sacramento como banquete (sacramento-comunhão)" (conforme Bernhard Welte). Ou ainda, segundo uma bela síntese de Caspani, uma definição da eucaristia fiel à tradição, mas que não desista de traduzi-la, pode ser formulada assim: o anúncio da morte do Senhor se torna presente na Igreja em uma ceia de escuta da Palavra e de oração de ação de graças[18].

Mais precisamente, é valioso um esclarecimento que tomamos de Caspani: a duplicação de temas ("presença real" e "sacrifício") depende da autoridade do interlocutor protestante (Lutero) a quem se adapta a apologética tridentina. Mas é evidente que é tarefa de uma teologia renovada

---

18. Cf. CASPANI, P., *Pane spezzato per il mondo*, 365 ss.

"unificar o que essa abordagem duplicou irremediavelmente", em grave detrimento da experiência, como repetia incansavelmente Salvatore Marsili[19]. A razão pode e deve sempre distinguir, mas se ela começa a opor disciplinarmente os elementos que distinguiu doutrinariamente, então exerce um condicionamento da experiência, que já não vê senão oposições. Assim, é muito fácil tornar-se vítima das distinções teológicas, que a história transformou de distinções em oposições[20]. O esforço de superação das oposições apologéticas cansa a teologia do século XX e, ainda hoje, continua sendo o horizonte que une muitos dos caminhos da remotivação teológica do sacramento eucarístico.

Procuraremos agora retomar estes temas clássicos, já largamente encontrados ao longo do percurso histórico, para mostrar a tentativa de reformulação dos conteúdos dogmáticos da eucaristia à luz das novas aquisições trazidas pela "forma fundamental", pela "participação ativa" e pela reforma litúrgica. Reiteramos que estas novas aquisições, ao modificarem o campo da experiência antropológica e teológica (note-se: não só antropológica, mas também teológica), não só permitem, mas exigem uma reformulação autorizada da doutrina católica sobre a eucaristia.

Queremos, portanto, formular algumas perspectivas de síntese sistemática, não apenas no interior do debate clássico desenvolvido pela teologia católica do século passado, mas também em relação a importantes novas publicações que surgiram nos últimos anos e que merecem a maior consideração. Da apreciação desta nova bibliografia, fruto do trabalho acadêmico e da experiência pastoral, parece-nos que está se delineando um novo paradigma de teologia eucarística, que merece ser exposto também em manual, pois representa o fruto maduro de uma reelaboração iniciada no século XX, que passou pelo Vaticano II e sua reforma litúrgica, foi verificada no cadinho de experimentação e discussão que se seguiu ao concílio, até a fase atual de nova composição e balanceamento do sistema doutrinal e disciplinar, que está em pleno andamento.

---

19. Cf. MARSILI, S., *Teologia della celebrazione*, 127 ss.

20. Conforme já observado difusamente na segunda parte deste manual, a história da teologia ocidental é profundamente marcada por essa tendência de transformar as distinções em oposições. Pode acontecer que uma teoria, nascida à serviço da riqueza da experiência, se torne condição de experiência e praticamente o seu prévio empobrecimento.

IV. O dogma da presença real e sua explicação

Como vimos no âmbito histórico, a primeira aparição da expressão *transubstantiatio* no magistério da Igreja ocorre não com o substantivo, mas com o particípio *transubstantiatis* que se refere a "pão" e "vinho":

> Uma, ademais, é a Igreja universal dos fiéis, fora da qual absolutamente ninguém se salva, e na qual o próprio Jesus Cristo é sacerdote e vítima; de fato, seu corpo e seu sangue estão verdadeiramente contidos no sacramento do altar, sob as espécies do pão e do vinho, porque o pão é transubstanciado no corpo e o vinho no sangue pelo poder divino; de modo que, para cumprir o mistério da unidade, nós recebemos dele o que ele recebeu de nós
>
> (*Una vero est fidelium universalis Ecclesia, extra quam nullus omnino salvatur, in qua idem ipse sacerdos est sacrificium Iesus Christus, cuius corpus et sanguis in sacramento altaris sub speciebus panis et vini veraciter continentur, transubstantiatis pane in corpus et vino in sanguinem potestate divina: ut ad perficiendum mysterium unitatis accipiamus ipsi de suo, quod accepit ipse de nostro*)[21].

Neste grande texto, a expressão da presença do sacrifício de Cristo é definida *per transennam* mediante o uso da terminologia da transubstanciação. Por outro lado, mesmo seu uso no contexto do Concílio de Trento não é, nem mesmo nesse caso, um uso direto, mas indireto, quando se fala de

> aquela conversão maravilhosa e singular de toda a substância do pão no corpo e de toda a substância do vinho no sangue, permanecendo apenas as espécies do pão e do vinho, uma conversão que a Igreja católica com um termo muito apropriado chama transubstanciação
>
> (*mirabilem illam et singularem conversionem totius substantiae panis in corpus et totius substantiae vini in sanguinem, manentibus dumtaxat speciebus panis et vini, quam quidem conversionem catholica ecclesia aptissime transubstantiationem appellat*)[22].

Para conduzir a elaboração doutrinal rumo à transformação do verbo em substantivo também havia contribuído, quase quinhentos anos antes, a formulação da *Confessio fidei* de Berengário de Tours, no Sínodo de Roma de 1079, que, sem falar de transubstanciação, introduzia fortemente

---

21. Concílio de Latrão IV, 1215, DH 802.
22. Concílio de Trento, Sessão XIII, cân. 2, DH 1652.

o advérbio "substancialmente" (*substantialiter*) como modalidade da presença, posteriormente explicada agora em termos "naturais" antes mesmo do que "sacramentais":

> Eu, Berengário, creio com o coração e confesso com a boca que o pão e o vinho que se colocam sobre o altar, em virtude do mistério da santa oração e das palavras de nosso Redentor, são transformadas substancialmente na verdadeira e própria e vivificante carne e sangue de nosso Senhor Jesus Cristo e que depois da consagração são o verdadeiro corpo de Cristo, que nasceu da Virgem e foi pendurado na cruz para a salvação do mundo, e que está sentado à direita do Pai, e o verdadeiro sangue de Cristo que foi derramado do seu lado, não só mediante o sinal e a força do sacramento, mas também na propriedade da natureza e na verdade da substância (*Ego Berengarius corde credo et ore confiteor, panem et vinum quae ponuntur in altari, per mysterium sacrae orationis et verba nostri Redemptoris substantialiter converti in veram et propriam ac vivificatricem carnem et sanguinem Iesu Christi Domini nostri et post consecrationem esse verum Christi corpus, quod natum est de Virgine et quod pro salute mundi oblatum in cruce pependit, et quod sedet ad dexteram Patris, et verum sanguinem Christi, qui de latere eius effusus est, non tantum per signum et virtutem sacramenti, sed in proprietate naturae et veritate substantiae*)[23].

À luz dessas afirmações, que percorrem meio milênio de tradição latina ocidental, os séculos seguintes se inseriram na perspectiva de sobrepor a presença real à sua explicação. Ou seja, eles leram a presença como "presença *da substância*". Esta é uma mudança conceitual e processual que tem consequências fundamentais. E merece um cuidadoso esclarecimento.

1. Presença do Senhor e transubstanciação: alguns pontos críticos

A "transubstanciação" não é a formulação autorizada de um dogma – falta-lhe todas as características próprias desta definição autorizada –, mas é a explicação autorizada desse dogma. Não deve ser objeto "do crer" que o corpo de Cristo esteja presente *como substância*; mas sim que a fé na presença do corpo de Cristo *pode* ser explicada com a terminologia da substância – a qual, precisamente enquanto explicação, além de seus

---

23. Sínodo de Roma, 11 fev. 1079, DH 700.

méritos, conhece também seus limites e suas zonas escuras. Sua formulação teológica tomista, por exemplo, está em profunda contradição com a doutrina metafísica sobre a substância.

Essa constatação, em sua contundência, não pretende de forma alguma negar que a eucaristia concretize a presença do Senhor na sua Igreja, mas pretende tão somente distinguir o dogma da fé (*dogma fidei*) – isto é, a afirmação da presença real – de sua explicação teológica (*explicatio theologica*) em termos de transubstanciação (*transubstantiatio*). Um longo debate conduz a esta distinção, que, sobretudo na teologia alemã, em particular em Johann Auer (1910-1989), permitiu distinguir com precisão entre o "objeto da fé" e a "justificação teórica desse objeto"[24].

Alguns poderiam deduzir a partir dessas palavras, argumentando de forma bastante arbitrária, que a distinção entre dogma e explicação é, de forma simplista, a negação do dogma. Mas *interpretar distinções como negações* é sempre um erro grave: é um sinal de *apaideusía* ("rudeza") e não é preciso insistir muito na falácia argumentativa dessa dedução arbitrária.

O dogma é constituído pela fé na presença real do Senhor, que, como diz o Concílio de Trento, "de maneira conveniente e muito apropriada" foi chamada de "transubstanciação". Esta denominação é, portanto, possível, legítima, útil, até recomendável, mas em si não é necessária. Não se trata de uma definição da presença real, mas de uma explicação autorizada, mas não definitiva, da presença real (*appellatio* não é em nenhum caso *definitio*): ela não define um limite, mas abre uma perspectiva.

Em outro âmbito adicional, devem ser consideradas as questões relativas à tensão que a noção de "transubstanciação" suscita ao pensamento

---

24. Cf. Auer, J., *Il mistero dell'eucaristia*, Assisi, Cittadella, 1989. Entre outros, Giuseppe Colombo também chegou a esta mesma conclusão (*Teologia sacramentaria*, Milano, Glossa, 1997), quando afirmou que a transubstanciação "é considerada [...] não uma verdade distinta da presença real, no sentido de se propor como objeto próprio e independente da fé católica; mas é simplesmente uma explicação possível da presença real, que, em todo caso, não é necessária" (ibid., 194). E adicionava, como ilustração disso, a referência do próprio *Catecismo da Igreja Católica*, ao n. 1376, em que a transubstanciação "é referida apenas como conclusão do tratado sobre a presença real [...], na verdade – se não entendemos mal – mais na linha da explicação da presença real do que naquela de dogma da fé" (ibid., 195). Com base neste esclarecimento "desparece o temor ou a suspeita de que exista uma cisão, manifestamente injustificável no campo teológico, entre uma teologia alemã ou centro-europeia legitimamente partidária de uma posição considerada 'herética' pela teologia latina ou meridional, a qual continua a crer na transubstanciação como um *dogma fidei*" (ibid., 195).

metafísico[25]. Já Tomás de Aquino arriscara reduzir a presença real eucarística ao "milagre" de uma substância à qual são inerentes os acidentes de outra; com o desenvolvimento posterior, ao termo "substância" foram correlacionadas, indevidamente, dimensões físicas e químicas que a noção original tinha justamente a função de excluir. Assim, uma noção que pretendia exercer uma refinada mediação entre "excessos realistas" e "excessos simbolistas", e que como tal tinha desempenhado um papel de profunda mediação e "equilíbrio" do sistema, posteriormente correu o sério risco de ser confundida com um desses excessos[26].

Consequentemente, um uso indevido e não controlado de um ponto de vista teorético do conceito de transubstanciação já não pode mais ser totalmente fiel à tradição da Igreja. Como recentemente destacou Manuel Belli, o paradoxo de um uso invertido da noção de substância não pode deixar de ser apontado: se com "substância" a tradição metafísica indica o que permanece na mudança dos acidentes, o uso eucarístico inverte a relação e com "substância" se identifica o que muda na permanência dos acidentes. O forçamento do pensamento, justificado pela fé, inverte a relação entre fé e razão: o argumento racional deveria explicar a presença real, ao passo que, na realidade, é a presença real que é pressuposta pela argumentação racional, que acaba por considerar a evidência óbvia do que deveria ser objeto de uma argumentação[27].

2. As diversas formas da "presença do Senhor"

A concentração na "presença substancial sob as espécies do pão e do vinho", com toda a sua compreensível relevância, exerceu, no entanto, uma função "distrativa" em relação às outras formas de presença do Senhor: na Palavra, na oração, no ministro, na assembleia. É óbvio que isso pode ser afirmado a partir das novas "evidências", amadurecidas ao longo do último século e que permitiram, mediante uma transformação do intelecto e da sensibilidade, reler toda a tradição conforme uma nova perspectiva, mais plena e radical. Poder ver uma articulação de "lugares de comunhão" com

---

25. Sobre esse ponto, na opinião do próprio Colombo, os novos problemas "derivam não da realidade do mistério da fé, mas da sistemática filosófica ligada à ideia de *substantia*" (*Teologia sacramentaria*, 190).

26. Cf. as belas páginas de CARRA, Z., *Hoc facite*, 133-188.

27. Cf. BELLI, M., *Sacramenti tra dire e fare. Piccoli paradossi e rompicapi celebrativi*, Brescia, Queriniana, 2018, especialmente o capítulo 3: "Transustanziazione: spiegazione di una spiegazione" [Transubstanciação: explicação de uma explicação (N. do T.)] (ibid., 57-86).

o Senhor não é simplesmente uma doutrina eucarística mais ampla, mas uma poderosa tradução doutrinária de uma experiência ritual e histórica reelaborada, reconduzida às suas fontes, realimentada nos seus gestos e em suas palavras.

Aqui é preciso recordar o grande texto de SC 7, que abre espaços de vivência, de espiritualidade, de forma de vida, que também a tradição conheceu, mas depois deixou arrefecer e marginalizou, em nome de uma grande centralidade de presença "real", que inevitavelmente deslocou ou ofuscou todas as demais. Aqui está o texto "institucional" da SC 7:

> Para realizar tão grande obra, Cristo está sempre presente na sua Igreja, e de modo especial nas ações litúrgicas. Está presente no sacrifício da missa, tanto na pessoa do ministro, sendo ele mesmo que "tendo se oferecido uma vez na cruz, se oferece novamente a si mesmo pelo ministério dos sacerdotes", e sobretudo sob as espécies eucarísticas. Ele está presente com sua virtude nos sacramentos, a ponto de quando alguém batiza é o próprio Cristo quem batiza. Ele está presente em sua Palavra, pois é ele quem fala quando as Sagradas Escrituras são lidas na Igreja. Por fim, está presente quando a Igreja reza e louva, ele que prometeu: "Onde dois ou três estiverem reunidos em meu nome, aí estou eu no meio deles" (Mt 18,20).

A reconsideração das diversas formas de presença litúrgica não tem, de forma alguma, a função de desviar a atenção da presença eucarística. Muito pelo contrário: é a consideração exclusiva da presença "substancial" que poderia ter desviado a atenção da rica articulação da presença do Senhor, que é uma exigência vital da ação litúrgica e da participação nela. Estando "sob as espécies", ela parece desconsiderar a ação, que diz respeito, de fato, apenas às espécies. A substância não se move: o que se move é a aparência da espécie, ainda que na doutrina da transubstanciação aconteça milagrosamente o exato oposto (é a substância que muda, enquanto as espécies permanecem inalteradas).

Aqui deve ser notado como a compreensão da eucaristia como uma ação ritual remodelou completamente a relação entre o conhecimento litúrgico e o conhecimento dogmático. A liturgia não é mais o quadro cerimonial de um núcleo dogmático, mas a "continuação do exercício sacerdotal de Cristo" que oferece uma "inteligência do mistério *per ritus et preces*" (SC 48). À luz destes princípios, que o Concílio Vaticano II redescobriu e relançou com profundidade, não só se altera a relação entre presença "real" e presença "ritual", como descobre-se *um lado ritual da presença real e uma vertente real da presença ritual*. O Senhor vem aos seus, com seu corpo dado e seu sangue derramado, *de muitos modos*, que requerem não apenas o *ritus servandus* de uma única "fórmula" sobre uma única "matéria" por um único "ministro", mas sim a celebração comunitária de uma forma ritual, de uma matéria simbólica e dentro de uma dinâmica eclesial entre a assembleia celebrante, o conjunto dos ministros e a presidência. O desenvolvimento da participação ativa (*actuosa participatio*) não foi apenas *a verdadeira finalidade da reforma litúrgica*, mas também *o princípio efetivo de uma nova compreensão teológica*. A qual exige recolocar a "forma válida" da eucaristia administrada dentro do horizonte mais amplo da "forma ritual" da eucaristia celebrada.

A própria pesquisa por uma "forma fundamental" da eucaristia constitui o horizonte deste labor positivo e fecundo, que influenciou profundamente o tecido teórico e prático da Igreja, recontextualizando a "presença real" em relação à experiência de comunhão e a oração de Cristo e da Igreja. Não salvaguardar hoje esta relação profunda significaria confiar às categorias clássicas uma função regressiva e distrativa, no que diz respeito às evidências duramente amadurecidas no século passado, e das quais a fé eclesial e a vida cristã colhem novos frutos de experiência espiritual e pastoral.

A isto se deve necessariamente acrescentar a maior riqueza bíblica (cf. SC 51), que recuperou solenemente, também no contexto católico, uma rica liturgia da Palavra, que transformou a "parte didática da missa" em experiência sacramental da presença do Senhor, reconhecido como o verdadeiro sujeito do anúncio da Palavra. A palavra proclamada e sacramental, a oração eucarística articulada e o rito da comunhão são assim compreendidos não apenas como *contextos da presença eucarística*, mas como *sequências rituais qualificadoras*, que não podem mais ser degradadas a uma "parte didática" ou a um "uso do sacramento", face ao qual só a consagração viria a ter a dignidade de "essência do sacramento". Neste sentido, a "presença substancial", se mal compreendida, corre o risco de excluir, mais do que incluir e valorizar, as outras experiências fundamentais da presença do Senhor.

3. *O corpo de Cristo eclesial em relação ao corpo de Cristo sacramental*

A presença substancial "sob as espécies", como entendida na tradição latina, reduziu do ponto de vista histórico o peso da presença eclesial do corpo de Cristo, presença que sempre permaneceu como o efeito primário – a *res sacramenti* – da celebração eucarística[28].

Esta afirmação – como vimos na evolução histórica dos "sentidos" da eucaristia – fica plenamente esclarecida se correlacionada com um importante estudo de 2001, obra de Enrico Mazza[29], sobre o qual devemos nos deter brevemente. Mas, antes de nos referirmos a este texto, é útil recordar uma verdade muito clara, que Tomás de Aquino ainda conserva com precisão, quase contra o seu próprio "sistema", nomeadamente a diferença entre o "efeito intermédio" e o "efeito principal" da eucaristia. A presença substancial do corpo e do sangue do Senhor permanece, em seu sistema teológico, um efeito intermédio em relação ao dom da graça, que é a unidade e a comunhão da Igreja[30].

O citado estudo de Mazza aprofunda historicamente esta afirmação fundamental, mostrando como a elaboração da teoria da transubstanciação – que se dá no campo da apologética – representa ao mesmo tempo a causa e o efeito de desenvolvimentos teológicos e litúrgicos muito complexos: a partir dos Padres – sobretudo desde Ambrósio e Agostinho – e relendo as "teologias eucarísticas" até Tomás de Aquino, o estudioso italiano mostra com elegância e competência a transformação dos modos de compreender o modo de "estar presente" do Senhor na celebração eucarística. Assistimos assim à descoberta de vários elementos, que se afiguram como sendo de extrema importância para uma adequada leitura sistemática do que é a "presença real".

a) Em primeiro lugar, é evidente que a tradição latina assistiu a uma *concentração das atenções apenas na consagração*, com a perda progressiva da relação tanto com a epiclese (e aliás com toda a oração eucarística), como com o rito da comunhão. Apesar do desenvolvimento medieval e moderno, a nova compreensão do rito eucarístico promovida pelo Concílio Vaticano II requer um aprofundamento da teologia eucarística visando apreciar plenamente a compreensão do mistério *per ritus et preces* (SC 48). Isso pode se basear na concepção que a época patrística tinha da presença do Senhor: Mazza, em particular, propõe uma nova interpretação de alguns textos de Ambrósio, que nos levam a ler as palavras do Senhor – quando define o pão e o vinho como "corpo de Cristo" e "sangue

---

28. Cf. CASPANI, P., *Pane vivo spezzato per il mondo*, 398 ss.
29. MAZZA, E., *Continuità e discontinuità*.
30. Cf. *Summa theologiae*, III, q. 73, a. 3, *corpus*.

de Cristo" – como pronunciadas não no momento da consagração, mas no momento da comunhão[31].

b) Em segundo lugar, fica claro que a acentuação do efeito intermédio do sacramento (pão e vinho como corpo e sangue) em relação ao dom da graça (unidade da Igreja) assume tal importância, a ponto de se chegar a considerar o primeiro efeito como "contido" no sacramento, ao passo que o segundo aparece simplesmente como "significado" pelo sacramento. Indiretamente, a compreensão em termos de "transubstanciação" teria favorecido esse *desequilíbrio entre a dimensão cristológica e a dimensão eclesial do corpo de Cristo*. Isso derivaria basicamente de uma "releitura unilateral" dos textos de Ambrósio, que começaria com Pascásio Radberto e se completaria – ainda que de modo não unívoco – com Tomás de Aquino[32].

c) Em terceiro lugar, a elaboração de uma compreensão do "rito essencial" da eucaristia, identificado com as palavras da instituição, pronunciadas sobre a matéria pelo ministro, corria o risco de pôr a *perder a consciência da sequência ritual integral*, que se estrutura entre a oração eucarística e o rito da comunhão, ações que assim são reduzidas a "usos", em relação aos quais só a consagração constituiria a "essência" do sacramento[33].

Este desenvolvimento teórico escolástico determinaria uma concentração progressiva do olhar eclesial – não só teológico, mas também pastoral e espiritual – apenas nas palavras pronunciadas sobre o pão e o vinho no momento da consagração, delimitando a esta breve sequência o ponto decisivo tanto pela conversão do pão e do vinho, quanto pela fé na presença real. Este ponto da celebração torna-se o "rito eucarístico" por excelência, e assim perde-se a consciência da sequência plena, que internamente engloba tanto a oração eucarística em sua totalidade como a articulação plena dos ritos da comunhão.

---

31. Cf. Mazza, E., op. cit., 11-24.

32. Assim escreve Mazza: "Houve uma grande mudança entre a era patrística e a época escolástica: na era patrística, a eucaristia era entendida como sacramento da unidade do corpo de Cristo, enquanto na escolástica a *res* é entendida como a união dos fiéis com Cristo" (ibid., 197).

33. Mazza escreve ainda: "Na base da concepção de Tomás de Aquino está a distinção entre o sacramento e seu uso. O uso consiste na celebração do sacramento para produzir seu efeito. Neste quadro de pensamento, a última ceia é apenas o 'recipiente', o 'acompanhamento', isto é, a ocasião e o ambiente em que a eucaristia foi instituída – isto é, o sacramento que foi instituído – não a última ceia do Senhor, que é apenas o lugar – o recipiente – da instituição da eucaristia" (ibid., 211).

O ganho desta leitura é muito significativo, precisamente porque evidencia, como que por contraste com o passado, a profunda ligação entre ação ritual, compreensão eucarística e experiência eclesial. A uma redução do olhar eucarístico corresponde não só uma forma de celebrar, mas também uma forma de ser Igreja: o fato de que a eucaristia *signifique*, mas *não contenha* a unidade da Igreja é uma das maiores limitações da explicação da eucaristia em termos de "transubstanciação".

As posições até agora expressas não derivam apenas de autores "clássicos" – como o já citado G. Lafont, E. Mazza e G. Colombo –, mas amadureceram graças a estudos recentes, de jovens estudiosos, que mostram uma elaboração muito fina das questões teológicas e filosóficas em torno da eucaristia e a compreensão da "presença real" por meio de conceitos teóricos e litúrgicos renovados[34].

---

34. Estamos nos referindo a estudiosos como Manuel Belli, Matthieu Rouillé d'Orfeuil, Claudio Ubaldo Cortoni, Loris Della Pietra e Zeno Carra. Em 2013, foi publicado o texto de BELLI, M., *Caro veritatis cardo*, no qual o autor confronta aberta e profundamente as provocações que vêm da fenomenologia francesa recente, entendida como um "saber pós-metafísico" capaz de mediar a fé na presença do Senhor de um modo renovado e inesperado. Em 2016, surgiu a publicação de ROUILLÉ D'ORFEUIL, M., *Lieu, présence, résurrection. Relectures de phénoménologie eucharistique*, Paris, Cerf, 2016, em que o autor reinterpreta alguns pilares da tradição antiga e medieval por meio de conceitos reelaborados com a ajuda do pensamento fenomenológico; três categorias – lugar, presença e ressurreição – são precisamente repensadas em relação à fé eucarística e à sua compreensibilidade contemporânea. Também a partir de 2016, o trabalho de CORTONI, C. U., *"Habeas corpus". Il corpo di Cristo dalla devozione alla sua umanità al culto eucaristico (sec. VIII-XV)*, Roma, Studia Anselmiana, 2016, no qual se propõe uma releitura acurada da tradição eucarística, investigando com acribia a correlação entre as questões cristológicas e as teorias eucarísticas, das quais derivaria significativamente o culto eucarístico medieval. Finalmente, não podemos deixar de citar o belo volume de 2012 de DELLA PIETRA, L., *Rituum forma*, no qual é cuidadosamente tematizada a mudança na noção sistemática de "forma", sobretudo ao longo do século XX, também através de uma investigação precisa do debate em torno da "forma fundamental" da Eucaristia, que interessou o pensamento de Guardini, Jungmann e Ratzinger e que parece muito promissora para o debate atual. São quatro estudos dignos de admiração, que atestam o sério trabalho de investigação realizado nos campos de estudo romano e italiano: no Ateneu Romano de Santo Anselmo e no Instituto Paduano de Santa Giustina, que, enquanto institutos acadêmicos em que a fidelidade à tradição, tentam recorrer tanto a uma rigorosa escavação histórica das fontes como a um confrontar-se aberto com as correntes mais vivas e fecundas do pensamento contemporâneo. Até mesmo a estrutura e orientação deste manual faz parte do mesmo campo de pesquisa e ensino. A estes volumes acrescentamos ainda o já citado CARRA, Z., *Hoc facite*, de 2018, que é fruto de uma pesquisa realizada na Pontifícia Universidade Gregoriana, sob a orientação de Stella Morra, com o mesmo interesse por uma sábia mediação entre a teologia, as ciências humanas e a aplicação de "modelos" para a compreensão tradição eclesial.

V. O imprevisto da transubstanciação: o *tûto* e a forma ritual

Uma das palavras que merece mais atenção na tradição teológica sobre a eucaristia é o pronome demonstrativo τοῦτο/*tûto* (em latim, *hoc*; em português, "isto"). Nos textos centrais da tradição neotestamentária sobre a última ceia, a palavra aparece em quatro posições estratégicas e diz respeito tanto às palavras sobre o pão e o cálice como às palavras sobre a memória[35]. No primeiro caso, o pronome é acompanhado pelo verbo "ser" (em Mc 14,22, Mt 26,26 e Lc 22,18: "τοῦτό ἐστιν τὸ σῶμά μου/*tûtó estin tò sômá mu* [isto é o meu corpo]"; em Mc 14,24 e Mt 26,28: "τοῦτό ἐστιν τὸ αἷμά μου/*tûtó estin tò hâimá mu* [este é o meu sangue]"; em Lc 22,20 e 1Cor 11,25 é subentendido o verbo "ser": "τοῦτο τὸ ποτήριον/*tûto tò potérion* [este o cálice]"), enquanto no segundo caso é acompanhado pelo verbo "fazer" (Lc 22,19 e 1Cor 11,25: "τοῦτο ποιεῖτε εἰς τὴν ἐμὴν ἀνάμνησιν/ *tûto poiêite eis tèn emèn anámnēsin* [fazei isto em memória de mim]"). O primeiro *tûto* é sujeito do verbo ser e chama a atenção de uma "identidade" entre pão e corpo, entre vinho-cálice e sangue que corre o risco de prender a atenção do leitor e do ouvinte. O segundo *tûto* é, ao contrário, objeto de uma ação (*poiêite*) que corre o risco de ser compreendida apenas em relação ao primeiro *tûto*. Como se pode imaginar, a tradição foi profundamente condicionada por uma interpretação que reduziu o conteúdo do segundo *tûto* (*hoc*) – e do verbo *poiêite* (*facite*) que o rege – a partir de uma centralidade adquirida pela identidade estabelecida pelos *tûto* antecedentes entre pão-corpo e entre vinho-sangue.

Aqui reside o cerne da questão sobre a "presença real" no desenvolvimento da tradição latina ocidental, que acentuou cada vez mais a primazia do "*tûto-hoc* sujeito" sobre o "*tûto-hoc* objeto". A consequência última deste desenvolvimento secular da tradição latina foi fazer do *hoc est* ("isto é...") um mandamento e do *hoc facite* ("fazei isto...") uma mera descrição[36]. Então o mandamento recebido pela Igreja diria respeito à *ontologia eucarística*, ao passo que a descrição faria referência à *ação cerimonial* e,

---

35. Cf. acima, segunda parte, capítulo 5.
36. Deve ser considerado de algum interesse o fato de que o aspecto "comandado" do *hoc facite* foi valorizado muito mais em relação ao ministério ordenado do que em relação à eucaristia. Ou melhor, que o mandamento serviu mais para identificar o "ministro ordenado para a consagração" do que a sequência ritual. Este desenvolvimento também depende de múltiplos fatores, mas influenciou fortemente tanto a história da teologia eucarística quanto o desenvolvimento da práxis.

subordinadamente, à *ordenação sacerdotal*. Com todas as inevitáveis repercussões desse desequilíbrio que privilegia a substância ontológica em detrimento do processo ritual.

No entanto, em uma análise mais atenta, os estudos neotestamentários, patrísticos, litúrgicos e dogmáticos mais recentes ajudam-nos a inverter a perspectiva e a recuperar – certamente, com muito esforço – o primado da *palavra sobre a memória*, em comparação com a *palavra sobre o pão e sobre o cálice*. Portanto, não é precipitado afirmar que a recuperação do valor imperativo do *hoc facite*, quando se refere não à conversão da substância, mas ao processo ritual da ceia, permite reler o *hoc est* como uma descrição autorizada do conteúdo da ação, e não como o núcleo originário de um rito.

No entanto, devemos reconhecer abertamente que esta releitura dos vários *tûto-hoc* foi possível e tornou-se acessível precisamente graças à nova percepção da forma ritual e de sua irredutibilidade à brevidade do conceito: *somente graças a uma perspectiva que revê a eucaristia como uma "ação ritual" torna-se plausível uma releitura processual (e não pontual) das sequências eucarísticas*[37]. Nesse sentido poderíamos recuperar uma relação diferente com a tradição mais antiga, que deveria ser assim esquematizada:

a) *Hoc facite*: indica a entrega da sequência ritual, de cuja repetição deriva a possibilidade de reler histórica e atualmente a comunhão com o Senhor.

b) *Hoc est*: o pão, neste processo de troca, dom e abandono, revela-se corpo; o cálice de vinho, neste mesmo processo ritual, revela-se o cálice do sangue/da aliança.

O reequilíbrio entre *concentração ontológica* e *distensão da sequência ritual* surge singularmente fundamentado na relação entre os dois *tûto-hoc* que regem e determinam, ora como sujeitos, ora como objetos, respectivamente os dois verbos "ser" e "fazer". A primazia do ser sobre a ação reduziu e essencializou de fato a "entrega", como se no centro houvesse apenas uma "conversão da substância da matéria". Na realidade, a perspectiva deve ser invertida: *é o processo ritual que determina, com sua sequência de ações encadeadas, a presença do corpo dado e do sangue derramado na*

---

37. É importante reconhecer que esta hermenêutica renovada pressupõe a consciência daquilo que é classificado como "virada linguística" também na teologia. Sobre a delicadeza dessa reinterpretação da tradição, cf. RUGGIERI, G., *Prima lezione di teologia*, Bari, Laterza, 2011, em particular as páginas 93-114, no capítulo intitulado significativamente de: "Trascendenza e forma" [Transcendência e forma (N. do T.)].

verdade do mistério. A separação entre *mysterium* e *veritas* – a partir da pergunta dramática enviada por Carlos, o Calvo ao mosteiro de Corbie no século IX – aparece quase como a "causa primeira" da progressiva incompreensão da tradição por tendências intelectuais (tanto por parte das substancialistas como das simbolistas). A presença verdadeira e real não está "sob as", "atrás das" ou "apesar das" espécies, mas precisamente *mediante* estas ou, melhor ainda, *nelas*, se e na medida em que são assumidas na sua plenitude de relações ecológicas e etológicas. *O pensamento da substância não deve ser substituído simplesmente pelo pensamento da relação, mas pelo pensamento da mediação simbólico-ritual*[38]. Mesmo os textos da tradição do Novo Testamento nos permitem reconhecer, se lidos sem preconceitos, uma correlação mais correta entre *hoc est* e *hoc facite*.

O rito eucarístico não consiste em "dizer 'Isto é'" – esta é de fato a explicação do rito, não o rito –, mas em fazer a memória-imitação de toda a sequência de ações, que devem ser descritas como comunhão com o corpo no pão e com o sangue no vinho. Decisiva não é a substância, mas a circunstância. O tema não é o ser, mas o tornar. É "fazer isto" que nos permite dizer "isto é", e não o contrário.

1. Grandeza e limites da explicação "substancial" da eucaristia

Se a elaboração da noção de "transubstanciação" ocorreu durante um confronto complexo entre diferentes componentes da tradição cristã medieval e depois foi utilizada, em uma crise difícil, no confronto do catolicismo com as diferentes formas de "protesto evangélico", esta servira, pelo menos até ao século XVI, para mediar sabiamente vários excessos – realistas ou simbolistas – presentes não só na teologia da eucaristia, mas também, e talvez sobretudo, na cristologia[39].

Portanto, o conceito de "transubstanciação" deve ser originalmente reconhecido como fruto de uma preciosa *mediação* para salvaguardar a comunhão eclesial. No entanto, isso implicou – para além das melhores intenções – uma forte transcrição da experiência cristã para as

---

38. Aqui se deve notar como o pensamento da substância tende a validar uma compreensão da forma como "fórmula"; o pensamento da relação sustenta uma compreensão da forma como "forma verbal"; enquanto o pensamento simbólico-ritual exige que a forma seja pensada na complexidade da "forma ritual". Cf. abaixo, cap. 14, item IV.

39. Cf. CORTONI, C. U., *Habeas corpus*, 87-140.

categorias de teorização filosófica, intelectualista e metafísica de origem grega e elaboração escolástica. Isso determinou uma flexão da presença real configurada segundo a articulação do ser como "substância" e como "acidente-espécie"[40].

Este desenvolvimento introduziu, inevitavelmente, uma certa superestimação do invisível (que pode ser acessado pelo intelecto auxiliado pela fé) e uma certa subestimação do visível (que é considerado apenas em sua função de elemento-matéria ou objeto da rubrica). A intenção original para a qual foi concebida a distinção entre substância e acidentes – isto é, *a unidade do real em devir* – alcança um efeito diferente e invertido na doutrina eucarística – resultado de uma cisão tendencial e de separação – a que posteriormente será difícil remediar. Além disso, a mesma "essencialização da presença" no único momento da consagração reduziu de fato a *usum* todo o restante da experiência da presença, na Palavra, na oração eucarística e na comunhão[41].

A recuperação destas três dimensões fundamentais da presença do Senhor na eucaristia – como acontecimento e experiência da Palavra proclamada e ouvida, como acontecimento e experiência de oração eucarística eclesial e como acontecimento e experiência de comunhão do único pão e do único cálice – tem inevitavelmente fragilizado e redimensionado qualquer pretensão de identificar a "presença" apenas na "conversão da substância", assegurada (somente) pela *consagração*. Um realismo temperado, que foi o objetivo para o qual se orientou a elaboração da categoria doutrinal de "transubstanciação", com a intenção explícita de moderar tanto as pretensões do simples simbolismo quanto as do duro realismo, foi substituído por um progressivo distanciamento da ação ritual, de sua contingência e sensibilidade, e pela substituição dessa ação por uma relação

---

40. De fato, é preciso lembrar que a terminologia do par "substância/espécie" ou "substância/acidentes" deriva de uma reflexão aristotélica sobre o ser, que *pollakôs légetai*: "pode ser dito de muitas maneiras". Substância e acidentes-espécie são precisamente dois modos diferentes do ser. Portanto, não se trata de afirmar ou negar o ser, mas de articular o ser da eucaristia em diversos níveis. A operação de "aperfeiçoamento" da noção de "transubstanciação" deve ser entendida, neste contexto, como uma "afirmação do ser" de caráter diferenciado.

41. Este segundo fenômeno se deve a um "par conceitual" diferente, o de *essentia/usus*, que nos permite distinguir não os níveis da realidade, mas a necessidade das ações. Assim, enquanto com o par "substância/espécie" se gerencia a relação entre visível/invisível, com o par "essência/uso" se gerencia a relevância das diferentes ações, no que diz respeito às tarefas do indivíduo e à validade do agir.

direta e misteriosa com a "substância do sacrifício", que nada mais possui de constitutivamente litúrgico e simbólico.

Se a transubstanciação, pela sua forma lógica, faz com que a eucaristia perca a sua dimensão sacramental – litúrgica e simbólica –, então esta noção exige uma evidência física e/ou metafísica que corre o risco de transcrever, não sem enormes perigos, toda a experiência eucarística ao nível da "infração a uma lei universal"[42]. Ao longo dos séculos, essa mudança epistemológica tornou-se causa e razão de uma perda de experiência no âmbito litúrgico e ritual, substituindo progressivamente o processo pelo momento, a sequência pelo instante. E o coração da eucaristia tornou-se um *ato de contemplação imediata*, não uma *ação do processo ritual de mediação*.

Portanto, não se trata de negar hoje o trabalho teológico secular, que elaborou e estruturou a teoria da transubstanciação em defesa de um realismo moderado. Em vez disso, trata-se de contextualizar novamente sua intenção e sua força em uma experiência mais ampla e complexa do evento eucarístico, também segundo uma nova reflexão filosófica, em que o uso de termos como "substância" e "acidentes" se tornou altamente problemático. E não bastaria emancipar a noção de substância da terminologia filosófica, deslocando-a para o terreno da linguagem comum, pois assim se perderia o ganho introduzido pela noção clássica[43]. Em certo sentido, o Movimento Litúrgico, o Movimento Patrístico, o Movimento Bíblico e o Movimento Ecumênico, que tão eficazmente caracterizaram a teologia das primeiras décadas do século XX, contribuíram, cada um à sua maneira, para esta nova contextualização da "verdade eucarística", permitindo reconhecer, de forma conclusiva, *dois limites teológicos* da noção de transubstanciação, ao lado daqueles ligados de forma mais geral à transição cultural moderna tardia. Eles podem ser resumidos da seguinte forma:

a) para expressar a presença real do sacrifício do Senhor, o recurso à linguagem da "conversão de toda a substância" permanece legítimo, possível, às vezes até recomendável, mas não é *em si* necessário. É necessário dizer que o pão e o vinho *são* o corpo e o sangue de Cristo. Como o são não deve ser necessariamente dito com a categoria de "transubstanciação":

---

42. Cf. as igualmente belas observações de CARRA, Z., op. cit., 161-167.

43. De fato, a solução que pretende usar "substância" como uma terminologia "não técnica", mas de linguagem comum, não parece convincente. Com efeito, quando se refere à linguagem comum, atribuindo à "substância" o sentido de "coisa em si", para sair da linguagem técnica da metafísica, na realidade recai-se nela, mas com o agravante da ingenuidade.

esta última, não constituindo uma verdade diferente da "presença real", representa uma explicação autorizada dela, mas não é outra coisa senão a afirmação da "presença real" do corpo e do sangue do Senhor Jesus no pão e no vinho eucarísticos. Não se trata de acreditar "além da presença", mas de confiar-se a uma mediação autorizada, cuja intenção não é o testemunho da fé, mas sua explicação;

b) para expressar a presença do Senhor na ceia eucarística a noção de "transubstanciação" – concentrando-se exclusivamente em um momento isolado da celebração e considerando apenas uma sequência limitada do processo ritual – *não é suficiente* para restaurar a integridade da experiência cristológica e eclesial que a ação eucarística estabelece. Uma proposta de substancialização da presença deve ser substituída por uma proposta de extensão e articulação da presença: uma *lógica conceitual e estática* deve ser substituída por uma *lógica temporal e dinâmica*. Nesta passagem, muda radicalmente o papel da "exterioridade", que não pode ser relegada à esfera do acidental ou do aparente: as "espécies" e os "acidentes" não são apenas aparências irreais e contingências desnecessárias[44].

Gostaríamos de repetir: a afirmação da *não necessidade* e da *não suficiência* da noção de "transubstanciação" – deduzida a partir das referências teológicas acima indicadas – não significam, de modo algum, uma intenção de negar a presença real, mas antes indica a tarefa de uma "tradução da tradição", mediante a qual podemos permanecer fiéis ao que fizeram no passado os pastores e os teólogos dos séculos XIII e XVI. Assim como eles traduziram a fé eucarística na presença do Senhor na relação entre as categorias de substância/acidentes – uma fé que, durante muitos séculos, não se expressou com esta terminologia –, também *nós hoje devemos traduzir essa mesma fé em novas categorias, que procurem restituir à experiência eucarística integral maior densidade de ação e uma mais límpida unidade de experiência*. Assim como para os teólogos e pastores de alguns séculos atrás, a construção do conceito de "transubstanciação" foi um trabalho lento, gradual e não sem esforço, tal foi como será também para nós a tarefa de sua revisão e aprofundamento.

Para delinear esse objetivo com uma palavra convincente e menos imprecisa, diríamos que a tarefa de revisar a noção de "transubstanciação"

---

44. As consequências dessa "reformulação" são de grande relevância e foram expressas de modo eficaz pelo estudo de Zeno Carra nesta formulação lapidar: "O próprio da presença passa, portanto, do *Christus qui continetur sub speciebus* ao *Christus qui usus est speciebus*" (CARRA, Z., op. cit., 163).

terá que ser capaz de fazer a experiência da eucaristia não apenas com o intelecto, mas também com toda a sensibilidade e por meio do magistério da ação: *uma compreensão da eucaristia confiada apenas à categoria de "substância"* – e, portanto, inevitavelmente ligada ao primado do intelecto, sem elaboração da sensibilidade – *não consegue valorizar plenamente nem a dimensão sensível da experiência da "figura" e da "semelhança", nem as razões originais para a ação no que diz respeito apenas à contemplação.* Nesse caso, uma teologia que ingenuamente continue a usar o conceito de substância, com toda a boa-fé com que isso ainda possa ser feito hoje, corre o risco de reduzir o acidente e a espécie a um elemento "acidental" e "especial", enquanto as razões originais da própria formulação medieval da noção de *transubstantiatio* atestam bem, pelo menos em teoria, que *na eucaristia os acidentes nunca podem ser simplesmente acidentais.*

Precisamente essa forte limitação, ligada mais ao desenvolvimento do conceito do que à sua intenção original, determina hoje a necessidade de uma revisão precisa deste "modo conveniente e apropriado" – mas absolutamente não necessário e não suficiente – de explicar o dogma da fé (*dogma fidei*), que consiste na confissão da presença do dom que o Senhor faz de si mesmo à Igreja reunida em assembleia para a celebração eucarística.

2. Dinâmica substancial e dinâmica substanciosa

Se é a comunhão no corpo de Cristo que está em jogo no sacramento da eucaristia, no entanto um outro aspecto também deve ser esclarecido. No Cânon Romano, segundo a versão atual, encontramos uma fórmula de oração (*hanc oblationem*) que pede:

> Santificai, ó Deus, esta oferta com o poder da vossa bênção, e dignai aceitá-la a nosso favor, em sacrifício espiritual e perfeito, *para que se torne para nós o corpo e o sangue* do vosso amadíssimo Filho, e Senhor nosso Jesus Cristo.

O texto pede que as oferendas "se tornem para nós o corpo e o sangue…". Porém, como vimos na segunda parte do manual, a fórmula mais antiga, que nos foi transmitida por Ambrósio, pedia, na mesma altura, que a oferenda "seja *figura corporis et sanguinis*…".

Da perspectiva desses textos, se lidos em paralelo com os do capítulo 6 de João e no clima de comunhão dos escritos paulinos, poderíamos dizer que há uma *dupla dinâmica* que a "transubstanciação" deveria visar. Por um lado, há o que mais chamou a atenção dos teólogos e dos pastores:

ou seja, a "passagem" da substância do pão e do vinho em substância do corpo e do sangue. Não há dúvida de que esta primeira passagem atraiu o trabalho cuidadoso de muitas gerações de teólogos e também suscitou debates, confrontos, mal-entendidos, excomunhões. Mas, de forma igualmente decisiva, deve-se notar que, na última ceia, a dinâmica é certamente a do encontro com o corpo e o sangue do Senhor no âmbito de uma ceia, mas é também a de um corpo e um sangue que "se torna pão e se torna vinho". Em outras palavras, há uma passagem inversa, que implica uma "conversão" do corpo em pão e do sangue em bebida. A vida de Jesus, que se cumpre, deve alimentar os seus discípulos: deve tornar-se pão de vida, alimento substancioso.

Há, portanto, uma dinâmica substancial e uma dinâmica substanciosa que estão estreitamente entrelaçadas e que não permitem determinar, de forma tão drástica, a "primazia" de uma substância em relação à função que os acidentes continuam a desempenhar na lógica do sacramento[45]. Portanto, de um certo ponto de vista, tudo se orienta do pão-vinho ao corpo-sangue; mas, de outro ponto de vista, tudo se orienta desde o corpo-sangue até o pão-vinho. Na celebração eucarística realiza-se uma "dupla conversão": por um lado, *o tornar-se morte/vida do pão e do vinho*, por outro *o tornar-se comida e bebida da morte/vida*. E não há dúvida de que a lógica da transubstanciação, que assume a primeira conversão como irreversível, corre o risco de obscurecer, no âmbito do sensível, toda a pertinência da segunda conversão, que depois só pode ser tematizada espiritual, devocional e sentimentalmente. Não há dúvida, porém, de que a lógica da ação ritual mantém um maior equilíbrio, pois passa pela primeira conversão, mas sempre em vista da segunda, pois, em todo caso, a sequência ritual é realizada com a comunhão, com a manducação e consumação do corpo e do sangue assumido como pão da vida e cálice da salvação. A teoria da transubstanciação, pela exigência apologética de afirmar a "presença", com o fato de introduzir uma dinâmica de conversão e irreversibilidade entre substância e acidentes, tende a perder formalmente – e, em todo caso, a colocar em segundo plano – a trama ritual entre verdade e alimento, e, ao afirmar uma verdade "sob as espécies", marginaliza a lógica nutriente das espécies *et quidem* da verdade. A verdade da morte/vida em Cristo não está apenas *sob* as espécies ou *mediante* as espécies, mas *nas* espécies.

---

45. A releitura do termo "substância" está também na raiz do Concílio Vaticano II. Para uma interpretação do termo "substância" no magistério de João XXIII, cf. RUGGIERI, G., *Esiste una teologia di papa Giovanni?*, 253-274.

3. O fenômeno eucarístico aquém e além do par "substância/espécie"

A esta altura pode ser útil refazer, passo a passo, a rica elaboração da forma mais complexa da "comunhão com o Senhor", que assumiu a "figura" da eucaristia, como imagem e símbolo, que ao longo os séculos teve que ter sua verdade garantida em um grande e crescente contraste com sua própria visibilidade. A tensão entre *sub-stantia* e *species* é a tensão entre o que "está por baixo e não pode ser visto" e o que "está à luz e pode ser visto". Este é talvez o ponto mais delicado da tradição latina: ou seja, o emergir, a partir do século IX, de uma questão que, já pelo seu surgimento, põe em crise as formas-fórmulas clássicas, não só de resposta, mas de experiência. A nova questão – formulada com autoridade pelo rei Carlos, o Calvo – coloca a tensão *in mysterio* e *in veritate*. A partir desse momento, a história do Ocidente cristão, em matéria de eucaristia, já não é mais o que era antes. Ela é forçada a dar uma resposta sem precedentes a uma pergunta nova. E desenvolve lentamente uma "dialética eucarística" que se afasta cada vez mais de uma consideração teologicamente interessada da ação ritual. Ora, com isso não se quer, é claro, negar uma "consideração" legítima; mas nota-se o fato de que a leitura da eucaristia começa a se concentrar tanto na "invisibilidade" que a percepção do visível será significativamente marginalizada em uma compreensão exclusivamente "cerimonial", "formal" e "institucional" (juntamente a uma retomada "devota" e "cultual"), perdendo sua relação com o significado e com a significação[46].

Neste desenvolvimento, a partir da pergunta do rei franco, mas também das posições de Pascásio Radberto e Ratramno, de Lanfranco e Berengário, de Inocêncio III para com os albigenses e depois de grande parte do saber escolástico, a polarização entre *mysterium* e *veritas* aparecerá como algo cada vez mais insanável. Poderíamos resumir esse desenvolvimento nestes termos: já que a verdade da eucaristia teve que ser assegurada tomando certa distância do *mysterium*, esta suportou tal desenvolvimento mediante a elaboração de categorias dualistas, que não puderam conter o desvio de uma progressiva incompreensão da dinâmica simbólica do rito. Surgiu assim uma cisão profunda entre a *verdade da presença*, cujo "mistério" se transcrevia integralmente na "estrutura do ser", e o *mistério*

---

46. Se o sentido está concentrado apenas no âmbito substancial, todo uso do visível é puramente "deduzido" de uma intelecção da substância. Esse dispositivo de fato travou a relevância teológica daquilo que não é "substância".

da ação, que se traduzia totalmente em uma gestão cerimonial e funcional da própria ação (com recuperação contemplativa por parte da devoção e da adoração). *O órgão da presença passará a ser a contemplação da substância, enquanto a ação será apenas funcional para a execução de ofícios e cumprimentos cerimoniais, ou para atos de culto contemplativo.* E se o mistério é garantido apenas por uma relação surpreendente entre substância e acidente, é evidente como a ação, que insiste apenas no acidente da "espécie", perde qualquer qualidade mistérica, acabando por ser capturada apenas por lógicas materiais, cerimoniais, jurídicas e formalistas ou sentimentais e místicas.

Por esta razão, a redescoberta moderna tardia da ação ritual, que só acontecerá com o Movimento Litúrgico, teve o efeito de solapar esta abordagem de sua cidadela apologética, trazendo de volta ao jogo aquele *retorno ao mistério* que se flexiona, como é óbvio, não primariamente em termos de conteúdo, mas decisivamente em termos de forma. O retorno ao mistério, reconhecido com lucidez por Casel e Guardini nas primeiras décadas do século XX, recoloca em jogo uma forma de compreender a eucaristia que havia permanecido adormecida por pelo menos um milênio, devido a uma abordagem que, partindo do século IX, na emergência ininterrupta imposta por uma série quádrupla de controvérsias (do século IX ao século XVI), teve o efeito de "bloquear" a reflexão teológica por meio de categorias marcadas por um dualismo acentuado, que não podiam recuperar uma relevância autêntica da ação para a experiência do mistério eucarístico.

Mesmo nas suas formas mais requintadas, a reflexão medieval, justamente preocupada em salvaguardar a realidade e a verdade da presença do Senhor na eucaristia, acolheu e tornou solene uma cisão interna da experiência ritual, *separando de fato forma e conteúdo, acidente e substância, uso e essência*. É verdade que a intenção desses "pares polares" era a de distinguir para unir a experiência sacramental, mas o efeito objetivo e indiscutível que daí brotou foi o de uma dilaceração progressiva da prática e da teoria, até realizar essa espécie de "autonomia" da substância do acidente, que assume para a teologia e prática sacramental os nomes de "consagração sem comunhão", de "essência sem uso", até o conceito de "rito essencial", ainda hoje recorrente, por exemplo, no *Compêndio do Catecismo da Igreja Católica*[47]. Todas estas polarizações exageradas, que induzem abordagens

---

47. O uso da expressão "rito essencial" – sem qualquer consciência de sua contradição intrínseca – encontra-se nos números 256 e 267 do *Compêndio do Catecismo da Igreja Católica*, dedicados ao batismo e à confirmação. Disponível em: <https://www.vatican.va/

e comportamentos unilaterais, são o resultado de uma leitura fortemente dualista, que emergiu a partir dessas categorias polarizadas[48].

A exigência de "fazer experiência" da presença do Senhor deve ser explicada sem abandonar a relação entre "ente" e "ação" que caracteriza a tradição litúrgica. Se a liturgia não é mais a moldura cerimonial de um conteúdo dogmático, mas a mediação ritual de uma experiência eclesial, a realidade eucarística da comunhão com o Senhor no único pão partido e no único cálice partilhado merece ser pensada não segundo uma nomenclatura estática derivada da "ciência do ser", mas como uma elaboração dinâmica de uma "sequência significativa de ações".

4. Persistência e riscos da terminologia "substancial"

No campo da reflexão teológica sobre a comunhão eucarística, no entanto, continua a existir uma área considerável de consenso sobre a terminologia da "transubstanciação". No entanto, as vozes mais lúcidas, nesta área do debate, sabem que a defesa da terminologia "transubstancial" está exposta a uma reelaboração tão necessária quanto urgente[49].

Em particular, parece necessário destacar como a terminologia da "trans-substância", que afirma um trânsito substancial, deve ser cuidadosamente submetida a alguns esclarecimentos, que aqui serão expostos de maneira resumida:

a) Em primeiro lugar, a tensão entre espécie e substância, que retoma a tensão clássica entre forma visível e graça invisível, sendo uma reelaboração da distinção metafísica feita entre acidente e substância, deve ser rastreada até sua verdadeira origem: *distingue o ser para explicar o devir*. Isto significa que um significativo e irrenunciável "devir" ocorre na eucaristia. Este "devir", que é honrado pela terminologia metafísica, pressupõe passos sutis e fé madura. Caso contrário, mesmo teoricamente, são produzidos

---

archive/compendium_ccc/documents/archive_2005_compendium-ccc-po.html>. Acesso em: 25 abr. 2023.

48. A redescoberta da ação ritual como mediação originária da comunhão eclesial com o Senhor crucificado e ressuscitado determina inevitavelmente a crise da linguagem medieval e tridentina a propósito da presença substancial. Essa presença, justamente por ser pensada com categorias dualistas, não consegue valorizar a ação senão secundariamente. Na verdade, mesmo quando atinge um cuidadoso equilíbrio entre "realismo" e "simbolismo" não garante nem a realidade e nem o símbolo, mas apenas uma irrelevância na relação entre substância e acidente e, vice-versa, entre acidente e substância.

49. Cf. LAFONT, G., *Eucaristia. Il pasto e la parola*, 160 ss.

os pressupostos para desvios mágicos ou para indiferenças relativísticas. As passagens do "tornar-se eclesial" com o próprio Senhor são em duas direções: na direção do *tornar-se corpo-vida* e *sangue-morte* por parte do vinho e na direção do *tornar-se pão-vinho* por parte do corpo-sangue, vida-morte. A *reversibilidade* entre pão ⇌ corpo e vinho ⇌ sangue parece ser, no âmbito da narrativa bíblica, o horizonte que impõe um uso apurado e controlado de categorias *irreversíveis*.

b) É importante recuperar, de forma urgente, a evidência esquecida, pela qual *o ser do acidente e o ser da substância* são, ambos, *modos de dizer o ser*. Quando dizemos que o pão é corpo e que o vinho é sangue, não devemos usar a categoria "ser" com um sentido unívoco. Também o ser da eucaristia "se diz de muitas maneiras", porque conserva a não univocidade do ser. Existe o ser do pão (espécie) e existe o ser do corpo (substância). Quando dizemos que o "pão" não é mais pão, queremos dizer isso no nível da substância: mas o pão permanece e deve permanecer "pão", mesmo depois da celebração eucarística, no nível do ser-como-acidente. É precisamente essa "permanência" que permite aceder àquela "inversão" a que nos referimos anteriormente: por um lado, *o pão e o vinho "tornam-se" vida e morte do corpo-sangue*; mas, por outro lado, *a vida e a morte do corpo-sangue devem "tornar-se pão e vinho"*, devem alimentar a comunhão e estabelecer a história entre homens e mulheres.

c) A força das categorias aristotélico-tomistas, concentrando a atenção nos diferentes "modos de ser", permite uma explicação da eucaristia que é *grandiosa, mas estática*: é a melhor que temos, porém isola o ser do pão e do corpo, do vinho e do sangue, no que diz respeito ao "processo ritual", ou seja, no que diz respeito à sequência de ações que são comandadas pelo *hoc facite*. Todas as outras ações, no que diz respeito à "pregação do ser substancial" identificada no *hoc est*, tornam-se "condições externas" em relação a um evento que tende a se isolar do contexto e a demandar toda a atenção. É uma forma de presença por antonomásia que – indiretamente e quase contra a sua própria intenção – determina uma "ausência de relevância" para todas as outras formas de presença. Ao absorver sobre si toda a atenção eclesial, determina uma série de consequências que acentuam a relevância da dimensão contemplativa sobre a ativa, marginalizando progressivamente a força instituidora da ação ritual.

d) Além disso, a concentração da atenção na "substância" conduz inevitavelmente a um segundo plano a determinação acidental da substância do pão e do vinho, que na *conversio* – isto é, na mudança e transformação – acaba por ser esvaziada de real relevância e anulada. Em outras palavras, se o que importa é a "passagem da substância em substância", afirmada, aliás, na sua irreversibilidade, parecem desprovidas de valor as determinações relacionais, locais e temporais do pão (e do vinho), ou seja, o fato de ser "tomado", "objeto de bênção", "partido", "dado" e que seja "comido". Em relação à transubstanciação, que se refere simplesmente à conversão de toda a substância do pão-vinho na substância do corpo-sangue, essas determinações, em toda a sua extensão, tornam-se irremediavelmente secundárias, na medida em que não são "ainda" ou não são "mais" condições de validade. Concebida como uma "cerimônia", a sequência de ações sobre o pão e o cálice corresponde às necessidades da moldura, mas parece não ter nada a ver com o conteúdo. Aqui, como vimos, com o par "substância/acidente" se funde o par "essência/uso", que é capaz de resolver brilhantemente – mas, na mesma medida, estaticamente – as questões que dizem respeito *não à estrutura do ser*, mas à *sucessão das ações*.

e) Portanto, podemos reconhecer serenamente que a explicação em termos de "transubstanciação" é a melhor palavra de que dispomos para dar uma resposta imediata à pergunta "O que há sobre o altar?"; no entanto essa resposta, mesmo com toda a sua perspicácia e equilíbrio, depende e deriva de uma questão formulada de forma demasiado unilateral e que induz a uma perspectiva de leitura demasiado limitada. À pergunta unilateral sobre a natureza do que recebemos na comunhão, a melhor resposta possível, quando se decide permanecer na restrita lógica da pergunta, continua efetivamente a ser aquela formulada em termos "transubstanciais".

f) Esta resposta, porém, não é e não pode ser a única possibilidade de desenvolvimento e comprovação da experiência eucarística à disposição do conhecimento teológico. Temos não apenas *uma tradição mais antiga* que nunca teve que ouvir uma pergunta feita nesses termos e que, portanto, nunca "teve" que a responder em termos de "transubstanciação", mas também temos *"outras" tradições* – *in primis* as do Oriente cristão – que, não tendo tido um rei carolíngio a quem ter que responder oficialmente e com autoridade, sempre traçaram de maneira diferente a narração e a prática da eucaristia. O maior risco que a nossa tradição latina corre é que, para se manter fiel, em uma fase posterior, à resposta em termos de "transubstanciação", ainda hoje não se mostra disposta a abandonar a questão demasiado unilateral e a perspectiva objetivamente distorcida desta resposta. Em certo sentido, e paradoxalmente, *a tradição latina ficou profundamente condicionada por uma "resposta" que influenciou fortemente a própria forma de fazer as perguntas!*

g) No entanto, se mudamos a pergunta, e saímos do estrangulamento de uma pergunta que olha apenas para "o que está sobre o altar" em um determinado momento preciso, vemos de imediato que a resposta clássica continua a ser possível, mas não é mais *nem estritamente necessária, nem realmente suficiente*. A contribuição da perspectiva de leitura, que lê antes de mais nada *o estatuto processual e sequencial* da inteligência ritual da eucaristia, identificando na "ação ritual" a estrutura sustentadora do acesso ao sacramento, impele-nos a uma reflexão que tem *em seu centro não a substância de um único ente, mas a eficácia da ação dentro de um processo ritual*. Desta dimensão ritual, que hoje podemos reconhecer como tão relevante e cuja elaboração sistemática ainda é tão precária, a teoria da transubstanciação – não por sua culpa, mas pelo seu enquadramento metódico original – nada sabe dizer e nada tem a dizer.

h) Surge assim uma nova perspectiva de leitura da teologia eucarística, cuja dinâmica exige novas noções, a serviço da continuidade da experiência da presença e da comunhão, de dom oferecido e de graça recebida: ser fiel à tradição eucarística significa atuar nesta perspectiva, antes de tudo não para honrar as palavras com as quais respondemos às perguntas *de ontem*, mas para sondar a plausibilidade das perguntas do passado em relação às perguntas *de hoje*, certificando-se se não é o caso de falar da comunhão eucarística com o Senhor Jesus mediante uma nova e diferente valorização da forma visível, a respeito da qual as categorias de "espécie" ou "acidente" mostram que são incapazes de dizer plenamente o que para nós – ao contrário de nossos predecessores – tornou-se essencial. Se a espécie ou acidente tenta ser pensada/o como "forma", como "figura" ou como uma "similitude", o resultado é uma mudança muito significativa, tanto na teoria quanto na prática eucarística. O simples fato de "mudar a palavra" constitui uma reviravolta. Não é apenas um retorno aos Padres que o exige urgentemente (como Gerken, Giraudo ou o próprio Mazza pedem, de diferentes maneiras), mas sobretudo uma rigorosa *fidelidade ao fenômeno* que está diante de nós, mesmo hoje, desde que estejamos dispostos a mudar nosso olhar, perspectiva e ótica. Em outras palavras, não se trata de recordar formas ultrapassadas de pensamento sacramental, mas de dotar a teologia de instrumentos eficazes para pensar a presença, a comunhão e o dom da graça de modo novo e fiel.

5. *Alguns "esquemas" para uma nova compreensão da presença eucarística*

Em última análise, podemos tentar formalizar essa leitura com uma espécie de "representação espacial" das teorias que consideramos até agora.

Se na celebração eucarística identificamos uma "memória" do sacrifício de louvor que Jesus ofereceu e que se torna uma "participação" na oferta do seu corpo e sangue por todos, podemos identificar três níveis diferentes desta "memória-sacrifício". Desse modo, podemos constatar que somos fiéis ao seu sacrifício por meio de uma relação estruturada em três níveis diferentes:

a) *uma narrativa da ação de Cristo na última ceia*: é a memória-sacrifício de Cristo narrada no "relato da instituição": "Na noite em que ia ser entregue, ele tomou o pão, deu graças, e o partiu, e deu a seus discípulos, dizendo...";

b) *um desenvolver (ou explicação) da ação de Cristo que ele mesmo nos fornece*: é a memória-sacrifício de Cristo interpretada por suas próprias palavras: "Isto é o meu corpo, que é dado por vós"; "Este é o cálice do meu sangue, o sangue da nova e eterna aliança, que é derramado por vós e por todos os homens para a remissão dos pecados. Fazei isto em memória de mim";

c) *uma implementação global da ação ritual de Cristo por parte da Igreja*: é a memória-sacrifício da Igreja não apenas narrada e explicada, mas sobretudo implementada na sequência ritual que repete e imita a sucessão original das ações de Cristo. A execução consiste na sequência: *apresentação dos dons* ("tomou"), *oração eucarística* ("deu graças"), *fractio panis* ("partiu"), *rito da comunhão* ("deu aos seus discípulos").

É visível como cada ação singular, passando de Cristo à Igreja, foi enriquecida e transformada, até se tornar uma "sequência ritual": assim a memória do Senhor é realizada por um "Fazei isto" em que o *tûto-hoc*-isto se refere a *toda a sequência de ações*, não apenas à sua narrativa sintética ou à sua explicação autorizada.

A Igreja realiza "em memória do Senhor" uma sequência de ações que, imitando o que ele mesmo fez e interpretou, são comunhão com seu corpo e sangue, com sua vida e com sua morte.

Esses diferentes níveis estão em uma complexa relação entre si e estimulam uma compreensão dinâmica e rica do pensamento teológico:

a
(1) INTERPRETAÇÃO de Cristo da ação ritual *fica no final da*
(2) NARRATIVA INSTITUCIONAL da ação de graças de Cristo
mas ambas estão dentro da
(3) AÇÃO DE CRISTO implementada pela
AÇÃO DE GRAÇAS DA IGREJA.

Como vimos em âmbito histórico[50], existiram antigas formas de "memória-sacrifício" – atuadas ou atestadas por documentos dos primeiros séculos – que carecem totalmente dos dois primeiros momentos (1 e 2) e têm apenas o terceiro (3): isto é, não possuem o relato institucional nem palavras explicativas. Por outro lado, a história recente nos mostrou também formas de "memória do sacrifício" que renunciam à terceira parte (3) e guardam apenas as duas primeiras (1 e 2). Na realidade, a plenitude da tradição exige que haja uma narração verbal e uma execução não verbal. E é o conjunto desses planos que ritualmente realiza a comunhão com o corpo de Cristo.

Pode ser muito útil considerar o fato de podermos avaliar esses diferentes níveis não apenas do ponto de vista histórico, mas também do ponto de vista dos "códigos" que põem em jogo. De fato, os dois núcleos históricos do "relato institucional" podem ser lidos como "consagração" se forem interpretados com a primazia de uma memória mediada pela linguagem verbal; se a memória também é mediada por linguagens não verbais, então a fidelidade ao que o Senhor fez deve envolver não apenas palavras, mas também ações. Assim, a sequência de ações, que estrutura toda a "eucaristia" – desde a apresentação dos dons aos ritos da comunhão – constitui a "memória-sacrifício" da ceia, como interpretação eficaz da cruz do Senhor, concretizada por uma sequência de ações-palavras cuja ligação intrínseca exige não só uma recepção "intencional", mas "corpórea", necessitando não só de uma "compreensão", mas sobretudo de uma "iniciação".

Em torno desse núcleo original projetam-se as releituras sistemáticas que conceberam a forma de modo diferenciado e articulado, e que podem ser representadas como "figuras planas" (círculo e retângulo), ou como figura sólida (cilindro). As figuras planas correspondem à concepção da forma como "fórmula" e como "forma verbal", enquanto a figura sólida integra a "forma ritual" em síntese.

---

50. Cf. acima, segunda parte, capítulo 6.

Figura 1 – Causa formal-fórmula, centro essencial de uma realidade contingente, usual.

Figura 2 – Forma verbal: processo de comunicação verbal linear.

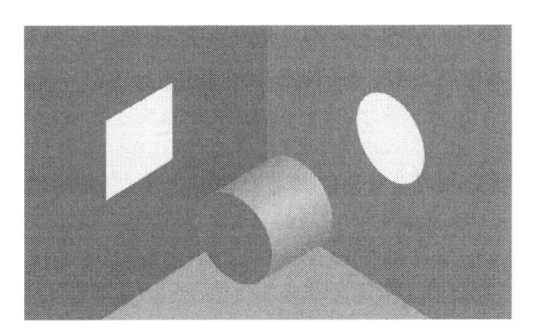

Figura 3 – Forma ritual: processo de sequências rituais.

A tarefa de uma nova teologia eucarística pode ser configurada como o projeto de elaboração de uma teoria sistemática que não se detenha em duas dimensões, mas que integre em uma "figura sólida" todas as três dimensões que estruturam o "cilindro" da tradição.

VI. A releitura da eucaristia como sacrifício

Como já notamos, a questão da "presença de Cristo", entendida como dimensão "sacramental", na realidade já assume, em si, a questão da comunhão com o seu sacrifício. Mas essa formulação corre o risco de pressupor impensadamente a questão que precisa ser abordada. Isto é, se essa relação com o sacrifício deve ser entendida como uma "passagem a outra coisa" – ou seja, do rito eucarístico ao acontecimento da morte e ressurreição – ou se a qualificação de sacrifício também considera o rito mesmo como tal, ainda que de forma parcial ou talvez até substancialmente diferente.

Portanto, precisamente por esta complexidade, a renovação da teologia do sacrifício eucarístico procedeu a partir de duas linhas distintas: por um lado, assumiu decididamente a tarefa de tematizar melhor *a primazia do sacrifício da cruz em relação ao sacrifício da missa*, que, enquanto tal, pode ser reconhecido somente na medida em que participa da natureza sacrifical do Calvário. Mas, por outro lado, surge uma nova instância de grande interesse, que surge de uma perspectiva invertida: não é errado acreditar que a natureza sacrifical da cruz não seja um "dado imediato", isto é, uma "evidência primeira", mas que, como tal, só pode ser pensada e considerada graças à mediação de uma "práxis ritual" de natureza sacrifical. Por outro lado, tanto no campo católico como no protestante, a questão do sacrifício tem assumido novas formas e novas evidências, tanto no que diz respeito a uma recuperação mais abrangente do tema do "sacrifício" no nível cultural[51], como com o surgimento de uma nova polaridade entre "evento" e "rito" que modifica sobremaneira as perspectivas adquiridas pela tradição moderna[52].

1. *Cruz, sacrifício, eucaristia: para configurar a reflexão*

Poderíamos reconstruir esquematicamente a história do "sacrifício" desta forma, do ponto de vista de sua relevância enquanto discurso sistemático sobre a eucaristia:

---

51. Cf. em particular, os bem-sucedidos estudos de René Girard (1923-2015), que visam a superação da cultura do sacrifício: por exemplo GIRARD, R., *Violenza e il sacro*, Milano, Adelphi, 1992 [ed. bras.: *A violência e o sagrado*, São Paulo, Paz e Terra, 2008]. Para uma releitura dos limites da perspectiva de Girard, cf. BONACCORSO, G., Sacrificio come rito o come evento? Un problema aperto in René Girard, in: UBBIALI, S. (ed.), *Sacrificio. Evento o rito?*, 181-201.

52. Cf. todo o volume organizado por Sergio Ubbiali, *Sacrificio. Evento o rito?*, bem como o verbete escrito por CATELLA, A., *Eucaristia*, 637-643.

a) Tanto a tradição antiga como a medieval não tiveram dificuldade em encontrar o sacrifício na eucaristia e em ler a missa como "sacrifício da Igreja". Sobre isso, nunca houve qualquer discussão real (exceto a partir da controvérsia luterana no século XVI). Deve-se dizer, porém, que a determinação do "sacrifício" diz respeito mais à eucaristia enquanto "culto" do que à sua dimensão "sacramental". Mesmo a escolástica medieval, o Concílio de Trento e a sistemática que se seguiu mantiveram a distinção firme: a eucaristia é um sacramento na medida em que é recebido, um sacrifício na medida em que é oferenda.

b) Antes de chegar à Modernidade, porém, deve-se deixar registrado uma tensão "interna" no conceito de sacrifício, dada a distinção, típica da tradição judaica e, depois, mais ainda, da tradição cristã, entre "sacrifício ritual" e "sacrifício espiritual". A partir do texto de Paulo para os cristãos de Roma o λογικὴ λατρεία/*logikè latréia* – ou "culto espiritual" – torna-se ao mesmo tempo o "princípio da verdade" e o "princípio de contestação" do sacrifício ritual. Assim se alimenta, também no âmbito escriturístico, uma profunda contestação do sacrifício ritual em relação a um "sacrifício espiritual" (λογικὴ θυσία/*logikè thysía*: Rm 12,1).

c) Essa tensão, que percorre em segredo toda a história cristã, chega a uma transformação com a reforma luterana, fundindo-se com o tema da justificação pela fé. Nesta perspectiva, entre as obras do ser humano a mais "arriscada" é justamente o sacrifício: só Deus age para a salvação, ao passo que os seres humanos são marcados pela passividade estrutural; desfrutam de um sacrifício que não é deles e ao qual aderem pela fé. "Sacrifício", em outras palavras, só pode ser um "dom da graça", não um "ato de culto". A retirada do sacrifício do âmbito do culto é uma das posições mais drásticas e novas da abordagem luterana.

d) O sacrifício da cruz torna-se assim a negação radical de qualquer outro sacrifício. Por isso, a afirmação da cruz como único sacrifício torna-se imediatamente a negação da natureza sacrifical da eucaristia. Na eucaristia, o termo "sacrifício" pode significar sensatamente apenas a "oferta", mas o dom da graça, se não reduz a cruz ao nada, só pode ser "recebido" (não "colocado" e nem "merecido"). Assim, sacramento e sacrifício estão ambos no lado da recepção, esvaziando efetivamente a função da oferenda.

e) Essa reconstrução luterana, que reescreve a relação entre a eucaristia e a cruz em termos da doutrina da justificação pela fé, condicionou fortemente a resposta católica, que difere profundamente de Lutero na intenção de defender a natureza sacrifical da eucaristia, mas alinha-se com Lutero no modo de configurar a relação entre a cruz e a missa. A força teórica de Lutero consistiu em impor a formulação da relação, mesmo ao interlocutor católico, ainda que com resultados não só diferentes, mas antitéticos.

f) Por séculos esta permanecerá a forma de pensar no campo católico: a missa é considerada um "sacrifício" pela participação no sacrifício da cruz. Uma mudança só ocorrerá quando, por meio de uma releitura alterada da experiência ritual, a qualidade e o conteúdo da celebração não forem mais subordinados a um "acontecimento" já compreendido antes de celebrá-lo. O que começou a ser pensado, de Casel em diante, foi o papel *originário* do "mistério do culto" como mediação do evento da cruz.

g) Assim, por um lado, surge uma "linguagem ritual" – em particular a própria linguagem das orações eucarísticas e, *in primis*, do Cânon Romano – na qual se fala de "sacrifício" e também de "vítima" aludindo à oração e ao ato de culto. Sacrifício da Igreja são a oração e o culto oferecido a Deus. Esta linguagem permite "reconhecer" na cruz um sacrifício, mas no sentido amadurecido graças à experiência ritual, que se torna assim a mediação originária da dimensão sacrifical da cruz.

h) Por outro lado, reconhece-se, consequentemente, uma mediação exercida pelo "sacrifício ritual" para compreender a cruz como sacrifício. Neste caso, a mudança de perspectiva parece evidente: não é a missa que assume o sentido sacrifical da cruz, mas é a cruz que pode ser interpretada como sacrifício pelo fato de ter sido "antecipada" em seu sentido pela doação plena que Jesus realizou em sua última ceia[53].

Como agora aparece mais claramente, o tema do sacrifício está intimamente ligado ao da presença do corpo e do sangue do Senhor, visto que a presença não é simplesmente presença do corpo e sangue, mas do corpo *dado* e do sangue *derramado*. Mas dela difere porque, ao contrário das questões sobre a presença, o tema do sacrifício desenvolveu-se de forma muito problemática, mas muito mais tarde. Com efeito, se os conflitos em torno da interpretação da "presença do Senhor" remontam ao século IX, as discussões em torno do sacrifício só começam no século XVI. Além disso, se sobre o tema da presença muitas vezes se trata de pequenas diferenças dentro de uma admissão comum, sobre o sacrifício, por outro

---

53. Excelentes desenvolvimentos dessa abordagem encontram-se em CATELLA, A., *Eucaristia*, 636-641 e em MAZZA, E., *La celebrazione eucaristica*. Deve-se evidenciar a proximidade de compreensão do tema também por parte de um autor luterano como JOHNSON, M. E., Recent Thoughts on the Roman Anaphora. Sacrifice in the Canon Missae, *Ecclesia orans*, v. 35, n. 2 (2018) 215-251.

lado, temos uma negação radical de sua imputabilidade à eucaristia, que já começa por parte de Lutero.

Até então, a consciência cristã da natureza sacrifical da eucaristia parecia pacífica e, portanto, não problemática. Por outro lado, dentro dessa consciência comum sobre a natureza sacrifical da eucaristia, no entanto, havia posições muito diferentes, embora não esgarçantes: de um lado, encontra-se a ideia simples, mas poderosa, de Tomás, segundo a qual a eucaristia "é sacramento enquanto recebida e é sacrifício enquanto oferecida"; por outro, assiste-se ao desenvolvimento de uma leitura da cruz como sacrifício e da eucaristia que só é sacrifício na medida em que participa do único sacrifício da cruz. Assim, poderíamos dizer que a primeira posição usa o sacrifício como "essência" da eucaristia, enquanto a segunda fala dele apenas como uma "participação" no único sacrifício: para uma é sacrifício *em si*, para a outra é sacrifício *para outra coisa*, ou seja, "para participação". Por um lado, portanto, se a eucaristia é sacrifício em sentido próprio, ela assume sobre si a tarefa de esclarecer a própria natureza sacrifical; se ela o é através da participação em outra coisa, então surge a tarefa de esclarecer em que sentido a morte na cruz é um sacrifício e de que modo a eucaristia participa dessa natureza sacrifical. Na primeira leitura, o "sacrifício" é uma característica do culto cristão, que não questiona o dom da graça; na segunda leitura, no entanto, sendo o "sacrifício" qualificação do dom da justificação, isto é, da cruz, então uma extensão da qualidade de sacrifício à missa criaria a situação embaraçosa em que um "ato humano" pode decidir sobre a graça (uma obra torna-se condição do dom da graça)[54].

Por outro lado – e aqui a questão é facilmente invertida – a cruz pode ser chamada de "sacrifício" segundo uma interpretação analógica a respeito da eucaristia. Pois, como observa com pertinência Pietro Maranesi, se no que Jesus fez, descobrimos ele se motivou para a cruz por meio das ações que praticou na última ceia com seus discípulos, então *a mesma*

---

54. Seria errôneo pensar que o tema "sacrifício" possa ser considerado simplesmente como "conteúdo" da eucaristia. Tradicionalmente, ele pertence à dimensão do "culto" e, como tal, corresponde a um sistema teológico que rigorosamente divide entre santificação (dom da graça) por parte de Deus e culto (ação de glorificação) por parte do ser humano. É evidente que a atribuição do sacrifício apenas ao culto, e não à santificação, permitiu que o sistema tomista da "virtude da religião" se mantivesse, até que Lutero quebrou o sortilégio escolástico e mudou vigorosamente o sacrifício para o campo da "justificação pela fé". Esse deslocamento mudou completamente as implicações do tema "sacrifício", do momento que fez dele o âmago irrepetível da justificação, privando-o sistematicamente de qualquer referência ao agir eclesial.

possibilidade de interpretação da cruz como sacrifício depende do assumir de uma linguagem eucarística, que acompanhou Jesus ao longo de sua refeição de despedida[55]. Voltamos então ao ponto de partida: a cruz parece interpretar sacrificalmente o rito que a anuncia; mas, por outro lado, até a cruz precisa de um rito para ser interpretada e relida como sacrifício.

Permanece, portanto, um duplo caminho: por um lado, é necessário aprofundar uma teoria antropológica a fim de descobrir em que sentido um sacrifício e uma oferenda envolvem um certo tipo de dinâmica corpórea e verbal; por outro lado, a mesma teologia, que estuda a eucaristia como "participação" na cruz, desloca a questão da missa para a cruz. Ambas as vias exigem uma nova consideração, que deve, desde o início, problematizar esse adiamento sem fim e adquirir uma lógica ao mesmo tempo antropologicamente menos ingênua e teologicamente menos abstrata. É o que tentamos propor nos próximos parágrafos.

2. Além e aquém da troca

Na ação ritual da missa, está em jogo uma experiência radical, original e decisiva, que reconhece o dom como a estrutura do mundo da vida. Essa estrutura não é imediatamente visível: está oculta. É o mistério do mundo, que se esconde *sub contraria specie*. O mundo é um "dado" disponível apenas porque foi "doado". A missão do Filho, que em seu auge dá o Espírito, dá o dom, o princípio daquilo que revela a estrutura da realidade. Faz-nos entrar (e reentrar) na relação dada por/a Deus, a/por nós mesmos e ao/pelo mundo.

O dom que está no centro da missa é recebido e oferecido. Primeiro recebido, depois oferecido. Aqui precisamos fazer uma breve pausa, colocando-se uma pergunta: como é que o dom se manifesta? Por um lado, alguém toma a iniciativa: é o doador. Por outro, alguém recebe o dom: é o donatário. Mas para que um sujeito "dê um dom" e outro "receba o dom como uma doação", é preciso algo mais: bem no meio, deve haver um fenômeno muito delicado que se chama "recepção" e que se situa entre o dom e o contradom[56]. Deus dá a sua graça não só para que o ser humano

---

55. Cf. Maranesi, P., Questo è il mio corpo dato per voi, prendete e mangiate. Spunti di riflessione sulla "presenza reale eucaristica", *Sacramentaria & scienze religiose*, 42 (2014) 81-96.

56. Essa "estrutura do dom", investigada em sua origem por M. Mauss, foi retomada com grande eficácia primeiro por G. Lafont e, em seguida, por L.-M. Chauvet. Cf. Lafont,

a "receba", mas também para que, por sua vez, se torne "sujeito da graça". Portanto, entre o dom e o contradom está a questão mais delicada da recepção. A missa é, essencialmente, este limiar tão delicado, que reúne, que correlaciona, que une, a doação de Deus com a doação do ser humano, o corpo de Cristo como dom de Deus ao ser humano e o corpo da Igreja como dom do ser humano a Deus e ao próximo. Como Deus se doa ao dar a si mesmo, o homem só pode se doar dando-se a si mesmo: este duplo movimento do dom se entrelaça em Cristo, que é o "sacramento originário" precisamente porque é, ao mesmo tempo, Deus que se doa a si próprio e homem que se doa a si mesmo. No espaço aberto pelo Espírito Santo, esta correlação entre os dons torna-se possível e pode realizar-se não só no início, mas aqui e agora, para todos e cada um.

3. Oferta e sacrifício

O homem e a mulher estão ligados a isso: deixam-se doar a Deus porque se podem doar a si mesmos. Desse modo, à Palavra que se ofereceu em abundância e que experimentam a cada liturgia da Palavra, eles respondem com uma apresentação dos dons nos quais podem oferecer-se, em Cristo, para se tornarem "sacrifício vivo" (Rm 12,1) com ele e para os demais. Eles assumem um ato de memória e, como ele, que "tomou o pão" e "tomou o cálice", também tomam o pão e o cálice, passiva e ativamente, repetindo o seu gesto e assumindo-o como próprio.

O espaço eucarístico é precisamente a correlação entre estas "ofertas", que passa pelo reconhecimento e pelo acolhimento agradecido. Torna-se palavra de louvor, de ação de graças e de bênção, como uma prática de escuta e partilha.

A dinâmica da Palavra e da refeição perpassa toda esta oferta-sacrifício: alimentamo-nos da Palavra e falamos por meio dos "produtos" da terra e do trabalho humano. A palavra é reconhecida como "Palavra de Deus" e o pão e o vinho são reconhecidos como "corpo e sangue do Senhor". O corpo torna-se pão, o sangue torna-se bebida, enquanto o pão torna-se carne e o vinho torna-se o sangue da aliança.

Nesse processo ritual – pois é disso que se trata – o dom reconhecido torna-se um dom possível. E a reversibilidade entre dom e donatário, entre dom e doador, entre dom e significado é a forma original do próprio dom.

G., *Dieu, le temps et l'être*, e Id., Eucaristia. Il pasto e la parola; igualmente importante é CHAUVET, L.-M., *Simbolo e sacramento*.

O fato de serem "reversíveis" significa tradição. Tradição é precisamente a "reversibilidade" da relação de dádiva entre pão-vinho e corpo-sangue.

4. Iniciação ao sacramento do sacrifício

A iniciação a este processo ritual permite reler de modo menos opositivo as dinâmicas do "direito/dever", tão típicas do mundo moderno tardio. O direito de impor o dever aos outros e o dever de reconhecer o direito do outro: esta é a dinâmica ordinária da relação social, em um mundo "desencantado". Uma mistagogia da eucaristia deve trabalhar, acima de tudo, sobre este "ponto cego" do assim chamado mundo "avançado". Uma leitura do mundo e do sujeito como dinâmica de direitos e deveres – a mesma leitura que deu origem às formas de vida que o Ocidente vive hoje com tão arraigada convicção – pode facilmente esquecer a trama invisível do "dom" que sustenta de modo estável e reconcilia continuamente a lógica do direito e da tarefa. *Deixar-se receber da graça, reconhecê-la com sabedoria e fazer dela o princípio da própria ação*: é isso que a missa põe em jogo, como memória da morte do Senhor. Só se pode ser fiel a essa memória *reconhecendo-a* como dom, *recebendo-a* como dom e *renovando-a* através do dom.

A oferta da eucaristia – que chamamos de "sacrifício da missa" – existe, portanto, apenas para ser continuamente renovada. Assim como a relação entre Pai e Filho não existe senão para ser doada a todos no Espírito, assim também a presença de Cristo, na invisibilidade sacramental, torna-se a possibilidade de existência do corpo de Cristo que é a Igreja. Cada homem e cada mulher, ao fazer parte deste corpo, entra na experiência original do *dom constitutivo de si*. Por isso, através da força não verbal de uma refeição comum, que é memória e sacramento do sacrifício, todo homem e toda mulher têm acesso ao registro mais radical da linguagem: à invocação, à oração. Por isso, o sacrifício pode ser identificado no próprio ato da oração anafórica.

5. O sacrifício como oração

Rezar é pedir um bem, como vimos na primeira parte do manual[57]. Este é o "grau zero" da oração: porque, e na medida em que não se bastam

---

57. Cf. acima, primeira parte, cap. 1, item III.2 e cap. 3, item II.

a si mesmos, é a experiência comum de todo homem e de toda mulher. Mas então, no que diz respeito à oração de súplica, existe uma segunda forma de oração, que é o pedido de perdão. Então não se pede *um* bem, mas *o* bem – para ser recebido e para ser oferecido: recebe-se o perdão e concede-se o perdão. Mas o terceiro nível da oração, aquele que dá forma e estrutura à celebração da missa, é constituído pela tríade de louvor, ação de graças e bênção.

Acima de tudo, é *louvor*, ou seja, alegria e gratidão pelo bem dos outros. É o bem do outro que nutre o meu bem e o faz prosperar. Depois vem a *ação de graças*: enquanto no louvor partimos do bem dos outros para reconhecê-lo como fonte do próprio bem, na ação de graças se parte do próprio bem para ver sua sutil trama de relações com o bem dos demais. O outro é a fonte do meu bem e eu reconheço isso dando-lhe graças. Por fim, a *bênção*: a saída do vórtice da maldição – desconfiança, acusação, insatisfação, vingança – exige a capacidade de "ver o bem que vem". Bendizer é a consequência da vigilância evangélica: estou vigilante, porque o bem me surpreende, vem como um ladrão de noite.

6. *Eucaristia como sacrifício de refeição e de Palavra*

Na "oferta eucarística", essa dinâmica de refeição e de Palavra é reconstruída, de tempos em tempos, "por Cristo, com Cristo e em Cristo". A dinâmica é, ao mesmo tempo, de memória e implementação. A memória está a serviço da implementação. A ação de Cristo se renova na ação da Igreja e permite à comunidade sacerdotal unir-se ao seu Senhor, para ser testemunha de uma obediência ao Pai que o Espírito torna possível.

Comunhão de refeição e comunhão de Palavra: esse foi o centro da experiência de Jesus, e a Igreja, cada vez que faz memória dele, põe-se nestes dois âmbitos – hospitalidade radical do outro à mesa comum, hospitalidade radical do outro na palavra orante que louva, que dá graças e bendiz. O dom de si corresponde a essa aceitação em sua raiz: de si, por parte do outro, e, portanto, do outro por minha parte.

Por isso, a sequência da eucaristia é, por um lado, liturgia da Palavra → liturgia da refeição; mas, por outro lado, a liturgia da refeição é inaugurada com a apresentação dos dons, percorre toda a anáfora e se cumpre no rito da comunhão. Os dons são apresentados, a palavra orante sobre os dons é recuperada e, finalmente, os dons são recebidos como corpo e sangue "que nos tornamos", como diz Agostinho sobre o pão eucarístico:

"Estote quod videtis, accipite quod estis"[58]. Ser o que se vê e receber o que se é: esta é a dinâmica central da refeição eucarística. Portanto, a sequência central do rito não é dada pelas palavras da consagração sobre o pão e o vinho, mas, segundo a versão renovada pelo Missal de Paulo VI, é: "Tomou", "deu graças", "partiu" e "deu", ou seja, apresentação dos dons, oração eucarística, fracção do pão e recepção da comunhão. Assim, a oferta eucarística torna-se ato de louvor e palavra de ação de graças. Nesse sentido, a imitação da paixão, morte e ressurreição dá-se em um rito em que o "sacrifício" é doação de si mesmo, sob a forma de louvor, ação de graças e bênção, que se torna visível em uma ceia comunitária, em uma "comunhão de refeição".

VII. A redescoberta do "rito da comunhão" na tradição católica

Depois do tema da presença real (lido classicamente como transubstanciação) e do tema do sacrifício (recalibrado preferencialmente em termos de dom), o terceiro ponto sobre o qual convém se deter, em consonância com uma revisão do modelo tomista-tridentino de compreender a eucaristia, é uma consideração sob certo aspecto esquecido da experiência e da teoria eucarísticas, a saber, a comunhão sacramental (e sua condição de "menoridade"). Será útil ler esta história transversal seguindo alguns vestígios ocultos da tradição, ou seja, a compreensão da comunhão como "uso do sacramento", não como parte essencial do sacramento; em seguida, examinaremos a tradição da "comunhão espiritual", a desconfiança em relação à valorização luterana da comunhão e, finalmente, a recuperação da integralidade da ação eucarística, entendida precisamente como uma "sequência ritual" que culmina no rito da comunhão.

No contexto contemporâneo, de fato, encontramo-nos imersos em uma profunda e articulada interferência entre três conceitos de comunhão (fala-se atualmente de comunhão espiritual, comunhão sacramental e comunhão eclesial), dos quais os dois primeiros são, por tradição, se referem à *manducatio corporis Christi*, ou seja, à "manducação do corpo de Cristo". Em outras palavras, para os dois primeiros termos não se trata de *estar em comunhão*, mas de *comer a comunhão* com o Senhor, tanto na

---

58. Agostinho de Hipona, *Sermão 272*. Texto completo nas páginas 227 s. Cf. abaixo, páginas 433 s.

forma sacramental quanto na forma espiritual. Existem dois "modos" de *manducatio* que estão em questão, pelo menos na terminologia clássica, que, no entanto, precisam ser reconectados com a ação ritual, em relação à qual perderam a evidência da correlação[59].

A tradição medieval refletiu, portanto, sobre a comunhão pensando-a como "uso do sacramento", independentemente da ação ritual. Vejamos mais de perto o seu conteúdo, que depois teremos de tentar reconectar com a forma ritual.

1. Dois modos de receber o corpo de Cristo

A distinção clássica, proposta por Tomás de Aquino, parte, pelo menos na *Summa theologiae*, da distinção entre "sacramento" e "efeito do sacramento". Aqui encontramos a inversão da perspectiva que nós, contemporâneos, estaríamos inclinados a considerar mais óbvia: ou seja, afirma-se *a perfeição da comunhão espiritual e a imperfeição da comunhão sacramental*. A primeira, de fato, tem sua plenitude de relação com o sacramento e com o efeito, enquanto a segunda pode ter com o sacramento, mas não com o efeito[60]. Em seu comentário sobre o *Libri quattuor sententiarum* de Pedro Lombardo, Tomás foi ainda mais explícito:

> E assim, visto que a manducação indica o uso deste sacramento, certamente instituído para que se alcance a realidade do sacramento, a manducação se distinguirá segundo as duas realidades deste sacramento, de modo que a manducação sacramental corresponda ao que é realidade e sacramento, enquanto manducação espiritual ao que é somente realidade (*Unde cum manducatio dicat usum huius sacramenti, quod quidem ad hoc institutum est ut quis re sacramenti potiatur; distinguetur manducatio secundum duas res huius sacramenti: ut manducatio sacramentalis respondeat ei quod est res et sacramentum; manducatio vero spiritualis ei quod est res tantum*)[61].

É o "comer espiritual" que alcança a *res*, isto é, o efeito do dom da graça, enquanto o "comer sacramental" permanece na lógica do efeito intermediário (*res et sacramentum*). Deve-se acrescentar, no entanto, que Tomás não esquece como essa consciência – isto é, o alcance possível da *res* acima e além do *sacramentum* – que se realiza de modo exemplar na

---

59. Cf. Pani, G., La comunione spirituale, *La Civiltà Cattolica*, 3957 (2015) 224-237.
60. Tomás de Aquino, *Summa theologiae*, III, q. 80, a. 1, *corpus*.
61. Id., *Scriptum super Sententiis*, IV, d. 9, q. 1, a. 1, qc. 3.

"comunhão de desejo" – não leva em consideração a pedagogia dos sinais, de que o ser humano estruturalmente necessita. Tomás sustenta que há uma superordenação recíproca do sacramental ao espiritual e, inversamente, do espiritual ao sacramental. De fato, ele opera uma correlação complexa entre duas distinções fundamentais *in sumptione huius sacramenti*: entre o sinal-sacramento e o efeito-*res*, por um lado; entre o sacramento enquanto tal e aqueles o tomam, por outro. Poderíamos então dizer que, a partir da segunda distinção, é fácil compreender a diferença na avaliação da primeira.

Por essas razões, o uso do sacramento eucarístico deve ser considerado de forma complexa, como "unidade de sinal e efeito". Esta unidade deve ser lida simultaneamente em quatro níveis diferentes:

– para o que diz respeito ao sacramento enquanto tal, ordinariamente o efeito é superior ao sacramento[62];
– para o que diz respeito a quem o recebe, o sacramento é ordinariamente uma condição pedagógica para aceder ao seu efeito[63];
– em alguns casos, recebe-se o sacramento com o desejo, alcançando o efeito sem a mediação do sinal[64];
– em sentido geral, a perfeição do sacramento prescinde do uso dos fiéis e é totalmente *in consecratione materiae*[65].

2. Excurso: a aplicação ao caso-limite dos divorciados recasados

Essa "tensão" da tradição – que se encontra emblematicamente fixada nos textos de Tomás de Aquino e que, como veremos, se confirmará substancialmente em Trento – oferece um quadro em que hoje é preciso contextualizar a condição específica de alguns sujeitos particulares no corpo eclesial, como, por exemplo, a dos divorciados recasados, não só enquanto "indivíduo", mas enquanto marcado, no corpo, por uma nova relação de comunhão. À luz destas novas condições de vida, as categorias clássicas lutam para "dizer toda a verdade": *a nova relação de comunhão, o novo sinal de comunhão que o batizado divorciado recasado vive*

---

62. Id., *Summa theologiae*, III, q. 80, a. 1, ad 1.
63. Ibid., III, q. 80, a. 1, ad 3.
64. Ibid.
65. Ibid., III, q. 80, a. 12, ad 2.

em seu corpo e em sua vida, pode ser posto em relação à "comunhão com o corpo de Cristo"?

Talvez se pudesse também mudar a perspectiva e tentar dizer: no caso dos divorciados recasados, a condição de um novo vínculo pode ser, na relação com Cristo, não de forma corporal (*corporaliter*), mas de forma espiritual (*spiritualiter*)?[66] Pode-se então inverter a perspectiva e considerar a questão de uma maneira nova, explorando a já mencionada intuição do papa Bento XVI em uma direção parcialmente diferente.

Os divorciados recasados encontrariam na comunhão sacramental um sinal, um remédio e um viático para chegar, com o tempo, à comunhão espiritual. O regime dos sinais permaneceria *res et sacramentum*, como tensão para uma comunhão com o corpo místico de Cristo, que é o verdadeiro e pleno efeito do sacramento. A relação com Cristo operada pelo sacramento seria o caminho e o remédio para recuperar a plenitude da relação com a Igreja, da qual não estão separados.

Deve-se dizer, no entanto, que a tradição recente, em particular a que se seguiu à Exortação apostólica *Familiaris consortio* (FC) de 1981 (cf. especificamente o n. 84), parece caminhar em uma direção diferente, para não dizer oposta: isto é, sustenta que a comunhão à *res* permanece, mesmo que a comunhão ao *sacramentum* não seja possível, devido a uma contradição entre a vida do sujeito e a verdade da eucaristia. Uma tensão das categorias, que aqui aparece manifesta, nos impele a uma reflexão mais profunda.

Consideremos, antes de tudo, a *afirmação nova* de FC 84, segundo a qual os divorciados recasados "não estão separados da Igreja": se a colocarmos em paralelo com a afirmação tradicional segundo a qual "não podem aceder à comunhão sacramental", devemos constatar, *no âmbito da linguagem clássica da tradição, uma contradição patente e sem uma saída*. A grande intuição contida na *Familiaris consortio*, porém, ao abrir à comunhão eclesial a "vida de comunhão dos novos vínculos" *constitui um ponto de avanço paradigmático da tradição*, a propósito do qual o resto do texto, inevitavelmente – mas também a nossa própria recepção dele – não consegue "acompanhar". A salvaguarda desta "abertura" exige, precisamente, repensar a relação entre comunhão eclesial e comunhão eucarística. Portanto, precisamos nos perguntar: *pode haver uma forma de comunhão eclesial que não deva assumir, mais cedo ou mais tarde, antes ou depois, uma*

---

66. Assim tinha afirmado Bento XVI em Milão, no ano de 2012: "Também sem a recepção 'corporal' do sacramento, podemos estar espiritualmente unidos a Cristo em seu corpo".

forma eucarística plena? Se o batizado é persuadido a sentir-se "em comunhão com a Igreja" e "não separado dela", como poderá, mais cedo ou mais tarde, deixar de se sentir habilitado a aceder à "visível intimidade da comunhão com o Senhor"?

Para responder a esta pergunta, a perspectiva moderna – que se desenvolve depois do Concílio de Trento e que chega até o Concílio Vaticano II – tende a atribuir ao efeito intermediário (isto é, à *res et sacramentum* da presença do corpo de Cristo sob as espécies do pão e do vinho) o valor de "realização", reduzindo a *res* (ou seja, a comunhão eclesial) a um ponto de passagem e quase a uma "etapa".

Se, ao contrário, pudéssemos recuperar plenamente a linguagem e a lógica sacramental da tradição escolástica, aplicando-a ao nosso tempo com toda a sua diversidade, teríamos de dizer, pelo contrário, que *a pertença dos divorciados recasados a Cristo "no sacramento" ainda deve amadurecer na plenitude da relação eclesial*. A *manducatio sacramentalis* não é, para Tomás, a recompensa formal por uma adesão anônima, mas também sempre a mediação, o remédio e o caminho para tornar verdadeiramente espiritual a relação com o corpo de Cristo.

Poderíamos então variar a intuição do papa Bento XVI, integrando-a com a determinação do papa Francisco de redescobrir a comunhão sacramental como um fármaco – como um "remédio para quem está a caminho", mais do que como um "certificado de plena saúde" – e sincronizá-la com esta leitura tradicional da relação entre sacramento e Igreja, formulando assim o resultado provisório do nosso aprofundamento: "Mesmo sem a *plenitude espiritual* do sacramento, podemos estar *sacramentalmente* unidos a Cristo no seu corpo eucarístico". O sacramento redescobriria assim a plenitude do seu carácter de sinal, remédio e viático, abrindo um caminho que já não seria apenas um itinerário penitencial, mas também um itinerário eucarístico. Não só fazendo penitência, mas também vivendo a eucaristia, permanecemos "a caminho", permanecemos *viatores*.

3. *Em Trento:* duas visões da comunhão espiritual
    e a eficácia penitencial da eucaristia

A releitura tridentina da tradição patrística e escolástica em torno do "tomar a comunhão" é obviamente afetada pelas tensões a respeito das teses defendidas pelo protestantismo. Assim se reconstrói a dialética entre "sacramental" e "espiritual", que já notamos na síntese tomista, mas segundo uma forma que reserva ao sacramental um valor ao mesmo tempo residual e estrutural: isto é, nos usos possíveis da eucaristia (agora três, não mais apenas dois), o nível simplesmente sacramental torna-se inexpressivo da verdade, perde sua dimensão pedagógica, é, aliás, apenas uma ocasião para o "pecado"[67].

A releitura oferecida pelo *Catecismo* Tridentino interpreta de forma apologética o nível do *sacramentum tantum*, perdendo sua lógica pedagógica, tão típica da tradição medieval[68]. Porém, se lermos não a sessão XIII do Concílio de Trento, dedicada ao sacramento, mas a sessão XXII, dedicada ao sacrifício, encontramos aí uma lógica da comunhão espiritual motivada, precisamente, pela defesa de uma prática celebrativa então considerada insuperável. Aqui está o texto do capítulo 8, intitulado "A missa em que só o sacerdote comunga":

---

67. Eis o texto do Concílio de Trento (da Sessão XIII, capítulo 8): "*Do uso deste admirável sacramento* – Quanto ao uso, os nossos padres distinguiram reta e sabiamente três modos de receber este santo sacramento. Eles ensinaram que alguns só o recebem *sacramentalmente*, como os pecadores. Outros só *espiritualmente*: são aqueles que comendo aquele pão celeste apenas com um ato de desejo, com a fé viva 'que opera por meio da caridade' [Gl 5,6] sentem seu fruto e utilidade. Os terceiros, o recebem *sacramentalmente e ao mesmo tempo espiritualmente* [cân. 8], e são aqueles que antes se examinam e se preparam de modo a se aproximarem revestidos com o hábito nupcial a essa mesa divina [cf. Mt 22,11 s.]" (DH 1648).

68. "*Três modos de receber a Eucaristia* – Deve-se, pois, ensinar quem são aqueles que podem receber os grandes frutos da eucaristia que foram agora mencionados. E antes de tudo é preciso explicar que existem várias formas de comungar, para que os fiéis desejem a melhor. Sabiamente, nossos padres, como lemos no Concílio Tridentino, distinguiram três modos de receber este divino sacramento. Alguns, a saber, os pecadores, recebem os sagrados mistérios apenas *sacramentalmente*, na medida em que não tem o terror de recebê-lo com lábios e corações impuros. Destes o Apóstolo disse que comem e bebem o corpo e o sangue do Senhor indignamente (1Cor 11,29). E Agostinho escreveu que aquele que não se encontra em Cristo, e Cristo nele, certamente não come sua carne espiritualmente, embora de maneira carnal e visível triture o sacramento de seu corpo e sangue com os dentes (*In Ioh. tract*. 26,18). Aqueles, portanto, que, tão maldispostos, recebem os sagrados mistérios, não apenas não tiram frutos deles, mas, pela sentença de São Paulo, comem e bebem sua própria condenação (1Cor 11,29). Outros recebem a eucaristia apenas *espiritualmente*: são aqueles que, animados por uma fé viva que opera por meio da caridade (Gl 5,6), se alimentam deste pão celestial com desejos e votos ardentes, recebendo, senão todos, certamente os maiores benefícios. Finalmente, há outros que recebem a eucaristia *sacramentalmente e espiritualmente*: são aqueles que, seguindo o conselho do Apóstolo, primeiro se provaram e vestiram a veste nupcial, e depois se aproximaram da mesa sagrada, recebendo todos os copiosos e mui úteis benefícios acima recordados. É evidente, porém, que aqueles que, podendo preparar-se para receber o sacramento do corpo do Senhor, se se contentam em recebê-lo apenas espiritualmente, são privados de imensos e celestiais bens" (*Catecismo do Concílio de Trento*, n. 229).

> O sacrossanto sínodo desejaria certamente que em cada missa os fiéis presentes comungassem não apenas espiritualmente, por meio do desejo (*spirituali affectu*), mas também recebendo sacramentalmente a eucaristia, a fim de receber um fruto mais abundante deste santíssimo sacrifício. No entanto, se isso nem sempre acontece, nem por isso o concílio condena como privadas e ilícitas aquelas missas [cân. 8], em que só o sacerdote comunga sacramentalmente, mas ele as aprova e recomenda, porque também essas missas devem ser consideradas verdadeiramente comuns, tanto porque nelas o povo comunga espiritualmente, e porque são celebradas pelo ministro público da Igreja, não só para si, mas também para todos os fiéis que pertencem ao corpo de Cristo (DH 1747).

A definição de comunhão espiritual se dá "pela diferença". E está substancialmente condicionada pela possibilidade de reservar o rito da comunhão sacramental apenas ao sacerdote, contestando a pretensão (luterana) de identificar a presença do corpo de Cristo no rito da comunhão da assembleia. A história moderna da eucaristia é marcada por esta determinação "apologética" da comunhão espiritual, que salvaguarda simultaneamente duas instâncias: *a irredutibilidade da comunhão eclesial ao sacramento consumido corporalmente e a legitimidade do sacramento celebrado sem a comunhão sacramental do povo.*

Por último, convém recordar um terceiro elemento, ou seja, que o Concílio de Trento afirma também *o valor penitencial* da celebração eucarística: participando "com coração sincero e fé verdadeira, com temor e respeito, contritos e arrependidos (*cum vero corde ac recta fide, come metu ac reverentia, contriti et poenitentes*)" à celebração do sacrifício eucarístico, o Senhor "aplacado pela oferenda, concedendo a graça e o dom da penitência, perdoa os pecados e as faltas, mesmo as mais graves (*crimina et peccata etiam ingentia dimittit*)"[69]. Esta é a terceira dimensão da eucaristia indicada pelo Concílio de Trento que é relevante para a discussão atual. Mostra uma compreensão *dinâmica* da eucaristia, na qual a dimensão sacramental adquire a importância de um "caminho" para enfrentar as crises de fé, ligadas ao pecado, mesmo quando este seja grave[70].

---

69. Sessão XXII, Doutrina e cânones sobre o sacrifício da missa, capítulo 2: "O sacrifício visível como meio de propiciação para vivos e mortos" (DH 1743).

70. Para um desenvolvimento desta problemática penitencial, cf. MAFFEIS, A., *Penitenza e unzione dei malati* (Nuovo corso di teologia sistematica, 9), Brescia, Queriniana, 2012; GRILLO, A.; CONTI, D., *Fare penitenza. Ragione sistematica e pratica pastorale del quarto sacramento*, Assisi, Cittadella, 2019.

4. As lógicas da retomada moderna e seus limites atuais

Uma comparação útil com a leitura de Tomás de Aquino e com a do Concílio de Trento poderia vir da consulta ao *Dictionnaire de théologie catholique*, no qual, assinado por Hippolyte Moureau (1851-1913), encontramos três colunas dedicadas ao tema da comunhão espiritual[71], que remontam à tradição escolástica e à reinterpretação tridentina, mas em um clima espiritual e eclesial muito diferente[72].

No próprio *Catecismo* de Pio X, por outro lado, o tema da comunhão espiritual não aparece sob o título relativo à comunhão, mas na seção dedicada ao "santíssimo sacrifício da missa" (mais especificamente sob o título: "Sobre o modo de assistir à santa missa"): portanto, não diz respeito ao sacramento, mas ao sacrifício. E assim diz, no n. 668:

> *O que é comunhão espiritual?* A comunhão espiritual é um grande desejo de unir-se sacramentalmente com Jesus Cristo, dizendo, por exemplo: meu Senhor Jesus Cristo, desejo de todo o coração unir-me a vós agora e por toda a eternidade; e fazendo os mesmos atos antes e depois da comunhão sacramental.

Lendo este texto, fica-se com a impressão de que a prática de não comungar durante a celebração do "santíssimo sacrifício da missa" é o horizonte óbvio dessas disposições. O próprio Pio X teria remediado essas práticas de forma estrutural, inaugurando novas modalidades de comunhão eucarística na Igreja: como já mencionado, o papa Sarto não hesitou em modificar a disciplina a fim de uma nova evidência da doutrina eucarística sobre a unidade entre sacrifício da missa e comunhão sacramental.

Agora é evidente que a "vigilância pastoral", com a qual Pio X inovou profundamente a prática da Igreja, poderia continuar a expressar-se mesmo um século depois dele, provocando uma necessária recompreensão da relação não tanto entre "comunhão espiritual" e "comunhão sacramental", mas sim entre "comunhão eucarística" e "comunhão eclesial".

---

71. MOUREAU, H., Communion spirituelle, in: *Dictionnaire de théologie catholique*, III, Paris, Letouzey et Ané, 1908, coll. 572-574.

72. Para essa mudança de clima houve certamente a contribuição de um confronto mais intenso com as tradições não católicas. Particularmente a oriental, em que a participação na comunhão, mesmo com toda a atenção pelas exigências pessoais de jejum, de oração e de comportamento sexual, representou um horizonte de experiência eclesial significativo, que certamente influenciou a evolução da práxis e da teologia católica: cf. PARENTI, S., *L'eucaristia in Oriente dal 1453 a oggi*, 190 s.

5. *A mudança de significado do rito da comunhão*

A prática da chamada "comunhão espiritual", que se desenvolveu na Idade Média e na Idade Moderna, tinha como pressuposto a raridade da comunhão sacramental, indiretamente estabelecida pelo preceito pascal do IV Concílio de Latrão. Um "uso diferenciado" do sacramento justificava-se, antes de tudo, em uma prática eclesial muito diferente daquela que, no século passado – depois de Pio X –, havia mudado profundamente a experiência da Igreja Católica. Além disso, é preciso distinguir a comunhão espiritual, enquanto uso e *manducatio* do sacramento, da devoção à presença real, que constitui um desenvolvimento autônomo da prática eclesial, ainda que não sem relações tanto com a teoria do sacramento quanto com o modo de considerar sua eficácia[73].

Em todo caso, se, por um lado, desaparece a razão fundamental da distinção entre comunhão sacramental e comunhão espiritual, dada a evolução da prática eucarística eclesial, por outro, surge com maior urgência a distinção entre comunhão sacramental e comunhão eclesial, e por isso é preciso recuperar não só as razões da inesgotabilidade da comunhão eclesial quanto a experiência sacramental, mas também as razões de uma leitura pedagógica e terapêutica da relação sacramental quanto a relação eclesial.

Pode-se, portanto, concluir que se deve fazer uma distinção diferente neste sentido, também com base no novo arranjo que a questão da comunhão assume em relação aos sujeitos "irregulares" (conforme o texto de FC 84):

a) por um lado, a tradição eclesial distingue ainda hoje comunhão sacramental de comunhão eclesial, não sustentando que a primeira seja condição absoluta da segunda, se é verdade que "os divorciados recasados não estão separados da Igreja", mesmo estando impedido seu acesso à comunhão sacramental;

b) por outro, com base na tradição escolástica e tridentina, seria possível recuperar dois elementos que ficaram em segundo plano nos últimos dois séculos, a saber:

– o valor pedagógico do sacramento em relação à *res*, configurando a possibilidade de um itinerário eucarístico ao lado de um itinerário penitencial para todos os batizados, incluindo também os divorciados recasados;

---

73. Cf. abaixo, item VII.6 deste capítulo.

– a redescoberta da eficácia que a celebração eucarística (incluindo a comunhão sacramental) exerce também em relação ao pecado grave (segundo o estabelecido pela sessão XXII do Concílio de Trento).

Em última análise, trata-se de elaborar categorias adequadas não só para *permitir o acesso a uma comunhão possível*, mas também para *reconhecer as formas de comunhão real*.

Mas tudo isto, que nos referimos como a tensão entre comunhão eclesial e comunhão sacramental, atesta uma evolução não só das sensibilidades culturais e sociais em torno das "formas de vida conjugais", mas uma evolução igualmente notável no modo de compreender sistematicamente o papel da "comunhão eucarística". O fato de que o "rito da comunhão" tenha voltado a ser um lugar de experiência para toda a Igreja, retirando-o da apreensão da noção de "uso do sacramento", pôs em movimento uma compreensão sistemática diferente. Também neste caso deve ser notada e sublinhada a correlação de dois níveis diferentes: a teologia reflete sobre a tradição, mas é posta em movimento por uma nova práxis ritual, que recolocou o "rito da comunhão" no ápice do processo ritual eucarístico, suscitando assim uma forma diferente de fazer e pensar.

6. *A adoração ao Santíssimo Sacramento*

A tradição fala dos sacramentos, e, portanto, também da eucaristia, sabendo que eles tradicionalmente se enquadram na categoria geral de "sinal". Os sacramentos se enquadram "no gênero do sinal" (*in genere signi*), isto é, podem ser remetidos a sinais, no sentido de que remetem a outra coisa, abrem-se a uma natureza ulterior que lhes é constitutiva. A possibilidade de que uma "remissão a outra coisa" seja também a atualidade da graça está precisamente ligada a uma dimensão que, no entanto, permaneceu marginal na explicação tradicional: isto é, ao *horizonte ritual*.

O erro mais comum que minou esta visão foi o de pensar o "remeter a outra coisa" do sinal sacramental de maneira intelectualista, quase como se fosse simplesmente um *verbum visibile*, uma "palavra tornada visível" (pelos gestos e ações do rito). Hoje, porém, devemos nos perguntar: para quais olhos o sacramento consegue ser verdadeiramente *verbum visibile*? E, no entanto: só pode ser para um olho treinado por aquele amor que *dat novos oculos*, como diria Agostinho! E deve-se acrescentar que o treino desse olho consiste não apenas no conteúdo, mas também nas formas. O sacramento é um sinal que pode comunicar segundo uma forma particular; sua forma, que é a diferença específica do gênero "sinal", é uma forma ritual.

A interpretação do sacramento antes de tudo como um sinal levou – para além de qualquer intenção boa e excelente – à sua oculta, mas perigosa dessignificação. No entanto, foi precisamente o afastamento de uma perspectiva estrita e imediatamente dogmática – como aquela buscada pela reflexão propriamente litúrgica – recompreendendo o sacramento sobretudo como celebração do mistério, enquanto mistério celebrado e enquanto rito, que de fato contribuiu para ressignificar o sacramento. Seria possível dizer que a atenção da teologia – para se manter fiel à tradição no mundo contemporâneo – teve que passar do "gênero" à "diferença específica", do sinal ao rito, justamente para poder manter sua própria incidência e sentido na compreensão e na exposição do sacramento.

Na nova visão, *o sacramento só pode ser um sinal se ainda conseguir ser rito*. A sua comunicação não pode ser lida fora de uma ação ritual e celebrativa: por isso, o termo "sinal" vem sendo cada vez mais substituído pelo termo "símbolo", que assume precisamente o sentido de uma integração do momento ritual e litúrgico na teoria do sacramento. De fato, o sacramento só pode ser sinal se for um símbolo. Isso evidentemente só pôde acontecer graças a uma nova noção de rito, que, perdendo seu caráter mágico-rubricista, readquiriu uma nova profundidade antropológica graças à escuta mais ampla e séria das descobertas das ciências humanas que caracterizaram a teologia nos últimos anos. Como já dissemos várias vezes sobre a eucaristia nas páginas deste manual, a nova sacramentária – precisamente para não perder a dimensão decisiva da sinalética do sacramento – deve trazer à reflexão a estrutura ritual e cultual da dimensão sacramental.

Graças a estas novas aquisições, pouco a pouco foi se manifestando o fato de que a regra do sinal sacramental e do sinal na liturgia funciona de maneira mais complexa do que se costuma pensar: ela se comunica em torno de uma ação ritual, que é ao mesmo tempo uma ação de santificação (em sentido "descendente") e de culto (em sentido "ascendente"), na qual o ser humano se percebe em uma relação particular com os demais seres humanos e com Deus. A ação litúrgica, ritual e cultual – como já vimos – tornou-se o eixo para uma nova compreensão do sacramento como "sinal". E tornou-se também o caminho para chegar a uma *nova autocompreensão da teologia cristã*.

O erro tradicional mais típico foi, ao contrário, o de dividir e, por fim, desvincular os sinais do contexto em que estão inseridos, confiando em sua capacidade comunicativa absoluta, que de fato não ocorre. Ordinariamente, o sinal da liturgia pressupõe a compreensão da linguagem da ação litúrgica, ou seja, daquele quadro simbólico que deve ser entendido como o horizonte dentro do qual o sacramento pode ser sinal e, portanto, também uma necessidade de sua natureza sacramental. Uma queda alegórica manifesta-se então no âmbito cristão justamente quando se pretende atribuir à coisa, ao gesto ou à palavra um estatuto de sinal independentemente da ação simbólica litúrgica e ritual que o sustenta, a partir da palavra e do gesto que indicam sua direção e seu conteúdo.

Este "erro", na verdade, não foi e não é, no entanto, totalmente desmotivado, pois há pelo menos um sinal de que, no que diz respeito a esta "lógica ritual", ela funciona um pouco como uma exceção que confirma a regra: a presença eucarística. Este sinal, que é o mais alto e o mais central dos "sinais" cristãos, a eucaristia, tem em si uma estrutura diferente dos outros. É uma intensificação do signo, a ponto de quase poder tender para o seu absoluto em relação a qualquer contexto possível, celebrativo e ritual. Com efeito, a presença pura, a presença inerte da coisa, nunca se dá, nem mesmo para a presença real. O que aparece quase como o "máximo" da ritualidade sacramental é, na verdade, o seu "mínimo", pois é um sinal que quebra a "regra do jogo" ritual dentro do qual o sinal litúrgico é ordinariamente colocado.

No entanto, isto deve ser interpretado precisamente como uma exceção não de "retrocesso" em relação ao nível normal do sinal litúrgico, mas de "avanço", como ponto culminante, como ápice, quase como além do sinal. Ou seja, se para os demais sinais se aplica a regra de uma interpretação pessoal, no sentido de uma relação, para a "presença real" esta não é negada, mas fortalecida e "superada" em uma figura original e nova. Ela é o sinal que garante toda relação e que, portanto, também se coloca para além de toda relação, quase a ponto de se separar e subsistir independentemente – nunca no sentido da "coisa", mas antes no sentido da "relação que permite todas as relações" – da relação que pareceria fundá-la. É o único caso de sinal que não pode ser interpretado a partir da relação, justamente porque é a fonte e ao mesmo tempo o ápice de toda relação possível. Eis, pois, o mecanismo que determinou sua natureza de exceção.

Por nenhuma outra razão a presença eucarística pode ter valor de "sinal" em certo sentido, independentemente da eucaristia celebrada. Porque sua estrutura assumiu ao longo do tempo o caráter de uma exceção à regra. Mas isso também confirma – indiretamente – a perspectiva que adotamos. Salvo na presença eucarística, todo sinal sacramental é originalmente compreensível apenas a partir de um horizonte celebrativo e ritual da repetição e reatualização do memorial. A presença eucarística é a "fronteira" mais alta desta ordem ritual do sinal, que estruturalmente vai além do rito, se projeta sobre a vida e desafia toda lei de comunicação, para estabelecer – no rito, graças ao rito, mas também além do rito – a comunicação do amor.

Um erro grave, que nunca se deve cometer, é, ao contrário, inverter a ordem das prioridades e fazer do cume inefável da "presença real" eucarística *a regra* do sinal sacramental, e não *a exceção*. É um erro que se paga caro, visto que a longo prazo leva a uma dessignificação total da liturgia. Mesmo com o desejo sincero de fortalecer o sacramento em todos os seus aspectos e em quase todos os seus mínimos detalhes, obtendo assim, ao contrário, um frustrante enfraquecimento de sua transparência, causado por um irrefreável intelectualismo da leitura.

Contra todo intelectualismo, deve-se dizer que o sinal litúrgico fala apenas a partir de uma ação. De fato, *é a ação que é o grande sinal*, dentro do qual os elementos individuais adquirem seu sentido – tanto que o preservam ao lembrar e evocar a ação na qual desempenham um papel. Somente à "presença real" compete a função de ser quase como que um critério hermenêutico – não do sinal, mas do significado. Aquele significado que a presença eucarística diz praticamente "prescindindo do sinal", é expresso pelos outros sinais segundo a ordem do rito, da celebração do mistério, dentro da qual só eles podem assegurar a comunicação que deles se espera.

No âmbito do significado, a "presença real" é, portanto, a regra para qualquer outro sentido sacramental. Mas no âmbito do sinal, a regra é a da contextualidade litúrgica, da relação ritual inter-humano, que só pode tornar-se sinal de culto e de santificação na condição de não se perder esta sua dimensão original e estrutural. Por isso, se considerarmos o sinal, a presença do sacrifício de Cristo e da Igreja não pode ser senão a "continuação de uma festa", memória viva e eficaz de um dom para todos e sem medida. Sua natureza de ação não é eventual, mas original. E isso permanece como regra, mesmo diante da exceção adquirida de uma possível adoração contemplativa.

7. A redescoberta do rito da comunhão como parte essencial da ação eucarística

Uma longa tradição conservou o pão eucarístico após o término da celebração. Nascida para a comunhão dos enfermos e dos ausentes, esta prática carregou-se de devoção e espiritualidade, tornando-se o "uso" prevalente do pão eucarístico. Atualmente, porém, uma leitura sistemática da comunhão eucarística, a partir da nova evidência da ação ritual, à luz da qual a sequência ritual implica a comunhão como passo necessário, permite-nos reler a tradição medieval e tridentina, com o seu essencialismo e seu traço apologético, como uma forma de redução da experiência eucarística e grave limitação da experiência eclesial. Em particular, essa consideração, olhando para o passado, permite-nos constatar hoje que:

- a distinção entre "essência" e "uso" do sacramento, quando se torna princípio de discriminação da experiência eclesial, introduz um motivo de incompreensão no âmbito da experiência dos sujeitos;
- o deslocamento da "presença real" antes da comunhão sacramental, ao contrário da compreensão luterana, introduziu, por sua vez, também devido à inércia da distinção medieval, uma razão ulterior para a marginalização da comunhão em relação à consagração;
- a prática eclesial, que aceitou esta dupla distinção ao afirmar uma grande autonomia entre o "sacrifício da missa" e a "comunhão sacramental", desvirtuou assim o acesso plenário ao "sacramento do sacrifício".

Também se deve reconhecer que uma "inércia" do modelo tomista-tridentino de compreensão ainda se manifesta em nossos dias, especialmente sob essas três diferentes perspectivas:

- a dificuldade de compreender os "ritos de comunhão" como ato eclesial (parte integrante da sequência ritual), e não simplesmente como "distribuição de partículas a cada fiel";
- a atenção exclusiva ao "gesto" de receber a comunhão em sua forma diferenciada e conflituosa (ajoelhado, recebida na boca; ou em pé, recebida na mão) perde o contexto original de que provém, ou seja, a distinção entre rito (comunitário) dentro da missa e rito (privado) fora da missa;
- a escassa consciência da "forma ritual" do rito da comunhão se reflete na "forma do canto" e na impossibilidade da procissão.

Esses detalhes de natureza pastoral são as consequências de uma grande transformação não só litúrgica, mas sistemática. Em uma época em que a comunhão volta a ser pensada como um "rito da missa", que requer a participação por parte de todo o povo, o sentido da eucaristia implica – mais uma vez – uma experiência que vai além das noções polares de substância/espécie e essência/uso. Como veremos no capítulo seguinte, esta recuperação da unidade entre sacramento, sacrifício e comunhão, que significa a unidade entre oração eucarística, palavras institucionais e rito da comunhão, implica uma profunda transformação da autoconsciência da Igreja, tanto da sua expressão como da sua experiência, em relação ao seu Senhor.

Temas de estudo

1. Com a noção de "forma fundamental", a teologia sistemática recebeu oficialmente as provocações do Movimento Litúrgico e as integrou como parte de sua tarefa doutrinal. Em que sentido esta noção pode ser considerada esclarecedora para compreender o desenvolvimento da teologia eucarística nas últimas décadas?
2. A expressão da verdade do sacramento eucarístico em termos de "transubstanciação" pode ser considerada, ao mesmo tempo, como um ponto de chegada e como ponto de partida. Em que sentido se pode dizer que a "transubstanciação" é uma noção *não suficiente* ou mesmo *não necessária*?
3. A noção de "sacrifício eucarístico" pertence à tradição e deriva também do texto do Cânon Romano. Por outro lado, ela reflete também a grande passagem do âmbito do culto ao âmbito da santificação, à qual foi submetida primeiro por Lutero e depois pelo Concílio de Trento. E hoje? É possível entender o símbolo com a categoria de "dom"?
4. Que a "comunhão" tenha voltado a ser um "rito da missa" implica uma profunda mudança litúrgica e teológica, tornando a participação ativa no rito da missa a verdade do próprio rito. De que forma é possível encontrar, ainda hoje, a permanência de uma inércia do modelo tridentino de celebração?

Para aprofundar

Alguns estudos recentes permitem uma expansão significativa da *mens* para pensar sobre as noções-chave da teologia eucarística:

– ROUILLÉ D'ORFEUIL, M., *Lieu, présence, résurrection. Relectures de phénoménologie eucharistique*, Paris, Cerf, 2016.
– DELLA PIETRA, L., *Rituum forma. La teologia dei sacramenti alla prova della forma rituale* (Caro salutis cardo. Studi, 21), Presentazione di A. Grillo, Padova, EMP/Abbazia di S. Giustina, 2012.

- Cortoni, C. U., *"Habeas corpus". Il corpo di Cristo dalla devozione alla sua umanità al culto eucaristico (secc. VIII-XV)*, Roma, Studia Anselmiana, 2016.
- Belli, M., *Sacramenti tra dire e fare. Piccoli paradossi e rompicapi celebrativi*, Brescia, Queriniana, 2018.
- Carra, Z., *Hoc facite. Studio teologico-fondamentale sulla presenza eucaristica di Cristo*, Assisi, Cittadella, 2018.

CAPÍTULO 13
Estrutura ministerial da eucaristia e Igreja como *communitas sacerdotalis*

A celebração da eucaristia nunca é um ato individual. Assim como não o foi a última ceia para Jesus. E muito menos pode ser a eucaristia para a Igreja. A tradição, aliás, mesmo quando chegou a pensar a missa como algo "privado"[1], sempre exigiu que a celebração fosse, mesmo juridicamente,

---

1. Neste ponto, a *distância* entre *Mediator Dei* e *Sacrosanctum concilium*, como veremos melhor no próximo capítulo, é muito grande. Basta reler estas afirmações decisivas da encíclica de Pio XII, em defesa da prioridade de uma abordagem "privada" da celebração da eucaristia: "De fato, no nosso tempo, há quem, se aproximando de erros já condenados, ensinam que no Novo Testamento se conhece apenas um sacerdócio que espera a todos os batizados, e que o preceito dado por Jesus aos apóstolos na última ceia de fazer o que ele havia feito refere-se diretamente a toda a Igreja dos cristãos, e, somente mais tarde, é que tomou lugar o sacerdócio hierárquico. Portanto, eles sustentam que somente o povo goza de uma verdadeira potestade sacerdotal, enquanto o padre age apenas por meio de um ofício que lhe é conferido pela comunidade. Consequentemente, eles sustentam que o sacrifício eucarístico é uma verdadeira e própria 'concelebração' e que é melhor que os sacerdotes 'concelebrem' junto com o povo presente do que, na ausência deste, ofereçam privadamente o sacrifício. É inútil explicar o quanto esses erros capciosos se opõem às verdades demonstradas mais acima, quando falamos do lugar que cabe ao sacerdote no corpo místico de Jesus. Recordamos apenas que o sacerdote assume a função do povo porque ele representa a pessoa de nosso Senhor Jesus Cristo na medida em que é a cabeça de todos os membros e se ofereceu por eles: portanto, ele vai ao altar como ministro de Cristo, inferior a ele, mas superior ao povo. O povo, por outro lado, não representando por nenhum motivo a pessoa do divino Redentor, nem sendo mediador entre si e Deus, não pode de modo algum gozar dos poderes sacerdotais" (Pio XII, *Mediator Dei*, in: AAS 39 [1947] 521-595, aqui 545, sob o título "Participação dos fiéis").

plural, ou seja, que previsse pelo menos um ministrante ao lado do ministro que a presidia. No entanto, ao longo dos séculos, a prática e a teologia foram gradualmente elaborando:

- uma compreensão clerical da Igreja, introduzindo uma "fratura" no corpo de Cristo;
- uma compreensão dividida da eucaristia, introduzindo separações e oposições internas ao rito e ao sentido da eucaristia.

Para melhor compreender esta perspectiva de recuperação da dimensão comunitária da ação eucarística, que podemos definir como "perspectiva eclesial", pode ser útil considerar a questão do sacerdócio comum a partir não da eucaristia, mas da Igreja. Veremos que este caminho "transversal" nos levará a redescobrir o conteúdo eclesiológico – diríamos "eclesiogenético" – da celebração eucarística, que reconhecemos como tão importante para os primeiros séculos, e não ausente na tradição medieval e moderna.

I. O texto de LG 11: uma releitura eucarística da Igreja

Consideremos primeiro o grande texto eclesiológico do n. 11 da Constituição dogmática *Lumen gentium*, que será objeto de nossa breve análise (cf. quadro na página seguinte).

Em primeiro lugar, algumas observações muito gerais:

- o texto da LG 11 apresenta a Igreja como "comunidade sacerdotal (*communitas sacerdotalis*)" e ilustra suas características ao reler ordenadamente os sete sacramentos como lugares de experiência original da identidade eclesial;
- o batismo e a confirmação marcam e introduzem novos sujeitos no corpo eclesial, onde estes experimentam a filiação divina, o culto e a profissão de fé;
- com base nos dois primeiros sacramentos, os cristãos, no sacrifício eucarístico, "oferecem a Deus a vítima divina e a si mesmos", tomam parte da ação litúrgica e na comunhão significam e realizam a unidade da Igreja;
- na penitência reconciliam-se não só com Deus, mas também com a Igreja, que coopera na sua conversão com a caridade, o exemplo e a oração;
- na unção dos enfermos, os batizados são ungidos e tornados próximos pelos presbíteros, ajudados e convidados a se unirem na paixão e morte de Cristo;

- os ministros ordenados são chamados a apascentar a Igreja com a Palavra e a graça de Deus;
- finalmente, os esposos são chamados, na sua forma de vida que significa e participa da união entre Cristo e a Igreja, a viver o seu dom no meio ao povo de Deus.

Lumen gentium 11

O caráter sacro e orgânico da comunidade sacerdotal efetiva-se pelos sacramentos e pelas virtudes. Os fiéis, incorporados na Igreja pelo batismo, são destinados pelo caráter batismal ao culto da religião cristã e, regenerados como filhos de Deus, devem professar publicamente a fé que de Deus receberam por meio da Igreja. Pelo sacramento da confirmação, são mais perfeitamente vinculados à Igreja, enriquecidos com uma força especial pelo Espírito Santo e deste modo ficam mais estreitamente obrigados a difundir e defender a fé por palavras e obras como verdadeiras testemunhas de Cristo. Pela participação no sacrifício eucarístico de Cristo, fonte e ápice de toda a vida cristã, todos oferecem a Deus a vítima divina e a si mesmos juntamente com ela; assim, quer pela oblação quer pela santa comunhão, realizam a própria parte na ação litúrgica, não indiscriminadamente mas cada um a seu modo. Além disso, alimentando-se do corpo de Cristo na santa comunhão, manifestam concretamente a unidade do Povo de Deus, que por esse augustíssimo sacramento é perfeitamente significada e admiravelmente realizada.

Aqueles que se aproximam do sacramento da Penitência, obtêm da misericórdia de Deus o perdão das ofensas a ele feitas e ao mesmo tempo reconciliam-se com a Igreja, que tinham ferido com o seu pecado, a qual, pela caridade, exemplo e oração, trabalha pela sua conversão. Pela santa Unção dos enfermos e pela oração dos presbíteros, toda a Igreja encomenda os doentes ao Senhor padecente e glorificado para que alivie suas penas e os salve (cf. Tg 5,14-16); mais ainda, exorta-os a que, associando-se livremente à paixão e morte de Cristo (cf. Rm 8,17; Cl 1,24), concorram para o bem do Povo de Deus. Por sua vez, aqueles de entre os fiéis que são assinalados com a sagrada Ordem, ficam constituídos em nome de Cristo para apascentar a Igreja com a palavra e graça de Deus. Finalmente, os cônjuges cristãos, em virtude do sacramento do Matrimônio, com que significam e participam do mistério da unidade do amor fecundo que intercorre entre Cristo e a Igreja (cf. Ef 5,32), auxiliam-se mutuamente para alcançar a santidade na vida conjugal; aceitando e educando a prole estes têm

> assim, no seu estado de vida e na sua função, um dom próprio em meio ao Povo de Deus. Dessa missão, de fato, procede a família, na qual nascem novos cidadãos da sociedade humana os quais, pela graça do Espírito Santo, se tornam mediante o batismo filhos de Deus e perpetuam através dos tempos o seu povo. Na família, como em uma igreja doméstica, devem os pais, pela palavra e pelo exemplo, ser para os filhos os primeiros mestres da fé e favorecer a vocação própria de cada um, especialmente a vocação sagrada.
>
> Munidos de tantos e tão grandes meios de salvação, todos os fiéis, seja qual for a sua condição ou estado, são chamados pelo Senhor, cada um por seu caminho, a uma santidade, cuja perfeição é a mesma do Pai celeste.

É evidente como o discurso sobre os sacramentos, que encontra o seu centro na repetição eucarística dominical, aparece iluminado por uma luz eclesial particular, que brota da lógica da "comunidade sacerdotal", da circularidade entre matrimônio e batismo, da vocação comum à santidade de todos os batizados, independentemente dos seus diversos estados de vida.

Portanto, se o papel e a vocação do cristão na Igreja são definidos pela LG 11 segundo a imagem de uma "communitas sacerdotalis [...] organice exstructa", a figura desta *ecclesia* é descrita com uma imagem forte e explícita, que hoje parece criar problemas, suscitar silêncios, até provocar reações inconvenientes. Tentemos apreender algumas outras dinâmicas, que o texto conciliar assume como relevantes, ainda que não as aborde diretamente:

- LG 11 não só descreve a expressão da vocação comum de todos os batizados, mas a encontra vivenciada na dinâmica ritual: os ritos sacramentais, tendo em seu centro a celebração eucarística, aparecem em sentido forte como "mediações da identidade cristã";
- isto indica que o rito litúrgico não só pressupõe a comunidade, como também a cria e edifica: não só é verdade que, à luz da comunidade dos cristãos, os sacramentos mudam de orientação e de sentido; mas é igualmente verdade que, precisamente na dinâmica ritual concreta da ação litúrgica, a comunidade se estrutura, se fortalece e se expressa.

No texto da *Lumen gentium*, portanto, configura-se uma Igreja como comunidade sacerdotal que é *instituída por uma série de ritos fundadores*.

A identidade batismal, portanto, ou redescobre a relação originária entre fé e rito ou permanece irremediavelmente abaixo dos ditames da *Lumen gentium*. Esta, por sua vez, define a Igreja como "comunidade sacerdotal" não imediatamente, mas somente através daquele exercício do sacerdócio que no sacramento eucarístico não só *expressa* a si mesmo, como *faz experiência* de si.

Isso também nos permite – diríamos finalmente – reagir às múltiplas formas de correlação inadequada entre fé e rito, que ainda hoje alimentam velhas e novas formas de clericalismo: tanto as velhas autossuficiências de separação dentro do corpo eclesial, como as novas formas de compreensão "totalizante" em termos apenas aparentemente abertos, mas com um efetivo e evidente fenômeno de extensão do "privilégio clerical" à massa dos sujeitos batizados, fora e aquém de qualquer consideração real da mais autêntica dinâmica eclesial.

II. O cerne da questão: a releitura *organice exstructa* do setenário sacramental

À luz das considerações que acabamos de propor, podemos nos perguntar o que hoje pode ser não apenas ultrapassado, mas objetivamente inadequado em relação ao que lemos e examinamos na LG 11. Talvez o texto conciliar, em sua grandeza, apresente alguns traços que parecem ser para nós surpreendentes novidades ou mesmo resíduos de uma leitura inadequada da realidade sacramental e eclesial. Gostaríamos de examinar, em particular, quatro expressões significativas do texto, em torno das quais convém fazer o leitor refletir sobre a celebração eucarística e seu sentido eclesial.

a) Coram hominibus *pode ser traduzido como "publicamente"?* – Segundo o texto latino da LG 11, o batismo exige que os neófitos possam dar testemunho do Evangelho *coram hominibus*, frase que se traduz em português com o advérbio "publicamente"[2]. É justo nos perguntarmos – muitas décadas depois daquele texto – se ainda podemos pensar que para sair das identidades eclesiais privadas devemos necessariamente indicar uma estratégia "publicista" da fé, perdendo aquela delicada esfera de relacionamento que, ao contrário, corresponde à "comunidade" (*communitas*). A justaposição simplista entre público e privado prejudica profundamente a boa causa de uma reforma da Igreja. Precisamente quem deseja a Igreja como lugar

---

2. Por exemplo, na tradução italiana dada pelo *Enchiridion Vaticanum* (v. I, Bologna, EDB, 1981, 313) e no site da internet da Santa Sede, disponível em: <www.vatican.va/archive/hist_councils/ii_vatican_council/documents/vat-ii_const_19641121_lumen-gentium_it.html>.

da "comunidade sacerdotal" deve distinguir cuidadosamente entre a "superação da privacidade" do culto e a "recaída pública" do culto, com uma leitura formalista coerente do ato de pertença ou de profissão. A cada vez mais forte superexposição midiática da Igreja pós-conciliar – se considerada para além da sua necessidade fisiológica – não pode deixar de preocupar precisamente pela sua incapacidade de salvaguardar o aspecto comunitário e sacerdotal. Da mesma forma, é precisamente o declínio eclesial em termos de "agência de serviços (sagrados)" ou de "seita" que assinala precisamente este desvio. A qualidade eclesial da Igreja é salvaguardada pela peculiaridade comunitária da sua celebração eucarística.

b) *Omnes in actione liturgica partem propriam agunt* – A leitura desta formulação da participação ativa (*actuosa participatio*), como primeira expressão da "comunidade sacerdotal", pode induzir a algumas tentações. Ela se preocupa inteiramente em indicar, na diferenciação dos ministérios e dos carismas, um dos aspectos decisivos para a solução da questão litúrgica. E isso permanece verdadeiro, tanto antes quanto agora. No entanto, se temos que julgar a prioridade mais urgente para hoje, é pelo menos igualmente importante recuperar o outro lado da questão: isto é, o fato de que, na diferenciação de ministérios e carismas, e na consciência de que cada um "faz a sua parte (*partem propriam agit*)", deveríamos dizer com muito mais força do que há meio século que a *ação litúrgica é uma só e a mesma para todos!* E que todos, embora de formas diferentes, aspiram e contribuem para esta única ação. Paradoxalmente, o texto original, em sua formulação plural ("todos... realizam, *omnes... agunt*"), pode deixar justamente muito espaço para práticas e teorias incapazes de pensar o ato litúrgico como o ato de uma "comunidade sacerdotal" que se deixa unificar *per ritus et preces*, efetivamente comum a todos. A vertente "comum" da *actuosa participatio* aparece hoje como o perfil mais delicado da consciência de uma liturgia cujo titular é, depois de Cristo, a Igreja como povo santo, convocado à assembleia em sua totalidade.

c) Pax cum ecclesia *e comunidade penitencial* – Uma terceira frente significativa para o resgate da continuidade da tradição, que envolve também uma inevitável dose de descontinuidade nos usos, é constituída pelas práticas penitenciais em sua relação com a celebração eucarística. A acentuação da dimensão eclesial da penitência resolve-se classicamente com a tríade "caridade, exemplo e oração". Talvez justamente aqui a distância entre o velho "cânone" e o novo "léxico" seja maior. Preencher a lacuna não significa simplesmente "ajudar a aprovar" novas palavras, mas propiciar e inventar novas formas de práticas tradicionais. Itinerários penitenciais que valorizem práticas de caridade, formas de voluntariado, celebrações da Palavra ou da liturgia das horas aguardam substituir a solução *padrão* de certo número de "ave-marias". A orientação para a eucaristia do caminho penitencial e a força da Palavra e do sacramento da eucaristia dominical lutam ainda para estruturar uma identidade eclesial que saiba encontrar na "missa dominical" não só o ponto de chegada da plenitude da comunhão, mas também o ponto de partida e de transição do "estruturar-se orgânico" desta comunhão eclesial. Aqui se joga a delicada relação entre léxico e cânone, ou seja, entre novas formulações de identidade e caminhos concretos de reconhecimento.

d) Salutaria media: *uma definição de sacramento?* – O texto da LG 11 se conclui, como vimos, com um parágrafo que possui um *incipit* clássico: "Munidos de tantos e tão grandes meios de salvação... (*Tot ac tantis salutaribus mediis muniti...*)". Os meios de salvação, porém, têm suas exigências. Eles não são absolutos. E a evolução da cultura tecnológica hoje os coloca ao lado de outros *media*[3]. Gostaríamos de dizer que *Understanding media* é hoje não apenas o título do conhecido livro de McLuhan[4], mas também o capítulo necessário de uma eclesiologia atualizada, que se deixa nutrir radicalmente pela ação ritual da eucaristia. Convém dar apenas um exemplo, aparentemente menor, mas não tão marginal. Se cada igreja catedral desenvolvesse a ideia de montar, atrás de cada coluna da nave central, um grande monitor de vídeo, a fim de transmitir as imagens da celebração eucarística, se criaria um conflito estrutural – pelo menos para a visão – entre *media salutis* e *mass media*, que influenciariam decisivamente na qualidade e na estrutura da "comunidade sacerdotal", fazendo passar pelo cânone midiático mais pós-moderno o cânone eclesial, mais velho e ultrapassado. Essa aliança singular entre pré-moderno e pós-moderno é apenas uma coincidência? As necessidades da "prática ritual" também têm muito a dizer sobre a nossa disponibilidade de "fazermos mediação ritualmente": a descoberta dessas delicadas dinâmicas espaçotemporais

---

3. No original italiano há um jogo de palavras de difícil tradução entre "media" (= meio; mediação) e "media" (= mídia, meios de comunicação). (N. do T.)

4. Cf. McLuhan, M., *Gli strumenti del comunicare*, Milano, il Saggiatore, 2008 (1. ed. 1967). Deve-se dizer que o título original, *Understanding Media. The Extensions of Man*, tem um sentido diferente, pois joga com um duplo sentido: ou seja, com a "compreensão" de que os *media* não são apenas objetos, mas sujeitos. A eucaristia também merece ser considerada *undestanding media*, ou seja, não apenas um *medium* a ser compreendido, mas também um *medium* que proporciona uma compreensão muito particular do que são a fé e a revelação.

leva-nos a valorizar todas as linguagens da celebração eucarística, saindo de uma fruição excessivamente intelectualista, que hoje se alia, surpreendentemente, à pesada interferência dos *media* de nova configuração, mas de concepção antiquada.

III. As consequências para a experiência do mistério cristão: uma subjetividade afirmada, equilibrada e invertida

O que podemos inferir como consequência de tantas palavras preciosas encontradas em LG 11, senão que o que está em questão é precisamente um sujeito eclesial cuja figura só pode ser plenamente coerente com a própria vocação se conseguir encontrar-se e perder-se naquilo que faz?

A este propósito, Louis-Marie Chauvet, retomando as conclusões conciliares, considerou urgente restabelecer uma ordem de prioridade adequada à redescoberta de uma participação ativa que não esquecesse a passividade dessa ação. E assim também, muito antes dele, Maurice Blondel, refletindo precisamente sobre a ação, considerava relevante lembrar que "na prática religiosa é necessário que as relações ordinárias entre pensamento e ação sejam ao mesmo tempo preservadas, completadas e invertidas"[5].

O sujeito eclesial é uma "comunidade sacerdotal", é uma "assembleia celebrante" somente quando cada membro individual tem a possibilidade e a "cultura" para se colocar, no que diz respeito à ação ritual, em uma relação em que o pensamento a preceda, a complete e a siga. Deixar ao rito sacramental da eucaristia a possibilidade de formar e reformar a Igreja é o que a tradição da LG 11 pede às gerações sucessivas, com uma urgência inadiável e que hoje exige uma lúcida consciência teológica e pastoral.

IV. Um texto não atual e uma profecia eucarística

No curto caminho que acabamos de traçar, percebemos como o grande texto da *Lumen gentium* pede à geração dos cristãos de hoje uma compreensão hermenêutica de suas intenções em que a relação entre continuidade e descontinuidade se deixa instruir pelas diferentes lógicas do cânone e do léxico.

---

5. Blondel, M., *L'azione*, 526. De L.-M. Chauvet, remetemos ao artigo: La notion de Tradition, *La Maison-Dieu*, 178 (1989) 7-46.

Qualificar a leitura que a *Lumen gentium* propõe da Igreja não é tão fácil: essa leitura certamente não é "clássica" – se por clássica se entende a visão medieval e tridentina da Igreja. Porém, ela não é nem mesmo assimilável simplesmente a uma hermenêutica "liberal", construída pelo pensamento moderno e seu arriscado método de imanência, como gostariam de sustentar todos os inimigos – declarados ou clandestinos – do Concílio Vaticano II. LG 11 é um texto que garante a tradição ao emergir tanto dos baixios do modelo "clássico" quanto dos desertos do modelo liberal. Poderíamos dizer, talvez até de maneira arriscada, que LG 11 nos oferece uma leitura "pós-liberal": a *Lumen gentium* pode anunciar a Igreja *communitas* também e talvez sobretudo em um mundo que "não é mais simplesmente moderno".

Hoje o texto conciliar sobre a Igreja, relido em sintonia com a *Sacrosanctum concilium*, permite passar *do indivíduo à comunidade*, reagindo assim à tendência dominante que não vem do Modernismo ou do Iluminismo, mas da síntese entre a visão tridentina e a crise moderna na visão da Igreja. Esta consciência envolve duas admissões que hoje, na Igreja, ainda são atribuídas – e infelizmente também atribuíveis – a diferentes sujeitos, quando deveriam tornar-se todas juntas possíveis para o mesmo sujeito. E, nessa esperança, gostaríamos de formulá-las como palavras conclusivas:

a) A definição da Igreja em termos de "comunidade sacerdotal" é um dos corações pulsantes da tradição cristã, sem a qual não é possível recuperar a verdadeira identidade eclesial. Nela podemos encontrar um elemento decisivo de *continuidade da tradição eucarística*, que durante séculos teve clara esta "destinação eclesial" da comunhão eucarística, que hoje deve voltar a ser um traço qualificador da teologia da eucaristia.

b) Promover o cânone eclesial através de um léxico inspirado nesta definição tem como efeito inevitável uma forte *descontinuidade em relação ao paradigma medieval-tridentino*, que preferia a separação estrutural do corpo eclesial entre clérigos e leigos e que recorria muito mais a "polarizações conceituais" do que a "sequências processuais". Deve-se enfatizar que é muito estreito o vínculo entre teologia eucarística renovada e nova experiência eclesial.

Só uma Igreja que tenha elaborado esta dupla superação – tanto das hermenêuticas tridentinas como das soluções simplesmente liberais – poderá dizer de si, com plena consciência, que é uma "comunidade sacerdotal" e experienciá-la como "corpo de Cristo" eucarístico e eclesial. Aqui aparece com muita clareza a delicadeza de uma elaboração da teologia eucarística, não só como *reflexo* de um arranjo eclesial renovado, mas também como *fonte* de compreensão e prática eclesiais verdadeiramente novas.

Temas de estudo

1. A tradição medieval nos diz que o "dom da graça" da eucaristia é a unidade da Igreja. Hoje é possível fazer essa afirmação invertendo as prioridades: ou seja, ao dizer que a comunidade eclesial se estrutura "sacerdotalmente", mediante essa ação ritual participativa que é a eucaristia?
2. Quais são as necessidades sistemáticas para abrir espaço para esta visão ao mesmo tempo eclesial e litúrgica? E em que medida a falta de revisão das categorias do modelo medieval-tridentino impõem um freio, ou até mesmo um *impasse*, à nova compreensão?
3. Quais são as consequências rituais dessa perspectiva sacramental e eclesiológica? O que decorre, do ponto de vista da direção ritual, da maneira de cantar, de fazer silêncio? E, inversamente, como podemos estabelecer a experiência eclesial a partir destas "formas" da celebração?

Para aprofundar

Para um estudo aprofundado da relação entre a liturgia eucarística e a eclesiologia esses volumes permanecem fundamentais:

- DOSSETTI, G., *Per una "chiesa eucaristica". Rilettura della portata dottrinale della costituzione liturgica del Vaticano II. Lezioni del 1965*, a cura di G. Alberigo e G. Ruggieri, Bologna, il Mulino, 2002.
- MILITELLO, C., *La Chiesa, il "corpo crismato". Trattato di ecclesiologia*, Bologna, EDB, 2003.
- REPOLE R.; NOCETI, S. (ed.), *Commentario ai documenti del Vaticano II*, II: *Lumen gentium*, con testi di Gilles Routhier, Roberto Repole, Dario Vitali, Serena Noceti, Sandra Mazzolini e Giacomo Canobbio, Bologna, EDB, 2015.

CAPÍTULO 14

Participação ativa, *ars celebrandi* e nova teologia eucarística

A compreensão da teologia eucarística, como bem compreendemos até agora, requer hoje uma retomada que assuma a ação ritual, em sua hermenêutica histórica, como critério de verdade do conceito e da representação racional de sua realidade. Assim, neste capítulo, queremos propor o coração da "inteligência ritual" da eucaristia, tal como emerge do Concílio Vaticano II. Ela determina uma releitura profunda da "forma fundamental" do sacramento e nos permitirá formular uma hipótese abrangente para uma leitura sistemática. Procuramos, agora, encontrar nas fontes conciliares o fundamento desta virada teológica e pastoral.

I. As quatro afirmações-chave do Vaticano II sobre a liturgia eucarística

O texto da primeira constituição conciliar, *Sacrosanctum concilium*, intervém na compreensão da eucaristia de um modo novo a partir de três níveis, que aqui merecem ser brevemente indicados:

a) Propõe uma *nova definição da ação ritual*, que exige um repensar de toda a experiência religiosa e que a coloca no nível da "linguagem comum" de toda a estrutura eclesial (cf. SC 43).

b) Essa nova definição determina uma *nova experiência de participação no culto*, na qual a Igreja reconhece ser parte do mistério que celebra e exige o envolvimento, na única ação, de todos os seus membros batizados (cf. SC 48).

c) Por fim, os dois primeiros níveis desenvolvem um novo cuidado pela *ars celebrandi* que ativa uma atenção para com *todas as linguagens, tanto verbais como não verbais*, com as quais se supera tanto uma compreensão cerimonial do rito, quanto uma divisão clerical entre quem age e quem assiste (cf. SC 30).

No entanto, para melhor compreender esse ponto de viragem, uma palavra introdutória deve ser reservada para um "par conceitual" muito importante: o Concílio fala de "sã tradição" e "progresso legítimo" e, com base nessa compreensão da tradição, relê a ação ritual e a participação.

1. Tradição sã e tradição doente

Duas afirmações claras da Constituição conciliar *Sacrosanctum concilium* podem guiar com autoridade a nossa reflexão:

> Todos os ritos sejam revistos integralmente com prudência no espírito da sã tradição e lhes seja dado novo vigor (SC 4).
> Para preservar a sã tradição e, no entanto, abrir caminho a um progresso legítimo, a revisão de cada parte da liturgia deve ser sempre precedida de uma rigorosa investigação teológica, histórica e pastoral (SC 23).

Como é evidente, a profecia conciliar fala segundo lógicas diferenciadas, humana e teologicamente iluminadas. Convida, acima de tudo, a honrar a tradição. No entanto, honrar a tradição significa uma revisão "integral" e "prudente", ou seja, uma releitura completa e respeitosa das lógicas do rito. Prudência não significa medo, nem omissão, nem paralisia. Não significa sequer revisar os *ordines* rituais para depois ficar simultaneamente livre para agir e pensar como se nada tivesse sido revisado. O Concílio não nos ensina a indiferença, mas o cuidado com a tradição, e o faz através de algumas passagens delicadas, a serem respeitadas em sua lógica intrínseca.

Antes de tudo, trata-se de aceitar um princípio, o que é bastante embaraçoso para qualquer leitura "fechada" e meramente "defensiva" da tradição eclesial. O princípio soa assim: nem todo *traditum* é são e nem tudo que é são é *traditum*. Existem aspectos da tradição que não é saudável continuar a observar, ao passo que há requisitos de "boa saúde" que a Igreja não encontra imediatamente no que recebeu das gerações anteriores. Todo tradicionalismo esquece desse limite próprio do *tradere*, um "transmitir" que sempre tem também a acepção de "trair". Na medida em que a tradição trai o *depositum*, é preciso da lucidez com que uma geração – com prudência e respeito, mas também com decisão e clareza – predispõe uma diligente reforma.

A reforma é, deste ponto de vista, um precioso ato de serviço à tradição, para que seja ainda capaz de "vigor", de vida, de comunicação, de paixão, de identificação. Mas essa revisão e reforma nada mais é do que uma ferramenta para possibilitar um novo paradigma de participação nos ritos cristãos: a ação ritual é uma linguagem comum a toda a Igreja, não é específica de uma parte dela. O que exige uma forma de participação que envolva a competência de todos os batizados no que diz respeito à linguagem ritual. Realizar essa forma de participação significa promover a comunhão eclesial visível.

Procuremos entrar mais profundamente nesta "verificação da tradição", para permitir à Igreja, de um ponto de vista argumentativo, um "progresso justificado".

2. A mudança das noções de "ação ritual" e de "participação"

A reforma mais profunda produzida pelo Vaticano II não é imediatamente aparente. O que vemos alterado é apenas em função dessa atualização mais profunda e não diretamente visível. Este "coração" da reforma, precisamente na sua invisibilidade, é antes a verdadeira razão de tudo o que se vê mudar, como a linguagem, a arquitetura, a música, os gestos, as vestes etc. Tudo o que muda tem sua razão de ser em um nível mais profundo e menos evidente, que poderia ser assim definido: *uma nova compreensão da ação litúrgica determina uma forma diferente de participação.* Vejamos brevemente cada uma dessas duas afirmações.

a) Uma "nova compreensão da ação litúrgica" se deve a uma leitura do rito cristão como linguagem comum a todo o povo de Deus, que determina uma visão da *assembleia celebrante* e da *competência comum* sobre a ação ritual. Se por "ação litúrgica" entendemos este patrimônio comum das linguagens de culto, compreendemos bem que sua mediação se torna o princípio de uma nova compreensão do mistério.

b) Uma "forma diferente de participação" – que o Concílio chama de "participação ativa (*actuosa participatio*)" – indica a necessidade de colocar no centro da liturgia uma ação comum, na qual todo o povo participa, ainda que em um grau diferente de ministerialidade (presidência, ministérios, fiéis): cada um dos batizados celebra, apenas um preside e alguns exercem um ministério particular. Este modelo "participativo" substitui o modelo do "assistir", que atribuía o ato ritual exclusivamente aos clérigos, perante os quais os leigos se limitavam precisamente a assistir com devoções paralelas, como a *Mediator Dei* previa em 1947.

3. A passagem da ideia de "partes" (mutáveis e imutáveis) para a relação entre substância/revestimento

Uma segunda etapa de transformação, que é consequência da primeira, é a forma de pensar a relação entre mudança e continuidade dentro da ação ritual. Mesmo nas expressões do próprio Concílio Vaticano II, passa-se de uma ideia bastante clássica – ou seja, a de que há "partes mutáveis" e "partes imutáveis" no rito – à ideia de que há uma "substância" que não muda, mesmo na mudança de uma série de acidentes e formulações. Essa nova visão permitirá trabalhar a reforma litúrgica de forma menos rígida e com maior aprofundamento. Em todo caso, permanecerá o caráter "instrumental" do ato reformador no que diz respeito ao objetivo, que era – e ainda hoje é – a participação ativa. Uma parte não secundária das recentes controvérsias sobre a "continuidade" ou "descontinuidade" do sujeito Igreja no pós-concílio depende, em grande medida, da falta de esclarecimento desse diferente sentido sobre "o que muda". Toda reforma envolve necessariamente uma certa descontinuidade, caso contrário, a reforma gradualmente se transforma em retórica vazia.

4. Comunhão não no significado, mas na ação: "Id bene intelligentes per ritus et preces" (SC 48)

Um terceiro ponto relevante da viragem conciliar reside no modo de compreender a participação ativa: de fato, ela confia aos "ritos e orações" uma função de *mediação corpórea da salvação*. A experiência de comunhão não é sobretudo "mental", mas "processual": a sequência ritual – não o "estado de espírito" – está no centro da experiência eclesial. Aqui o modelo de participação "interior", que a *Mediator Dei* ainda considerava normativo, é superado e assume em seu lugar um modelo de "interação" e "ministerialidade articulada".

A este respeito, é preciso também especificar que a acusação de "ativismo", que por vezes se ouve dirigida contra esta nova visão, deve dirigir-se não à liturgia pós-conciliar, fiel à reforma litúrgica, mas à anterior, que previa, por estatuto, que, enquanto o padre "dizia a missa", era aconselhável "santificar-se" com devoções e orações paralelas. O ativismo esteve na ordem do dia justamente nas igrejas pré-conciliares – e naquelas que as imitam ainda hoje – já que à ação do padre correspondia, da outra parte, quase como "espectadores mudos", a ação paralela dos leigos, colocados "alhures", entre os bancos da igreja.

5. *A diferenciação não é ruptura da comunhão, mas diversidade na comunhão*

Um quarto ponto, totalmente relevante para o diálogo ecumênico, tira uma conclusão surpreendente das três primeiras observações: justamente por uma mudança na noção de ação ritual, de participação e de espaços de reforma, a diferenciação da tradição (digamos: certa diferenciação de significados, que são mediados por ações) não pode e não deve mais ser lida como uma *ruptura de comunhão* – e, portanto, sobretudo como um erro a ser condenado –, mas como uma *diversidade na comunhão* – e, portanto, como uma riqueza a ser valorizada.

Precisamente esta relação renovada com a força dos "ritos e preces" permite ao caminho de reconciliação ecumênica repensar não só os seus conteúdos, mas também os seus próprios métodos. A este nível, a redescoberta da "sã tradição" – e da ação ritual que a sustenta – dá frutos sadios também no contexto do diálogo entre as diversas tradições cristãs.

II. A relação entre participação ativa e reforma litúrgica da eucaristia

A nova noção de "liturgia" – entendida como a linguagem comum da ação ritual e do mistério pascal – e a consequente "participação ativa", como lógica de desenvolvimento da única ação ritual comum a todo o povo de Deus, define o "programa de reformas" do rito eucarístico, cuja finalidade é justamente tornar possível a todos os batizados a participação comum ao mistério. Portanto, a inteligência ritual do mistério – em SC 48: *per ritus et preces id bene intelligentes* – requer a reforma do *ordo rituale* como condição para devolver a palavra poderosa e eficaz à ação do rito. A reforma litúrgica torna-se assim condição da ação comum, e a ação comum se manifesta como princípio de inteligência teológica.

Isso, como se pode ver, é um desenvolvimento decisivo para compreender a eucaristia como um "processo ritual", que, enquanto tal – e na medida em que é reconhecida como tal –, desenvolve uma inteligência da comunhão. *A participação no mistério não é, portanto, um acessório ou um acidente do sacramento, mas sua substância.* Essa ação comum permite reconhecer que a assembleia celebrante, precisamente enquanto age comunitariamente junto com seu Senhor, é parte do mistério que celebra.

III. Da participação na celebração e na *ars celebrandi*

Além disso, no âmbito da ação, é necessário reconhecer um desenvolvimento posterior. Se a Igreja faz a experiência da *actuosa participatio* no contexto da liturgia, não só descobre que a lógica da eucaristia não é a do "assistir" à ação do sacerdote por uma massa de indivíduos, mas também reconhece que a assembleia, em sua completude, é o sujeito (e objeto) da celebração. Isso nos permite passar de uma visão do *ritus servandus*, típica do modelo tomista-tridentino, para a perspectiva do *ritus celebrandus*, que envolve todo o corpo eclesial na *ars celebrandi*.

Aqui uma mudança terminológica do magistério recente relativa ao fenômeno que estamos considerando é absolutamente exemplar. Com a Exortação apostólica pós-sinodal *Sacramentum caritatis* (2007), de fato, podemos reconstruir esta evolução através de uma ampliação da noção de "arte de celebrar" (*ars celebrandi*). De fato, encontramos no texto da Exortação apostólica, ao lado da definição clássica, que entende a arte de celebrar como "obediência fiel às normas litúrgicas em sua integridade" (SCa 38), o reconhecimento aberto de que, para uma visão mais ampla da noção de *ars celebrandi*, é igualmente importante a "atenção a todas as formas de linguagem previstas pela liturgia: palavra e canto, gestos e silêncios, movimento do corpo, cores litúrgicas das vestes" (SCa 40). Isto mostra como, mesmo a nível oficial, a consciência desta experiência plural e complexa da ação ritual, na qual a intelecção do mistério é assegurada pela mediação sensível dos ritos e das orações, está a ser recebida: "A liturgia, de fato, possui por natureza uma variedade de níveis de comunicação que lhe permitem aspirar ao envolvimento de todo o ser humano" (SCa 40).

Este aprofundamento, que ao menos teoricamente já é aceito também pelo magistério mais autorizado, requer um esclarecimento teológico, para que se torne princípio de discernimento e inspiração no âmbito da prática sacramental e do estilo pastoral e eclesial.

IV. Ação ritual e saber teológico sobre o sacramento: síntese sistemática

Uma nova síntese, que incorpore essa concreta e simbólica atenção pela ação ritual, deve confrontar-se com uma tradição que elaborou um "saber sobre o sacramento" formalizando-o em determinadas proposições. Uma recontextualização da tradição sistemática – que por si mesma tende para a simplicidade – em um contexto complexo, requer uma série de passos, que por conveniência identificaremos em três concepções de "forma". Para fins didáticos, usaremos uma formulação precisa da "forma clássica" (ou *fórmula*) conforme aparece em um dos manuais mais recentes, claros e completos. Por outro lado, parece-nos que essa formulação clássica, embora complementada e corrigida pelo próprio autor, carece não apenas de adaptações e extensões, mas de tradução e reformulação. Para essa finalidade, queremos aproveitar as contribuições mais convincentes e esclarecedoras que chegam por meio de uma nova geração de autores, que refletiram precisamente sobre o "estatuto sistemático" da nova compreensão litúrgica da eucaristia.

1. A forma clássica de compreensão e seus limites

A exposição sintética da compreensão escolástica e dos manuais sobre a eucaristia pode ser concentrada em cinco teses, com as quais se deseja garantir o "mínimo necessário" do sacramento, identificado com um "conhecimento mínimo" sobre a *matéria*, a *forma*, o *ministro* e o *sujeito do sacramento*. Iremos reproduzi-las aqui, tal como foram formuladas por P. Caspani[1], justamente para evidenciar sua perspectiva sintética, mas limitada e potencialmente distorcida e distorcedora. Essa "doutrina", formulada através de longos séculos de cuidadosa elaboração, tem, no entanto, um efeito limitante sobre a experiência que deve ser decididamente superado[2].

Aqui estão as cinco teses:

– A matéria da eucaristia é o pão de trigo e o vinho de uva, aos quais se acrescenta uma modesta quantidade de água antes da consagração.
– A forma do sacramento da eucaristia são as palavras do Salvador, com as quais realizou este sacramento.
– Ninguém pode realizar este sacramento, a não ser o sacerdote que foi regularmente ordenado.
– O sujeito da comunhão eucarística é todo batizado.

---

1. CASPANI, P., *Pane vivo*, 346-360. Ao fotografar um arranjo "clássico" do saber eucarístico, evidencia-se muito bem os limites dessa abordagem.

2. Aqui voltamos a um ponto muito delicado na "transição" entre o conhecimento clássico e o conhecimento moderno tardio: a teologia, por muito tempo, foi capaz de "pressupor" uma experiência ritual do mistério que não tinha a tarefa de tematizar em seu labor teológico. Quando esta experiência entrou em crise, torna-se tarefa teológica recuperar a sua densidade e função: caso contrário, a "formulação teológica" da verdade, esquecendo o próprio pressuposto, torna-se responsável por uma distorção da mesma experiência e provoca um agravamento da crise eclesial que pretendia remediar.

– A celebração eucarística realiza-se essencialmente na dupla, e separada, consagração.

Para compreender plenamente os limites dessa perspectiva, é preciso acrescentar um corolário esclarecedor a estas cinco teses, que Caspani extrai de um texto de Carlo Colombo, e que aqui reproduzimos integralmente:

> A comunhão do sacerdote é parte integrante do sacrifício eucarístico, mas não é o ato propriamente sacrifical; a comunhão dos fiéis, embora os torne mais intimamente participantes do sacrifício, não é condição necessária nem para a existência do sacrifício nem para a participação destes no sacrifício[3].

Esta especificação não pode ficar sem comentários. Com efeito, ela determina a extensão do comentário a toda a ação da hermenêutica teológica: as categorias fundamentais, que introduziram distinções teóricas na "experiência eucarística", *criaram uma estrutura de conceitos que tornam muito problemático o acesso ao sentido pleno do ato ritual*. O esclarecimento final é mais do que um corolário: manifesta antes a *falência constitutiva* de uma estrutura conceitual como a clássica. Aqui é bom deixar bem claro: quando se diz "falência constitutiva", não se desenvolve uma ponderação crítica no que diz respeito à elaboração histórica dos conceitos, que se deu ao longo dos séculos, mas se deseja condenar a sua pacífica reproposição no contexto atual, marcado pela experiência e pelos textos do Concílio Vaticano II. Se, como o corolário mostra claramente, o resultado da teoria é, por um lado, a persistência da *separação entre sacrifício e comunhão* e, por outro lado, a *separação entre a participação no sacrifício e rito da comunhão*, isso demonstra que as noções clássicas já não são capazes de mediar a "sã tradição", mas induzem distorções, preconceitos e erros, pessoais e eclesiais, determinando a sobrevivência de uma tradição *doente*.

O princípio da nova compreensão da celebração eucarística pode ser expresso assim: uma celebração que "se realiza essencialmente" é uma contradição em termos. Uma celebração *nunca pode ser realizada essencialmente*. Para ser celebrada, a eucaristia deve ser *superessencial: ao mesmo tempo menos que essencial e mais que essencial*. O pensamento clássico, alimentado por evidências rituais e simbólicas que não tematizava, não percebia a contradição em que iria cair sua teologia e os entendimentos distorcidos que alimentaria na cultura teórica e prática do povo de Deus. A teoria

---

3. CASPANI, P., op. cit., 359.

clássica, com sua limitação à "fórmula", não diz o "mínimo necessário" da realidade eucarística, mas afirma quando muito um esquema apologético para se defender das negações. Portanto, não podendo subsistir em sua forma original, pois carece de pressupostos, hoje ela deve necessariamente ser integrada por mais dois níveis de experiência da forma, que de nossa parte identificamos na *forma verbal* e na *forma ritual*.

2. Da fórmula à forma verbal

A primeira integração, que não é apenas uma instância litúrgica, mas uma exigência requintadamente sistemática, deve ser identificada no nível da fala e da linguagem verbal. As "palavras da consagração" absorveram de tal modo a atenção sistemática, sendo o *lugar exclusivo da fórmula*, que fizeram com que todas as outras palavras da celebração recaíssem em uma condição de "menoridade". Seria possível ler a história da teologia eucarística católica do século passado como a "saída da condição de menoridade" dos ritos de entrada, da liturgia da Palavra, da oração eucarística antes e depois da consagração, dos ritos da comunhão e dos ritos de despedida: essa transformação da abordagem da tradição eucarística abre um espaço de *expressão* e um espaço de *experiência* novos que, durante séculos, a teologia latina e a pastoral católica negligenciaram e marginalizaram amplamente. O registro de invocação e da evocação, das diversas formas da oração e da enunciação, abrem a celebração eucarística a uma experiência mais *substanciosa* do que *substancial*.

Como é óbvio, a passagem da "fórmula" à "forma verbal" constitui não só uma grande expansão, mas também um salto de nível, em que é redimensionada a pretensão jurídica que esmaga a experiência ao seu "mínimo necessário". A simplicidade de um princípio de identificação imediata e pontual é substituída pela complexidade de um processo mediado e temporal, no qual intervêm vários níveis verbais, correlacionados e graduados entre si. Mas com essa ampliação de perspectiva, o quadro sistemático ainda não está completo.

3. Da forma verbal à forma ritual

A primeira integração, como dissemos, não é suficiente: recuperar um olhar verdadeiramente abrangente sobre a verdade eucarística requer um passo ulterior, que não é fácil para uma tradição que há muito se contentou com uma releitura no âmbito da "fórmula". Não basta "acrescentar" todas as palavras só às palavras da fórmula, porque *a verdade da eucaristia não se encontra só nas "palavras"*, sejam elas as da "consagração" ou as do anúncio ou as da oração. A par da experiência da linguagem verbal, ainda que reabilitada em toda a sua extraordinária riqueza e articulação, os ritos são também e sobretudo comunicação não verbal, constituída por todas aquelas linguagens que não falam com palavras, mas com os sentidos – e com todos os cinco sentidos: com o movimento e com a estase, com o espaço e com o tempo, com a imagem e com a cor, com a melodia e com a harmonia, com o ritmo e com o timbre, com a voz e com o silêncio.

A descoberta deste "terceiro nível" da experiência da "forma eucarística" – sempre presente para a experiência eclesial, mas não explicitamente tematizado pelo pensamento teológico a não ser no século passado – comporta um recurso surpreendente para a reflexão sistemática sobre o sacramento. E, no entanto, exige ao mesmo tempo a fuga de uma percepção redutiva desse nível adicional da experiência, que facilmente resvala em uma compreensão meramente "cerimonial", apenas externa, contingente, porque "não necessária". Essa visão marginal da experiência ritual continua a ameaçar não apenas a teologia sistemática, mas também a prática pastoral. Para isso, ele deve encontrar em uma releitura abrangente a sua reabilitação e um novo impulso, argumentativamente convincente e praticamente eficaz.

4. A relação complexa entre as três formas de compreensão

Tendo adquirido esta grandiosa integração do "conhecimento sobre a fórmula", por meio da nova percepção de dois níveis formais antes teologicamente negligenciados pela tradição teológica latina – a saber, a força da linguagem verbal em sentido pleno e a da linguagem não verbal em sua implícita presença capilar – devemos reconhecer que cada um desses níveis constitui um "modo de experiência" e um "modelo de pensamento" para a eucaristia. E devemos nos perguntar: como podemos pensar a relação entre esses "modelos" de experimentação e de explicação da verdade da eucaristia? Certamente, ainda hoje é razoável refletir acerca da "fórmula", da "matéria", da "ministerialidade" ou da "subjetividade" do sacramento; mas isso deve ser reconhecido abertamente como uma *figura parcial e insuficiente do saber teológico eucarístico*. Propomos, portanto, reestruturar, também "visualmente", a relação entre as três formas de experiência e compreensão do sacramento eucarístico da maneira como se segue.

A totalização da fórmula clássica dá lugar a duas visões concêntricas diferentes: a primeira coloca a "fórmula" no centro, rodeada pela "forma verbal" e ambas, por sua vez, rodeadas pela "forma ritual"; a segunda coloca a "forma ritual" no centro, depois a "forma verbal" e a "fórmula" apenas na moldura mais externa. De fato, é invertido o esquema anterior, que limitava a importância da liturgia a um quadro de conhecimento "dogmático". Podemos assim visualizar as duas visões:

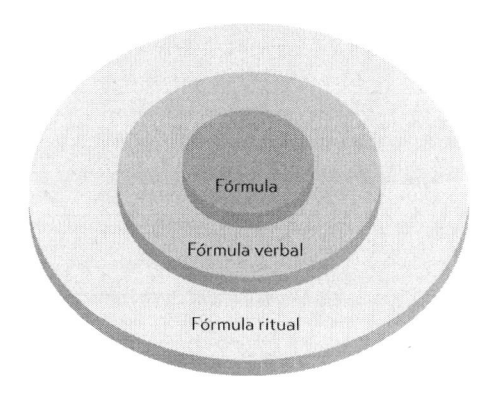

Figura 4 – Primeira visão concêntrica.

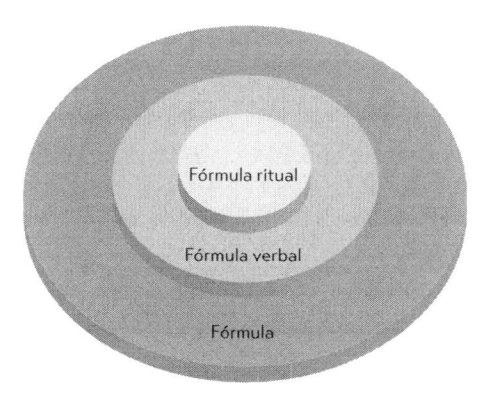

Figura 5 – Segunda visão concêntrica.

No entanto, algumas observações importantes devem ser adicionadas a essas várias representações possíveis.

a) A *fórmula*, como noção escolástica de "causa formal", implica ao mesmo tempo duas considerações. Por um lado, ela se apresenta como "mera exterioridade", destinada apenas a ser repetida cerimonialmente; baseia-se em uma autoridade garantida institucional e juridicamente e, portanto, parece autossuficiente. Por outro, porém, surge como mera interioridade substancial, evidente apenas ao intelecto auxiliado pela fé. Com referência à "fórmula", portanto, afirma-se ao mesmo tempo uma *dupla redução da tradição à pura exterioridade formal e institucional ou à pura interioridade substancial e espiritual*. A "fórmula" resiste, portanto, não só porque é uma autorização cristológica fontal e formal – pode-se dizer, ainda, jurídica – da prática eucarística, mas também porque pretende conter, na sua essência, o coração da realidade eucarística tanto teológica como antropologicamente, alimentando a tradição da Igreja e a alma de cada sujeito.

b) Já a *forma verbal*, por suas características intrínsecas, redimensiona tanto o impacto da "cerimônia exterior" quanto a abstração da ideia. A forma verbal é a "proclamação da palavra" e, ao mesmo tempo, a "experiência da palavra". A exterioridade torna-se diversamente inteligível e a interioridade é articulada e elaborada na sua expressão. Ao contrário da "fórmula" – que também pode ser totalmente isenta de emoção, quase anafetiva –, a palavra não pode ser concentrada em um ponto, não pode ser reservada a um sujeito, não pode ser percebida apenas exteriormente. A "forma da palavra" de cada sequência do rito (as palavras da entrada, as palavras da *liturgia Verbi*, as palavras da apresentação dos dons, as palavras da oração eucarística, as palavras dos ritos da comunhão e, finalmente, as palavras de despedida) obriga a exterioridade a se articular e a interioridade a se expressar "de muitos modos". Aqui, evidentemente, muda a forma de perceber, sentir e conhecer. Muda a maneira de compreensão da Igreja e de seus ministérios, das suas experiências e de seus sentimentos. A "forma verbal" expressa a eucaristia e a Igreja segundo um perfil diferente em relação à "fórmula", porque incide de modo diverso e de muitas maneiras na exterioridade e na interioridade.

c) Finalmente, a *forma ritual* torna o aspecto cerimonial estruturalmente correlacionado com o conteúdo teológico. Ainda mais do que a "forma verbal", a dimensão "não verbal" obriga cada sujeito a sair das tentações dualistas que a tradição suportou (e infligiu) usando apenas conceitos "polares". Ela impõe à fórmula e à forma verbal uma atenção corpórea que de outra forma seria impossível. De fato, a força dessa "percepção da forma" depende justamente desse universo de linguagens – em sua luxuriante não convencionalidade – de que os *ritus* são ricos, aquém e além das fórmulas e das palavras. A "forma ritual", como modo de experiência e modelo de pensamento, exige da teologia uma compreensão da "missa" em que a oposição – tão cara à tradição latina – entre o "aspecto descendente" e o "aspecto ascendente", entre "momento interior" e "momento exterior", entre "privado" e "público", já não seja mais possível. Na forma ritual, a recuperação da centralidade da ação como mistério, de que Cristo e sua Igreja são os sujeitos, ordena diferentemente as prioridades e transforma cada nível da experiência-expressão: tanto o "toque" quanto o "intelecto" – junto com todas as outras faculdades – saem transfigurados.

5. *Por uma síntese sistemática que considere o papel da ação ritual*

Vimos que um aspecto de absoluta importância – introduzido pela consideração "litúrgica" da tradição e agora a ser adquirido também pela tradição sistemática – era justamente o papel a ser atribuído à "ação"[4]. Já trazida à luz por Guardini, no início do século XX, essa atenção recebeu novo impulso a partir dos estudos das últimas décadas[5]. Procuraremos formular, com base nestes desenvolvimentos, uma leitura sistemática da eucaristia que valorize as três dimensões da "experiência da forma", no horizonte de uma nova valorização da ação.

Como vimos no final da segunda parte do manual, o legado dos Padres da Igreja, que não foi negado, mas estilizado e traduzido em outras categorias pela Idade Média e pela Idade Moderna, sempre repetiu que na eucaristia é necessário "imitar" e "repetir" o que Jesus fez com os seus, no final da sua vida histórica. Com o passar do tempo, sobretudo na tradição latina, este "seguir" assumiu uma marcada formalidade doutrinal e disciplinar. Assim, os extremos – da pura interioridade e da mera exterioridade – tornaram-se absolutizados, perdendo em grande parte a delicada mediação simbólica da ação, que foi removida pela teoria e enrijecida pela prática[6].

---

4. Para um esclarecimento do conceito de "ação ritual", em relação com outras ações eclesiais, remetemos para GRILLO, A., Prassi rituale, prassi morale e prassi canonica: quale rapporto? La elaborazione della categoria di "azione rituale" e la persistente polarizzazione giuridico-morale dell'esperienza ecclesiale, in: TAGLIAFERRI, R. (ed.), *Pastorale liturgica e altre pratiche della fede* (Caro salutis cardo. Contributi, 33), Roma – Padova, C.L.V./Ed. Liturgiche/Abbazia di S. Giustina, 2018, 263-282.

5. Uma síntese muito importante sobre este ponto é o volume de TANGORRA, G.; VERGOTTINI, M. (ed.), *Sacramento e azione. Teologia dei sacramenti e liturgia*, Milano, Glossa, 2006, com importantes contribuições, entre outros, de Giuseppe Angelini, Giorgio Bonaccorso, Andrea Bozzolo e Luigi Girardi.

6. Se a ação não for originária do intelecto e for implementada pela vontade apenas como consequência de uma intelecção, ela efetivamente perde toda a autoridade.

Este desenvolvimento mudou progressivamente o foco da "ação" para a "palavra" e da "palavra" para o "ser". Em certo sentido, as "palavras da consagração", com o seu altíssimo valor de autoridade – tanto no âmbito doutrinal como no disciplinar – substituíram a ação (isto é, aos *ritus et preces*, para nos exprimirmos segundo a *Sacrosanctum concilium*). O que Jesus *fez* (ordenando *hoc facite*) foi gradualmente trazido de volta e reduzido ao que Jesus *disse* (*hoc est*) e, como tal, foi colocado na base de uma "ontologia" e de uma "hierarquia". Em particular, ganharam força as suas palavras sobre o pão e o cálice, lidas para fundamentar a "eficácia ontológica" e a "competência jurídica" da ação eclesial, em uma correlação muito complexa.

Com efeito, precisamente com base nesta mudança de atenção, o rito da consagração absorveu em si todo o rito eucarístico. Como o Senhor é um e sua palavra é a autoridade máxima, a repetição de sua palavra tem sido entendida como capaz de instituir a experiência da Igreja em seu coração. Repetir as palavras do Senhor, com autoridade, constituía a definição essencial do fazer a eucaristia, com evidente resultado de contração do rito e clericalização dos sujeitos.

No entanto, a leitura dos textos dos primeiros séculos e a nova compreensão da Escritura, juntamente com a redescoberta das dinâmicas da ação ritual, que reapareceu nos séculos XIX e XX, possibilitaram, muito gradualmente, uma reconsideração da base autorizada da eucaristia. A mudança do centro das atenções (e da consistência institucional) da ontologia metafísica e da disciplina canônica para a cristologia e a eclesiologia propiciou novas energias teóricas e práticas.

Quando a Igreja celebra a eucaristia, não se limita a dizer as "palavras da consagração" recebidas do Senhor, mas *repete toda a ação* que Jesus realizou na última ceia, como coroação de suas "refeições" proféticas e em vista da sua morte e ressurreição. A redescoberta das Escrituras, o conhecimento dos Padres da Igreja, a discussão ecumênica e uma nova atenção cultural pela mediação ritual reacenderam os holofotes sobre este "centro" da experiência cristã, sugerindo o início de uma nova temporada também para o pensamento sistemático católico.

De fato, se olharmos bem, a história da instituição da eucaristia é muito mais ampla do que as "palavras da consagração": o coração do relato é uma sequência de ações que são interpretadas por palavras, no início das quais há um *hoc*. Como vimos, este *hoc* latino (do grego *tûto*) não se refere apenas ao pão (ou ao cálice), mas a toda a ação realizada "sobre", "ao redor de" e "mediante" esses elementos.

Portanto, a memória fiel da Igreja continua a repetir, ao mesmo tempo, *a sequência das ações (a missa)*, sua *síntese relatada* no centro de uma dessas ações (ou seja, o relato da instituição no centro da oração eucarística) e a *explicação das ações que o Senhor deu com autoridade por meio de sua palavra* (as palavras sobre o pão e sobre o cálice). A memória é, assim, constituída por *todas as ações*, reinterpretadas pelo *relato institucional*, que indica, ao final das ações, sua *interpretação em vista de e em relação à morte-ressurreição*.

Na celebração eucarística, portanto, cria-se um *tríplice nível* de memória da Páscoa:

- *em primeiro lugar*, a sequência de ações de "apresentação dos dons ⟶ oração eucarística ⟶ fração do pão ⟶ rito da comunhão" que constituem a estrutura da liturgia eucarística;
- *em segundo lugar*, no centro de uma dessas sequências de ações – isto é, no coração da oração eucarística – é relatada a "sequência de ações de Jesus na última ceia";
- *em terceiro lugar*, a sequência narrada das ações de Jesus é submetida à interpretação-explicação oferecida pelas "palavras de Jesus sobre o pão e sobre o cálice".

Assim, cria-se uma espécie de "defasagem" entre o tempo da memória ritual da Igreja e o tempo da memória histórica do acontecimento. No processo ritual de imitação das ações de Jesus, o relato institucional, no momento em que é narrado, salta em poucos instantes as etapas e antecipa, com as palavras do relato e com as palavras interpretativas do Senhor, o que ainda deve ser realizado na ação da Igreja. Com efeito, aquele que preside diz: "Tomou o pão [e a igreja já o tomou], deu graças [e a igreja o faz nesse momento, com a oração eucarística], e o partiu [será feito em seguida, no momento da *fractio panis*] e o deu aos seus discípulos [e isto só se realizará com o rito da comunhão]": sobre tudo isso recai a palavra "explicativa" do Senhor: *Hoc est enim corpus/calix...*

A palavra de Jesus não desce sobre o pão e o cálice considerados naquele instante temporal, mas sobre o pão e o cálice *enquanto* tomados, tornados objeto de oração, partidos-distribuídos e comungados. A discrepância entre rito e acontecimento, que é absolutamente normal para as lógicas com que cada rito elabora a tradição, constituiu (e impôs) historicamente uma solução "imediata" para o sentido das palavras, que ao contrário, graças à nova experiência e compreensão da ação ritual, podem ser interpretadas, justamente dentro dessa mediação de caráter simbólico-ritual, como parte integrante e qualificadora dessa mesma mediação.

O coração da experiência eucarística, portanto, não é constituído pelo verbo "ser" e seu sentido "substancial" ou "simbólico", mas pela determinação do sujeito *hoc*, do τοῦτο/*tûto*, para o qual vale a identificação "processual" com o corpo dado e com a aliança de sangue. A força da interpretação tipológica da Escritura e dos Padres, juntamente com a interpretação litúrgica recolocada em circulação pelo renascimento do século XX, consiste precisamente em *salvaguardar este vínculo entre a palavra e a ação, para evitar que a experiência eclesial seja capturada por lógicas imediatas*. Todo "atalho", toda pretensão de imediatismo sistemático ou jurídico, doutrinário ou disciplinar, sobre o sentido do pão e do vinho, corta fora e afasta a mediação ritual, processual e *actuosa* da identidade[7].

Precisamente por isso a "participação ativa", se bem compreendida, pode tornar-se critério para esclarecer, aprofundar e revisar a leitura "substancial" da eucaristia. O que com a "substância" se torna doutrinária e disciplinarmente imediato, graças à "ação participativa" volta a ser mediado e restituído à sua natureza processual, para se tornar uma sequência digna de crédito, de ações autorizadas e libertadoras, nas quais Deus e o homem, Cristo e a Igreja estão simultaneamente em ação, como sujeitos e objetos, trocando papéis em passagens "reversíveis"[8].

O redimensionamento das exigências imediatas de um *procedimento acelerado*, o da história da instituição-consagração, recontextualizado dentro de um necessário *procedimento lento*, constituído por todo o rito eucarístico, permite hoje recuperar uma perspectiva promissora, em que cada tradição cristã e cada época podem, de alguma forma, encontrar o seu lugar mais adequado. Ao afrouxar a posição (e pretensão) doutrinal e disciplinar sobre o mistério, ganhamos objetivamente mais profundidade teológica e mais extensão eclesiológica.

As "palavras da consagração" devem ser entendidas, nesta reconstrução do processo ritual, como a *explicação de um "processo de consagração"*, em que a ação é o contexto de todas as linguagens, verbais e não verbais. É,

---

7. Uma exposição elementar sobre a missa destinada a introduzir à experiência de fé passando pela sequência de ações rituais pode ser lida em: Grillo, A.; Conti, D., *La messa in 30 parole. Un piccolo abbecedario*, Milano, Paoline, 2021.

8. Aqui retomamos uma feliz formulação de Carra: "O sacramento não tem, pois, a sua realização naquilo que acontece a um ente espacialmente considerado em sua *coisidade*, em torno da qual se desenharia secundária e consequentemente uma forma ritual. O fato do sacramento reside precisamente na *forma ritual estimulada*, dentro da qual também os *entes* (estamos na história e, portanto, ainda podemos considerá-los como tal) pão e vinho estão inescapavelmente colocados" (Carra, Z., *Hoc facite*, 241 s.).

portanto, legítimo referir-se às "palavras da consagração" como "palavras explicativas", visto que a "consagração" se realiza sobretudo por meio de uma memória estimulada pela imitação-seguimento da ação do Senhor pela Igreja e se estrutura em um processo articulado, interpretado com autoridade a partir das palavras que o próprio Senhor confiou à sua Igreja.

Se neste ponto voltarmos às considerações que fizemos no início da segunda parte deste manual, podemos repetir que já no final do percurso da hermenêutica neotestamentária nos pareceu oportuno que o enriquecimento linguístico, na passagem da perspectiva das "palavras da consagração" à das "palavras de explicação", poderia nos permitir compreender como a "memória do Senhor" não consistia tanto na repetição de um núcleo mínimo de palavras "autênticas" sobre a matéria do pão e do vinho, mas na repetição articulada de um "tomar-escutar", de um "dar graças-bendizer", de um "partir-distribuir" e um "partilhar", um "comer" e um "beber" que instituem, em sua integralidade e complexidade, a plena fidelidade ao mandato. A "participação ativa" na celebração eucarística – isto é, o assumir no Espírito Santo por parte de toda a assembleia eclesial da "sequência cristológica" do dom da vida por parte do Senhor aos seus discípulos – constitui a determinação de "este (*hoc*)" que está "a ser feito (*facite*)". Assim, do ponto de vista sistemático, parece evidente como o núcleo do conteúdo do mistério é exposto à elaboração de uma "forma ritual", cuja necessidade de ser *actuosa* tem a ver com a própria verdade do mistério, não apenas com sua mera exterioridade cerimonial. *Em outras palavras, a "participação ativa" determina a ontologia do mistério pascal, e não simplesmente a estética do cerimonial eclesial.* Por isso, em nenhum caso ela suporta ser marginalizada e relativizada, nem mesmo pela possível intervenção de um Papa, que, sem aviso, a quisesse reduzir a uma *quantité négligeable*[9].

Com efeito, uma consideração da teologia eucarística que pretenda explicar a comunhão com o Senhor crucificado e ressuscitado em termos de "presença de uma substância", de fato tende a incluir no elemento da "fé" tudo o que a tradição conhece como iniciação à ação ritual. É precisamente a diferença entre esta "virtude" e a "prática ritual" que constitui o espaço para a retomada do tema no âmbito de uma articulação maior, em que se evita a oposição irremediável entre as "lógicas do acidente/espécie" e as "lógicas da substância". Esse dualismo impede a celebração, enquanto a compreensão *per ritus et preces* da eucaristia impede a abstração

---

9. Quantidade insignificante. (N. do T.)

da contingência da espécie-acidente, com a pretensão de ter acesso direto à substância. Esta nova evidência, amadurecida durante o século XX e assumida pelo Concílio Vaticano II, permite superar as noções escolásticas e modernas que se expressam através da terminologia da transubstanciação, para reencontrar a plenitude de uma comunhão certamente real, absolutamente verdadeira, mas mais substanciosa do que substancial.

Temas de estudo

1. A descoberta de que a participação ativa é um conceito "doutrinal" – e não uma mera correção disciplinar e cerimonial da tradição – implica uma grande viragem na teologia eucarística. Quais são as consequências fundamentais desta descoberta?
2. Em que sentido a redescoberta da "ação ritual" determinou a crise da terminologia da "transubstanciação"? Como a mudança do foco de atenção do ente para a ação pode ser acompanhada pela reflexão teológica e pela ação pastoral?
3. Que consequências tem esta mudança no modo como interpretamos o valor da "sequência ritual" da eucaristia? Por que a distinção escolástica entre "essência" e "uso" também entra em crise?

Para aprofundar

- GIRAUDO, C., *In unum corpus. Trattato mistagogico sull'eucaristia*, Cinisello Balsamo, San Paolo, 2001 [ed. bras.: *Num só Corpo. Tratado mistagógico sobre a eucaristia*, São Paulo, Loyola, 2003].
- GIRARDI, L.; GRILLO, A., Sacrosanctum concilium: Introduzione, in: GIRARDI, L., GRILLO, A.; VIGANÒ, D. E., *Commentario ai documenti del Vaticano II, I: Sacrosanctum concilium. Inter mirifica*, Bologna, EDB, 2014, 11-299.
- BELLI, M., *Caro veritatis cardo. L'interesse della fenomenologia francese per la teologia dei sacramenti*, Milano, Glossa, 2013.
- GRILLO, A., *Introduzione alla teologia liturgica. Approccio teorico alla liturgia e ai sacramenti cristiani* (Caro salutis cardo. Sussidi, 9), Padova, EMP/Abbazia di S. Giustina, ²2011.

CAPÍTULO 15

Eucaristia e tempo: ano litúrgico e liturgia das horas

A eucaristia, na medida em que já não se define sobretudo por uma "conversão substancial", mas por uma "ação ritual", exige ser colocada e compreendida no tempo e no espaço. Por isso, dedicaremos agora um capítulo à compreensão da lógica "temporal" da celebração eucarística, tanto em relação à dimensão do ano litúrgico como em relação ao ritmo da liturgia das horas. Em outras palavras, o ritmo semanal e o ritmo diário da missa (missa festiva dominical e missa ferial cotidiana) também merecem uma consideração de caráter sistemático.

São de considerável importância, em primeiro lugar, a compreensão da "Páscoa semanal-eucaristia dominical" em relação à "Páscoa anual-eucaristia no Tríduo Pascal", bem como a relação da missa ferial cotidiana com o ritmo diário da oração das horas. O mistério pascal, de fato, explicita-se segundo três grandes círculos temporais: o da semana, que celebra a eucaristia no primeiro dia depois do sábado; o grande círculo da sucessão de semanas ao longo do ano litúrgico; e o círculo menor das vinte e quatro horas, com a sucessão das "horas" de oração. Em geral, a relação entre a teologia eucarística e o tempo tem sido pouco estudada. Pois foi precisamente a tendência para um "conhecimento da substância" que reduziu efetivamente a quase nada a atenção ao "acidente temporal", que permaneceu excluído da reflexão sistemática.

Na realidade, os ritmos temporais do culto eclesial podem nos dizer coisas importantes, e mesmo decisivas, se sairmos de uma compreensão estática e substancialista da comunhão eucarística.

Em geral, esta consideração corresponde plenamente à recompreensão "espaçotemporal" da eucaristia, que reencontra suas raízes no espaço e no tempo.

Portanto, uma das consequências do conhecimento sistemático da eucaristia foi "perder" a diferença entre as diversas celebrações, tanto ao longo do ano como também no seio do Tríduo Pascal. Quando se redescobre a relevância do tempo – dominical e anual, assim como o cotidiano – para a celebração eucarística, não só o olhar e o coração se expandem, mas também se pode apreender dimensões antes ocultas, mas agora repentinamente perceptíveis e apreciáveis. Estas novas percepções são capazes de transformar também a visão "essencial" da eucaristia. Há, portanto, um *ganho sistemático* que pode derivar de uma comparação inescrupulosa com a experiência temporal da eucaristia, confrontando a lógica dominical com a lógica anual.

I. A lógica eucarística do Tríduo Pascal

O Tríduo Pascal nos introduz no mistério do corpo de Cristo que é a Igreja, nos "inicia" na Páscoa, que se celebra em três dias (Tríduo) e depois por sete vezes, no decorrer de sete semanas (os cinquenta dias do tempo pascal até Pentecostes). De grande interesse é descobrir como o ressurgimento da estrutura "antiga" do Tríduo Pascal surgiu em paralelo com a redescoberta da "forma ritual" da celebração eucarística. Portanto, pode-se daí deduzir que uma se amadureceu graças à outra e vice-versa.

A consciência da centralidade do Tríduo Pascal ressurgiu gradualmente nos últimos oitenta anos na prática e no pensamento eclesial. Durante séculos, a Semana Santa não reconheceu a centralidade do Tríduo. Mesmo quando o sagrado Tríduo era valorizado, como no *novus ordo* de 1955, querido pelo papa Pio XII, ele aparecia simplesmente equiparado aos "três últimos dias da Quaresma" e consistia na Quinta-feira, Sexta-feira e Sábado santos. Começava na quinta-feira de manhã e terminava com as vésperas do sábado, *deixando de fora o domingo da ressurreição*[1].

Só em 1969 chegamos à estruturação da sequência ritual correspondente à celebração atual e que encontra a sua prefiguração na definição de Agostinho do "tríduo do Senhor crucificado, sepultado e ressuscitado":

---

1. Cf. REGAN, P., *Advent to Pentecost*, 134-136. Uma boa reconstrução dos debates em torno da "nova" Vigília pascal pode ser encontrada em GIAMPIETRO, N., A cinquant'anni dalla riforma liturgica della Settimana santa, *Ephemerides liturgicae*, 118 (2006) 293-332.

com ela muda o nome do Tríduo (não mais "Tríduo sagrado", mas "Tríduo Pascal"), a lógica ritual e a interpretação teológica. A lógica ritual agora considera o Tríduo como uma sequência de três dias, contando cada dia de pôr do sol a pôr do sol: da *Missa in Coena Domini* da noite de quinta-feira até a sepultura da noite de sexta-feira (primeiro dia); do pôr do sol de sexta-feira ao pôr do sol de sábado (segundo dia); da Vigília pascal às vésperas do domingo da ressurreição (terceiro dia). Esta perspectiva, antiga, mas renovada, conduz a uma verdadeira conversão de perspectivas a nível teológico: o Tríduo já não se refere apenas à paixão ou à sepultura do Senhor, mas abraça a paixão, a morte e a ressurreição – e, portanto, é ao mesmo tempo *passio* e *transitus*. Cada dia do Tríduo é Páscoa. Assim, deixa-se aquela tradição que celebrava "dois tríduos" – o tríduo da paixão e o da ressurreição – e recupera-se a antiga tradição, que unifica em um único Tríduo a paixão, a morte e a ressurreição do Senhor.

Esta unidade de estrutura ritual e hermenêutica teológica reinterpreta o mistério pascal, integrando a celebração eclesial no mistério em si. A *Páscoa ritual* e a *Páscoa histórica* – isto é, o rito da ceia e da morte na cruz – com a Páscoa escatológica do "sepulcro preenchido" se cumprem na *Páscoa eclesial*: como dizia Agostinho, o *transitus Christi* se cumpre e se renova no *transitus christianorum*[2]. A dinâmica indica, de modo absolutamente convicto, que a comunidade celebrante é *parte integrante do mistério celebrado*: com o Senhor ressuscita também a sua Igreja, que reúne o Tríduo da última ceia com Jesus e da primeira eucaristia com o Senhor.

O dinamismo que descobrimos realizado ritualmente na sequência da "Páscoa anual", por um lado sugere, e, por outro, encontra plena confirmação na renovada compreensão da celebração eucarística. Procuremos combinar as perspectivas: ao nos aproximarmos da Páscoa, deixemos que a consciência pascal ilumine a eucaristia e, inversamente, deixemos que a celebração eucarística ilumine a Páscoa. Busquemos entender melhor a densa trama dessa relação.

II. A eucaristia e sua estrutura ritual

Acima de tudo, é preciso perceber uma "estrutura ritual", orientada para a ação da "comunhão", que deveria aparecer tão clara na missa

---

2. Cf. STUDER, B., L'Eucaristia nella Chiesa dei Padri. Sacramento del sacrificio di Cristo e dei cristiani, in: UBBIALI, S. (ed.), *Il sacrificio. Evento e rito*, 129-153.

dominical quanto na Semana Santa. Tudo tende para o corpo de Cristo eclesial, que se realiza no final da missa e no final da Semana Santa. Esta é a ideia principal que gostaríamos de trazer aqui à tona: é uma ideia simples e direta, mas também oculta e difícil de trazer à consciência e à evidência. De fato, muitas coisas se opõem a ela, direta ou indiretamente: uma longa história, sulcada por polêmicas ferozes; uma prática contínua e divergente; também uma espiritualidade e um hábito; até mesmo algumas de nossas virtudes alimentam essa incompreensão. Cabe alinhar os elementos que podem ser reconhecidos como "fontes" dessa nova e fortíssima evidência. Pode ser útil fazê-lo não só para se dar conta daquilo que se vive, mas também para dar aos outros alguns instrumentos para que eles, por sua vez, possam entrar nesta evidência – ou se deixarem iniciar pela Páscoa e pela missa.

1. Duas palavras antigas de Agostinho: uma provocação salutar

Há duas afirmações de Agostinho que é bom colocar como pano de fundo de toda essa argumentação e que durante muito tempo "operaram" sobre a tradição: em seu caráter icástico, nos ajudam a entrar em uma lógica mais rica e profunda da Páscoa e também da missa.

Uma primeira declaração descreve sucintamente o Tríduo Pascal, definindo-o como "o tríduo do Senhor crucificado, sepultado e ressuscitado". No coração do tempo está inserida essa "pérola" que unifica a morte, a sepultura e a vida eterna. Essa afirmação coloca em crise todas as reconstruções medievais e modernas do Tríduo, que o "duplicam", criando um "tríduo da paixão" e depois um "tríduo da ressurreição". Grande parte da nossa espiritualidade, da nossa arte, da nossa liturgia foi construída em torno desta hipótese de separação-oposição entre morte e ressurreição. Temos cidades, lares, mentes e corações cheios delas.

Entretanto, uma segunda palavra, também de Agostinho, acrescenta outro perfil a esta leitura: de fato, ele chamava a Páscoa semanal – nós diríamos a missa dominical – de "Páscoa de Cristo (*transitus Christi*)", enquanto definia a Páscoa anual – ou seja, o Tríduo Pascal – como "Páscoa dos cristãos (*transitus christianorum*)". Esta definição parece subverter a nossa percepção comum, que faz da Páscoa anual uma correlação direta com Cristo, e da missa dominical sobretudo um "preceito dos cristãos". Agostinho inverte a lógica, mas a partir de uma leitura da Páscoa que tem sua origem precisamente no Tríduo.

2. *A redescoberta do Tríduo como "gradualidade" por meio da memória-narração rumo à "Páscoa eclesial"*

Na tradição medieval, e depois largamente na tradição moderna, a organização da Páscoa tinha se adaptado a um "duplo tríduo" – como já mencionado, o da paixão e o da ressurreição – que gerou um fenômeno muito problemático, nomeadamente *a separação quase irremediável entre a cruz e o sepulcro vazio*. Toda uma era de representações e de ações, de imaginários e de espiritualidades, de práticas e de devoções, pode começar a ser relida e reformulada há algumas décadas, com base em uma interpretação mais profunda e poderosa.

No fundo, trata-se de "fazer Páscoa" já não em um único dia, mas em três dias. Por conseguinte, é necessário articular a Páscoa em três níveis, ligados entre si e correspondentes aos três dias, desde que sejam calculados "à moda antiga" – isto é, de pôr do sol a pôr do sol ("E houve uma tarde e uma manhã: primeiro dia", segundo Gn 1) – e tão cuidadosamente reconstruídos:

- primeiro dia do Tríduo (depois do pôr do sol da quinta-feira até o pôr do sol da sexta-feira): memória da Páscoa ritual da última ceia e da Páscoa histórica do Crucificado;
- segundo dia do Tríduo (depois do pôr do sol da sexta-feira até o pôr do sol do sábado): comunhão com a morte e com todos os mortos na Páscoa escatológica;
- terceiro dia do Tríduo (depois do pôr do sol do sábado até o pôr do sol do domingo): é a Páscoa eclesial, é a ressurreição da *ecclesia*, que pode voltar a celebrar o batismo e a eucaristia.

Emerge, com nova clareza, que a comunidade celebrante é *parte integrante do mistério celebrado*: com o Senhor ressuscita também a sua Igreja, que reúne o Tríduo entre a última ceia com Jesus e a primeira eucaristia com o Senhor.

III. A releitura da eucaristia: "gradualidade" por meio da oração-memória rumo à comunhão

Recuperando esta "estrutura" do Tríduo – que, nesta forma, só ressurgiu a partir de 1969 – podemos também ter acesso de forma diferente à experiência da "Páscoa semanal", isto é, da celebração eucarística dominical.

Aqui queremos, antes de tudo, apontar algumas consequências da leitura pascal medieval e moderna, como "recaídas" no que diz respeito à experiência da missa:

- o primado da paixão sobre a ressurreição determinou um primado da "consagração" sobre a "comunhão";
- a atenção quase exclusiva ao "sacrifício" gerou uma atenção muito grande à dimensão cristológica, pondo em segundo plano a relação pneumatológica: esta valorizou a devoção à hóstia consagrada e à sua elevação, mais do que a dupla descida do Espírito (epiclese), sobre as oferendas e os ofertantes;
- daí derivou uma "experiência de pico" – pico de atenção, de devoção, de oração – que se estabeleceu firmemente no momento da consagração-elevação da hóstia; a tensão mística encontra aí o seu "ápice": todo o resto é uma subida até aqui e um descer novamente a partir daqui; até a raridade do acesso à comunhão foi, ao mesmo tempo, efeito e causa de todos esses pressupostos.

Graficamente podemos assim representar esta experiência clássica da eucaristia, ainda hoje muito difundida:

consagração

prefácio memorial-intercessões

liturgia da Palavra ritos de comunhão

ritos de início despedida

Se, porém, considerarmos a releitura pascal do Tríduo como "reconhecimento da Páscoa eclesial", redescobriremos que a celebração dominical também propõe a mesma lógica, do mesmo modo como aparece plasticamente na primeira "missa" narrada pelos Evangelhos, que não é última ceia, mas a ceia de Emaús, onde o crescendo é: encontro, a escuta da Palavra, fração do pão, correr para anunciar. Transposto para a eucaristia dominical, torna-se um "crescendo" que pode ser assim representado:

comunhão-despedida e envio

epiclese-intercessão-doxologia

consagração-narração memorial

oração eucarística

liturgia da Palavra

ritos de entrada

Aqui, o "pico da atenção-devoção" é o reconhecimento do Ressuscitado não só na comunhão, mas também como comunidade eucarística. De fato, nunca devemos esquecer que o "corpo de Cristo" não é simplesmente o que "encontramos" na eucaristia, mas o que "nos tornamos" na eucaristia. *Tornar-se o corpo de Cristo é o ponto de chegada da Páscoa*, tanto da Páscoa semanal quanto da anual.

1. *Uma terceira palavra de Agostinho: "Sede aquilo que vedes, recebei aquilo que sois"*

Em um sermão sobre o pão eucarístico (*Sermão* 272, que já citamos várias vezes), Agostinho oferece uma síntese extraordinariamente intensa de tudo o que consideramos até agora. Ele diz seis palavras latinas: *Estote quod videtis, accipite quod estis*, que podem ser traduzidas por oito palavras portuguesas: "Sede aquilo que vedes, recebei aquilo que sois". Nesta síntese, aparecem com muita clareza alguns elementos decisivos da comum "consciência pascal":

a) a correlação entre morte e ressurreição não é simplesmente uma "história de Jesus", mas um acontecimento comunitário; é, de fato, o fundamento de toda comunhão possível. A comunhão, do ponto de vista cristão, significa entrar nesta história; comunhão é participar da história de Jesus;

b) isto é atestado pela "concatenação" dos três dias do Tríduo: enquanto os dois primeiros seguem "quase biograficamente", quase mimeticamente, a história de Jesus de Nazaré, o terceiro dia "começa pelo fim", ou seja, com o Senhor ressuscitado que volta, do final dos tempos;

c) a liturgia pascal – anual e semanal – não é apenas uma "imitação", mas também uma "memória": é o corpo de Cristo, a comunhão com o Ressuscitado, que faz memória da história da salvação, porque o Ressuscitado, verdadeiramente morto e sepultado, vivo *em* seu corpo eclesial e *como* seu corpo eclesial;

d) por isso, o efeito dominical e anual é muito semelhante: assim como a Páscoa dominical explode na existência de toda a semana, a Páscoa anual explode no terceiro dia do Tríduo, em "sete semanas do tempo pascal", até Pentecostes;

e) o que acontece em cinquenta dias, uma vez por ano, acontece todos os domingos, na celebração eucarística; a despedida da "segunda pessoa" da Trindade torna possível sua presença contínua mediada pela "terceira pessoa": no Espírito Santo a Igreja experimenta a presença do Filho para louvar o Pai até o cumprimento dos tempos.

2. *Do corpo sacramental ao corpo eclesial,
   por meio do corpo histórico*

Uma releitura da experiência espiritual cristã, do modo como foi desejada pelo Concílio Vaticano II e concretizada pela reforma litúrgica, não pode ser assegurada apenas pela dedicação dos pastores, mas deve contar também com a ajuda da reflexão dos teólogos.

Celebrar a Páscoa, primeiro em três dias, no Tríduo, e depois em cinquenta, até Pentecostes, é a reforma da Igreja, o repensar da ética, a releitura da história e a reabertura da vida.

Se o sacramento é a "forma visível da graça invisível", sua visibilidade precisa de imaginação e sonho, de impulso e de silêncio, de forma compreensível e de mistério sem forma. Só assim é que se pode começar ritualmente o fazer Páscoa.

O itinerário pessoal e comunitário, que se renova ano após ano, encontra agora na ação ritual reformada – primeiro por Pio XII e depois por Paulo VI, após o Concílio – o contexto adequado para a sua renovada riqueza e maior eficácia. E essa renovação diz respeito não só à Páscoa anual, mas sobretudo à Páscoa semanal. Na celebração eucarística do "primeiro dia depois do sábado", a cada sete dias, repetimos esta passagem decisiva e poderosa do corpo sacramental ao corpo eclesial. Este é o sentido primeiro e último da Páscoa.

IV. Um dia é como um ano: liturgia
    das horas e eucaristia

Ao lado do "grande círculo" do ano litúrgico, que sistematicamente reunimos na comparação entre a Páscoa semanal e a Páscoa anual, não se pode esquecer o "pequeno círculo" da oração cotidiana das horas. Também esta, evidentemente, se relaciona com o mistério pascal, no que diz respeito ao louvor, à ação de graças e à bênção, à súplica e à intercessão. A "escola de oração" que é a eucaristia coloca-se em uma relação de "troca" – mas também de substituição – com o ritmo cotidiano das horas canônicas.

Os desenvolvimentos históricos criaram progressivamente uma espécie de "competição" entre a celebração eucarística diária e o ritmo das horas de oração. A tentação era "absorver" toda a oração eclesial na missa cotidiana, eliminando todas as "zonas intermediárias" entre o grau 0 da oração pessoal e o grau 100 da eucaristia comunitária. A privatização de toda a oração – incluindo o Ofício – certamente influenciou no "transbordamento" da missa de seus próprios limites, na medida em que ela tende a abranger toda a área do "culto cristão". A ação ritual do clérigo e a oração privada do leigo (e dos demais clérigos presentes) podiam, justamente por serem estruturalmente estranhas umas às outras, realizar-se simultaneamente, como repertórios paralelos. Poderíamos dizer que a fórmula conciliar *per ritus et preces* pôde se exprimir, em sua versão anterior, com a fórmula *alius per ritus agens, alii per preces orantes*. Também as missas que abriram as sessões do Concílio Vaticano II tiveram um bispo que "celebrava" e uma assembleia de bispos que, concomitantemente, recitava o Ofício.

A nova concepção "dinâmica" da eucaristia implica, por um lado, a impossibilidade de um paralelismo orante; mas, por outro, também o desenvolvimento de uma compreensão semelhante da liturgia das horas como "ação ritual", dotada de dimensão comunitária e espiritual. Além disso, as formas que, nas últimas décadas, unificaram a oração horária das laudes ou vésperas e a eucaristia são "passos" para recuperar a força comunitária e espiritual de uma liturgia das horas que se despede das formas privadas e devotas do Ofício, e que se estrutura segundo uma lógica comunitária, tornando-se um lugar de reunião, escuta da Palavra, canto de salmos, oração comum, de intercessão e de bênção. A liturgia comunitária das horas pode dar muito à consciência eclesial que amadurece uma "forma ritual" em diferentes contextos de celebração e de culto da comunidade[3]. Estes "graus intermediários" do rezar eclesial – além da liturgia das horas, são constituídos também pelas liturgias penitenciais ou pelas bênçãos – são promovidos por uma experiência eucarística mais rica e conduzem a própria assembleia que celebra a ceia do Senhor a um amadurecimento adicional.

V. Da eucaristia como substância à eucaristia como circunstância

O breve aprofundamento deste capítulo, ainda que apenas por meio de indicações fundamentais, assinala uma série de importantes "repercussões" do método de leitura da eucaristia como processo ritual. A passagem de uma lógica "substancial" a uma lógica "circunstancial" não produz um alívio do peso teológico da experiência eucarística, mas um aprofundamento

---

3. Cf. GRILLO, A., Problematiche attuali della preghiera nei ritmi del tempo, in: *Liturgia delle ore. Tempo e rito. Atti della XXII Settimana di Studio dell'Associazione Professori di Liturgia*, Susa, 29 ago.-3 set. 1993 (Bibliotheca Ephemerides Liturgicae. Subsidia, 75), Roma, C.L.V./Ed. Liturgiche, 1994, 45-88.

da "mediação" que o processo ritual garante, sem ser capturado pelo imediatismo de uma "substância". A "figura" do corpo e do sangue não é simplesmente o resultado de um "milagre metafísico". É antes a transfiguração da experiência do sujeito e da identidade dos objetos, sempre travados em uma dinâmica ao mesmo tempo definida e aberta, determinada e, ao mesmo tempo, reversível.

Ao colocar a eucaristia em sua dimensão primordialmente dominical, que, como motor primeiro, move tanto a grande roda do ano litúrgico como a pequena roda da liturgia das horas, impõe-se um repensar "ritual" dos conceitos clássicos da teologia eucarística: presença, sacrifício e comunhão não podem mais ser compreendidos isolada e autonomamente. Essa autonomia isolada floresceu tanto mais quanto mais forte era a leitura "estática" da teologia. Tendo colocado a celebração eucarística em um contexto de "sequências temporais", nas quais é a ação a ter uma primazia em relação à contemplação, tudo isto permitiu apreender melhor a sua própria dinâmica processual e compreender a sua relação com o tempo como uma questão sistemática fundamental.

Temas de estudo

1. O desenvolvimento do "saber eucarístico" latino, durante quase um milênio, descurou completamente a relação entre a eucaristia e o tempo. Em que medida essa concentração na "substância" e na "essência" empobreceu a experiência de oração e de comunhão da estrutura eclesial? E quais são as causas desse fenômeno?
2. A analogia entre o Tríduo Pascal e a missa pode garantir um notável incremento de intelecção: o hábito de aplicar as experiências "substanciais" da missa ao Tríduo pode ser invertido na extensão à celebração eucarística do "processo ritual" do Tríduo. Quais são as descobertas que esta analogia nos permite fazer?
3. O ritmo cotidiano da oração está em relação com o mistério pascal, embora diferente daquela com a eucaristia. No entanto, está correlacionado a ela e pode também permitir compreender a lógica "escatológica" da eucaristia, em relação à qual a liturgia das horas está ligada pela "contingência" de uma determinada hora. A relação com o mistério pascal é, de fato, explicitada pela eucaristia no âmbito do "tempo realizado" e pela liturgia das horas na distensão temporal e histórica do dia e da noite.

Para aprofundar

A releitura da relação entre a eucaristia e o tempo implica considerações históricas, sistemáticas, litúrgicas e antropológicas que encontram aqui um significativo aprofundamento:

- BROVELLI, F., *Per uno studio della Année Liturgique di P. Guéranger. Contributo alla storia del Movimento Liturgico* (Bibliotheca Ephemerides Liturgicae. Subsidia, 22), Roma, C.L.V./Ed. Liturgiche, 1981.
- ANGELINI, G., *Il tempo e il rito alla luce delle Scritture*, Assisi, Cittadella, 2006.
- *Liturgia delle ore. Tempo e rito* (Bibliotheca Ephemerides Liturgicae. Subsidia, 27), Roma, C.L.V./Ed. Liturgiche, 1994.
- BARBA, M. (ed.), *"O giorno primo ed ultimo". Vivere la Domenica fra festa e rito* (Bibliotheca Ephemerides Liturgicae. Subsidia, 47), Roma, C.L.V./Ed. Liturgiche, 2004.
- GRILLO, A., *Tempo graziato. La liturgia come festa*, Padova, EMP, 2018.

CAPÍTULO 16
Síntese: doze teses e algumas questões em aberto

> O zelo pela promoção e renovação da liturgia é justamente considerado como sinal dos desígnios providenciais de Deus sobre o nosso tempo, como uma passagem do Espírito Santo pela sua Igreja; este imprime uma nota característica na própria vida da Igreja, antes, em todo o modo de sentir e agir religioso do nosso tempo (SC 43).

Neste capítulo final, é nossa intenção apresentar uma visão global das tarefas da teologia eucarística, identificando as diferentes competências necessárias para dar conta de toda a riqueza da tradição na forma de doze teses (item I). Seguiremos com a análise de algumas questões de pormenor litúrgico, mas das quais emergem importantes necessidades de caráter sistemático (itens II e III), para concluirmos com um parágrafo ecumênico, como profecia da "unidade da Igreja" assumida não apenas como *culmen*, mas também como *fons* (item IV) de toda a ação da Igreja.

I. Algumas teses sobre o método necessário para uma "nova teologia eucarística"

Aqui, pretendemos focar – de forma sintética – em uma série de perspectivas conclusivas, enunciadas por meio de uma série de doze afirmações ou "teses". Essas proposições sintetizam o fio condutor que percorreu todo o volume, na busca de um novo equilíbrio plausível entre uma abordagem sistemática e uma abordagem litúrgica da tradição eucarística.

1. A relação entre abordagem sistemática e abordagem litúrgica é "nova", dado que no campo onde antes só atuava a teologia dogmático-sacramentária, agora – há pelo menos um século – atua também uma teologia litúrgica. Mas Joseph Ratzinger, ainda em 1980, já tinha bem percebido algo: um novo conceito de "forma ritual" teria alterado (arruinado ou aperfeiçoado?) o conceito clássico de *forma* como "causa formal". Em si mesmo, o nascimento da teologia litúrgica significou uma profunda mudança na teologia sacramentária, precisamente em suas categorias fundamentais. Este desenvolvimento transformou radicalmente o modo de fazer teologia eucarística.

2. Como nasceu a teologia litúrgica? Como uma nova forma de ler a tradição sacramental da Igreja, compreendendo-a sobretudo como uma *actio sacra*, como uma "ação ritual". Os sacramentos são ações de Cristo e da Igreja, cuja realidade é acessível "como ação". E como uma ação em que Deus e o ser humano agem juntos. Aqui deixa-se o esquema escolástico, que pensava os sacramentos como "graça descendente" e como "culto ascendente". Este esquema interrompeu gradualmente a relação humano-divina nos sacramentos: ele os considerou apenas como "meios de santificação". E havia "objetivado" o *medium*, sobretudo na eucaristia, pela lógica "ôntica", entremeada pelo conhecimento sobre a "substância" e a "espécie".

3. Essa novidade de estrutura – que envolve uma passagem da "substância do ente" ao "processo ritual" – tem levado lentamente a ler a tradição a partir das ações rituais. Isso era impossível para uma sistemática que colocava o rito apenas do lado da ascensão humana a Deus e que entremeava o divino na "estrutura ontológica" do pão e do vinho. Daí o grande interesse por textos e gestos, por *preces* e pelos *ritus* – primeiro estudados filológica e historicamente, em seguida também por meio das ciências humanas. Eles são lugar teológico apenas na medida em que podem ser um lugar antropológico. É evidente que, segundo esta formulação, a referência cruzada entre teologia e antropologia não é *a posteriori*, mas *a priori*. Exigência do próprio objeto com o qual a teologia deve lidar com competência.

4. Nesse sentido, é fundamental o que aconteceu com o texto de SC 48, que deve ser sempre lido em sinopse com *Mediator Dei*: ele marca a mudança no modelo de compreensão da "participação" na liturgia eucarística. De um modelo "interior" (*Mediator Dei*), que pensa a participação como um *actus animi*, ao modelo "ritual" (*Sacrosanctum concilium*), que pensa a participação na forma do *per ritus et preces id bene intelligentes*. Para esse modelo, a participação na liturgia eucarística não pode consistir apenas em um *actus animi*, por ser também sempre e necessariamente um ato corpóreo,

exterior, temporal, espacial, sensível. Com esta nova compreensão da ação (participada) e da participação (ativa), muda-se o modelo ontológico da intelecção: a intelecção da eucaristia é, antes de tudo, não conceitual, mas ritual, não imediata, mas mediada, não estática, mas dinâmica.

5. O que a *Sacrosanctum concilium* afirma, porém, não é simplesmente um modelo diferente de participação, mas um modelo diferente de compreensão da teologia eucarística. Este transforma a ação ritual de "instrumento" em "mediação": o acesso ao sentido teológico da eucaristia ocorre *per ritus et preces*, a contemplação ocorre na ação corpórea, não antes ou depois desta. Essa dinâmica implica uma reconsideração da perspectiva com a qual a ação ritual institui a relação entre Cristo e a Igreja, como "cume e fonte (*culmen et fons*)" de qualquer outra ação eclesial – de cada "instituição" ou de cada "preceito".

6. Isto obviamente tem implicações muito importantes para toda a teologia sacramentária e, em particular, para o modo de fazer a teologia eucarística. Com efeito, se a compreensão eucarística se faz *per ritus et preces*, é preciso recuperar uma compreensão do mistério eucarístico que a) não separe mistério e Igreja; b) não separe consagração e oração eucarística; c) não separe consagração e comunhão. Ou seja, é preciso que não separe o que parece normal e até mesmo um dever para a tradição latina separar, devido às "categorias" com as quais há muito pensa, que, sendo polares, tendem à cisão (entre substância e espécie, entre essência e uso).

7. No centro desta grande transformação – que é a recuperação da "ação" não só no centro da liturgia, mas no coração da teologia eucarística – estão dois conceitos-chave que devem mudar: a presença do Senhor reduzida a "transubstanciação" e o rito da comunhão reduzido ao "uso do sacramento".

Em primeiro lugar, a presença do Senhor na celebração já não pode ser reduzida, na sua expressão, à "transubstanciação". Aqui dizemos "reduzido à transubstanciação" precisamente porque o conceito medieval é consistente com uma participação reduzida a *actus animi*. Se a participação é junto à ação e na ação, a presença "apenas substancial" não tem relação com a visibilidade ritual. E, portanto, promove uma cisão da experiência, que deve ser reunida por meio de uma delicada operação conceitual.

Em segundo lugar, o papel do rito da comunhão não pode mais ser reduzido ao "uso do sacramento". De fato, durante muitos séculos, o rito da comunhão foi substituído pela "distribuição da comunhão" após a missa ou fora da missa: também neste caso foi o par conceitual "essência/uso" que sustentou e enraizou essa divisão entre ações essenciais e ações possíveis.

Assim, os dois pares conceituais da teologia eucarística medieval e moderna introduziram uma dupla cisão: no âmbito do ser (com a prevalência da substância sobre as espécies) e no âmbito da ação (com a prevalência da essência sobre o uso).

8. Aquilo que a teologia litúrgica leva a teologia sacramental a descobrir pode ser reelaborado em duas considerações de caráter sistemático.

Antes de tudo, raciocinar com as categorias de "substância/acidente" foi uma grande e elevada forma de salvaguardar a realidade e a verdade da presença do Senhor no período escolástico e moderno, mas hoje é uma forma que utiliza noções que nada mais garantem senão uma presença abstrata e uma verdade hipotética: separam justamente o que deveria estar unido. Mas isso é, sob certo ponto de vista, simplesmente a consequência de uma "forma ritual" que havia instrumentalizado a ação relativa ao ente. Se hoje não recuperarmos a centralidade da ação ritual, os conceitos clássicos tornam-se impedimentos para acessar a realidade e a verdade da presença eucarística.

Em segundo lugar, o raciocínio com as categorias de "essência/uso" introduziu uma distinção possível na realidade, que, no entanto, tornou-se em seguida uma oposição entre realidades "diferentes". Também aqui, como é evidente, cria-se um contraste entre "ser" e "ação". Isso levou a pensar que o "sacramento" consiste apenas na consagração (do ente), da qual a comunhão seria um simples "uso eventual". Isso é causa de uma distorção quase irreparável. Pois separa em dois o que é compreendido apenas se permanece unido. *Ritus et preces*: o rito não é a consagração, mas a comunhão. A oração eucarística (dentro da qual está a consagração, ou seja, a memória das palavras da ceia com valor explicativo) é precisamente a oração à qual segue o rito da comunhão (E. Mazza). Esta sequência: oração eucarística ⟶ rito da comunhão não consegue ser recuperada nem se for empregado o conceito de "transubstanciação" para compreender a presença, nem se se empregar o de "uso do sacramento" para compreender a comunhão.

9. Se a "ação" é condição não só da celebração, mas de intelecção, é evidente que também a entrada dos sujeitos na Igreja – o catecismo e a catequese – deve tornar-se um "ato de iniciação". A iniciação é precisamente a consciência da necessidade de um agir corpóreo, espacial e temporal em vista da compreensão da necessidade de "entrar em uma ação" em que se experimenta o fato de que "a assembleia que celebra é parte do mistério celebrado" (G. Bonaccorso).

10. As categorias clássicas – que distinguem claramente substância e acidente de essência e uso – já não permitem hoje uma compreensão

adequada do mistério. Por isso, a estruturação de uma "nova teologia eucarística" é o resultado do surgimento da teologia litúrgica. O que não "substitui" a teologia sacramentária, mas a traduz e integra, reformula e atualiza, sobretudo do ponto de vista teórico. É um novo método teológico, que garante uma nova hermenêutica da tradição litúrgica e eclesial.

11. Contra as falsas evidências, a abordagem sistemática e a ritual não são "áreas circunscritas" de competência sobre uma realidade comum, mas são muito mais tradições diferentes que pretendem dizer, cada uma, a totalidade do sacramento, e que hoje buscam um novo ponto de equilíbrio. De fato, uma compreensão dos sacramentos que não comece a partir da ação ritual termina inevitavelmente em afirmações abstratas. Obviamente, partir do rito não significa partir do *ordo*, mas da ação da qual o *ordo* é simplesmente um instrumento. Nessa *actio sacra* há um começo e um fim (um *fons* e um *culmen*) em que Deus e o ser humano, Cristo e Igreja agem juntos. Deste agir, é coisa boa começar; a este agir, é coisa justa chegar[1].

12. O cuidado com essa "ação ritual" aparece considerado, no texto latino da *Sacrosanctum concilium*, com as palavras segundo as quais a reforma litúrgica "vitam ipsius [ecclesiae], immo huius nostri temporis universam rationem religiose sentiendi et agendi, nota propria distinguit", ou seja: o zelo pela promoção e renovação da liturgia "imprime uma nota característica na própria vida da Igreja, antes, em todo o modo de sentir e agir religioso do nosso tempo" (SC 43). A capacidade da reforma litúrgica de marcar com uma nota característica toda a *ratio* do sentir e agir religioso de nosso tempo torna-se profecia de uma renovação eclesial e teológica totalmente qualificadora. E para a qual é necessário prover sem demora tanto do ponto de vista teórico como prático.

II. O paradoxo das "partículas redondas"

Como vimos anteriormente, o Concílio Vaticano II, na sua constituição litúrgica, indica, entre as sete indicações que dá para a reforma da celebração eucarística, a retomada da "participação mais perfeita" na eucaristia por meio da "comunhão sob as duas espécies" (SC 55). Esta declaração foi

---

1. Essa frase no original italiano tem um sentido mais rico, já que evoca a resposta que o povo dá ao convite, logo no início da oração eucarística, do presidente da celebração à ação de graças, no diálogo que se estabelece no Prefácio, em sua versão italiana: "...Rendiamo grazie al Signore, nostro Dio! È *cosa buona* e *giusta*!" [Demos graças ao Senhor, nosso Deus! É *coisa boa e justa*!]. (N. do T.)

considerada muitas vezes como desimportante, como uma simples recomendação pastoral.

Na realidade, a "viragem pastoral" exigida pelo Concílio Vaticano II implica que esta indicação seja compreendida à luz do entendimento *per ritus et preces* que o n. 48 da *Sacrosanctum concilium* estabelece como critério fundamental de interpretação da participação ativa.

Este horizonte de compreensão – que elabora uma nova noção de "ação simbólico-ritual" e uma nova práxis participativa – introduz não apenas práticas, mas teorias necessariamente novas no corpo eclesial, cujo impacto só hoje começamos a apreciar no campo da teologia eucarística.

Convém deter-nos aqui nas consequências que este novo modo de pensar introduz na clássica doutrina eucarística da "transubstanciação". A presença do Senhor ressuscitado entre os seus é pensada de forma muito mais ampla e complexa, em comparação com a grande mas limitada teoria da "presença substancial sob as espécies do pão e do vinho".

1. *A doutrina e o rito*

Um esclarecimento básico deve ser oferecido sobretudo sobre a relação que se estabelece entre uma práxis ritual e sua interpretação teórica. De fato, devemos reconhecer que as numerosas "controvérsias eucarísticas" – que marcaram a reflexão eclesial e das quais tratamos na segunda parte do manual – produziram efeitos na práxis que não podemos considerar lineares. De fato, para evitar erros doutrinários, *não raramente introduziram indiferenças não marginais, bem como significativas unilateralidades rituais.* Podemos identificar apenas algumas delas:

- a concentração na "presença substancial sob as espécies" desviou profundamente a atenção das outras formas da presença do Senhor, na Palavra, na oração, na assembleia (cf. SC 7);
- a "presença substancial sob as espécies" reduziu o peso da "presença eclesial" do corpo de Cristo, que permanece sempre o primeiro efeito da celebração eucarística;
- a atenção à "substância" originou uma prática dos acidentes que oscila entre a indiferença e o ritualismo, arriscando-se a perder a lógica simbólica das sequências rituais;
- a própria celebração da eucaristia sofreu com a intrusão de uma leitura intelectualista da presença, que reduziu a relevância dos gestos, sequências e coerência inerentes à ação ritual;

- por último, mas talvez *in primis*, a separação entre "sacrifício" e "comunhão" – fruto do conflito com a tradição protestante – não permitiu uma compreensão unitária do rito eucarístico e da continuidade entre sacrifício e banquete.

Podemos considerar especialmente este último ponto e tentar ilustrá-lo melhor com alguns exemplos.

2.   *Os ritos da comunhão e a transubstanciação*

A forma com que a Igreja Católica vem tentando sair desses embaraços há pelo menos cinquenta anos ainda é hesitante e gaguejante. Este é um fato inevitável: a mesma linguagem com a qual propomos as "novas aberturas" é afetada por um léxico muitas vezes antigo e inadequado. De fato, se examinarmos os ritos da comunhão de nossas celebrações eucarísticas, podemos identificar claramente pelo menos três limiares problemáticos:

a) *A irrelevância da "fração do pão"* – O rito da eucaristia prevê uma sequência na qual a fração do pão produz as partículas para a comunhão da assembleia. Ainda hoje é comum a prática de "alimentar a assembleia" com as hóstias já consagradas e, em todo caso, de usar também no altar um pão já dividido em "partículas". A "transubstanciação" e a "centralidade do tabernáculo" – juntamente com a prática de informar a assembleia sobre o término da celebração – influenciaram bastante essa distorção.

b) *A "forma" da comunhão sob ambas as espécies* – Mesmo a recuperação de uma prática de "comunhão sob as duas espécies (*sub utraque*)" ocorreu, na sua maioria, com pouca consciência da "qualidade" da relação com o pão e o vinho. As duas "matérias" simplesmente não são "espécies" de uma substância que, em todo caso, está integralmente contida "sob cada uma das duas"! Ter acesso ao pão e ao vinho como corpo e sangue de Cristo não significa receber "uma espécie imersa na outra [isto é, a 'intinção']", mas *ter acesso ao único pão partido e ao único cálice partilhado, como mediação do corpo e do sangue do Senhor*. Este ato comum, com toda a sua ressonância íntima e familiar, reestrutura a filiação e fraternidade eclesial, com uma potência imediata irredutível a outros gestos. A interferência da "transubstanciação" nesta recuperação é muito pesada, e não por culpa da noção em si, mas por uma recepção intelectualista e ritualística da tradição, que encontrou nesta formalização teórica um formidável aliado.

c) *A procissão da comunhão* – A forma mais espiritual de comunhão deveria ser uma alegre procissão ao altar de toda a assembleia. Movimento, canto, ritmo são as condições desta experiência, tanto física como espiritual: uma compreensão da eucaristia centrada apenas na "substância" corre o risco de considerar tudo isso como indiferente ou mesmo como uma distração do essencial. É necessário apenas "reduplicar" a ação de graças individual, quase na indiferença para com a ação comunitária.

3. Paradoxos doutrinais e rituais

A leitura da "comunhão com o Senhor" em termos de "transubstanciação" implica, portanto, uma redução inevitável da mediação ritual da presença do Senhor, concentrando o cerne do rito apenas na "fórmula de consagração sobre a matéria". Como vimos, essa redução de todo o rito eucarístico a essa passagem do relato institucional envolve questões verdadeiramente centrais para uma teologia eucarística adequada. A sineta, que ainda hoje toca justamente nesse limiar, atesta o efeito de distorção que a grande teoria teve sobre a tradição. Compreender que o rito eucarístico experimenta a "presença do Senhor" em toda a sequência ritual – na reunião, nos ritos de entrada, na liturgia da Palavra, na profissão de fé, na oração por todos, na apresentação dos dons, na anáfora eucarística solene, nos ritos de comunhão e nos ritos de despedida – *exige uma abordagem mais rica e articulada no que diz respeito à relação formal entre substância e acidentes*. Diríamos, portanto, que *o instrumento teórico da teologia interfere e deforma o objeto*. Expressando-o *apertis verbis*, segundo o caminho que percorremos ao longo deste volume, poderíamos afirmar que *o centro da eucaristia não é uma "consagração do pão e vinho", mas a escuta da Palavra e a oração anafórica que conduzem ao rito da comunhão*. Esta ampla compreensão da eucaristia necessita de uma "teoria da presença" mais ampla e abrangente. De fato, poderíamos dizer que a transubstanciação pode "enxergar" apenas a consagração e é, sob certo aspecto, o produto teórico desse ponto de vista, ao passo que uma perspectiva mais ampla da experiência da presença do Senhor deve ser capaz de produzir uma teoria mais articulada, mais rica e mais dinâmica de todo o processo ritual, incluindo também o aparente "detalhe" da "forma das partículas".

4. O uso de "partículas redondas": o desvio individualista da transubstanciação

Este último exemplo pode ajudar a entender o que está em jogo em nossas reflexões. Todos nós temos conhecimento da prática eclesial católica, que celebra os ritos da comunhão utilizando "partículas" já partidas, ou melhor, confeccionadas já antes da fração do pão, e frequentemente já consagradas em uma celebração anterior e simplesmente distribuídas, tirando-as do sacrário, no momento do rito da comunhão.

Sem entrar em todas as questões que esta prática propõe, em parcial dissonância ao que é exigido pelas rubricas do Missal Romano pós-conciliar, podemos ainda levantar uma reserva sobre a "forma redonda" da partícula. De fato, acreditamos que, embora seja completamente natural que o pão eucarístico seja redondo – e de fato a *hostia magna* é sempre redonda – não está claro por que se acredita que até a partícula deva ser redonda. Não é exagero acreditar que isso se deve a uma espécie de "imitação em miniatura" do pão em sua inteireza. Quando é "produzida antecipadamente" em relação à *fractio panis*, é evidente que a partícula pode assumir uma forma não aleatória – como ocorre em qualquer fração –, ali há uma forma intencional e até mesmo projetada, refinada e até cifrada. No entanto, deve-se reconhecer que a forma redonda da partícula corre o risco de apagar uma experiência ritual elementar da relação entre o Senhor e sua Igreja. Ele a encontra como aquela "plenitude" que é dada a cada um por mediação da comunidade. Quem recebe o corpo de Cristo o recebe não apenas de modo "direto", mas "através da Igreja". Por isso, o único pão, partido, é oferecido "como fragmento" (*particula*) a cada indivíduo, que pode reconhecer o corpo de Cristo – e se reconhecer como corpo de Cristo – somente no Senhor e na Igreja.

Esta verdade é hoje mediada pelas mentes, mas não pelos corpos. Para que o corpo experimente a lógica eclesial, a partícula deve ser *um fragmento informe, não um todo em miniatura*. O fragmento, para permanecer um fragmento, pode ter qualquer forma casual, mas não a intencionalmente redonda, que é a forma do todo. Por outro lado, os corpos, também com base no uso unilateral da noção de transubstanciação, acreditam ter um contato "inteiro" com o Senhor e, portanto, sentem também o dever de "dar graças" *sozinhos* pela comunhão, sem levar em conta que toda a eucaristia é, precisamente, ação de graças *comunitária*. Para remediar essa distorção, porém, não basta confeccionar as partículas sem uma forma redonda! Em vez disso, é preciso produzir uma "teoria da presença" que não seja refratária à ação, às linguagens simbólicas e aos processos rituais. Para chegar a produzir os fragmentos-partículas mediante a fração do pão – ou seja, para recuperar o sentido primário de uma sequência ritual elementar, que nem mesmo conseguimos "ver" – precisamos não apenas de rubricas mais adequadas, ou técnicas de produção de partículas, mas de teorias teológicas mais fiéis à riqueza da tradição, com a multiplicidade de suas linguagens corporais e com a delicadeza de suas sequências rituais. Uma sequência ritual, que produz as partículas informes da fração do único pão redondo, mostra imediatamente o poder do rito eucarístico e a fragilidade ritual da teoria da transubstanciação.

III. Oração eucarística e toque da "sineta" na consagração

Como destacado no parágrafo anterior, devemos reconhecer com serenidade certa tensão entre a "teoria da transubstanciação" e a "nova celebração do rito eucarístico". De certo ponto de vista, como já visto, essa teoria condiciona fortemente a prática ritual. De outro lado, por sua vez, foi um tipo de prática que preparou as condições para uma teoria como a da "conversão da substância", que deixa inalterados os acidentes. A história que recordamos na segunda parte do manual nos tranquiliza: uma parte substancial da doutrina teológica do século passado deu-se conta que a "teologia da transubstanciação", mesmo salvaguardando com grande precisão o "conteúdo" da fé em um contexto polêmico, não conseguiu salvaguardar sua "forma" e levou a um divórcio progressivo entre forma e conteúdo, causando repercussões negativas também no estrito âmbito dos conteúdos.

1. *A consagração sem contexto*

Um segundo exemplo eloquente desse fenômeno pode ser identificado na dificuldade com que tentamos gradualmente recuperar a unidade da oração eucarística, saindo de uma fruição "altamente seletiva" dessa oração. Na realidade, observando mais a prática do que a teoria, podemos constatar que permanece um profundo "núcleo duro" daquilo que foi, durante séculos, uma "participação" do povo de Deus limitada à "consagração".

Com efeito, durante um longo período de experiência eclesial, que já ilustramos ao apresentarmos os desenvolvimentos medievais e escolásticos, quase que a totalidade daqueles que "participavam" da missa estiveram realmente presentes na ação, e dela participaram apenas no momento da consagração. Tudo o que precedeu e tudo o que se seguiu, no processo ritual, foi o lugar das "devoções paralelas". E este estilo era tão evidente que, no umbral de entrada e saída deste "lugar intenso de culto comum" – ou seja, a consagração do pão e do vinho –, uma sineta tinha seu lugar para atrair a atenção inicial e final dos fiéis. O primeiro toque dessa sineta chamava a atenção da assembleia para o ato comum, ao passo que o segundo toque restituía todos às suas devoções pessoais. Devemos considerar com atenção que essa "prática" – que hoje não desapareceu, ainda que tenha transformado o repicar da sineta, por vezes deslocando-o mesmo para um momento diferente, do limiar ao âmago do ato, ou seja, ao ato de elevação, primeiro do pão e depois do cálice – é muito mais do que um "modo de fazer": é antes um "modo de pensar", que identifica o ponto exato da "conversão da matéria" e arrisca tornar todo o resto algo supérfluo. A forma de pensamento, que essencializa o "milagre eucarístico" na conversão da substância, tende inevitavelmente a tratar apenas do "rito essencial" da celebração eucarística, onde se acredita que ocorre a "conversão da substância".

2. *Transubstanciação e carência ritual*

Algumas observações são necessárias aqui:

a) Esta prática transformou o rito da eucaristia, identificando seu centro em um ato interno à oração eucarística e perdendo gradualmente o contexto orante e ritual que o estrutura; é peculiar que tenha recebido a relevância de um rito decisivo aquilo que, segundo a reconstrução histórica que propusemos, deve ser reconhecido como "relato autorizado da instituição, com palavras explicativas" dentro da oração eucarística.

b) A transformação do rito eucarístico substituiu com a "fórmula por sobre a matéria" – ou seja, as "palavras da consagração" sobre o pão e o vinho – a sequência *prex-ritus* constituída pela anáfora eucarística ⟶ rito da comunhão. Desta forma, a centralidade da ampla dinâmica entre oração-sacrifício-comunhão foi substituída pela estreita relação entre palavras da consagração e matéria eucarística.

c) Esta transformação foi acentuada pelas controvérsias sobre a missa como "sacrifício/comunhão": tendo claramente separado a dimensão do sacrifício da dimensão da comunhão – em resposta à clara separação luterana entre comunhão e sacrifício – foram criadas as premissas teóricas para esse isolamento da "consagração" não só da oração eucarística, mas também do rito da comunhão.

d) A tudo isso deve-se acrescentar, também, o isolamento da consagração da primeira parte da missa – da "parte didática", como era chamada – que só recentemente redescobrimos como "comunhão na Palavra proclamada, ouvida e rezada".

Todo esse desenvolvimento, que corresponde às múltiplas razões e causas concomitantes que já consideramos de diferentes ângulos, encontrou no conceito de "transubstanciação" uma poderosa forma de mediação. Ao isolar a lógica da substância da lógica dos acidentes, ela pôde determinar – sem nunca ter tido a intenção de fazê-lo – todas as nossas formas de "indiferença à forma ritual", que causaram os desvios formais da nossa tradição. A referência à "descoberta da forma ritual" como ideia teológica fundamental do Movimento Litúrgico, e que aqui valorizamos como uma das intuições mais fecundas do século XX, esclarece claramente o sentido desta nova exigência de compreensão teórica da tradição, para a qual já não bastam os conceitos clássicos, sobre cuja necessidade não há dúvidas, mas que não são mais suficientes.

3. *As razões no novo ordo missae*

Portanto, é legítimo se perguntar: como podemos restituir ao rito eucarístico sua riqueza e sua força se não corrigirmos a teoria teológica que, ao "essencializá-lo", o torna não apenas pastoralmente incompreensível, mas teologicamente irrelevante? O caminho percorrido pelo Concílio Vaticano II ainda é muito promissor. Depois de tê-lo apresentado de forma mais articulada nas páginas anteriores[2], poderíamos agora resumi-lo nestes poucos pontos qualificativos:

a) o último concílio indicou o caminho para a atualização da tradição em sete ações qualificadoras: maior riqueza bíblica, homilia, oração dos fiéis, uso das línguas faladas, comunhão sob as duas espécies, unidade entre Palavra e sacramento e concelebração;

b) recuperou como critério fundamental a *actuosa participatio*, que restitui à assembleia a qualidade de "sujeito/objeto" da ação ritual, à ministerialidade uma articulação diferenciada em relação à presidência única e a Cristo o papel de sujeito do ato litúrgico;

c) iniciou o processo de reforma dos ritos, precisamente para readquirir aquelas sete riquezas e tornar possível esta forma renovada de participação, da qual depende toda a experiência eclesial.

Obviamente, se essas razões de novidade são negadas ou minimizadas, as dificuldades a que conduz a "teoria da transubstanciação" não são percebidas de forma alguma. Poderíamos dizer que os fautores do *vetus ordo* muitas vezes se sentem compelidos a querer uma identificação imediata entre presença real e transubstanciação: isso parece totalmente compreensível,

---

2. Cf. acima, segunda parte, cap. 9, item V.

porque essa doutrina, dada a sua limitação interna, não consegue valorizar a espécie/acidente se não como pretexto para uma relação com a "substância" removida de toda sensibilidade. Por outro lado, a nova riqueza ritual introduzida pela reforma litúrgica ajuda o grande corpo da Igreja a "expressar melhor o que pensa de si mesmo", como disse Paulo VI ao abrir a segunda sessão do Concílio Vaticano II. Ou seja, a experimentar a presença do Senhor de muitas maneiras e em diversas línguas, recuperando também a sensibilidade corporal e histórica da celebração eucarística.

4. *Participar sem... sineta*

De toda essa consideração retrospectiva, podemos tirar uma série de conclusões, para as quais também é necessário especificar teoricamente o conteúdo da presença do Senhor, que definimos como "corpo de Cristo", como comunhão com a sua morte e com a sua vida:

a) Para esta experiência de "presença-comunhão" não é necessário tocar nenhuma sineta[3]. Não faz sentido tocá-la no início da "consagração", nem a transferir para o início da oração eucarística: não podemos separar o relato da instituição da anáfora, nem a anáfora da liturgia da Palavra, nem a oração eucarística dos ritos da comunhão. O ritual já tem seus limiares rituais, mas a participação se estende a todo o processo ritual, não apenas a uma parte dele.

b) A sineta é o indicador daquilo que, acertadamente, Enrico Mazza definiu como "um rito dentro de um rito": sem perder as diferentes articulações do processo ritual, devemos recuperar a percepção do "grande rito" constituído pela sequência: anáfora ⟶ comunhão, dentro do qual fazemos memória das palavras do Senhor sobre o pão e sobre o cálice, que explicam o rito eclesial em vez de o absorverem e substituírem.

c) O grande rito constituído pela sequência: anáfora ⟶ comunhão compreende e anuncia que o "corpo de Cristo" é a Igreja pela mediação do corpo sacramental; o pequeno rito da sequência que chamamos de "consagração" corre o risco de se deter na realidade intermediária do

---

3. Uma questão completamente diferente é introduzir um "som" – de uma ou mais sinetas – não como um "limiar funcional", mas como uma "expressão simbólica". A colocação, hoje, do som em correspondência não ao limiar da "consagração", mas sim da "elevação", indica um desenvolvimento da experiência eclesial que, embora permaneça dentro de uma compreensão parcial, mostra a recuperação de uma linguagem não verbal ao menos parcialmente liberada do caráter imediatamente funcional.

corpo sacramental e não fazer perceber a destinação eclesial do grande rito eucarístico.

d) Neste processo de novo enriquecimento da tradição, a teoria teológica da "transubstanciação" corre o risco de desempenhar – contra as suas próprias intenções – uma função de *imunização da forma*: se a única forma exigida é a das "palavras exatas sobre o pão e o vinho", então fica evidente o quão grande é o risco de distorção da tradição que, através dessa teoria, podemos inadvertidamente gerar.

À luz de todas essas considerações, a categoria de "transubstanciação" aparece como um termo que historicamente teve a função de "salvaguardar um conteúdo" em um contexto polêmico. Como tal, aparece como *uma apropriação preciosa da tradição*. Mas essa função deve hoje ser conjugada com uma instância diferente, nomeadamente a de recuperar as formas mais adequadas e ricas desse conteúdo. Para essa recuperação, *a noção de transubstanciação aparece não só como uma antiga riqueza, mas também como uma nova pobreza*. Isso aparece não só à luz da tradição entendida como "passado eclesial", mas também em vista da tradição concebida e imaginada como "futuro eclesial", no qual é possível caminhar para uma comunhão mais plena se afastando de uma rígida compreensão "substancialista" da presença eucarística. Veremos isso agora, em nosso último parágrafo, dedicado à discussão ecumênica como fonte de preciosa reelaboração da teologia da eucaristia.

IV. Comunhão eucarística ecumênica:
para além da hospitalidade

O que temos ilustrado até agora, em termos de uma elaboração da teologia eucarística que valorize a ação ritual da liturgia em uma perspectiva fundamental, assume uma urgência própria não apenas para as relações intraeclesiais (intracatólicas), mas também para as extraeclesiais, sobretudo no plano ecumênico. Portanto, surge também a questão da "hospitalidade eucarística", também chamada, mas incorretamente, de intercomunhão. Ou seja, a possibilidade de que a celebração eucarística se torne não só *culmen* de uma comunhão já adquirida e estabelecida, mas *fons* de uma comunhão a ser prometida e a ser imaginada.

Com efeito, mesmo no âmbito da colocação dentro da liturgia eucarística, isto é, no seio da intimidade eclesial, corremos sempre o risco de pensar e de nos sentirmos, seja por sermos classificados, seja em nosso próprio ser, como "estranhos" – como se fôssemos alguém que poderia se vangloriar de um direito original de cidadania na eucaristia. Mas, para além destes frequentes exageros, a terminologia da "hospitalidade eucarística" parece justificada por um fato muito positivo, ou seja, pela superação das "excomunhões" entre Igrejas, que assume a figura da "hospitalidade" do "irmão separado" dentro de uma celebração católica.

Esse fenômeno deriva diretamente de uma reavaliação da *res* da eucaristia, ou seja, do dom da graça da "unidade da Igreja", redescoberta não só pelo Movimento Ecumênico, mas também pelo renovado interesse litúrgico, bíblico e patrístico pela tradição eucarística[4].

O fenômeno é um caminho inevitavelmente lento e complexo, que deve superar hostilidades históricas e antigas incompreensões, diante das quais a comunidade eclesial luta, por exemplo, para conceber a reciprocidade: por acreditar que os católicos podem certamente acolher, mas nunca podem ser acolhidos.

Obviamente, a terminologia e a atitude são o resultado de muitos embates, muitas incompreensões e muitas rupturas. A diferença gerou indiferença. O termo "hospitalidade" afirma e nega ao mesmo tempo: afirma uma relação de "mesa comum" na ausência de "comunhão eclesial". Gostaríamos de ilustrar brevemente o assunto a partir de três pontos de vista.

1. Aspecto antropológico

Os fiéis católicos acostumaram-se a raciocinar assim: "Enquanto não houver comunhão eclesial, não pode haver comunhão sacramental". Parece uma posição de bom senso, que segue uma lógica elementar: se não há acordo sobre as palavras, sobre as verdades, sobre os poderes, sobre as simbólicas, como comungar do mesmo pão e do mesmo cálice? Isso se aplica imediatamente à "doutrina teológica" clássica. Mas a antropologia, que também está familiarizada com esta lógica – aliás este embaraço da "inospitalidade" não acontece só na Igreja, mas também nas crises com os amigos ou nas tensões na família – no entanto, também conhece outra, muito diferente e de certa forma invertida. Bem sabemos, de fato, que é

---

4. W. Kasper escreveu há alguns anos: "Se vasculharmos nossos tradicionais manuais de dogmática, pouco ou nada encontramos sobre o tema 'A eucaristia, sacramento da unidade' [...]. Eles se concentram nas palavras da transubstanciação, na presença real e no carácter do sacrifício" (KASPER, W., *Sacramento dell'unità. Eucaristia e Chiesa*, Brescia, Queriniana, 2004, 125).

precisamente o ato da "refeição comum" que torna possível a comunhão de vida. Um velho adágio diz: "*Communitas victus, communitas vitae*, a comunhão da mesa é comunhão de vida". As dificuldades doutrinais e disciplinares não são apenas um "obstáculo" à comunhão fraterna. Elas também podem ser resolvidas a partir de uma "experiência de uma refeição comum", que antecipa profeticamente e acompanha escatologicamente o devir dos sujeitos.

Em um de seus primeiros discursos públicos como presidente em exercício dos Estados Unidos, Barack Obama falou na Universidade de Notre Dame[5] sobre um jesuíta, membro da comissão americana que, nos anos de 1950, deveria superar o *apartheid* e criar "comunhão" entre brancos e negros na sociedade estadunidense. Aquele padre perspicaz descobriu que os membros da comissão, tanto os brancos quanto os negros, estavam unidos por uma "paixão comum", apesar dos contrastes aparentemente inconciliáveis: a pesca. Um passeio no lago, que proporcionou uma experiência de pesca em comum, foi o início do acordo entre eles: um "ato de pesca em comum" precedeu o reconhecimento comum da verdade. Um rito da comunhão entre os "excomungados" tornava possível a reconciliação[6].

2. Aspecto eclesiológico

Hoje a questão adquiriu um novo colorido, já que os bispos alemães – seguindo a nova sensibilidade estabelecida com a Exortação *Amoris laetitia* (2016) – propuseram a ideia de estender a "hospitalidade eucarística" aos "casais mistos", formados por um marido protestante e uma esposa católica, e vice-versa, cujo destino parecia poder compartilhar toda a vida, em todos os seus aspectos, exceto a eucaristia-santa ceia[7]. Os bispos alemães, em sua maioria, viram que a Igreja entra então em uma espécie de

---

5. Cf. OBAMA, B., *Discurso na Universidade de Notre Dame*, 17 mai. 2009, disponível em: <https://time.com/4336922/obama-commencement-speech-transcript-notre-dame/>. Acesso em: 18 jul. 2019.

6. Nas palavras do presidente: "They fished, and they talked, and they changed the course of history" ["Eles pescaram, conversaram e mudaram o rumo da história"] (B. Obama).

7. Referimo-nos ao polêmico *Orientierungshilfe* (guia pastoral) intitulado *Mit Christus gehen – Der Einheit auf der Spur Konfessionsverbindende Ehen und gemeinsame Teilnahme an der Eucharistie* [*Caminhar com Cristo – Nas pegadas da unidade. Casamentos interconfessionais e participação comum na Eucaristia*], disponível em: <www.dbk.de/fileadmin/redaktion/diverse_downloads/dossiers_2018/08-Orientierungshilfe-Kommunion.pdf>. Acesso em: 8 mai. 2019.

contradição. Por um lado, nega a comunhão, porque as igrejas a que se pertence não estão em comunhão. Por outro lado, reconhece que a "comunhão nupcial" é, de certa forma, mais avançada e mais explícita do que a própria comunhão eucarística.

Precisamente aí, assim nos parece, a "hospitalidade eucarística" deve ser entendida não como uma *concessão benévola* que as igrejas individuais podem fazer aos "membros externos" para participarem na plenitude dos seus próprios ritos, mas antes como uma *profecia eclesial* que sabe reconhecer, nos casais mistos, a presença de uma "Igreja unida e capaz de comunhão", antecipada pela vida doméstica, que está à frente da consciência institucional. Aquilo que as Igrejas não conseguem reconhecer como "comunhão", um homem e uma mulher podem viver plenamente, apesar de sua diferente pertença eclesial. Aqui, talvez, a relação entre o sacramento da eucaristia e o sacramento do matrimônio deva ser pensada de forma menos rígida e unilateral e a "diferença eclesial" possa ser entendida não como uma dificuldade e um obstáculo, mas como uma riqueza e estímulo.

3. Aspecto cultual-cultural

Por fim, a hospitalidade não é um "caso extremo" da eucaristia, mas o "caso sério" e "comum" de sua verdade[8]. Acostumamo-nos a pensar na "comunhão" como a relação com o pão e o vinho "convertidos" em corpo e sangue. Mas isso, para toda a tradição teológica, é apenas o efeito intermediário da eucaristia. O dom da graça é a unidade da Igreja, a comunhão das "pedras vivas". Por isso, já há um século, a partir de Pio X, redescobriu-se a natureza da comunhão eucarística não só como "prêmio", mas como "fármaco". A eucaristia não é apenas o "cume" de uma identidade já adquirida, mas também a "fonte" de uma identidade a ser construída, a ser estruturada, que encontra alimento nesta "prática da comunhão sacramental" para os peregrinos em busca de plenitude.

Esta consciência teológica deve tornar-se, ao mesmo tempo, modo de celebrar e modo de viver a eucaristia.

Quanto ao modo de celebrar, é evidente que a "hospitalidade eucarística" é a "forma comum" da experiência cristã e católica. Todos, absolutamente todos, são convidados. Quem preside, quem proclama, quem canta, quem serve, quem responde. Todos são convidados porque todos realizam

---

8. Cf. PUGLISI, J., "Cenerò con lui e lui con me" (Ap 3,20). La comunione eucaristica come tema ed obiettivo della ricerca ecumenica, *Studi ecumenici*, 13 (1995) 313-321.

"uma única ação comum" cujo dono não é outro senão Cristo e sua Igreja, da qual ninguém é o representante exclusivo. Esta articulação ministerial visa aquele "fim" que Agostinho definiu de forma tão surpreendente: "*Estote quod videtis, accipite quod estis*, Sede aquilo que vedes, recebei aquilo que sois". O corpo de Cristo não é apenas um "receber", mas um "ser". A Igreja, o corpo de Cristo, é o fim da eucaristia celebrada.

Entretanto, se muda o modo de celebrar, muda também o modo de viver. Ser Igreja não é, antes de tudo, ser custódio ciumento de um depósito, sobre o qual fazer uma seleção. Mas é a vida "em saída" e "nas periferias". Estas palavras, que costumamos atribuir à originalidade do papa Francisco, estão na realidade escritas no coração da tradição eucarística, que nos pede para nos tornarmos sujeitos acolhedores e hospitaleiros. "O que recebes no sacramento deves torná-lo teu modo de vida": uma cultura da hospitalidade e da acolhida não é o caso-limite de uma consciência eclesial, mas a norma plantada no centro da celebração eucarística. Que reconcilia os diferentes e derruba muros. A isso dizemos "Amém" e com isso decidimos o nosso seguimento de Cristo.

4. Algumas conclusões sobre hospitalidade e intercomunhão

Sobre este ponto – hospitalidade eucarística e intercomunhão – é necessário, portanto, proceder com muita clareza, dada a delicadeza do tema. Também neste caso resumimos em algumas afirmações a seriedade e plausibilidade da perspectiva da "hospitalidade eucarística":

a) Trata-se, sobretudo, de afirmar a superioridade da ação eucarística em relação às condições com as quais cada igreja individual pôde desenvolver uma doutrina e uma disciplina para ela. Se a própria *ecclesia* é *de eucharistia*, isso significa que não é principalmente a Igreja que deve estabelecer as condições para a eucaristia, mas é a eucaristia que estabelece as condições para a Igreja.

b) A isto devemos acrescentar, no que diz respeito à proposta formulada pela Conferência Episcopal Alemã no referido documento de maio de 2018[9], que se trata de uma "comunhão eucarística" que se torna possível – de modo singular e não geral – por outra comunhão, que é a conjugal. A "pequena igreja doméstica", enquanto relação conjugal de relevância

---

9. Cf. o guia pastoral *Mit Christus gehen*.

eclesial, seria o vínculo que, unindo uma parte católica e uma parte não católica, permitiria, sob certas condições, uma plena comunhão eucarística ainda que a comunhão eclesial não seja plena.

c) Seria possível acrescentar que, de algum modo, a falta de comunhão eclesial pode ser compensada pela rica experiência da comunhão conjugal. O fato de a parte "não católica" ser o marido (ou a esposa) da parte católica pode ser considerado uma condição necessária – ainda que por si só não suficiente – para abrir a comunhão eucarística à sua experiência, que alcançou através de um "amor de excesso" vivido não na mesma Igreja, mas no mesmo amor, na mesma misericórdia e no mesmo cuidado de que aquela Igreja quer ser sinal.

d) É óbvio que, se esquecermos este horizonte conjugal, no qual se insere lucidamente a proposta alemã, há boas razões para se construir aquela série de "paralogismos" tão pouco convincentes quanto distantes da proposta concreta. Não se trata certamente de equiparar as "doutrinas" e "disciplinas" de Igrejas que permanecem diferentes, mas de saber reconhecer, apesar dessa diversidade, que a experiência do "vínculo conjugal" pode tornar acessível a plena comunhão, ainda que por caminhos secretos que não se dão a conhecer no nível da doutrina e da disciplina, mas que se tornam acessíveis no âmbito da experiência do mistério, ao qual se abre a vida diferenciada no vínculo eclesial, mas unificada no vínculo conjugal.

e) Recorde-se, principalmente, que também neste caso o caminho previsto pela proposta alemã se insere no mesmo quadro "processual" previsto pela Exortação apostólica *Amoris laetitia* para enfrentar as "crises" que o matrimônio pode encontrar. E a rejeição posta de modo abstrato a essa proposta tem toda a aparência de uma incompreensão radical destas propostas processuais, que retomam o grande ensinamento do Concílio Vaticano II, segundo o qual, tanto na sessão conciliar, como hoje nesta proposta, não se tratava de mudar ou inovar a doutrina e a disciplina cristãs, mas de redescobrir aquele terreno do mistério – de Deus e do homem, do Evangelho e da experiência – no qual a fé em Cristo pode florescer.

f) Por isso, o escândalo que os "profetas de desgraça" apontam para a atenção comum é fruto de um olhar vesgo: de fato, é escandaloso não o fato de que finalmente o casal de confissão "mista" também possa estar unido na comunhão eucarística, mas que a instituição eclesial, para salvaguardar a si mesma, introduza a divisão no próprio seio das famílias. Se é verdade que a Igreja que quer compreender a "alegria do amor" deve aprender ouvindo seriamente as famílias, temos a impressão de que a autoridade episcopal, para crescer em seu magistério, deve se dispor a uma séria renovação, certamente da teologia eucarística, mas ainda antes da teologia matrimonial. Para se *expor às vidas*, ao invés de apenas e sempre *dispor das vidas*. A relação entre comunhão eucarística e comunhão matrimonial aparece hoje como um "sinal dos tempos": diante do qual a Igreja docente deve saber tornar-se discente, com clarividente humildade.

Mesmo para elaborar essas novas fronteiras, o pensamento ecumênico sobre a eucaristia precisa de um novo modelo não só de teologia, mas de teólogo. Requer um teólogo de mente aberta:

> O teólogo que se contenta com seu pensamento completo e concluído é um medíocre. O bom teólogo e filósofo tem o pensamento aberto, isto é, incompleto, sempre aberto ao *maius* de Deus e da verdade, sempre em desenvolvimento, segundo aquela lei que São Vicente de Lérins assim descreve: "annis consolidetur, dilatetur tempore, sublimetur aetate" (*Commonitorium primum*, 23: PL 50,668)[10].

A saída desta "mediocridade" compromete a teologia eucarística, também em âmbito ecumênico, a percorrer com coragem e paciência as novas perspectivas práticas e teóricas às quais se abre um pensamento que reconheça verdadeiramente o primado do tempo sobre o espaço e da realidade sobre a ideia.

Temas de estudo

1. A "nova" competência litúrgica, que integrou o conhecimento dogmático clássico, impõe uma compreensão diferente da sistemática eucarística. Como elaborar um "saber eucarístico" que traduza o "saber ontológico" em "saber processual"?
2. As partículas redondas e o toque da sineta são exemplos de uma inércia histórica do modelo medieval, que resiste mesmo depois do seu fim. Quais são as questões teóricas e soluções práticas que emergem desses exemplos?
3. Se a verdade última da eucaristia é a unidade da Igreja, a tarefa ecumênica lhe é intrínseca. Como pensar a questão dos "casais mistos" em relação à possibilidade de uma

---

10. FRANCISCO, Constituição apostólica *Veritatis gaudium* acerca das universidades e faculdades eclesiásticas, 29 jan. 2018, n. 3. Disponível em: <https://press.vatican.va/content/salastampa/it/bollettino/pubblico/2018/01/29/0083/00155.html#italia>. Acesso em: 18 jul. 2019.

"intercomunhão" que valorize a comunhão conjugal como profecia da comunhão eclesial?

Para aprofundar

Uma série de leituras, surgidas a partir do debate contemporâneo, nos permite reconsiderar as questões fundamentais do tratado sobre a eucaristia sob uma nova luz:
- BONACCORSO, G., *Il dono efficace. Rito e sacramento*, Assisi, Cittadella, 2010.
- CARRA, Z., *Hoc facite. Studio teologico-fondamentale sulla presenza eucaristica di Cristo*, Assisi, Cittadella, 2018, especialmente 217-269.
- BELLI, M., *Sacramenti tra dire e fare. Piccoli paradossi e rompicapi celebrativi*, Brescia, Queriniana, 2018.
- KASPER, W., *Sacramento dell'unità. Eucaristia e Chiesa*, Brescia, Queriniana, 2004.
- MORANDINI, S., *Teologia dell'ecumenismo*, Bologna, EDB, 2018.

Conclusões

> Não permitamos que os fiéis "assistam" à missa ou, como se diz, "ouçam" a missa: mas permitamos que participem ativamente, efetivamente. Eles devem co-agir, co-rezar, co-cantar, co-doar, co-oferecer, co-receber.
>
> (Pius Parsch)[1]

Deixamos claro, desde as primeiras linhas, o sentido da citação insólita que abre este manual: *"Finis omnium officiorum*, O fim de todo dever". Se considerada sob a perspectiva deste volume, a tradição da práxis eucarística e do pensamento eucarístico podem ser entendidos como a composição de três experiências da eucaristia, das quais o cristão de hoje, homem e mulher, deve ser capaz de sentir a necessidade de uma síntese humana e teologicamente convincente. A experiência da presença do sacrifício do Senhor, mediada ritualmente, assumida pelo pensamento e desenvolvida na história, torna-se uma continuidade possível da tradição eucarística, ainda que à custa de várias descontinuidades em relação à grande, mas limitada e limitante tradição medieval e moderna. Nas grandes transições da época, a prática eucarística e o pensamento sobre a eucaristia, sem nunca

---

1. "Wir lassen die Glaubigen nicht bei der Messe zuschauen, oder wie man sagt die Messe 'anhoeren', wir lassen sie aktiv, tätig teilnehmen: sie sollen mittun, mitbeten, mitsingen, mitgeben, mitopfern, mitempfangen": PARSCH, P., Volksliturgie. Einführungskurs für Priester und Leien zu Klosterneuburg vom 12.-15 August, *Bibel und Liturgie*, v. 27 (1926) 308.

perder o fio de uma unidade "invisível", viveram e viram, agiram e sofreram, experiências muito diversas, com diversos papéis e diversas formas de participação.

Isso não é de forma alguma escandaloso. Também não deve escandalizar que as formas históricas do passado se percam e novas formas apareçam e se afirmem. O último elo da cadeia histórica das "formas", possibilitado pela nova consciência que amadureceu de uma "forma fundamental" – que só veio à tona pouco antes de meados do século XX – pode hoje nos abrir à uma compreensão do "conteúdo essencial" de caráter novo. Nesse "conteúdo essencial", que é fruto de uma compreensão ritual, a eucaristia aparece simultaneamente como o verdadeiro corpo de Cristo e o corpo místico de Cristo, como sacramento e como Igreja. Esta antiga verdade bíblica, patrística e medieval não é simplesmente um "sentido", mas uma "experiência ritual, histórica e espiritual" da missa.

O caminho da teologia católica, e da pastoral que dela deriva e a ela conduz, sente que deve recuperar em profundidade esta unidade de "objeto" e "sujeito", mas que não pode fazê-lo sem pensar e sem viver, em profundidade diversa, aquela intersubjetividade que é "forma de vida" (Guardini) e "pensamento total" (Casel). O Senhor que "vem entre os seus", com as suas chagas e com a sua nova vida, faz com que os seus sejam – se reconheçam e sejam reconhecíveis como – corpo de Cristo. Assim, ocorre de ser o que se vê e de se tornar o que se recebe (Agostinho). Essa subjetividade recebida e acolhida, livre e hospitaleira é, em última análise, o coração duradouro, mas sempre necessitado de novas interpretações, que pulsa vivo no sacramento do altar. Nele, aquele que salva – o Senhor crucificado e ressuscitado – torna-se, na Palavra ouvida e rezada, na refeição oferecida e partilhada, a comunidade salva e a comunidade de salvação – ou seja, a Igreja: povo de Deus, corpo de Cristo, esposa do Verbo e templo do Espírito Santo. É este sujeito eclesial que celebra o mistério que é objeto, mas é esse sujeito Senhor que constitui o mistério da Igreja, que é o objeto. A correlação desses sujeitos/objetos, que se cambiam em *admirabile commercium*, é o centro da experiência comunitária e singular dessa ação ritual chamada "missa", cuja verdade não pode ser dita sem correlacionar fundamentalmente o conceito com o rito e com a história. Trata-se de passar do *Christus qui continetur sub speciebus* ao *Christus qui usus est speciebus*[2].

---

2. CARRA, Z., *Hoc facite*, 163.

Para realizar esta tarefa, a teologia da eucaristia é chamada a elaborar um saber que, precisamente para permanecer fiel à plenitude e à riqueza da própria história, não deve hesitar em dotar-se de "inquietação, incompletude e imaginação"[3], que não são formas eventuais, mas condições necessárias para que uma tradição possa continuar a viver, a falar e a celebrar, de modo eclesialmente sadio, humanamente claro e espiritualmente eficaz.

---

3. FRANCISCO, *Discurso para a comunidade de "La Civiltà Cattolica"*, 9 fev. 2017, disponível em: <w2.vatican.va/content/francesco/it/speeches/2017/february/documents/papa-francesco_20170209_comunita-civilta-cattolica.html>. Acesso em: 14 abr. 2019.

Edições Loyola

editoração impressão acabamento
Rua 1822 nº 341 – Ipiranga
04216-000 São Paulo, SP
T 55 11 3385 8500/8501, 2063 4275
www.loyola.com.br